I0391659

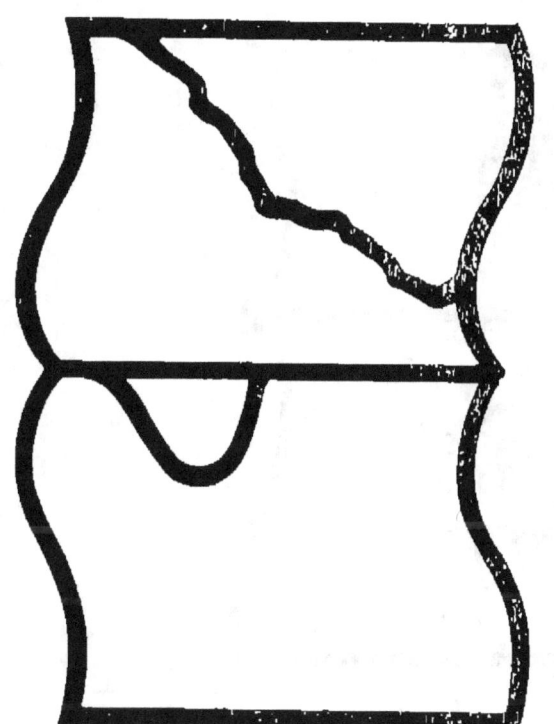

Texte détérioré — reliure défectueuse

NF Z 43 120 11

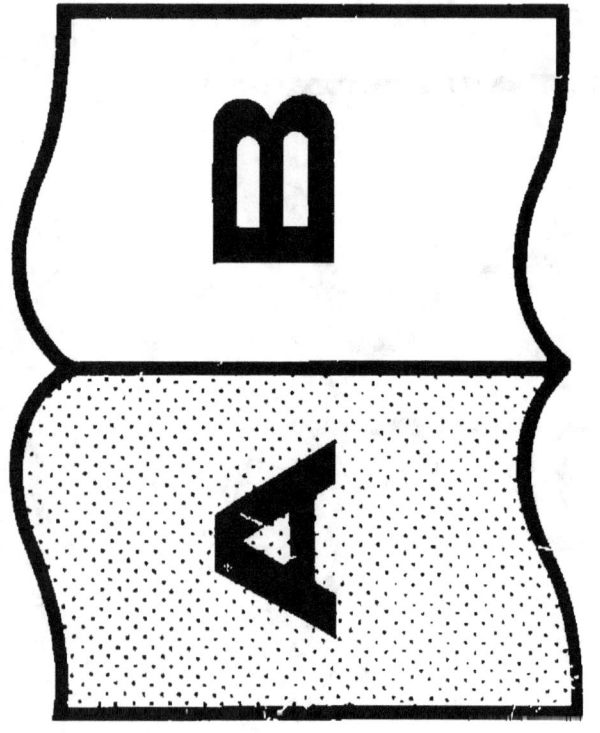

Contraste insuffisant

NF Z 43-120-14

L'ART

DU

DIX-HUITIÈME SIÈCLE

II

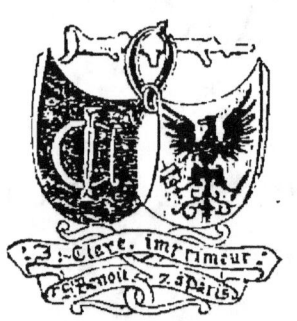

J. Clere, imprimeur
R. St-Benoit, 2 à Paris

L'ART

DU

DIX-HUITIÈME SIÈCLE

PAR

DEUXIÈME ÉDITION

REVUE ET AUGMENTÉE

TOME DEUXIÈME

PARIS

5, QUAI MALAQUAIS, 5

1874

GRAVELOT

GRAVELOT

E XVIIIᵉ siècle est le siècle de la
vignette. Ce temps, qui orna tout
de l'amabilité de l'art, qui éleva
le *joli* au style et répandit ce style
dans les plus petites choses de ses entours, de
ses usages, de ses habitudes; ce temps, qui
appliqua le talent du dessinateur et du graveur
jusqu'au décor du moindre bout de papier, de
ces mille petites feuilles volantes qu'une société
se passe de main en main : adresses, cartes,
invitations, billets de faire part, factures de
marchands, passe-ports, contre-marques de
théâtre; ce temps, qui ne voulait pas un seul
imprimé sans y trouver un plaisir pour l'œil;
le XVIIIᵉ siècle devait naturellement dépenser,
pour l'embellissement et l'égayement du livre,

un génie, une imagination, un goût nouveau
et sans exemple. Aussi le règne de Louis XV
est-il le triomphe de ce qu'on appellera plus
tard « l'illustration ». L'image remplit le livre,
déborde dans la page, l'encadre, fait sa tête et
sa fin, dévore partout le blanc : ce ne sont
que frontispices, fleurons, lettres grises, culs-
de-lampe, cartouches, attributs, bordures symboliques. Bien peu d'ouvrages osent se présenter sans cette recommandation et ces
tableaux du texte, qui vulgarisent et font circuler dans la lecture la grâce artistique de
l'époque. Éditeurs, imprimeurs, auteurs luttent
à qui chargera ses éditions de plus d'images,
les enjolivera de plus de tailles-douces. C'est
le succès, l'excuse ou le pardon de tout ce qui
paraît ; c'en est quelquefois le prétexte et
l'idée, et la gravure dicte le livre, comme ce
paquet d'estampes envoyé à Duclos pour lui
faire écrire le conte d'*Acajou*. Le moment
arrive où l'épigramme contre le plus illustré
des écrivains, Dorat, qu'on accuse de « *se sauver de planche en planche* », peut s'adresser à
presque toutes les publications. Et, en 1772,
dans l'édition de son *Diable amoureux*, c'est à

peine si Cazotte exagère la raillerie quand il écrit : « Malgré la nécessité *indispensable*, que tout le monde connoît, d'orner de *gravures* tous les ouvrages qu'on a l'honneur d'offrir au public, il s'en est peu fallu que celui-ci n'ait été forcé de s'en passer. Tous nos grands artistes sont abysmés d'ouvrages, tous nos graveurs passent les nuits et ont peine à y suffire ; l'auteur étoit désespéré et ne pouvoit ni pour or ni pour argent trouver ni dessin ni gravure. Donner son ouvrage sans cela, c'étoit le perdre... »

Art charmant après tout, et qui mérite l'apothéose qu'en a faite Choffart à la dernière page des *Métamorphoses* d'Ovide : sous un Amour assis sur un nuage, jouant avec une guirlande de fleurs qui se change dans sa main en couronnes, roule et descend, au milieu de feuilles de laurier, une chute de médailles, dont chacune porte un nom. La liste s'allonge sur un piédestal porté par une paire d'ailes, soutenant une palette, des pinceaux, des rouleaux de papier, une lyre avec une écharpe de roses dont la corde du milieu est une torche flambante dans un ciel de gloire

et comme rayonnant de l'éclat de la pléiade
des vignettistes dont les noms se pressent et
tombent un à un, jusqu'au bas du grand cul-
de-lampe, pêle-mêle, dessinateurs et graveurs :
Boucher et Le Prince, Monnet et Le Mire,
Augustin de Saint-Aubin, Delaunay, Simonet,
Née, Ponce, Basan, Delongueil, de Ghendt,
Duclos, Masquelier, Baquoy, — jusqu'aux
quatre petits grands maîtres du genre : *Gra-*
velot, — *Cochin,* — *Eisen,* — *Moreau.*

I

Hubert-François Bourguignon, dit Gravelot,
est né à Paris, le 26 mars 1699[1]. Il est le
deuxième fils de Hubert Bourguignon et de
Charlotte Vaugon. Son père est un maître
tailleur d'habits ; mais, ambitieux pour l'avenir
de ses enfants d'un état plus relevé que le

1. Voici l'acte de naissance de Gravelot, relevé par M. de
Manne sur les registres de la paroisse Saint-Germain l'Auxerrois : « Du dimanche 29 de mars 1699, fut baptisé *Hubert-*
François, fils d'Hubert Bourguignon, maître tailleur d'habits,
et de Charlotte Vaugon, sa femme. L'enfant est né le 26 de
ce mois. »

sien, le tailleur sacrifie ses épargnes à leur éducation. Les deux frères passent de la pension
aux Quatre-Nations, où l'aîné, qui sera le géo-
graphe d'Anville, est en train de faire sa rhé-
torique, quand son cadet d'un an, moins
appliqué et arrivé seulement à sa troisième,
abandonne le collége, prend le crayon, se
voue au dessin. Il travaille, étudie. A quelques
années de là, une occasion se présente pour
envoyer le jeune homme à la grande école de
son art : son père le fait partir pour Rome
dans l'espèce de bagage domestique que traî-
naient les ambassades du temps, à la suite des
équipages de M. le duc de la Feuillade, désigné pour être ambassadeur là-bas. Gravelot
est déjà le grand liseur et le petit poëte qu'il
sera toute sa vie; à Lyon, il a déjà mangé
tout son argent à acheter des livres, et il
écrit à son frère des lettres mêlées de vers
que publient les « Mercures » du temps. Là-
dessus l'ambassade s'arrête et le voyage
manque. De retour à Paris, Gravelot tombe
dans le plaisir, la dissipation, raffole de théâtre,
ne s'occupe que de pièces, hante les comédies,
les comédiens, les comédiennes, et roule sans

doute à ces folies des jeunes gens d'alors que
racontent les Mémoires de la Régence. Le
père de Gravelot, qui était de son temps, du
temps de la paternité draconienne à lettres de
cachet et à embarquement pour les îles, pensa
alors à M. le chevalier de la Rochalard, qui
lui faisait l'"honneur de le connaître et qui partait pour Saint-Domingue en qualité de gou-
verneur général. Il lui remit le jeune homme,
auquel heureusement n'arriva pas l'aventure
d'un jeune homme de la bonne société du
temps, M. de Mézières, qui, pareillement
embarqué pour les îles à treize ans comme
mauvais sujet, fut tatoué par les sauvages ; au
retour, ses bas de soie laissaient passer les
serpents ineffaçablement peints sur ses mollets. Pour Gravelot, son histoire fut plus
simple : recommandé à M. Frégier, ingénieur en chef de la colonie, il fut employé,
en arrivant, au dessin d'une carte de Saint-
Domingue, dessin où il se montra le digne
frère de d'Anville. Mais « l'enfant de Paris »
se sentait bien loin. Puis, au bout de quelque
temps, il recevait le coup d'une mauvaise nouvelle : la perte d'un bâtiment de la Rochelle

qui lui apportait une pacotille de quatorze mille livres en marchandises pour les colonies américaines. De chagrin, il tombait malade à en mourir. La force de son tempérament le sauvait. Mais n'espérant plus de secours de sa famille, il revenait : quatre monnaies d'or d'Espagne, voilà tout ce qu'il rapportait d'Amérique. Il avait trente ans, l'expérience, la maturité des épreuves; il entrait chez Restout[1], fier plus tard de son élève, dessinaît sérieusement, et se mettait à travailler comme un homme qui a sa vie à faire[2].

Le talent de Gravelot commençait à s'annoncer; mais la concurrence était alors trop grande entre les artistes parisiens pour qu'il crût pouvoir faire son chemin à Paris. Il se

1. C'est sans doute vers ce temps de son entrée chez Restout qu'il publie ces petits dessins à cartel quelquefois accompagnés de vers, montrant déjà son goût pour les scènes enfantines : L'Ecole des garçons, l'École des filles, le Café, la Laiterie, la Curiosité, la Parade de foire, l'Escarpolette, etc., et deux grandes planches : les Petits Comédiens où des deux côtés l'on voit, comme à la vraie comédie, des rangées de petits seigneurs sur les banquettes des coulisses.

2. Nécrologe de 1774. Éloge de M. Gravelot (par d'Anville), la seule source biographique pour Gravelot.

décidait à passer à Londres, vers l'année 1732[1].
Il y trouvait du travail dès son arrivée, grâce
à son talent de dessinateur de figures et aussi
d'ornemaniste. L'œuvre de la Bibliothèque,
malheureusement bien incomplet pour les
planches publiées en Angleterre[2], nous fait

1. Dans deux lettres, datées de Londres, du 20 août et du
2 septembre 1734, Gravelot donne à son frère des renseignements géographiques sur l'édition d'Albuféda non achevée,
lui envoie une carte du Northumberland et lui promet la carte
de tous les comtés levée géométriquement. Il attaque un certain
Gordon qui a fait tous les métiers, est monté sur le théâtre,
s'est fait homme de lettres en désespoir de cause, se mêle
de brocanter et même de dessiner. Il devait faire pour lui « le
frontispice d'un ouvrage sur les curiosités égyptiennes conservées dans les cabinets de tous les curieux d'Angleterre :
mais Gordon n'a pas voulu le payer de la moitié d'avance...»
Son adresse est alors : *King street Covent-Garden, at golden Cup*.
— Une autre lettre, également adressée à son frère, en 1736,
lui annonce l'envoi d'une de ces montres d'or anglaises, alors
si appréciées à Paris et qui ne valaient pas moins de soixante
guinées. (Lettres autographes de Gravelot communiquées
par M. de Manne.)

2. Nous extrayons de documents, rassemblés à notre intention par M. Reed, le savant conservateur des dessins et des
estampes du British Museum, et que veut bien nous trans-
mettre l'obligeance amicale de M. Wyat-Thibaudeau, le catalogue succinct des pièces de Gravelot conservées au British
Muséum : *Moïse descendant du Sinaï*, 1733 ; — une série pour
une traduction de l'*Histoire romaine* de Rollin, 1740 ; — le
monument de Shakspeare à Westminster, 1741 ; — une suite

sauter, après les broutilles de ses débuts, à des images faites à Londres, dont l'une, l'allégorie d'un mariage, datée de 1740, laisse voir déjà, dans le couple habillé et dans le nu des figures symboliques, cette grâce spéciale qui sera plus tard sa signature. Nous possédons de lui une autre grande composition, publiée la même année, gravée par Parr et représentant les *Divertissements de la loterie*. Au milieu se voit une figure de la Folie les yeux bandés, deux marottes plantées dans le trou des

---

pour la mort de Sophonisbe, 1742; — une série nombreuse pour des pièces : *the Duke de Foix, la Prude, Sophonisba, Socrates, Pandore, Samson, le Droit, Olimpea, Triumvirata, Repository, Charlot,* etc.; — une autre série pour des romans anglais ou des pièces : *the Disappointment of Treachery, the Reconciliation, the Faithful shepherd, the Banquet of Love, the Triumph of Alzire, the Welcome intruder, the Tragical discovery, the Death of Ariana, the rash connexion, the refined lover, the unlucky glance the surprise, the infortunate rescue, the quadrille party, the rival lovers,* etc., etc.; une *Folie tenant des balances et un fouet;* — une serie de pièces pour une histoire d'Angleterre; — une petite planche légère : *Un Soldat tenant une femme sur ses genoux.* Dans les dessins, citons *Deux Etudes d'un gentilhomme assis,* l'une sur papier bleu, l'autre sur papier jaunâtre, toutes deux au crayon noir rehaussé de blanc, huit dessins d'encadrement pour les portraits des biographies de peintres d'Houbraken, et quelques autres encadrements de portraits de personnages anglais. Il existe encore de Gravelot au British Museum et dans deux

oreilles ; et de cette tête part un riche encadrement à la Meissonier dessinant, en sa ra-
mure ornementée , six compartiments : la
distribution des billets, la consultation chez
l'astrologue, le tirage de la loterie, la scène
émouvante du bon et du mauvais billet, à la
taverne, à la maison, touchés dans une manière de dessin légère et claire, dans un
esprit d'Hogarth coquet. La femme des plus
charmantes illustrations de Gravelot est déjà
là : elle s'y lève comme du jour pâle du pays.

autres collections, des retouches et des ajoutes d'une fine plume
dans des personnages du paysagiste Chatelain, avec lequel
Gravelot travailla et vécut à Londres. — Un détail ignoré,
c'est que le plus grand travail de l'artiste en Angleterre fut la
reproduction d'anciens monuments, églises, tombeaux, etc.
Ce fut lui qui fit les dessins pour les planches de Price,
d'après les tapisseries de la Chambre des lords, lui qui releva
dans le Glocestershire les églises et les autres monuments avec
un soin et un art tels que Vertue le comparait à Picart, et le
trouvait même supérieur à son favori Hollar. Walpole, dans
ses anecdotes sur la peinture, cite de lui sa planche de l'abbaye
de Kirkstall comme une merveille. — Disons enfin que l'artiste, dont les planches anglaises portent souvent le nom anglaisé de *Gravelott,* a été tellement adopté par l'Angleterre,
que le British Museum a l'intention, nous dit-on, de classer,
dans son catalogue, notre Français et Parisien Gravelot parmi
les maîtres anglais. A ce compte, l'Angleterre pourrait aussi
mettre dans son école Watteau et La Tour.

De tels dessins faisaient vite une place à Gravelot parmi le public anglais; et un Shakspeare se trouvant à illustrer, c'était lui qu'on en chargeait. Pauvre art du haut en bas et des grands aux petits, l'art du xviiie siècle, lorsqu'il se dépayse, lorsqu'il sort de la représentation du temps, lorsqu'il va aux grandeurs, aux poésies, aux majestés, aux terreurs du passé, de l'histoire, ou du génie! Shakspeare et Gravelot! Rien que le rapprochement des noms et l'écrasement de l'un par l'autre fait comprendre à quel degré de ridicule l'interprétation de l'aimable Français devait descendre : elle dépasse encore ce qu'on en peut attendre. Il faut voir Hamlet dans sa grande scène, un Hamlet dans une pose d'abbé galant, la reine en costume d'une Gaussin, le roi en marquis de comédie, et dans le fond de jolis petits violons qui se trémoussent et se dégingandent comme à une tribune de musique des *Fêtes roulantes!* Plus tard, aux Grecs, aux Romains, au tragique classique, Gravelot s'attaquera avec le même «papillotage». Il y mettra le mauvais bon goût national, la fausse couleur, le pittoresque conventionnel, la

fadeur de tradition, l'ennui rond et pompeux
avec lequel tous ses confrères, Eisen, Cochin,
Moreau, semblent peindre d'après les vers de
Marmontel les hommes de Plutarque et les
temps de Tacite ; monotone et banale antiquité de théâtre qui nous fera regretter tout
ce temps perdu par l'illustrateur sur les tragédies de Voltaire et tout ce qu'il nous devait à
la place d'images vivantes de la vie contemporaine !

Cependant Gravelot entrait dans la connaissance, se poussait dans l'estime des peintres
anglais les plus renommés. Il prenait auprès
d'eux une assez grande autorité pour les décider à former une de leurs premières sociétés
artistiques possédant un local où ils se com-
muniqueraient leurs productions, et des salles
où ils dessineraient d'après le modèle ; et, la
société fondée, il n'était pas un des moins
assidus à y venir dessiner la figure : il y mode-
lait même en terre. En 1744, il publiait une
série de grandes études d'hommes et de
femmes, dans le goût de certaines études
habillées de Boucher, mais d'un dessin plus
serré, plus correct, plus près de la nature, et

qui ressemblaient à de coquettes académies de poses et de costumes. Et quand il quittait l'Angleterre, la native élégance de son dessin, où revenait un souvenir de Watteau, avait gagné à ce long séjour comme un complément et un achèvement d'élégance anglaise. Elle y avait pris cette aristocratie, cette rareté de distinction qui se dégage des choses, des femmes et des hommes de là-bas. Elle en emportait le goût de ces jeunes costumes d'honnêteté, de ces chapeaux de paille ingénus, de ces robes plates, de tout ce blanc, simplicité fraîche, blanche pudeur friande de la femme, qui va devenir bientôt chez nous la mode du linon et des fichus menteurs. Et c'est avec le souvenir de la toilette d'une Clarisse que le dessinateur va trouver le type de la Julie de Rousseau.

En 1745, lors du succès des armes françaises dans les Pays-Bas, blessé dans son patriotisme de ce que ses oreilles étaient forcées d'entendre, Gravelot quittait Londres, après un séjour de près de vingt ans, et revenait en France par la Hollande. Il ne revenait pas complétement inconnu, son nom avait déjà

passé la mer ; et le *Mercure* d'août 1738 annonçait qu'il faisait à Londres les illustrations de
la *Dunciade*. A Paris, il ne tarda .pas à être
occupé. Amateurs, éditeurs, reconnaissent
bien vite le talent nouveau qui se révélait par
ces dessins de vignettes ayant des qualités de
petits tableaux ; ces mines de plomb si habilement et si finement caressées sur le dessous
chaud d'une première indication de sanguine ;
ces esquisses au crayon où les appuiements de
plume reprennent, corrigent et resserrent la
ligne du mouvement ; ces lavis limpides, pleins
de clarté, d'un léger bistre aqueux et où, d'un
trait d'encre, le dessinateur grave, d'un style
exquis, le contour d'une silhouette merveilleu-
sement dessinée.

Par quel moyen, par quel procédé, par
quelle étonnante réduction l'artiste faisait-il
tenir un tel art, un art demandant et laissant
voir toute l'étude d'un peintre dans un si
petit cadre? Les contemporains se demandaient son secret : on ne l'a eu que ces années-
ci à la vente du général Andréossy[1] quand,

1. Catalogue Andréossy (1864). Tous les dessins de Gravelot
passés à cette vente avaient été achetés par le collectionneur

sous ce nom de Gravelot, ce nom qu'on n'avait jamais vu jusque-là signer que des dessins du format de ses gravures, il apparut aux enchères de grands dessins dans le faire de Lancret. Un dessinateur supérieur à lui-même et plus haut que tout son œuvre se révélait dans ces esquisses de si belle tournure sur papier chamois, frottées de sauce, rehaussées de blanc, arrêtées de crayon noir. Le dessinateur, comme respirant à l'aise, y avait bâti ses personnages à grandes lignes, chiffonnant puissamment la rocaille des jupes, mêlant les frottis d'estompe aux raies grasses du crayon, laissant les repentirs d'ébauche, et indiquant seulement les têtes avec le rond d'une tête d'après la bosse, en croisant dessus la ligne des yeux sur la ligne du profil. A distance, tout y vivait, la lumière, les visages, les personnages, le jour sur les grands plis charbonnés des étoffes; et le relief en devenait tournant comme d'un dessin qui a pris son moule sur la nature. De ces dessins, l'un passé au carreau et que nous retrouvons réduit dans

lors de son ambassade à Londres sous l'Empire. Presque tous font maintenant partie de notre collection.

une vignette minuscule de *Tom Jones,* montrait que Gravelot avait la conscience de faire
ainsi un grand carton de sa vignette. Et sait-
on encore une autre de ses inventions, et
comment il réalisait une autre illusion, ce
mensonge charmant du vrai de ses personnages et de ses ajustements? Il se servait pour
cela de trois mannequins, modèles du trio
ordinaire de ses scènes : c'étaient des mannequins fabriqués en Angleterre, hauts de deux
pieds et demi, ayant des corps matelassés dans
un tissu de soie tricoté, pourvus d'articulations
en cuivre flexibles jusqu'au bout des doigts, et
d'une garde-robe allant de la mode de ville à
celle du théâtre, et jusqu'à la toge romaine.

La vérité de l'ensemble et du détail ainsi
obtenu par Gravelot, le plein, le naturel que
donnaient ces grandes études à ces petites
planches, cet air tableau de ses vignettes,
cette âme d'une composition libre et étoffée
qui leur reste, cette fleur d'art galant qu'elles
sont seules à avoir, arrivaient à faire mettre
l'artiste, par les fins connaisseurs, au rang du
premier vignettiste de son temps. Et ce n'était
que justice : Gravelot est l'artiste complet et

parfait de son genre; il en réunit toutes les aptitudes, l'intelligence de la composition qui lui fait presque toujours abandonner le motif commandé de l'estampe, une lecture immense qui l'aide à trouver le milieu et toutes les convenances de la scène. Il a la science perspective, une imagination d'architecture riche, égayante, et fleurissant les fonds, le goût de meubler, de décorer l'appartement, de faire courir les élégances autour des personnages comme les serpentements de l'or et de l'argent autour d'une gouache de tabatière, avec l'effet du point de vue sur chaque objet. Il connaît encore le métier du graveur, en homme qui a eu la pointe en main [1], écrit son dessin, aide

1. L'œuvre de Gravelot ne se compose guère que de deux eaux-fortes signées de lui et qui semblent des premiers essais montrant une intention de s'y adonner plus tard : la première, un *Griffonnis*, représentant un zéphir enlevant une apparence de nymphe; la seconde, une *Feuille de croquis*, toute couverte et encombrée d'études de têtes, de mains, de casques, de chiens, de dragons fantastiques, de vieille à besicles, dont se détache, sur le gris d'une première morsure le trait fortement mordu d'un chasseur tirant un coup de fusil, et la rocaille d'un charmant étui chantourné où un Amour joue en haut avec un cygne, tandis qu'en bas une naïade trône dans une conque en avant d'un château d'eau, — vrai modèle à être ciselé par Duplessis ou Martincourt.

d'avance à la réussite de son interprétation. En un mot, dans sa spécialité, il est l'artiste vraiment unique, reconnu pour tel, indiqué par Boucher, qui lui renvoie ainsi qu'au plus digne tous les sujets à trop petits cadres dont il ne veut pas se donner l'ennui.

Gravelot a peint. Et il n'a pas peint seulement ces panneaux que l'industrie artistique du temps demandait aux peintres, les *jolités* à la mode, des dessus de boîtes, des clavecins, ce clavecin de Rukert qui se vendait à la vente de Blondel d'Azincourt. Il a peint des tableaux ainsi que le témoigne le n° 5 de son catalogue, — « *plusieurs tableaux peints par feu M. Gravelot à Londres et à Paris,* » — et comme le prouve la gravure du *Lecteur*, par Gaillard, au bas de laquelle est écrit : *Gravelot pinxit*. La charmante planche représente : une femme assise de profil en tête à tête avec un jeune homme penché vers elle, le regard baissé sur le livre dont il lui fait lecture. Assis à contre-jour, il semble dans une ombre d'amour. Un rayon d'une fenêtre derrière lui frise en passant et va éclairer en plein le profil écoutant de la femme. C'est un effet intime, tendre et discret, une scène de chambre qui, dans le gracieux, donne l'impression unique, presque recueillie, que l'on ressent devant la gravure d'un tableau de Chardin. Ce tableau, notre ami M. Philippe Burty croit l'avoir vu à Londres, en 1867, à une exposition du Burlington-Club, où il avait été envoyé par son propriétaire, M. Woman. Il nous donne la toile : l'homme en veste marron, en gilet bleu, en culotte rouge, la femme en jupon rose, en robe grise, pour une peinture sans harmonie, sèche et sans éclat, et n'ayant de valeur que la curiosité de la scène, du costume. Mais était-ce bien l'original? Il faut dire cependant qu'il y a contre notre doute la phrase du Nécrologe : « Gravelot prit plusieurs fois la palette, mais quoique les essais de son pinceau eussent l'approbation de M. Boucher, il y renonça parce qu'il lui coûtait trop de peindre, et qu'il ne s'y était pas exercé d'assez bonne heure. » Et l'on pourrait encore opposer à une velléité d'illusion sur sa peinture le prix dérisoire auquel se vendit à sa mort ce lot de toiles que nous citions tout à l'heure : les contemporains l'estimèrent 16 livres 18 sous.

D'un autre de ses tableaux, tout à fait perdu celui-ci, d'un tableau de société qui nous eût montré le goût du monde d'alors à grouper la famille et ses amitiés dans le cadre d'une réunion intime et d'un salon des affections, il nous reste l'histoire et la trace dans une curieuse lettre. L'artiste s'y révèle avec sa délicatesse, sa dignité, sa paresse, son éloignement du portrait; il nous y donne aussi d'intéressants renseignements sur l'influence des dîners du lundi de madame Geoffrin, leur autorité dans les choses de l'art, la crainte et le respect qu'avaient tous les artistes, dans leurs affaires avec le public, de l'opinion, des jugements exprimés là, à ce tribunal du goût, par les illustres amis de la maîtresse de maison. Lady Hervey, cette Anglaise, la seule étrangère qui figure dans le petit nombre des portraits de femmes de Cochin, a chargé d'abord Liotard, puis Gravelot, de la peindre avec son fils, les Fitz-Gerald, quelques amis. Elle n'est pas satisfaite du tableau de son peintre, s'en plaint tout haut, et le bruit qu'elle fait arrive jusqu'à remplir une soirée de lundi. C'est sur cette espèce de scandale que Gravelot se

décide à écrire à lady Hervey et envoie à madame Geoffrin la copie de la lettre que voici :

Madame,

*J'apprends avec quelque étonnement, je vous l'avoue, que
vous vous plaignez vivement au sujet de votre tableau. Permettez-moi une exposition simple des faits.*

*M. Liotart devoit peindre les six têtes à dix louis cha-
cune. Je fis marché avec vous à trente[1] pour trouver la disposition du tableau et le finir. Malgré les représentations
que je vous fis dans le temps, combien le talent de la ressemblance étoit peu le mien, vous m'engageâtes à risquer celle
de M. et de Mme Fitz-Gerald. Vous eûtes alors la bonté de
paroître contente ainsi qu'eux de ce que j'avois osé les entreprendre, jusques-là qu'à votre insçu ils voulurent absolument
me payer leurs têtes le prix de M. Liotart : ce que M. Fitz-
Gerald fit à un louis près, parce que dans le moment il ne
s'en trouva avoir que dix-neuf sur lui. J'ai depuis peint
votre tête, qu'à la vérité je ne comptois pas finir, et j'ai
disposé le tableau. Si dès le commencement l'exécution en a
été retardée, ce fut Monsieur votre fils qui l'a suspendue,
devant revenir, disoit-il, ici avec son uniforme et un dessin
exact de son vaisseau qu'en attendant il traça lui-même sur
la toile tel qu'il s'y voit encore ; mais il n'est pas revenu.
Cependant j'ai eu deux séances pour votre tête, j'ai fait la
disposition du tableau, je l'ai ébauché, et je n'ai rien
reçu là-dessus. Vous l'avez souhaité tel qu'il étoit, et je*

---

1. Sur les prix du dessinateur, nous trouvons ce renseignement dans Favart, qu'il lui en coûta cinq louis pour un dessin de Gravelot : le frontispice de l'*Amitié à l'épreuve*. — Les
Archives de l'art français ont aussi donné un reçu de Gravelot.

*vous l'ai envoyé. Oserois-je à présent, madame, demander de
ce que vous pourriez tant vous plaindre? C'est cependant ce
qu'indirectement j'entends dire que vous avez fait, et même
devant des personnes dont l'estime doit être précieuse à tout
homme qui a quelque délicatesse. Aussi ai-je peine à me le
persuader et surtout que vous m'avez mis dans le cas d'avoir
besoin d'une justification vis-à-vis d'elles.*

*Si j'ai remis le tableau à quelqu'un pour l'avancer, ç'a été
dans l'envie de remplir mes engagements et après que
M. Boucher m'a eu assuré que je m'adressois bien. Je ne
comptois vous le livrer que satisfait moi-même de l'exécution et qu'après y avoir mis ce que j'aurois pu encore y désirer. Il semble donc que ce seroit à moy à me plaindre de ce
que dans le temps que j'avois pris un arrangement convenable
pour vous satisfaire, vous m'en ayez tout d'un coup ôté le
moyen, par la lettre que j'ai reçue de vous et que j'ai gardée.*

*Mais encore un coup, madame, je vous crois trop judi-
cieuse et trop équitable pour penser qu'en vous plaignant
peut-être d'un peu de négligence de ma part, vous ayez exposé
les choses autrement que je viens d'avoir l'honneur de le faire.
Quand est de les mettre en arbitrage, et sur quel fondement,
lorsque je n'ai rien reçu de vous, et que malgré la répu-
gnance naturelle que j'ai de sentir à vous délivrer le tableau
dans l'état d'imperfection où j'avoue qu'il est, cela ne m'a
pas empêché de le faire dès que vous avez paru le souhaiter
avec quelque chaleur. En tout cas permettez-moi de prévoir
la décision des arbitres dans cette affaire, ce seroit de vous
proposer de me renvoyer le tableau et à moi de tenir mes con-
ventions. J'ai l'honneur, etc.* [1]

1. Cette lettre nous a été communiquée par M. de Manne.
Elle ne porte pas de suscription d'envoi à madame Geoffrin;

Il ajoute à la copie de sa lettre la proposition de déposer entre les mains de quelqu'un pour être remis à M. de Fitz-Gerald l'argent qu'il a reçu de lui, à condition que le tableau lui soit renvoyé pour y couvrir ce qui est de lui, n'y laissant absolument que ce qui ne lui appartient pas. Du reste, il s'en rapporte « à un sage ménagement et espère de son équité qu'elle voudra bien effacer les idées désavantageuses de ses illustres amis. »

Bientôt, presque tous les livres lui demandaient un frontispice, une vignette, un fleuron, un rien signé de lui qui fût le passe-port de l'imprimé, lui donnât sa place sur une toilette de duchesse, à côté de deux pots de vieux saint-cloud, entre l'essence de bergamote et la poudre à la maréchale. Gravelot, paresseux et avare de son talent, accordait aux éditeurs un bout de dessin, souvent une planche, rarement beaucoup plus; en sorte que ce fut un événement de le voir illustrer entièrement le

mais la mention de « l'affaire du tableau traitée chez vous lundi dernier », le jour du dîner des artistes, et la dernière phrase du post-scriptum : « les idées désavantageuses des illustres amis », ne laissent aucun doute sur le nom de la destinataire.

Décaméron de 1757, se vouer à ce grand travail,
s'y prodiguer en frontispices, vignettes, fleurons, culs-de-lampe, le long de cinq volumes.
Charmante fantaisie où le crayon et l'imagination du dessinateur, se jouant cette fois
dans du passé qui n'était que le passé des
contes, habille les Pampinées au goût de la
rue Saint-Honoré, transporte sur le fond d'architecture de Saint-Sulpice les rendez-vous
de Santa-Maria-Novella, l'horizon de Florence
sur une terrasse du Grand-Trianon, et fait
ainsi une traduction à la française où Boccace
est arrangé à la mode de l'idéal que s'en fait
la France de Louis XV. Assemblées, promenades, festins, petites personnes pimpantes,
minois fripons, fines nudités ciselées, petit
peuple de ballet enrubanné, fleuri, étincelant
dans la vive lumière de la gravure ainsi qu'à
la lumière d'une scène, tout cela défile comme
une féerie badine de Cythère à Lilliput[1]. Et

---

1. Pour ce Boccace, Gravelot fit quelques estampes libres
dont il choisissait lui-même les épreuves pour les amateurs
(Favart, vol. 1ᵉʳ), quoiqu'il répugnât à ce genre, ainsi que le
témoigne ce fragment de lettre inédite :

« ... *Ce que vous me demandés peut se faire, mais pour rendre
les choses suivant votre idée, cela exige de votre part une explication*

la jolie fin de toutes ces *Journées* que ces jeux d'amour semés par Gravelot, petites figures symboliques du conte, tantôt jouant dans des cornes de maris trompés, ici portant dans une châsse de cristal l'Amour mort, qui semble Cupidon enterré, dans une tabatière de cristal de roche!

A la suite de ce grand succès, Voltaire voulait avoir le nom et le talent de Gravelot pour les royales éditions que Cramer élevait à ses œuvres. Et sur les flatteuses ouvertures de Cramer, Gravelot s'empressait d'envoyer à

plus décidée et que je sçusse bien jusqu'à quel point il s'agiroit de pousser la gaillardise; car quoique dans ces sortes de compositions la gentillesse soit préférable à la grossiéreté, il y a des gens comme vous sçavez à qui il faut des perdrix et d'autres qui aiment mieux la pièce de boucherie. Est-ce donc par la seule expression de la tête du jeune capucin que son action se doit faire connaître? Et la main sous sa robe fera-t-il assez sentir à quoi il s'occupe? En un mot, le bout de tabac doit-il paroître? Une autre réflexion : c'est de sçavoir si cette façon de couper les figures aux genoux, qui peut convenir au sujet que vous me marquez, irait aussi bien à d'autres; tandis que la grandeur que vous m'envoyés me paroît suffisante pour des figures entières. Cependant à cet égard je me conformerai à votre dernière décision. Quant au fini que vous désires, je vous promets d'y apporter mes soins et enfin de mettre à ces dessins toute la correction et l'expression dont je puis être capable; moyennant quoi je ne vois pas que je puisse demander moins de soixante francs pour chacun. » (Lettre possédée par nous.)

Voltaire un échantillon de ses dessins [1] avec cette lettre d'hommage :

Extrêmement flatté, monsieur, du choix que M. Cramer fait de moi pour les dessins de la grande édition qu'il projette de vos ouvrages, si quelque chose pouvoit me flatter encore plus ce seroit vous satisfaire. C'est dans cette vue que je soumets à votre révision le choix que j'ai fait des sujets pour votre Henriade. En pensant qu'il falloit retrouver dans les tableaux la marche du poëme, j'ai eu égard aussi à la variété qui pouvoit les rendre plus piquants. Quant au talent que je puis apporter à l'exécution, vous en jugerez sur les deux dessins que j'ai remis à M. Cramer. Concevez, monsieur, à quel point je souhaite qu'ils se trouvent à votre gré, puisque ce me seroit un moyen de participer en quelque façon à cette immortalité qui vous est si décidément acquise.

C'est avec les sentiments d'un de vos plus vifs admirateurs que je suis, monsieur, votre très-humble et très-obéissant serviteur.

1. Cette illustration est la grande nouvelle d'une lettre de Favart du 24 avril 1761. « ... Rien ne surpassera l'édition de Voltaire in-4°, que Cramer, libraire de Genève, a entreprise. Gravelot, l'un des plus célèbres de nos dessinateurs, est chargé des figures ; il m'a déjà montré une vingtaine de dessins... On n'a rien fait de plus élégant. » — Cramer écrivait à Gravelot : « M. de Voltaire, qui a été enchanté de vos dessins, m'a donné un petit mémoire des sujets pour ses tragédies, » et lui parlant de l'embarras survenu dans la gravure des petits dessins, il lui contait ce trait piquant : « M. Baléchou, à qui

Et Voltaire était si enchanté de la lettre et des dessins, que par Cramer il s'adressait au dessinateur pour une vengeance contre Fréron[1]. Gravelot, répétons-le, se faisait illusion :

j'avois envoyé le premier, m'a promis de l'achever ; mais un dominicain de ses amis l'ayant vu travailler s'est douté de ce que ce pouvoit être et l'a prié de ne pas aller plus loin. » Il termine en lui annonçant que les quinze autres dessins ont été remis à M. de Florian, qui vient de partir avec madame Fontaine et qui doit prendre le conseil de Gravelot pour savoir à qui il faut s'adresser pour les gravures. (Papiers de Gravelot, communiqués par M. de Manne.)

1. Lettre de Cramer l'aîné, du 1er novembre 1760, qui lui annonce que Voltaire est enchanté des dessins de son théâtre, lui abandonne la direction de la gravure, et lui demande une planche de forme in-12, qu'il adressera par la diligence à M. Camp, associé de M. Tronchin, quai de Saint-Clair à Lyon : « Il faut dessiner une lyre, suspendue agréablement avec des guirlandes de fleurs, et un âne qui brait de toute sa force en la regardant, avec ces mots au bas :

> Que veut dire
> Cette lyre ?
> C'est Melpomène ou Clairon.
> Et ce Monsieur qui soupire
> Et fait rire,
> N'est-ce pas Martin F.....?

« Cette plaisanterie doit se mettre à la tête d'un petit ouvrage qui n'attend que cette estampe pour paroître et que je vous envoierai d'abord. Si vous ne pouvez pas faire cette petite commission, qui feroit grand plaisir à notre cher philosophe, mandez-le-moi d'abord... » — Le dessin fut fait. La gravure, par Choffard, existe dans l'œuvre de Gravelot.

c'est sa mauvaise immortalité que celle qu'il
espérait de Voltaire, de la tragédie et du
poëme épique. Il lui en était réservé une
meilleure et qui durera plus : celle que lui
donnera l'expression la plus délicate de son
temps, soit dans l'illustration d'un roman
anglais ou français, soit dans une vignette
unique comme celle qu'il a jetée en tête des
Amusements d'un convalescent. Le joli cabinet
d'épicurien! le coin de feu tiède! les rayons de
livres aimables, la table avec ses gorges de
bronze, la tasse de tisane refroidissant sur la
cheminée contournée, et là dedans le charmant homme, maigri sous l'ampleur de la
robe de chambre du lever, regardant une idée
au bout de sa plume prête à écrire, tandis que
la basse dont il vient de jouer glisse, avec
l'archet, le long de sa cuisse... L'artiste
donne là tout son charme comme il donnera
tout son siècle dans ses *Contes* de Marmontel
tournant autour de l'histoire et des caractères
du jour : le *Scrupule, Heureusement,* les *Deux
Infortunés,* la *Bonne Mère,* le *Connaisseur.* Et
dans tous les livres auxquels il apporte la parure
d'une de ses petites scènes contemporaines, il

surprend, il émerveille par ce qu'on pourrait
appeler chez lui le naturel de l'élégance, par
le coquet décor de l'appartement, par le goût
des colifichets meublants, par tout ce fin et
microscopique rococo amusant le fond d'où se
détachent si bien ses duos et ses trios de personnages d'amour, ces comtes, ces marquis,
ces Lindors aux habits étoffés, pochant sur la
poitrine, à la taille pincée, aux basques épa-
nouies, tout charmant de l'air vainqueur de
Fronsac et de Lovelace. Et ces femmes, ces
petites créatures que le temps appelait *divines,*
Gravelot n'est-il pas le plus artiste à les
peindre? Elles sont à lui et ne sont qu'à lui,
ces petites personnes si vivement plantées au-
devant de ses scènes, les cheveux tignonnés
sous un soupçon de bonnet-papillon, le chignon retroussé et découvrant la nuque fine,
les épaules filantes, la gorge ramassée, la
taille *joncée,* comme on disait, longues, sveltes
et fluettes, la chair de la poitrine et des bras
battue de dentelles, de garnitures, d'échelles
de nœuds, d'engageantes de point d'Alençon :
Gravelot les fait légères jusqu'à la pointe de
la mule sous les fanfreluches et les rubans

envolés de leur costume; il les transfigure
avec cet idéal de mode qui va du déshabillé à
la Pompadour à la robe à l'anglaise. Le dessinateur, qui a modelé, semble les sculpter pour
ainsi dire au crayon, il les sort d'une rocaille
de plis, pareilles à ces figurines de Saxe qui
lui en montrent dans son atelier le dessin de
porcelaine et le relief éclairé; et il les anime
encore comme d'une pointe de poésie au-
dessus de la réalité du temps, d'une petite
grâce intéressante qui met en elles de l'hé-
roïne de roman, les rapproche de Paméla.

Gravelot sort rarement de son cadre. C'est
un hasard dans son œuvre qu'une grande
planche. Nous n'en connaissons guère qu'une,
la *Fondation pour marier dix filles, renouvelée
en 1751 par les soins de M. le marquis de
l'Hôpital, seigneur de Chateauneuf-sur-Cher,*
et dont Moreau a fait l'eau-forte : une grande
pièce qui a l'air d'un dénoûment d'opéra-
comique de Sedaine faisant défiler la procession des couples villageois montant à l'église
et saluant leur seigneur, violons en tête. Il
est rarement le vignettiste de l'in-quarto, de
l'in-octavo même, il est le vignettiste de l'in-

douze. Son dessin semble avoir besoin de la petitesse du format pour être à son aise et sur son vrai terrain[1], et même dans l'in-vingt-quatre il s'amuse à un tour de force de crayon qui ne pouvait réussir qu'à lui. Son *Almanach de la loterie de l'École royale militaire* est un vrai petit livre bijou et joujou. Qu'on imagine, au-dessus des numéros de la loterie, quatre-vingt-dix petites scènes, toutes se passant entre enfants, comme si les grandes personnes avaient été trop grandes pour y figurer ; toutes consacrées à la petite fille, la faisant repasser, avec le bourrelet des *Amusements de l'âge* de Watteau, par tous les plaisirs, tous les caractères et tous les états de la femme, l'avertissant de la vie par quatre-vingt-dix petites moralités rimées dans le cartouche et pour lesquelles le dessinateur-poëte sollicite à la fin l'indulgence du public.

Son frère d'Anville dit : « Deux mariages

---

1. Un de ses seuls dessins sortant du petit format a été gravé à l'eau-forte par Saint-Non. C'est un concert d'amateurs caricatural, où tous les concertants emperruqués font rage, le batteur de mesure frappant du pied, l'abbé raclant la basse, les violons se démenant dans le fond, en présence de deux péronnelles, le bouquet au corsage et les dentelles évaporées.

contractés par fantaisie, et à l'insu de ses
proches, ne lui avaient pas donné d'enfant. »
Mariages de fantaisie, mariages d'amour; ce
sont alors les ordinaires mariages entre les
artistes pauvres, jeunes ou vieux, et les jeunes
filles de la petite bourgeoisie. Leur histoire se
ressemble : d'abord une longue cour, et, de
la part des écrivassiers et faiseurs de vers,
comme Gravelot, force lettres amoureuses,
galantes, poétiques, sans compter les petits
envois de dessins, de gravures. L'alliance est
retardée, s'éloigne, sourit de loin plus chère-
ment, par le refus des parents, la ruine des
espérances, l'argent pour s'établir qu'on croyait
tenir et qui échappe. Vient enfin le grand
jour, et l'artiste peut écrire ces lignes où parle
le sage bonheur : « Nous allons donc être
heureux tous deux par notre amour, par une
honnête médiocrité, des désirs modestes, un
petit ménage décent, mon crayon, mes burins,
mes livres, quelques amis, et, plaise à Dieu!
une bonne santé surtout. » Telles, ces jolies
unions, celle du graveur Miger avec demoiselle Griois, où, l'accord fait, Miger se rend
chaque matin place Vendôme à la foire Sainte-

Ovide, pour monter, pièce à pièce, le ménage
de tout ce qui lui manque par quelque emplette
expédiée à la future madame Miger dans une
missive dont la collection s'appelle les *Foires*[1].
Et de Gravelot aussi nous possédons quelques
lettres d'intimité conjugale qui nous font entrer
dans le ménage modeste et content du dessinateur avec sa première femme, Marie-Anne
Luneau[2]. C'est la correspondance du mari
pendant les années 1755, 1756, 1758, le temps
où madame Gravelot, pour remettre sa santé
délicate, va passer dans sa famille, chez l'épicier Laurencin à Châteaudun, un mois de
printemps, un mois d'automne. Gravelot y
envoie à sa femme les riens du logis, les rares
et petites nouvelles de la maison de travail,
les menus cancans, les ragots, les noms de
ses visiteurs, les compliments dont il est

1. *Biographie de Miger*, par M. Bellier de la Chavignerie.
Paris, Dumoulin, 1856.

2. Malgré nos recherches à l'état civil de Paris et à celui de
Châteaudun, il nous a été impossible de découvrir l'acte de
mariage de cette première femme de Gravelot. Nous savons
seulement qu'elle est la sixième enfant des treize enfants de
Luneau, huissier royal du présidial de Blois, née le 5 août
1710, et morte en 1759, d'après les papiers annexés à l'acte
du second mariage de Gravelot.

chargé pour elle par Mˡˡᵉ Hay, Mᵐᵉ Dixi, Mᵐᵉ Belricourt, M. Vimart, M. Cattier, le petit abbé, le docteur; et encore les santés que l'on a portées à son honneur chez le comte d'Épinville : le tout assaisonné de gronderies sur sa paresse, tempérées par l'affirmation qu'il ne peut garder de rancune contre *Nainé*. Le post-scriptum est souvent une bonhomie comme celle-ci : *A la fin, je crois que notre chatte n'est pas pleine.* Il travaille au Voltaire, ou bien il a reçu deux pièces de vin que le tonnelier *nous assure être de grand vin et le meilleur qu'il ait encore bu.* Il la presse de revenir, « quelque bien que le pays lui fasse ». Et il insiste par des vers comme ceux-ci :

> L'hiver, ses rumes, ses frimats
> Couvriront bientôt nos climats.
> Puis, à croire ton écriture,
> L'ennui te tient, si ce n'est pas
> De ta part flatteuse imposture.

Ailleurs, il la console de l'ingratitude de son amie Goton, par une traduction poétique d'une fable d'Ésope cruellement allusive aux procédés de la perfide, et, au bout de sa fable,

l'enragé lecteur, oubliant que c'est à sa femme
qu'il écrit, lui apprend doctement que c'est
le moine Planude à qui nous devons la vie
d'Ésope. Ce qu'elles montrent, ces lettres
ouvertes, c'est la simplicité ouvrière d'un arti-
san liseur, simplicité singulière, inattendue,
contradictoire, chez un artiste de tant d'élégance, dans un dessinateur de si rare délicatesse. Dans son ménage, comme dans toute
sa vie, il reste l'homme de son portrait de
La Tour : le bonhomme aux gros traits, aux
yeux vifs, à l'air lourd, rustique, anglaisé, à
la physionomie d'un patriarche villageois de
Greuze, — ce paysan, c'est Gravelot[1]. Son
frère nous le peindra désintéressé, sans
intrigue, sans mouvement d'ambition, sans
occupation ni souci de sa carrière, modeste
jusqu'à courir, au grand scandale de Boucher[2],

1. On connaît deux portraits de Gravelot : l'un d'après La
Tour, gravé par Massard; l'autre d'après lui-même, dans un
médaillon, avec une figure allégorique à côté, gravé par Henriquez.

2. Gravelot ne fut jamais riche. « L'idée qu'on s'était faite
dans un certain monde que M. Gravelot devait être riche dans
son état s'est évanouie au moment de sa mort. Il n'avait pas
été moins occupé ici que dans un pays étranger, il avait même

pour donner des leçons, caché, s'effaçant, ne
se montrant presque nulle part, se dérobant
aux sociétés, fuyant le bruit. Point de livre,
point de journal, point de brochure qui parle
de lui. Dans ce temps où l'artiste tient toujours à une association, à un corps, il n'est
membre de rien; il n'est que professeur de
MM. les ingénieurs du Roy. Il n'est pas de
l'Académie, il ne songe seulement pas à s'y
présenter. Son nom manque aux livrets de
l'Académie de Saint-Luc. Incapable d'une sollicitation, répugnant à la moindre démarche,
ayant débarrassé sa vie des devoirs de politesse et de bienséance, il demeure, se tenant
compagnie à lui-même, casanier, enfermé,
sans aller voir parents ni amis. Son frère,
auquel pourtant il était fort attaché, raconte
qu'il n'aurait point eu de commerce avec lui,
s'il n'avait fait, quoique l'aîné, les frais de
toutes les visites. Une espèce de paresse, un
goût d'indépendance qui s'était fortifié aux
leçons de la libre vie de Londres, semble le

touché la part qui lui revenait dans la succession de son père.
Une vie assez unie, sans luxe et sans suite, pouvait favoriser
cette opinion. » (*Éloge de Gravelot.*)

tenir à l'écart de tout, plongé, absorbé dans
les livres, dans la passion de lire, de feuilleter,
de bouquiner, qui lui prend son temps, l'enlève
à son art, lui met à toutes les heures un volume à la main, un volume sous son chevet, lui fait emporter une lecture à la promenade, et presque toujours un Montaigne
dans sa poche. Il lit seul, il lit devant ceux qui
viennent le voir, et quand il est forcé de causer,
sa conversation retourne à ce qu'il vient de
lire. Doux philosophe sauvage! Surprenons-le
dans cet intérieur dont il a tant de peine à s'arracher, dans cet atelier de la rue Saint-
Honoré, entre ces murs où rient un Boucher,
deux Desportes, des singes de Peyrotte, des
figures pastorales en plâtre et des statuettes
de Saxe [1] : nous le verrons avancer la main

1. « Vente consistant en tableaux, dessins, estampes de différents maîtres, mannequins et autres effets à l'usage de la
peinture et du dessin, après le décès de M. Gravelot, dessinateur et ancien professeur de MM. les ingénieurs du Roy;
laquelle commencera le mercredi 19 mars 1773 de relevée et
continuera les jours suivants rue Saint-Honoré, au coin du
cul-de-sac de l'Oratoire. » Nous avons dit le prix des tableaux
de Gravelot dans cette vente; les 40 dessins pour Voltaire
furent retirés; les 34 dessins pour le Corneille eurent le même

vers ses porte-crayons d'argent, travailler une
heure devant ces petits mannequins, petit
modèle de duchesse ou de personnage tragique à la Voltaire, laisser cela, griffonner des
vers, travailler à un traité de perspective, et
toujours revenir à un volume quelconque de
sa bibliothèque pour en relever les fautes
d'impression, ou bien pour en ressentir l'émotion, comme l'artiste ressentait l'émotion du
livre et du théâtre, à en suffoquer, à en pleurer,
à en étouffer de sanglots!

Les dernières années de Gravelot devaient
apporter au liseur, au dessinateur, la priva-
tion de ces chers passe-temps. La petitesse,
la délicatesse de ses travaux de dessinateur, lui
affaiblissaient la vue, lui défendaient presque
tout travail. L'oisiveté, l'ennui, le vide d'un
foyer solitaire, depuis la mort de sa première
femme, arrivée en 1759, ce commencement
d'aveuglement, peut-être le besoin des soins
et du dévouement d'une garde-malade, lui fai-

sort. On vendit 110 petits dessins 129 livres, et un portefeuille rempli d'esquisses, de croquis, de divers dessins de
perspective, avec un Traité manuscrit par l'artiste, monta à
367 livres.

saient, à plus de soixante et onze ans, épouser
une fille de trente-quatre ans, Jeanne Ménétrier[1]. On voit, au bas de son acte de mariage,
la jolie écriture de la signature de ses dessins
trembler dans ses deux noms : *Bourguignon
Gravelot*.

Trois ans après, le 19 avril 1773, une maladie de huit jours, une indigestion, l'enlevait
dans le premier mois de sa soixante-quinzième
année[2].

1. « Paroisse Saint-Germain l'Auxerrois, novembre 1770.
« Du mercredi vingt-huitième, sieur Hubert-François *Bourguignon*, dit Gravelot, ancien professeur des ingénieurs du
Roy, âgé de soixante et onze ans et demi passés, veuf de
dame Marie-Anne Luneaux, d'une part, et Jeanne *Ménétrier*,
âgée de trente-quatre ans et demi passés, fille des défunts
Simon Ménétrier, manouvrier, et Anne Monginot, d'autre
part; tous deux rue Saint-Honoré de cette paroisse, ont été
mariés, de leur mutuel consentement, par nous soussigné pré-
tre, docteur en théologie de la sacrée faculté de Paris, et
vicaire de cette paroisse... en présence du sieur Jean Baron,
bourgeois de Paris, de sieur Jean-Baptiste *Antoine*, peintre au
pavillon des Quatre-Nations, tous deux amis du marié, de
sieur Georges, maître de sieur Georges, bourgeois de Paris,
de sieur Nicolas Dupré, marchand tailleur, amis de la
mariée. »
2. Donnons ici, d'après les registres de la paroisse Saint-
Germain-l'Auxerrois, l'acte de décès de Gravelot : « Du
mardy 20 avril, Hubert-François Bourguignon dit Gravelot
ancien professeur de messieurs les ingénieurs du Roy âgé

d'environ soixante et quatorze ans époux de Jeanne Ménétrier décédé à cinq heures du matin au cul-de-sac de l'Oratoire a été inhumé en cette église en présence de Pierre-Paul Cartron bourgeois de Paris et de Zacharie Boivin lequel a déclaré ne sçavoir signer. »

COCHIN

COCHIN

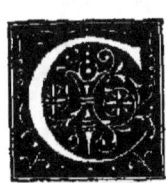

HARLES-NICOLAS COCHIN fils est né à Paris le 22 février 1715[1].

Il sort d'une famille de graveurs, d'une de ces familles où se continuait et se perpétuait, pendant des centaines d'années, à travers la succession des générations, comme dans les corporations et les maîtrises, la profession d'un métier, la transmission et l'héritage d'un art. Il a pour mère Madeleine Horthemels, la sœur de Marie Horthemels qui épousa Nicolas-Henri Tardieu, graveur ordinaire du roi, la sœur de Marie-Nicolle Horthemels qui épousa Alexis-Simon Belle, peintre ordinaire du roi : triple

[1]. Malgré toutes nos recherches à l'état civil, il nous a été impossible de retrouver l'acte de naissance de C.-N. Cochin.

alliance qui, par les trois sœurs, fait de trois
familles d'artistes une seule famille à laquelle
se rattacheront encore par des mariages les
Cheron, les Rousselet, les Duvivier, les Ave-
line, les Saint-Aubin, et qui entourera le jeune
graveur d'une parenté de graveurs [1]. Sa mère
grave; les trois sœurs sont artistes, graveurs,
peintres, comme leurs maris; et Madeleine
Horthemels aura plus tard la joie de travailler
d'après les dessins de son fils, de mettre son
nom de mère à côté du nom de Cochin fils
sur les planches du *Don Quichotte,* de la *Charmante Catin,* du *Chanteur de cantiques;* et de
finir au burin, sous le voile et la modestie de
l'anonyme, quelques-unes de ses plus capitales
eaux-fortes des fêtes de la cour.

Il a pour père Charles-Nicolas Cochin père,
cet admirable interprète des deux grands peintres de son temps, de Watteau et de Chardin;
le graveur rare, sérieux, souple, ferme, coloré,
qui a su, avec la pointe et le burin, s'approcher de leurs tableaux, rendre la touche des
deux maîtres, exprimer le piquant magistral

---

1. *Archives de l'art français,* vol. IV. Notice de M. Tardieu
sur les Cochin, les Tardieu, les Belle.

de l'un, le grand style bourgeois de l'autre.

Charles-Nicolas fils est élevé dans cette rue Saint-Jacques dont le baptême est resté à notre imagerie moderne, dans cette rue glorieuse de l'enseigne des *Deux Piliers d'or* de Gérard Audran, de l'enseigne de Charlemagne *Quis major Carolo* de son père, de l'enseigne *Au Mœcenas* de son oncle Tardieu, de l'enseigne *A la belle image* de Poilly, de l'enseigne de la Veuve Chereau et des autres. Il grandit au milieu de ce quartier de la gravure et de l'enluminure, dont l'affichage et le commerce se répandent et rayonnent dans les rues du Mont-Saint-Étienne, des Noyers, du Plâtre, de la Harpe, du Four, des Mathurins, partout où se promène son enfance. Un tel milieu, une pareille famille, l'intérieur avec l'exemple du père et de la mère toujours courbés sur l'établi du graveur, la rue avec ses estampes parlantes, durent bien vite mettre aux mains du petit homme, comme son premier jeu, l'amusement d'une pointe à demi guidée par les doigts des parents. De là des essais enfantins sur des bouts de planche, des rognures de cuivre, aboutissant à deux petites copies d'eaux-fortes de Gillot, l'*Audience du lion*, les *Moineaux*, portant la date de 1727[1]. Cochin avait alors douze ans. L'enfant était précoce en tout, avec une aptitude singulière pour les lettres, les sciences, l'étude des langues étrangères qu'il s'apprenait tout seul de manière à comprendre les auteurs latins, italiens, anglais[2].

Déjà il est apprenti graveur sous la direction sévère de son père, qui le tient au logis. Mais il s'en échappe tous les jours au grand matin, et, courant à l'atelier de Le Bas, il va y gagner en deux heures le petit écu de ses menus plaisirs, puis revient à la maison, où son père croit lui faire commencer sa journée[3], et l'applique à de sérieuses études, à de laborieuses copies de Bolswert, de Goltzius, de François de Poilly; à de pénibles travaux

---

1. Voir l'œuvre en six volumes in-folio de Cochin au Cabinet des estampes de la Bibliothèque impériale; — le *Catalogue de l'œuvre de Charles-Nicolas Cochin fils*, par Charles-Antoine Jombert (Paris, 1770), catalogue si curieux par ses notes; — et le vol. IV du *Dictionnaire des graveurs*, par le baron Heinecken.

2. *Journal de Paris*, 2 juin 1790. Notice sur Cochin.

3. *Portraits intimes du* XVIIIe *siècle*, par Edmond et Jules de Goncourt, série II, Le Bas.

qui lui apprennent durement, pour l'avenir, la science du buriniste. A cette école, le jeune homme finit par prendre à la longue tant d'ennui et de dégoût que son père, craignant un découragement complet, lui permet la distraction qu'appelle sa vocation : l'eau-forte. Et dans l'œuvre du jeune homme apparaissent une *Fuite en Égypte,* un *Christ guérissant les malades,* pièces fort peu retouchées de burin, et qui se font jour à travers nombre de gravurettes de commerce. Mais c'est seulement en 1735 que Cochin s'annonce par une petite estampe, une Vénus semant le corail et les bijoux dans un encadrement de roseaux et de madrépores, petite figurine pour l'adresse de Stras, le *marchand joyalier du Roi,* qui promet déjà le dessinateur et l'ornemaniste ; planche curieuse pour l'histoire du talent de Cochin : c'est la première gravure qu'il exécute d'après un dessin de sa composition, car le jeune artiste est déjà depuis longtemps un dessinateur. Il crayonnait à l'âge où il gravait, presque enfant, copiait les estampes, les académies, ce qui lui tombait sous la main, sous les yeux, surtout la rue vivante, les jeux du pavé, le spectacle des passants. Jombert gardait de lui une suite de dessins, déjà très-habiles, que le précoce petit observateur avait faits en 1731, à l'âge de seize ans, et auxquels il avait donné le titre de : *Diverses charges des rues de Paris.* Cette espèce d'école buissonnière de son crayon, hors de l'atelier, entre les heures du travail d'interprétation et de commande, devint une habitude à laquelle Cochin resta fidèle. Avec le temps, il se fortifia dans le goût de ces croquis d'enfance. Il y revint, les reprit, les continua avec un talent plus mûr; et en 1737, alors qu'on ne le connaissait que comme le dessinateur de quelques sujets des *Contes* de la Fontaine, estropiés par des graveurs médiocres, mal payés par un marchand vitrier nommé Célis, le public s'arrêtait étonné devant une suite d'estampes dessinées par le graveur: la *Ravaudeuse,* la *Charbonnière,* le *Maçon,* l'*Ouvrière en dentelle,* la *Blanchisseuse,* le *Tailleur pour femme,* cette curieuse planche de l'histoire de la mode, montrant la main du tailleur qui mesure le buste d'une jolie femme pour la confection d'un *corps.* Et d'autres planches de mœurs suivront : la *Charmante Catin* montrant la marmotte, et le *Chanteur de cantiques,* le *Retour du bal* où la fatigue chatouille de sommeil tous les yeux d'une société. Malheureusement Cochin ne s'arrêtera pas là. Le succès des Chardin et de ses enfants à mi-corps l'entraîneront à de malheureuses imitations de la *Maîtresse d'école* et du *Joueur de toton;* il signera ces maladroites et gauches compositions : le *Camouflet* et le *Château de cartes.*

L'année même de cette enseigne de Stras, en 1735, Cochin rencontre sa fortune et sa veine dans la chance qui lui vient de graver à l'eau-forte le tableau de Panini chargé d'immortaliser le feu d'artifice donné par le cardinal de Polignac à Rome, le 30 novembre 1729, pour la naissance de monseigneur le dauphin. La gravure de ce tableau était pour Cochin la révélation de sa vocation. Sa pointe, en contournant la spirituelle et galante silhouette des personnages du peintre, apprenait à son crayon l'esprit, l'élégance d'une foule, le joli et le léger du bel air, ce piquant que le pinceau de l'Italien savait jeter et faire circuler dans une fête. Cochin devenait un Panini,

mais un Panini de Versailles, vraiment maître
dans le goût et la science des représentations
de cour, dans la croquade microscopique de
son public. Et presque aussitôt, en 1736, commence dans son œuvre la longue suite de ces
illustrations des fêtes et des deuils royaux,
princiers ou publics : d'abord la *Décoration de
l'illumination et du feu d'artifice donné à Monseigneur le Dauphin à Meudon* le 3 février 1735,
puis l'*Illumination de la rue de la Ferronnerie
donnée le 29 août 1739 par les soins des six corps
de marchands à l'occasion du mariage de Madame
Première avec l'infant don Philippe,* et en 1745
*pour la Convalescence du Roy ; l'Audience donnée
par le Roy à l'ambassadeur de Turquie dans la
grande galerie de Versailles en janvier* 1740; la
*Pompe funèbre de la reine de Sardaigne célébrée
en l'église Notre-Dame de Paris le* 22 septembre 1741. En 1745 et 1746, Cochin est l'historiographe de la courte existence de cette infante
d'Espagne devenue dauphine de France, et de
la brusque aventure de sa vie et de sa mort,
dans ces planches qui se suivent et se pressent : la *Cérémonie du mariage du Dauphin de
France célébrée dans la chapelle de Versailles le*

23 *février* 1745; — la *Décoration de la salle de spectacle construite dans le manége couvert de la grande écurie de Versailles pour les fêtes du mariage du Dauphin le 23 février* 1745; — la *Décoration du Bal paré donné par le Roy le 24 février* 1745; — la *Décoration du Bal masqué donné par le Roy dans la nuit du 25 au 26 février* 1745; — et enfin la *Pompe funèbre de la Dauphine dans l'église de Notre-Dame le 24 novembre* 1746; grandes « machines » auxquelles Cochin ajoute encore, en se jouant, la gravure de ces jolis billets d'entrée aux fêtes qui semblent des contre-marques pour un spectacle d'Olympe.

C'est vers ces années que Cochin devient l'artiste couru, demandé, recherché par la cour et la ville, tourmenté par les intendants des Menus et les libraires pour toutes les grandes et les petites choses du dessin et de la gravure, alors si mêlés au luxe courant de la vie sociale. Sa facilité, son abondance, triomphent du temps, du nombre des commandes, de la variété et de la multiplicité des travaux. L'heure va venir où les vignettes ne s'appelleront plus des vignettes, mais des

Cochin [1]. Un en-tête, un fleuron, l'artiste arrive
à les enlever en quelques heures à l'eau-forte
et au burin, en attaquant sa planche d'après
une esquisse croquée et lavée du premier
coup à l'encre de Chine. Jamais il n'est à
court, et sa verve ne se lasse pas. De son imagination, comme d'une corne d'abondance
d'illustrations, sortent intarissablement tous
les genres de vignettes : des cartels baro-
ques, des adresses d'orfévres, des premières
pages d'almanach, des lettres grises, des
Flore, des Neptune, des Diane, des Bacchus,
miniatures de dieux; — et pêle-mêle : un frontispice pour le diocèse de Bayeux, des estampes de Don Quichotte, des images pour
les *Nouvelles ecclésiastiques,* des titres pour les
cartes publiées par les fameux marchands de
cartes Nolin et Bénard, des gracieusetés aimables pour orner les classiques de Coustel-
lier et faire rêver les yeux des colléges d'alors,
jusqu'à de petites planches amusantes pour le
Calcul différentiel et intégral, jusqu'à de petites
figurines égayant une *Démonstration des pro-*

---

1. *L'An deux mille quatre cent quarante,* 1786.

priétés de la Cycloïde! Car c'est par excellence
l'enjoliveur de la science, que Cochin. Il a
l'esprit, la légèreté d'ingéniosité d'une espèce
de Fontenelle. C'est l'homme inimitable, dans
ce siècle de Mme du Châtelet, pour faire esca-
lader un compas par des gamineries d'amours,
semer leurs jeux des nuages et des fleurs,
dans la géométrie de Leclerc, égayer de
petits culs de lampe les horreurs même de
la guerre, et faire de l'éclat d'un obus ou de
l'explosion d'une mine un dessin amusant à
l'œil comme un dessus de boîte du temps.

Cependant, au milieu de cette production
énorme et parfois un peu lâchée de Cochin,
les artistes remarquaient quelques œuvres tra-
vaillées, des morceaux d'ambition plus sé-
rieuse, parmi lesquels il faut placer au premier rang des académies encore un peu taillées dans le type de Boucher, mais d'une étude
carrée et ressentie, remarquables par l'accentuation des méplats, l'indication à la fois nette
et grasse des attaches de muscles, une savante
distribution des lumières, le détaillé des plans
dans la masse : excellents, sains et agréables
dessins de nature, dont Cochin a fait les plus

spirituelles et les plus savantes eaux-fortes
avec un travail simple et brillant, des tailles
larges et souples mourant en traînées de pointillé sur le renflement de la forme, un modelé
de pointe qui donne à ces figures, à distance,
le relief et comme le coup d'ébauchoir d'une
terre. C'est au moment de ce succès et de
cette reconnaissance générale que Cochin faisait un grand dessin sur papier bleu au crayon
noir : on y voyait le génie du Dessin au milieu
des Arts, s'élevant au temple de l'Immortalité,
sous la protection du Roy, pendant que dans
le lointain des vieillards décidaient du mérite
des ouvrages qu'on leur présentait. Sur ce
dessin l'Académie s'empressait de l'agréer le
29 avril 1741 [1], et lui en commandait la gravure pour son morceau de réception. L'honneur de cet agrément si rarement accordé à
un dessinateur augmente les commandes et
les travaux du graveur à la mode, à ce point
que les années se passent sans qu'il trouve le

1. Cochin expose en 1741, 1742, 1743, 1745, 1750, 1755,
1765, 1767, 1769, 1771, 1773, 1775, 1781. Nous renvoyons au
catalogue Jombert pour les dessins et les estampes exposés à
ces salons.

temps de graver ce morceau de réception : en 1761, il prie l'Académie de vouloir bien accepter, au lieu et place de la gravure commandée, son dessin de *Lycurgue blessé dans une sédition*. Plus de repos : il faut du Cochin à tous les livres qui paraissent. L'infatigable et intarissable artiste illustre la *Religion*, le poëme de M. Racine fils, Bossuet, l'*Histoire de l'Académie française*, par Pellisson et d'Olivet, *Sallustius, Cornelius Nepos, Virgilius Maro*, la *Bible de Royaumont*, le *Règlement pour l'Opéra*, l'*Abrégé chronologique de l'Histoire de France* par le président Hénault, la *Gierusalemme liberata*, la *Manière de graver à l'eau-forte* par Abraham Bosse, une édition des *Contes* de la Fontaine, *Angola*, l'*Histoire des Voyages* de l'abbé Prévost, etc.; et ne croyez pas encore qu'il s'arrête?—Tous les jours après son travail, venant passer quelques heures de récréation chez Jombert, il jette en s'amusant, sur la table, un dessin dont il fait, chaque soirée, cadeau à son ami.

Ce labeur infini, incessant, ne l'empêche pas de se pousser dans le monde avec ce qu'il a pour y plaire et y réussir : de la gaieté, de

l'esprit, du parlage d'art, une instruction supérieure à ses pareils, de la tournure, une
jolie mine fine, cet air que Diderot lui voit,
dans le portrait de Vanloo, à toujours vouloir
dire « une malice ou une ordure[1] », et encore
de la souplesse, du « manége » dans la conduite, à en croire le peu bienveillant Mariette[2].
Il est entré en relations avec les gens de la
cour par son talent, son genre de dessin, les
commandes officielles. Il est en rapports sym-
pathiques avec le parti des dévots qui semble
l'honorer du monopole de toutes leurs illustrations, de tous les petits dessins dont la religion d'alors fait le passe-port du livre de piété.
Il est assez attaché de ce côté-là pour avoir
osé, presque seul parmi les artistes, une caricature contre Voltaire dans la *Malebosse*. Il est
intime avec Diderot[3] qui l'admire, le gronde,
lui emprunte souvent son expérience, et dé-

1. Le portrait de Cochin a été peint par Vanloo, Roslin, etc.,
gravé en petit médaillon d'après lui-même, par J. Daullé,
1754.

2. *Abecedario* de Mariette, article de Cochin.

3. *Salon de Diderot.* — *Supplément aux œuvres de Diderot.*
Belin, 1818. — *Mémoires, Correspondance*, etc., *de Diderot.*
Garnier, 1841. Vol. II.

molit ses allégories pour les refaire à la plume.
Il est apprécié des amateurs d'art tels que
Bachaumont, auquel il dédie le portrait de
Nyert, valet de chambre du roi, — bienvenu
de Caylus, le grand seigneur antiquaire, —
généralement aimé et estimé de ses confrères,
capable et digne d'avoir avec quelques-uns
d'entre eux, comme avec Wille, cinquante-
deux ans d'amitié sans nuage [1]. Il est lié avec
les parlementaires dont il accompagne l'un,
l'abbé Pommier, dans son exil en 1771, à son
abbaye de Gandelu. Il est le camarade des
grandes comédiennes qu'il mène chez le graveur de leur portrait [2]. Chez Mme Geoffrin, il
est un des plus assidus dîneurs de ses lundis
d'artistes, l'oracle de la table et de la maison [3].
Et de l'amitié familière qui le liait à Mme du
Deffand, il nous reste un curieux souvenir,
une petite gravure tirée sans doute à quelques
exemplaires pour les intimes, la seule image
qui nous fasse entrer dans l'intérieur de l'épis-

---

1. *Mémoires et Journal de Jean-Georges Wille,* Renouard, 1857.
Vol. II.

2. Id.

3. *Archives de l'Art français.* Notice de M. Tardieu.

tolaire aveugle. La planche s'appelle, dans le
catalogue de l'œuvre de Cochin *les Chats angola de Mme la marquise 'du Deffand* (dessinés
et gravés en 1746). Un coin de cheminée à
côté duquel s'évase une ample bergère aux
pieds de bois, aux bras rustiques, aux larges
coussins mollets; sous la bergère, un panier à
laine, en osier, à l'apparence de charpagne;
contre la cheminée, une petite servante, au-
dessus une petite étagère-bibliothèque à trois
planchettes de livres; dans l'angle de la pièce,
une encoignure avec quelques porcelaines;
au fond, dans la boiserie unie et plate, sans
ornement et sans moulure, une porte vitrée
donnant sur le noir d'un cabinet; et dans l'alcôve qui suit, la tête d'un lit qui paraît recouvert d'une perse à ramages, garnissant également le mur où l'on aperçoit un petit cartel:
telle est la chambre à coucher de Mme du
Deffand; Chardin n'arrangerait pas plus simplement celle d'une de ses plus simples bourgeoises. Et pour tous habitants, la tranquille
pièce n'a que deux chats, deux chats ayant au
cou l'énorme collier de faveur qu'ils portent
gravés en or sur le dos des livres possédés par

la marquise : l'un, tout noir, prêt à descendre de la bergère pour disputer à l'autre, tout blanc, une aile de poulet posée à terre sur une assiette.

Cochin avait bientôt ce qu'on appelait « ses entrances » à la cour même et chez Mme de Pompadour, à laquelle il offrait l'épître dédicatoire des œuvres de Métastase, où il l'avait représentée sous la figure de Minerve, protectrice des arts. Mme de Pompadour était alors fort occupée de préparer la position et l'avenir de son frère. Dès 1746, elle l'avait fait nommer à la survivance de la place de directeur et ordonnateur général des bâtiments, alors remplie par M. de Tournehem; et, quand plus tard, après les trois ans d'apprentissage et d'étude qu'elle imposait à M. de Vandières pour le rendre digne de sa place, elle pensait à lui faire compléter son éducation de connaisseur par un voyage en Italie, c'était sur Cochin qu'elle jetait les yeux pour servir de Mentor à son goût; et Cochin accompagnait avec Soufflot et l'abbé Leblanc, le futur surintendant des Beaux-Arts « à cette source, comme il l'appelle, où se puise la connaissance des

vraies beautés de l'art [1] ». Les voyageurs par-
taient le 20 décembre 1749. Ils revenaient à
la fin de septembre 1751, Cochin si chargé de
notes et si bourré de descriptions, qu'il en
remplira trois volumes.

Au retour, Cochin se trouve être l'ami de
l'ex-marquis de Vandières devenu M. de Marigny, lié à lui par tous les rapprochements du
voyage; et la faveur que lui accordent le frère
et la sœur ne tarde pas à éclater. Presque au
débotté, le 27 novembre 1751, Cochin est reçu
par acclamation à l'Académie; et Coypel venant
à mourir l'année suivante, il est aussitôt nommé
garde des dessins du roi (23 juin 1752). La
marquise lui ouvre le spectacle des petits appartements, lui en fait exécuter la carte d'entrée badine, se laisse peindre par lui à l'aquarelle, montée sur ce petit théâtre intime et
royal de ses talents, dans une représentation
d'*Acis et Galathée* [2]; elle le choisit encore pour
retoucher à ses eaux-fortes, pour mener au
fini l'estampe commencée par elle pour cette

1. *Voyage d'Italie ou Recueil de notes*, par M. Cochin. Jombert, 1769.

2. Dessin possédé par M. le comte de la Beraudière.

édition de *Rodogune* imprimée sous ses yeux, avec l'indication *Versailles, au Nord.*

Pour M. de Marigny, Cochin en était devenu l'inséparable, l'homme de compagnie attaché à sa personne, le suivant habituel, ne manquant jamais dans ce groupe de familiers escortant le frère de Mme de Pompadour à l'ouverture des expositions du Salon. Il ne suffisait pas à M. de Marigny de l'avoir sous sa main au Louvre; il l'emmenait dans son voyage de Flandre et de Hollande. Et à la vente de sa succession, on vit passer le souvenir de tous les séjours de l'artiste à Marigny, dans cette série de vues de tous les côtés du château, du marché, des environs et du joli hameau au joli nom : *Écoute s'il pleut* [1]. Si près des bontés du frère, si près des grâces de la sœur, Cochin ne pouvait manquer d'accumuler les places, les honneurs, les bénéfices. Le 25 janvier 1755, il était nommé secrétaire et historiographe de l'Académie royale de peinture et de sculpture. Depuis longtemps déjà, logé au Louvre, il y

1. Catalogue de différents objets de curiosité dans les sciences et arts qui composaient le cabinet de feu M. le marquis de Menars, par Basan et Joullin. Paris, 1781.

occupait deux logements[1]. Au mois de
mars 1757, ses protecteurs lui faisaient con-
férer des lettres de noblesse[2], et plus tard le
cordon royal de Saint-Michel. Tout doucе-
ment, par l'ascension naturelle de sa position,
il devenait le conseiller de la surintendance,
l'homme entièrement chargé du détail des arts,
— cette dépendance ordinaire de la place de
premier .peintre dont s'était fait décharger
Carle Vanloo, — l'arbitre des récompenses et
des encouragements, l'examinateur des projets, le rapporteur bienveillant des requêtes,
ainsi que le témoigne cette longue lettre :

Monsieur,

*Vous me permettez de vous présenter mes idées sur les
bienfaits que vous avez à répandre. Cette confiance que vous
me faites l'honneur de m'accorder est ce qui pouvoit m'arriver
de plus flatteur, mais elle m'alarme sur mes lumières ; et je
ne puis m'empêcher de craindre de ne pas réfléchir avec assez
de justesse. Je ne me rassure qu'en pensant que vous me
pardonneriez si je n'envisageois pas toujours les choses du
côté le plus convenable, et que vous redresserez mon jugement
en ne lui donnant que le degré de valeur qu'il pourra avoir*

---

1. Les numéros 26 et 27. *Archives de l'Art français.* Vol. I.
2. *Archives de l'Empire.* Ordonn. X. 8752.

par lui-même et sans égard à l'affection dont vous m'honorez.

Vous m'ordonnez, monsieur, de vous parler au sujet du sieur Loriot, qui a trouvé le secret de fixer les pastels et qui vous l'a confié ; je me garde bien de prétendre imaginer ce qu'il vous convient de faire à son égard : vous seul pouvez combiner le rapport de sa découverte et son utilité avec la magnificence du Roy. Je ne puis vous marquer que l'idée que j'ai de ce monsieur. J'ay de l'estime pour lui, non-seulement à cause de l'utilité de son secret, mais encore parce qu'il me paroist que c'est un homme très-industrieux et qui applique ses talents à des découvertes vraiment utiles. Je scay qu'il vous a supplié de lui accorder une pension de douze cents livres et la continuation de l'usage de son secret pendant sa vie. Je ne trouve point sa prière excessive, et voici quelles sont mes raisons. Si toute son industrie s'étoit bornée à la découverte de ce secret qui peut avoir été trouvé par hasard, peut-être n'est-il pas en soi assez important pour mériter une telle récompense ; mais si l'on y joint la découverte d'un moyen d'étamer les glaces (qui a de grands avantages sur celui qui est en usage) de la perfection duquel il est assez près pour qu'on pût dès à présent le préférer. Si d'ailleurs je considère l'histoire de sa vie, je vois qu'il avoit trouvé un moyen de perfectionner les fers blancs, dont il a de bons certificats. De plus, diverses améliorations dans les métiers à faire des étoffes et des rubans, qui les faisoient opérer avec plus de vitesse. Toutes ces choses sont assez bien prouvées, et, quoiqu'elles n'ayent servi de rien à sa fortune par différentes causes, elles prouvent du moins que son industrie est très-utile et qu'il est important d'empêcher qu'elle ne tourne au profit de l'étranger. Par conséquent il paroist qu'il seroit utile de lui procurer le moyen de vivre honnestement et de continuer des recherches qu'il tourne à l'utilité générale. Je ne vois qu'une objection qu'on puisse faire au bien que vous lui feriez. Quelques artistes au premier coup d'œil trouveront peut-être étonnant qu'on donne une pension plus forte pour avoir trouvé un secret, qu'on ne leur en donne en récompense de leurs talents. Mais cette même objection, les militaires la leur font tous les jours, et ne trouvent pas moins étonnant qu'un homme à talents ait des récompenses plus fortes qu'un qui expose sa vie pour l'État ; ils ne font pas attention que leur nombre empêche qu'ils ne soient récompensés à l'égal de l'estime qu'on leur doit. Ce cas est à peu près le même, le nombre des artistes est assez grand pour forcer à borner leurs récompenses. Icy c'est un homme seul qui est ingénieux et qui étant encouragé peut perfectionner différentes choses qui le rendroient peut-être plus utile à l'État que ce que le Roy feroit en sa faveur ne seroit considérable. De plus, cette pension n'a pas de succession comme en ont celles données à l'Académie, et retourne au Roy même quand vous lui accorderiez la grâce qu'il désireroit en en laissant quelque partie à sa veuve. Après sa mort, tout cela s'éteindra.

Quant à ce que vous m'ordonnés de le charger de fixer ceux d'entre les dessins du Roy qui pourront en avoir besoin, je commencerai par un portefeuille d'environ deux cents dessins de Boels, études d'animaux, très-belles. Cette opération y est d'autant plus nécessaire, qu'ils sont mêlés d'un peu de pastel qui ne subsisteroit pas longtemps sans ce secours. Ainsi, monsieur, je vous prie de me donner l'ordre de lui confier les dessins du Roy sur son récépissé.

Quant au prix, il a toujours déclaré qu'il en passeroit par la loy qu'on voudroit lui imposer, et qu'il les feroit même

volontiers gratis en reconnoissance du bien que vous voudriez
bien lui faire ; mais comme le Roy ne vend point les grâces
qu'il accorde, je pense qu'il est mieux de convenir d'un prix,
il fait payer chaque dessin aux particuliers dix sols, je
crois qu'on peut les réduire pour le Roy à six sols à raison
de la quantité [1].

Les sculpteurs qui peuvent prétendre à la pension vacante
par la mort de M. Vinache sont principalement M. A. Slodtz
et M. Falconnet ; ils sont tous les deux très-distingués dans
la sculpture, et je vous avoueray, monsieur, que la modicité
de la pension de 200 francs me paroît peu digne de leur
mérite, s'ils n'avoient pas l'espérance de pouvoir faire le troque
lorsqu'il viendra à en vacquer quelque autre, ils se trouveroient
qu'ils auroient une moindre récompense que les autres sculp-
teurs, dont quelques-uns ne les valent pas. Je crois donc, si
vous le jugez à propos, monsieur, que cette pension ne doit
être regardée que comme une introduction à en avoir une meil-
leure par la suite, et qu'elle devroit toujours rester au der-
nier à qui elle seroit seulement une marque qu'il entre en
rang pour avoir part aux bienfaits du Roy.

A l'égard de la préférence qu'il vous plaira donner à l'un
d'eux, je ne vois d'autre moyen de se déterminer que la dif-
férence de leurs talents. Ils ne sont pas plus avancés du côté
de la fortune l'un que l'autre, et puisque je dois vous parler
avec vérité, je crois que quoique M. Falconnet soit un excel-

---

1. On lit en marge de cette lettre que nous possédons :
« Demande au Roy : 1000 ℔ de P⁰ⁿ au Sʳ Loriot de fixer ses
dessins à raison de 6 sols pièce. Que son secret sera déposé
au bureau des Bâtiments pour n'en estre fait usage public
qu'après sa mort. »

lent sculpteur, M. A. Slodtz lui est encore supérieur en
beaucoup de choses et principalement par la grandeur de sa
manière, la beauté de ses caractères de teste et l'art de traiter
les draperies. Ainsi, monsieur, je pense que c'est à lui de
passer le premier.

  Je suis très-respectueusement,

   Monsieur,

   Votre très humble et très-obéissant serviteur,

    C.-N. COCHIN.

A mesure que les années passent, que les
deux hommes s'unissent par un peu plus de
leurs jours passés ensemble, que la graisse
envahit ce charmant bel homme de M. de Marigny, l'alourdit de paresse et d'insouciance,
l'influence de Cochin grandit, et elle finit par
être, derrière le surintendant et sous sa signature, le vrai gouvernement de l'art et de l'Académie jusqu'au bout du règne de Louis XV,
— un gouvernement de bon camarade, après
tout, pour les artistes.

Parvenu à cette fortune, à cette faveur, à
cette grande place par un charme d'agrément
personnel, une certaine souplesse et son talent, Cochin s'y consolide et s'y établit par une
autorité qu'on ne rencontre presque jamais

chez les artistes de son temps, l'autorité de l'écrivain, et de l'écrivain d'art. Cochin, il ne faut pas l'oublier, est le professeur du goût public dans le *Mercure de France*. Il est l'esthéticien de l'art contemporain. Il en formule les principes, les règles de jugement, la doctrine. Il fixe et arrête les tendances, les préférences de l'artiste, de l'amateur et du connaisseur du XVIIIe siècle français. Il rédige le catéchisme des admirations de l'époque, dérange l'ordre et la consécration des chefs-d'œuvre italiens. Il représente l'indifférence de la peinture française pour les maîtres trop hauts et trop sévères, son aveuglement complet pour toutes les origines des écoles d'Italie, l'entraînement général alors vers le Guide. Dans sa *Lettre à un jeune artiste peintre*, sous les louanges froides données aux noms divinisés par le culte des siècles, l'on sent la tendresse de sa critique aller à Pietre de Cortone, le maître de Boucher, et à tous les tableaux de sa descendance. Pourtant avec l'illusion de ses autres confrères qui s'y trompent pendant tout le siècle, Cochin croit avoir rapporté d'Italie le « grand goût ». Il

est persuadé que tant de notes, de dessins,
d'études d'après les décadents, lui ont révélé
la pureté du style'; et le voilà, — curieuse con-
tradiction, — lui, l'artiste dont toute la valeur
est de crayonner les grâces de son siècle, le
voilà qui se fait, de tous les juges grondeurs
d'alors, le plus injuste aux grâces dont il sort et
dont il est le talent gâté. Il se drape en régent
pédant, en censeur de la Rocaille. Il oublie
tout ce qu'il a pris à cette ornementation qui
fait le cadre de toutes ses compositions; et,
embrassant dans ses anathèmes et ses attaques
orfévres, ciseleurs, sculpteurs pour les appartements, il dénonce au public l'abondance, la
folie des ornements extravagants et déraison-
nables, les artichauts, les pieds de céleri, les
herbages, les ailes de chauve-souris, les montées de palmiers contre les boiseries, le tourmenté des flambeaux, le tortuage des choses
faites pour être carrées, le couronnement de
tous les contours en S qui semblent avoir appris d'un maître d'écriture leurs mauvaises
formes, l'arrondissement de tout empêchant
de placer un meuble ou une chaise, la mono-
tonie ennuyeuse d'une maison aux portes et

aux fenêtres cintrées depuis le bas jusqu'aux
mansardes. Et ne lui parlez du prétendu maître de ce décor, Meissonnier : bombeur de
toutes corniches, cintreur de toute ouverture,
inventeur de contrastes, faisant rondir et ser-
penter toute forme dans un cartel, — Cochin
ne trouve pas assez de qualifications mépri-
santes pour cet assassin de la ligne droite[1]. A
ces explosions de bon goût se mêlent à travers les volumes et brochures d'art du peintre,
des dissertations sur l'effet de la lumière dans
les ombres relativement à la peinture; sur les
portraits, sur l'illusion, sur la connaissance
des arts du dessin, sur le costume, sur la coupole de Sainte-Geneviève; des biographies de
Slodtz, de Massé, de Deshayes; des ironies
contre les *donneurs d'idées,* une nuée de penseurs pour tableaux qui commençait à s'abat-
tre sur l'art et l'assommait déjà. Cochin écrit
encore des revues, des critiques de Salon (1753
et 1755), vives attaques contre les brochuriers
où il se fait le vengeur des colères et des

---

1. *Supplication aux orfèvres, ciseleurs, sculpteurs en bois pour
les appartements et autres, par une société d'artistes.* (Recueil de
quelques pièces concernant les arts, 1771.)

blessures de ses confrères, de tout ce suscep-
tible monde de l'art fort étonné de voir cette
nouveauté inouïe : les gens de lettres se mêlant de leurs affaires, jugeant leurs talents, et
s'enhardissant à leur distribuer depuis quelques
années le blâme et l'éloge dans le plus petit
bout de journal qui paraissait. Les ripostes ne
tardèrent pas; et l'attaqueur eut bientôt à se
défendre contre l'*Observateur littéraire* de Fréron. Grande bataille alors, la première des
peintres et de la critique. On persifle Cochin,
on se moque de sa prétention à récuser le jugement des gens de lettres, « trop éclairés et
trop pénétrants pour certaines petites charla-
taneries ». On se moque des écrivains de hasard qui n'admettent de juges compétents que
ceux qui savent le jargon et les petites conven-
tions des ateliers. On rit du peu que les artistes demandent pour faire un écrivain, et de
tout ce qu'ils demandent pour reconnaître « un
connaisseur pour les arts ». Enfin, ce sont
tant de morsures et de tous les côtés que Cochin s'impatiente et lance les *Misotechnites
aux enfers* [1], joli petit volume illustré de satiri-

1. *Les Misotechnites aux enfers, ou Examen des observations
sur les arts, par une société d'amateurs.* Amsterdam, 1773.

ques têtes de pages et bourré de traits allusifs
vieillis depuis, mais foudroyants alors pour
Philakei, M. de Lagarde, le rédacteur des *Observations*, qui du coup fut guéri de l'envie de
toucher à Cochin. Ainsi maître du terrain, le
peintre écrivain ne reprendra plus sa plume
que pour un badinage. Quand paraîtra la *Lettre de Raphaël, entrepreneur général des enseignes de la ville, faubourgs et banlieue de Paris*,
cette poissarderie à la Caylus qu'on dirait sortir de la « Société du bout du banc », l'historiographe de l'Académie, sous le pseudonyme
de Jérôme, râpeur de tabac, fera une spirituelle réponse à l'entrepreneur d'enseignes
dans la même langue forte en gueule [1].

1. *Lettre sur les peintures, gravures et sculptures qui ont été
exposées cette année au Louvre, par M. Raphael, peintre de l'Académie de Saint-Luc, entrepreneur général des enseignes de la ville,
faubourgs et banlieue de Paris, à M. Jérôme, son ami, râpeur de
tabac et ribotteur*. Septembre 1769. — *Réponse de M. Jérôme,
râpeur de tabac, à M. Raphael, peintre de l'Académie de Saint-
Luc, etc.* — Cochin a beaucoup écrit sur toutes choses. Indépendamment de ses travaux d'art très-nombreux et fort
incomplétement catalogués dans la *France littéraire* de Qué-
rard, il a publié des lettres sur l'Opéra, des projets de salle de
spectacle, etc. Il a encore publié une comédie : *Les Amours
rivaux, ou l'Homme du monde*. Paris, 1774. — Un article du *Magasin Encyclopédique* de l'année 1795 mentionne un manuscrit

Les travaux de l'écrivain, les occupations
de secrétaire de l'Académie, — une charge qu'il
prend un peu plus à la légère que son prédé-
cesseur Lépicié, — mais qui pourtant lui fait
rédiger de temps en temps quelque vie d'académicien défunt, ou lire quelque mémoire sur le
costume ou les arts du dessin à l'Académie, la
direction de la surintendance, la vie de la cour,
mêlée à une vie de plaisir que nous indique
Diderot, ce vif et actif Cochin, si répandu,
mène tout cela de front, sans que sa production de graveur s'arrête, souffre même — malgré ce que dit Mariette — le moindre ralentis-

légué par Cochin et existant alors à la Bibliothèque nationale,
un manuscrit de cinq cents pages entièrement de sa main. Ce
manuscrit contenait des anecdotes sur les Slodtz, sur Bouchardon, sur la tyrannie de M. de Caylus; des espèces de
mémoires de l'art du temps, où, d'après l'analyse du *Magasin
Encyclopédique,* perçait une amertume à la Chamfort, l'amertume d'une vie d'homme de talent vécue dans la société des
grands, une vengeance contre ces *importants riches,* contre
ces Mécènes de cour et leur bas valets, si bien peints déjà par
le vers de Gresset : « Des protégés si bas, des protecteurs si
bêtes... » Les catalogues des manuscrits de la Bibliothèque
impériale ne contiennent nulle trace de ce manuscrit, et les
recherches qu'a bien voulu en faire, sur nos indications,
M. Mabille, dans le fonds français, n'ont malheureusement
abouti à aucun résultat.

sement[1]. Dans le feu de la faveur, il achève
entièrement à l'eau-forte cette œuvre d'immense patience, la terrible planche si chargée
de la grande galerie de Versailles, manquée
par Laurent; il redessine et fait les traits des
276 planches du La Fontaine d'Oudry ; il dirige
et retouche les 16 grandes estampes chinoises ;
et des ports de Vernet, des 14 grandes estampes panoramiques de nos villes maritimes,
il grave à l'eau-forte toutes les figures et même
une partie du paysage[2]. Et le dessinateur ne
chôme pas plus que le graveur. Il jette sur le
papier ces grands dessins de fêtes, de spectacles, de divertissements, de ballets, pour quelques-uns desquels on n'a pas osé faire la dé-

1. Mariette, dans sa note critique, fait à Cochin un reproche
mieux fondé. Il lui reproche sa seconde manière de dessin,
ambitieuse et tendue, bien inférieure, à son sens, à la *gentillesse* de la première, perdue, croyons-nous, par le dessinateur
dans ce voyage d'Italie, fatal et comme écrasant pour presque
tous les talents français au XVIIIe siècle, leur ôtant leur qualité d'originalité, l'esprit, et ne leur donnant rien de la force
et de la moelle des chefs-d'œuvre.

2. L'œuvre de Cochin est immense : il compte près de
quinze cents pièces, dont nous mentionnons ici encore quelques-unes, comme des documents pour l'histoire des mœurs
du temps : — *La décoration du théâtre pour la représentation des
tragédies du collége des Jésuites à Rennes, à l'occasion de la distri-*

pense de la gravure, et qui étonnent par la
grandeur, le fourmillement du détail. Précieux
et délicats dessins, de la touche la plus vive
et la plus charmante : le coup de crayon, le
coup de plume, semblent y jouer, toujours
adroits, avec de petites indications courantes
et brèves, relevant et expliquant partout l'esprit de la composition, de l'architecture, des
personnages. Et que leur manque-t-il à ces
spirituelles miniatures pochées, d'assemblées
et de foules? Un peu du rayon d'une main de
peintre, un jeu plus vif d'ombre et de lumière.
Cochin a le tort de les laver du lavis du temps,
de cette aquarelle froide, sale, inharmonieuse,
toujours transpercée par le gris de l'encre de

bution des prix; — Le frontispice du *Catalogue raisonné des curiosités du cabinet de M. Quentin de Lorengere;* — *Billet de bal
paré à Versailles pour le second mariage du Dauphin,* 9 février 1747; — petit trophée mortuaire gravé au bas des
billets d'invitation pour les services des morts de la loge de
Sainte-Geneviève; — *Pantin et Pantine,* deux figures à mi-
corps dont les bras et les jambes étaient postiches, d'après
Boucher et Natoire; — *les Armes de madame de Pompadour*
pour être collées sur les livres de la bibliothèque de la marquise; — *madame Jombert couchée dans son lit, madame B...,
son amie, assise au pied du lit,* dessinée d'après nature par Cochin fils en 1750, et gravée par l'abbé de Saint-Non; — *une
Dame faisant un médiateur, etc., etc.*

Chine ou l'épargne jaunâtre du papier, plate,
sans effet, sans coup de jour ni teinte envelop-
pante, et devenant, dans les groupes où Cochin
veut la pousser au vif, un bariolage criard
d'imageries de Basset et de vues d'optique coloriées de l'époque. En dehors de ces grands
dessins, il est un sujet auquel son crayon
semble revenir avec amour, avec une espèce
de reconnaissance. Il le répète, il le cherche,
il le retourne. Il en fait des vignettes in-folio.
Il en orne des lettres grises. Il y met sa pensée
comme à un souvenir d'un lieu de son enfance,
à une école aimée où il a trouvé ses talents et
la gloire, à un berceau de sa carrière et de sa
fortune. Ce sujet est l'*Académie*, la représentation du travail des élèves d'après la nature ou
la bosse. Les dessins qu'il se plaît à en faire
à la pierre d'Italie sur papier jaunâtre sont
des meilleurs de son œuvre, de ceux que nous
avons eu le plus de plaisir à rassembler. L'un,
bien connu par la gravure, portant au bas : *le*
Concours pour le prix d'expression fondé dans
l'Académie de peinture et de sculpture, par le
comte de Caylus, montre, sur le mur disparais-
sant sous les esquisses, le modèle de femme

en grand habit de ville, des lauriers dans les
cheveux, posant devant les élèves qui dessinent, leur carton sur les genoux, sous l'inspection d'une ligne de professeurs, tête nue,
la main sur la pomme de leurs cannes, dont
se détache très-reconnaissable le profil de Cochin. A côté de ce dessin achevé, caressé et
demeuré léger sous l'application, un autre, un
peu moins fait, représente encore le modèle
de femme, mais cette fois dans des draperies,
le dos presque tout à fait tourné, un bout de
profil couronné de roses ; tandis qu'étagés sur
trois rangs, les élèves, le crayon à la main,
garnissent les bancs de toutes les poses appli-
quées, pliées, penchées, de l'attention et du
travail. Enfin un troisième, simplement es-
quissé, mais non moins curieux, nous fait assister à la séance du modèle d'homme nu,
couché sur la table à modèle, entouré d'un
large cercle d'élèves habillés de l'habit carré
du *Dessinateur* de Chardin et dessinant comme
lui, les jambes sous eux, assis à terre.

Et ce n'est pas encore là tout l'œuvre du
dessinateur : Cochin complète de jour en jour
sa collection de médaillons. Il poursuit son

iconographie du siècle, ajoute à cette longue
série de petits profils des célébrités contemporaines, à ce défilé en buste des hommes,
des femmes de la société, de la cour, de
l'Académie, des lettres, de la médecine, de la
science, des amis de Mme Geoffrin, des passants étrangers de distinction, de tout visage
d'alors qui portait un nom, un talent ou une
grâce. Et combien en a fait Cochin, de ces
petites effigies frappées comme des petites
médailles, bien souvent échappées à la gravure [1], et dont le dessinateur envoie d'un seul
coup deux douzaines à l'Exposition, tant il lui
coûte peu de saisir, dans le rond d'un écu de
six livres, avec quelques coups de pierre
d'Italie, un crayonnage à la fois miniaturé et
large, rarement rougi d'un rien de sanguine,
ces physionomies dont il attrape, d'un tour de
main, la ressemblance, — une ressemblance
merveilleuse, au dire des contemporains. Au
Salon de 1753, des gens qui n'avaient pas vu
M. de Troy et le père Jaquier depuis quinze

---

1. *Le Catalogue de l'œuvre de Cochin*, par Jombert, qui s'arrête en 1770, en indique 121.

ans, les reconnaissaient à première vue[1].

Les applaudissements du temps ne manquent pas à l'artiste. La critique le comble d'éloges; chacune de ses expositions est un triomphe. Dès 1741, ses productions sont déclarées inestimables. Le public y passe des heures d'amusement, et s'écrie : « Que fera-t-il donc dans la suite, s'il produit des choses si finies à l'âge qu'il a[2]? » Fertilité, justesse, exactitude de la main, on lui reconnaît la perfection dans tous les genres auxquels il touche. Les amateurs parlent, comme de merveilles, des exactes, exquises et agréables copies d'après les plus grands maîtres, qu'il a rapportées de Rome[3]. D'année en année, l'enthousiasme croît, s'exclame plus haut, éclate. En 1769, devant « le neuf, la précision, les traits de flamme de l'Histoire de France », on l'appelle le dessinateur de l'esprit, du goût, de

1. *Observations sur les ouvrages de Messieurs de l'Académie de peinture et de sculpture exposés au Salon du Louvre en l'année 1753.*

2. *Lettre à M. de Poiresson Chamarande au sujet des tableaux exposés au Salon du Louvre, 1741.*

3. 1755. *Seconde lettre à un partisan du bon goût.* — *Sentiment sur plusieurs des tableaux exposés au Louvre cette année.*

la science, de la pensée[1]. Les vers travaillent à sa gloire. La *Muse errante au Salon* (1771) l'appelle : « Grand artiste, éclairé d'un céleste rayon... » En 1775, les *Observations sur les ouvrages exposés au Louvre* commencent ainsi : « Quelque rassasié que M. Cochin puisse être des éloges reçus en tant d'expositions...[2] » Et Diderot lui-même, emporté par l'éblouissement public, finit par le reconnaître pour le « premier dessinateur français ».

Cochin pourtant est loin d'être ce grand artiste que se figurait le temps. Ce sont aujourd'hui, pour nous, de bien faibles dessins que ses dessins les plus sérieux, les plus loués par le goût de son siècle ; et le vignettiste, s'attaquant aux chefs-d'œuvre de Rome, semble un interprète bien mince et bien petitement corrompu. Ses compositions académiques, dont le bruit fut presque égal à la révolution future de David : le *Brutus qui fait mourir ses fils*, le *Virginius qui tue sa fille*, le *Lycurgue blessé dans une sédition*, ne nous donnent la sensation des mâles terreurs de l'antiquité qu'af-

1. *Lettre sur le Salon de peinture de 1769.*
2. *Observations sur les ouvrages exposés au Louvre, 1775.*

fadie et profanée dans une molle traduction.
Et quoi de plus passé, de plus mort à présent
dans cette œuvre, que ce genre auquel Cochin s'était spécialement voué, et qui lui valut,
dans l'estime de l'art, une si haute place, une
reconnaissance de grand peintre d'idées,
presque un brevet de génie? C'est pourtant là,
dans le bel esprit de la vignette, dans la plus
mauvaise poésie du XVIIIᵉ siècle, c'est dans l'*Allégorie* que Cochin a dépensé le plus d'effort
et de travail. C'est par là qu'il espérait la
gloire que le râpeur de tabac Jérôme promet
à ses dessins pour l'abrégé de M. le président Hénault : « de vivre les années de cet
immortel ouvrage. » L'*Allégorie* lui semble,
comme à tous les faux délicats d'alors, « le
voile délicat sous lequel la morale présente
aux hommes des vérités consolantes, des pré-
ceptes utiles ». A tout moment, avec Diderot,
il s'enflamme sur des tableaux emblématiques,
des symbolismes d'urnes, de Mort foulée aux
pieds, de Temps à la faux brisée, de figures
parlantes[1]. Cochin passe maître dans ce genre

1. *Mémoires de Diderot.* Vol. IV. — *Correspondance de Grimm.*
Vol. V.

si goûté, qui va jusqu'à habiller dans l'*Icono-logie* tous les mouvements de l'âme humaine. Ce ne sont, dans son imagination, qu'incarna-tions d'idées abstraites et métaphysiques. Sa tête travaille à des Apothéoses de Roi protec-teur des arts et des sciences. Il précipite les Religions pour recevoir, dans des gloires, les âmes de princes portées sur des lits de têtes d'anges à collerettes d'ailes. Pour la fausse convalescence de la Pompadour, il grave une sorte d'ex-voto à Hygie chassant avec un ca-ducée une Parque aux ailes de phalène. Au-tour des funérailles, il personnifie les Vertus, la Valeur, la Justice, la Vigilance, l'Étude, la Prudence, la Pudeur, la Tendresse conjugale. Il fait déchirer par un squelette le voile de la modestie d'une vie, écrire par l'Histoire dans un livre placé sur la poitrine de Saturne, qui a les mains enchaînées derrière le dos. Dans ses Temples de Mémoire, il mêle l'ex-voto au ma-drigal, le Paradis à l'Olympe, les rayons chré-tiens à la foudre païenne, les champs Élysées de Fénelon aux nuages de l'Encyclopédie ; fait planer Minerve avec son hibou à côté de la Foi avec sa croix. Il illustre une histoire de France

en rébus avec des fonds où l'on voit l'Igno-
rance du moyen âge aller dans la nuit, en bonnet d'âne, les yeux bandés; il peint en groupes
amphigouriques les règnes des rois à cuirasse,
entourés d'uu tourbillonnement d'éclairs et de
Renommées sonnant la trompette des événements. Jeux puérils d'ingéniosité, imbroglios
de finesse, d'attributs, d'allusions, charades
sentant la poésie jésuite et la dictée d'un abbé
de Marsy, où reviennent toujours les lourdes
Vertus, les rondes et niaises figures d'Idéal,
les bovines têtes de femmes du dessinateur
monotone. Sur cette pente, Cochin ne s'arrêtera pas. Il ira jusqu'à cette *Iconologie* qui représente: l'*Affabilité,* par une jeune fille simple,
modeste, coiffée d'un voile très-clair, tenant
des roses et une guirlande de fleurs; l'*Affection,* sous les traits d'une femme habillée en
vert, une poule et un lézard à ses pieds, des
ailes au dos pour signifier sa célérité à voler
au secours des personnes; le *Scrupule* enfin,
comme un vieillard inquiet, regardant le ciel,
en tenant un crible d'où s'envole la paille qu'il
sépare du grain[1].

1. *Iconologie ou traité complet des Allégories, Emblèmes, etc.;*

Le vrai talent de Cochin est d'avoir été le dessinateur-décorateur des fêtes et des pompes de Louis XV. L'artiste en donne l'esprit, le mouvement, la grâce tortillée. Il nous donne la politesse courant dans les saluts, la carrure des petits habits, la vivacité des rencontres, le gonflement des révérences, la désinvolture des gentilshommes, la main dans le gilet bombé; les petits seigneurs bien cambrés, bien campés, l'habit carré, l'épée en brette; les figurines de petites femmes avec leur taille de poupée et leur envergure de robe à la Watteau. Il nous montre les sociétés décroissant dans la perspective des plans, et arrivant à des proportions de quelques lignes qui gardent le geste, la tournure, l'expression, la physionomie. Feuilletez ces pages où il a fixé le souvenir des réjouissances ou des tristesses publiques du temps, vous verrez quel habile artiste est le dessinateur-graveur pour grouper des bourgeois devant l'illumination de la rue de la Ferronnerie. Et jetté-t-il une cour de Meudon devant un feu d'artifice, comme il

ouvrage utile aux artistes, aux amateurs, et pouvant servir à l'éducation des jeunes personnes. »

sait semer un public de duchesses et de grands
cordons sur des chaises ou sur l'herbe, mêler
des groupes, pencher des têtes, renverser sur
le gazon, des paniers aux cerceaux à demi sou-
levés, faire tendre des mains d'homme à des
spectatrices assises, distribuer harmonieusement toute une pyramide de têtes dans l'ombre! Partout, dans ces assemblées de beau
monde, quel balancement et quelle variété des
attitudes! Quelle vie dans toutes ces petites
marionnettes de l'attention, dans ces curieuses,
le nez en l'air! Voyez-vous ces petites femmes
poussées et traînées sur des fauteuils à para-
sol en baldaquin, ces autres en mantelet et en
fanchon noire, bouffantes et rengorgées, se
promenant sur le sable du jardin, toutes un
éventail à la main. Les abbés, leur petit manteau envolé du dos, passent en saluant. Des
ducs causent appuyés sur leurs cannes. A la
marge de marbre des bassins, la paresse
s'étend et s'accoude. Il y a des pas de seigneurs qui se tendent comme pour un quadrille, et des marches tendres de couples qui
vont doucement, la jambe de l'homme chaussée de soie, poussée par le ballon de la robe

de la femme : c'est le jardin de Versailles qui
revient par un jour de fête. Et voulez-vous
les cérémonies du Palais, de sa grande Galerie,
de sa grande Écurie, son Théâtre, sa Chapelle,
avec leurs majestueux événements d'un jour,
voulez-vous les messes, les danses, les jeux?
Peu d'hommes aussi adroits que Cochin pour
vous donner l'illusion et l'éblouissement de
ces déploiements de luxe royal, ordonnés par
le premier gentilhomme de la chambre. Il
sait spirituellement remplir ces estrades, ces
tribunes, de femmes de la cour, il les groupe
comme en bouquets, il les penche l'une sur
l'autre en médisances chuchotantes ; il excelle
à ces rampes de têtes, à ces premiers plans
de dos de seigneurs battus des larges bourses
de leurs perruques, et montrant des bouts de
manchon ; et encore à ces jeux dans la grande
Galerie, encombrée de tables, où le Roi et la
Reine « tiennent appartement », le Roi jouant
au lansquenet, la Reine au cavagnol.

Il a des planches, comme le mariage du Dauphin dans la chapelle de Versailles, où toute la
cour semble éclater de richesse et de magnificence. Sous la coupole, entre les deux colon-

nades de l'église, dans le chœur, on sent se
presser tous les grands noms, toutes les charges,
toutes les dignités, toutes les beautés et toutes
les grandeurs de la cour : les officiers du Roi,
les dames de la Reine, dans ces habits d'or et
de broderie, ces robes sur grand panier, ces
corsages busqués de pierres précieuses, ces
grappes de têtes de femmes aux cheveux ruisselants de diamants, le repentir sur une épaule;
— armée de duchesses qui font cercle sur trois
rangs autour de la bénédiction de l'anneau
nuptial que le Dauphin passe au quatrième
doigt de la main gauche de la Dauphine. Quelle
grandeur encore, quel éclat, quelles perspectives de minois, quel rappel, quelle présence,
pour ainsi dire, du spectacle et des spectateurs,
dans ces figurations d'un spectacle à la grande
Écurie : le théâtre de cinquante-six pieds de
profondeur où résonnent les vers de Voltaire
et la voix de Clairon; la salle prodigieusement
ornée, tarabiscotée, ses galeries en portique,
aveuglées du feu des milliers de bougies, de
ses girandoles, de ses candélabres chantournés;
les loges à ventre regorgeant de spectatrices,
inondées de lumières, et en bas, devant la

balustrade de l'orchestre, le grand carré vide et respectueux bordé de quatre lignes de femmes en grand habit, qui s'étend, — comme le tapis d'un trône, aux pieds des deux fauteuils du Roi et de la Reine, des deux tabourets du Dauphin et de la Dauphine!

Où retrouver la solennité superbe d'un Bal paré de 1745, sinon dans cette vue de la salle du Manége couvert, montrant tout ce resplendissement de lustres pendus au plafond par des Amours avec des guirlandes de fleurs, sous le feu des milliers de flambeaux à branches, à pendeloques de cristal, reflétés dans les glaces; — une espèce de théâtre à estrade, laissant une sorte de grande scène solennelle à la majesté du menuet dansé par le Dauphin et la Dauphine? Et comme il déroule les panoramas de fête, les ordonnances réglées par M. de Richelieu ou M. de Bonneval, il déroule aussi, avec la même entente des foules, le même goût d'arrangement, le même sentiment de somptuosité ornementale, les grandes pompes funèbres qu'inventent les Perot et les Slodtz, pour être les apothéoses du néant royal ou princier. Cochin est le spécialiste sans égal pour donner l'impression de

ces grandes basiliques, Saint-Denis ou Notre-
Dame, sombrées dans le noir des vastes tentures trouées du feu blanc des cierges gré-
sillant de lumière, sur un fond de nuit. Il se
montre le vrai dessinateur de la Mort-Pom-
padour dans ces grandes planches d'enterre-
ments ou de pompes funèbres qui ressemblent
aux opéras du tombeau, avec le dais fleurdelisé à la voûte; le nuage de ballet sur lequel
flotte le squelette armé de sa faux; le cercueil
ronflant, sur le soubassement orné d'une mythologie de fontaine de Versailles; la grotte de
l'Éternité ornée de nymphes, d'Amours et d'un
vieux Fleuve; la chaire empanachée comme un
lit à la polonaise; le prélat en dentelles gesticulant l'oraison funèbre; les « Princesses du
deuil » faisant porter la queue de leur mante à
trois gentilshommes; les tribunes emplies de
femmes et d'abbés. Archevêques, évêques,
une ligne de prélats en chape, des hérauts
d'armes encapuchonnés de noir sur leur tunique à fleurs de lis, les gardes de la porte, leur
mousqueton sur l'épaule, et les deux files
immenses de robes, — Parlement, Chambre
des comptes, Cour des aides, Université,

Corps de ville, — dont la moitié veille et dont l'autre dort.

En si haute position, assis à la droite de M. de Marigny, gouvernant sous son nom et à son ombre l'art du temps, riche d'une aisance éclatante qui le fait traiter, avec un luxe presque princier, ses camarades à la sortie des apurements de comptes de l'Académie ; zélé à la défense de ses confrères et des droits de son corps, champion des priviléges académiques au service desquels il met sa plume, des livres, des brochures, des articles de journaux, jusqu'à des dessins allégoriques échappés à son indignation et offerts par lui à la Justice[1], lors du procès intenté par les maîtres peintres de l'Académie de Saint-Luc à l'Académie royale de peinture, Cochin, l'académicien influent et militant, l'adversaire en vue des premières

1. *La Justice protége les arts*, « composé et dessiné par Cochin fils, qui a fait présent de ce dessin à M. Séguier, avocat général du parlement de Paris, rapporteur de cette affaire, gravé en manière de crayon par Demarteau en 1764 ». *La Justice fait prendre la plume, la Raison dicte*, « estampe dessinée et gravée par Cochin fils, qui a fait présent de ce dessin au secrétaire de M. Séguier, en reconnaissance des soins qu'il s'est donnés à l'occasion de ce procès gagné par l'Académie royale, gravé en manière de crayon par Demarteau en 1765 ».

tentatives révolutionnaires de l'art, ne pouvait
échapper aux jalousies, aux haines, aux colères qui commençaient à se lever du bas de la
peinture et de la sculpture contre les priviléges et les prétentions exorbitantes d'une
aristocratie de confrères. Ce sourd déchaîne-
ment contre sa personne éclata en 1767, à l'occasion du prix de sculpture, lors de sa lâche
déférence pour les exigences de Pigalle, qui
avait osé dire : « Si l'on ne couronne pas mon
élève, je quitterai l'Académie.» L'injustice faite,
Moitte, couronné à la place de Milon : sifflets,
mépris, injures, toute l'exaspération des élèves
se tourna contre lui. Vainement il criait que
les mécontents vinssent s'inscrire chez lui ; il
n'apaisa rien. Et le samedi suivant, en sortant
du Louvre, il lui fallut passer entre la haie des
dos de tous les jeunes gens. Un moment même,
sur le bruit d'une proposition de les décimer,
ils firent menace, rapporte Diderot, de le
cribler de coups d'épée[1]. Et, tandis que sa
personne se dépopularise, son talent, ce talent
si bruyamment et si largement louangé, se

1. *Mémoires et correspondance de Diderot.* Vol. II. — Salon
de 1767.

discrédite. Les sévérités commencent. On
juge, on attaque l'artiste ; on jette le dédain
sur ces dessins allégoriques de l'histoire de
France auxquels il attache tant de prix. Vient
l'heure de la réaction déjà indiquée contre les
estampiers, contre Gravelot, contre Eisen. Çà
et là, dans les livres d'art, se lèvent les insi-
nuations, les récriminations contre la *gravure en petit,* accusée d'éteindre le feu du
génie, de tuer le grand art de la gravure, de
répandre dans la multitude un goût bizarre,
d'être enfin cet abaissement : un misérable
moyen de gain pour les nouveaux besoins de
luxe des artistes. L'abbé Lebrun, dans son
réquisitoire contre la vignette, désigne clairement Cochin comme le plus grand coupable,
lorsqu'il flétrit ce genre sec et maigre, enfant
de l'intérêt, vrai passe-partout des livres
médiocres, genre pauvre qui, avec des traits
mesquins, a la folle prétention de représenter
de grandes choses, « genre qui ne fit jamais
la gloire d'un académicien [1] ». L'attaque sem-

---

1. Lettre par un amateur dans l'*Almanach historique et raisonné des architectes, peintres, sculpteurs, graveurs et ciseleurs.*
Paris, chez la Vᵉ Duchesne. Année 1776.

ble avoir touché Cochin, qui ne répondit pas cette fois, mais qui se laissa défendre par son élève et ami Gaucher dans le *Désaveu des artistes*, servant de réfutation à l'*Almanach historique*, une brochure moqueuse à travers laquelle on sent passer le dépit de l'homme qu'elle défend. Dès lors on ne voit plus Cochin exposer qu'une seule fois ; et quoiqu'il ait eu cette fortune de pouvoir travailler jusqu'au jour de sa mort, et que sa main reste ferme, sûre et fine, dans les portraits signés des toutes dernières années de sa vie, il a l'air de bouder le public et de vouloir se retirer de lui, voyant et laissant venir ce qui vient, le triomphe de l'antiquité de Vien et la naissante gloire de David, avec un peu de l'aigreur d'un oublié et d'un vaincu. Donnons ici une lettre de lui, vraie Revue du Salon de 1785, qui nous montrera cette attitude de sa vieillesse, le trouble de ces vieux artistes de Louis XV, les yeux éblouis malgré eux et un peu blessés par la régénération de l'art :

> *Mon cher ami,*
>
> *J'étois à la campagne lorsque vous m'avés adressé la lettre de change ; je n'ay pu la recevoir qu'à mon retour. J'ai payé*

la pension, et je joins ici la quittance. *M.* Belle, *qui a dîné chez moy hier, m'a dit qu'il avoit fait ce que vous aviés désiré; que le jeune homme lui avoit fait dire qu'il devoit encore avoir entre les mains telle et telle chose; qu'il avoit fait répondre qu'il les lui rendroit en temps et lieu, quand il en auroit l'ordre; nous n'avons pas pu nous expliquer davantage, étant un nombre de personnes que je ne voulois pas qui nous comprissent.*

J'ay vû un moment M. Goeslin, et j'ay été bien fâché de ne m'être pas trouvé en liberté de le prier d'accepter une soupe, pour boire ensemble; mais j'étois engagé de manière à ne pouvoir m'en débarrasser.

Je suis bien fâché que vous ne soyés pas venu à Paris, mais peut-être aurois-je eû de plus le déplaisir de ne pouvoir jouir de votre présence, par les engagements de campagne que je ne pouvois rompre parce qu'ils étoient forcés par la reconnoissance d'un bienfait. Je suis fâché aussi que vous n'ayés pas pu voir le Salon, car il y avoit des choses qui vous auroient donné de la satisfaction. M. Vien *s'étoit un peu surpassé, et son grand tableau d'*Hector *rapporté à* Troye *étoit fort bien composé. Vous jugés bien qu'il y avoit, comme de coutume, quelques figures qui, à force de chercher le simple et le naïf, approchent de la bêtise; des draperies bridées et collées sur le nud, etc.; mais l'ordonnance étoit belle et asses noble, et heureusement il a évité de tomber dans cette obscurité triste et fausse qui avoit déparé son tableau du Salon précédent.* Lagrenée, *l'aîné, n'a pas brillé autant qu'il y a deux ans. Sa composition étoit dispersée, ses figures paroissoient petites et mesquines. Il y avoit des beautés de détail, mais le tout étoit cruellement déparé par un ton général d'ombres bleuâtres qu'on avoit déjà eu lieu de lui reprocher il y a deux ans, mais qu'il a encore plus outrées cette fois-cy.*

Lagrenée, *le jeune, son frère, avoit un tableau qui étoit obscur, où toutes les couleurs locales étoient perdues : les arbres n'étoient pas verds, ou plutôt tout le tableau l'étoit. Il n'a rien gagné à être rapproché de la vue, car rien n'y étoit rendu avec soin et vérité.*

David *a été le véritable vainqueur au Salon, non qu'il n'y eût à désirer, surtout dans la disposition des figures et des groupes, dans le choix des caractères de tête, etc. Mais une exécution si belle et si ferme, une sûreté de dessin et des détails excellemment rendus ont, avec justice, mis ce tableau au-dessus de tous les autres, d'autant plus qu'il a abandonné cette couleur noire qu'il avoit mise à la mode, et que les autres n'ont saisie qu'à son imitation. C'est un piége qu'il leur a tendu involontairement. Il s'en est tiré et les y a laissés. A la vérité, je ne crois pas que ce soit pour long-temps, car ils ont bien vu, à ce salon, leur erreur, et le public, d'ailleurs, le leur a assés reproché.*

Vincent *et* Peiron *ont été principalement les victimes de cette mauvaise mode. Vincent avoit, à la vérité, l'excuse de ce que son sujet se passe dans une prison. Mais on n'est pas obligé de supposer une prison noire. Son tableau a beaucoup gagné à avoir été redescendu. On y a vu une belle correction et une exécution vraye et soignée.*

Celui qui perdoit le plus étoit Peiron, *qui, sans nécessité et dans une scène qui se passe dans un palais, s'étoit avisé de rembrunir tout son tableau au point qu'à peine voyoit-on ce que faisoient les figures, mais il a infiniment gagné à être vu de près. On y a vu de belles têtes, de l'expression, une composition ingénieuse, des draperies excellemment exécutées ; quantité de beautés de détail ; enfin quelques artistes m'ont dit qu'ils ne sçavoient quel tableau ils aimeroient mieux*

avoir fait de celui-là ou de celui de David. *C'est trop dire.*
Celui de David *l'emporte, mais* Peiron *est bien méritant.*

Renaud *avoit un tableau où il avoit de la chaleur ; des*
figures traitées avec fermeté et hardiesse, mais dans le sis-
tème de couleur noire, d'ombres forcées, d'une perspective de
mauvais choix, etc. Il a gagné à quelques égards à avoir été
descendu en bas, et perdu à d'autres.

Menageot et Berthelemy *n'ont fait que de mauvais tableaux.*
Celui de Menageot *bien noir et quelques lumières par tache,*
d'ailleurs mal dessiné; celui de Berthelemy *bien composé,*
mais du coloris le plus triste et le plus monotone.

Les tableaux de Suvée, *beaucoup de mérite de détail,*
mais secs, plats et sans aucun effet.

Taraval, Le Barbier, Taillasson, *etc., tout cela ne vaut*
pas l'honneur d'être nommé. Espérons qu'ils acquerreront ce
qui leur manque. Ils auront beaucoup à travailler.

Je n'ay point encore entendu rien dire, ni même parler de
M. Tierce; *je seray au guet pour sçavoir si l'on hasarde*
légèrement des reproches contre lui.

A propos de Taraval, *il est mort hier. Ce n'est pas une*
perte pour l'art, mais c'en est une pour son épouse. Il s'étoit
marié, il y a environ six mois; d'ailleurs c'étoit un homme
estimable à tous autres égards que ceux de la peinture. On
meurt à tout âge. Rendons grâces au ciel de ce que nous
existons encore, et soyons prêts à tout évènement. Je suis, de
tout mon cœur,

Votre serviteur et ami, COCHIN[1].

1. Lettre autographe signée de Cochin, communiquée par
M. J. Boilly.

L'homme de plaisir ne s'était pas marié. Point de femme, point d'enfants dans son logis. L'artiste n'y met guère que son travail, y dînant à peine une fois par mois, passant toutes ses soirées dans un cercle d'amis avec lesquels il soupe quotidiennement pendant des années. Triste logis, que nous peint de couleurs sombres le graveur Miger, son commis à deux cents livres par an. « La maison de mon maître, dit-il, se composait de M. Cochin, de sa mère, âgée de quatre-vingts ans ; de sa sœur, personne de quarante ans ; d'une cousine de cinquante ans, trois femmes bien dévotes et jansénistes par-dessus le marché ; d'un domestique femelle pour ce trio et d'un laquais pour le chevalier [1]. » De ce trio de *sempiternelles*, comme les appelle Miger, la vieille mère de Cochin, dont Wille vante l'extrême douceur, meurt en 1767, laissant cette belle mémoire qui met derrière son convoi le concours d'un monde infini. Et la maison reste plus vide et plus triste. Pour le mondain, le brillant chevalier, les jours s'allongent sans

1. *Biographie de Miger*, par Bellier de la Chavignerie. Dumoulin, 1866.

finir, vont au delà de la Révolution. Cochin
mourait le 29 avril 1790[1].

1. Extrait du registre mortuaire de la paroisse Saint-Germain-l'Auxerrois pour l'année 1790 : « Le vendredi trente
avril 1790, Charles-Nicolas Cochin, écuyer, chevalier de
l'ordre du Roi, graveur et dessinateur de Sa Majesté en son
Académie de peinture et sculpture, garde des dessins du cabinet du Roi aux galeries du Louvre, secrétaire perpétuel de
l'Académie de peinture et sculpture, censeur royal et membre
de plusieurs académies, garçon, âgé d'environ soixante-dix-
sept ans, décédé d'hier à six heures du matin aux galeries du
Louvre, a été inhumé en cette église en présence du sieur Clé-
ment-Louis-Marie-Anne Belle, peintre du Roi, recteur en son
Académie royale de peinture et sculpture, surinspecteur des
ouvrages de la couronne aux Gobelins, et de maître Antoine-
Alexis Belle, avocat en parlement, conseiller du Roi, commissaire honoraire au Châtelet de Paris, ses cousins. Signé : Belle
et Tardieu. » *Archives de l'art français*. Vol. IV. — Le marquis
de Laborde nous communique un rare catalogue de la vente
de Cochin après son décès : « Notice des différents objets de
curiosité de feu M. Cochin, écuyer, chevalier de l'ordre du
Roi, graveur et dessinateur de S. M. en son Académie de
peinture et sculpture dont il était secrétaire, garde des dessins du cabinet du Roi aux galeries du Louvre, censeur royal
pour la partie des arts et membre de plusieurs académies ;
dont la vente en sera faite le lundi 21 juin et jours suivants,
de relevée, dans son logement aux galeries du Louvre. 1790.
Tableaux et médailles. N° 1. Deux par Joseph Vernet faits
avec tout l'art et l'esprit possible : dans l'un on représente un
naufrage au bord de la mer et diverses figures analogues au
sujet ; dans l'autre, non moins intéressant, on voit de hauts
rochers, et sur le devant plusieurs groupes de figures ; ils sont

Belle, son cousin germain et son exécu-

peints sur toile, portant 15 pouces de haut sur 12 de large, non compris leurs bordures. — 2. Quatre sujets représentant différents arts, exécutés d'après les dessins du sieur Cochin par feu Lépicié, représentant la peinture, sculpture, gravure et musique; ils sont peints sur bois de 4 pieds de haut sur 2 et demi de large, avec de simples baguettes dorées à l'entour. — 3. Un autre, peint par le même Lépicié, et de sa composition, représentant la mort d'Adonis, sur toile de 18 pouces sur 13 de haut, dans sa bordure dorée. — 4. Deux charmants tableaux en dessus de portes, peints par Chardin, en grisailles, imitant le bas-relief supérieurement, et représentant des enfants jouant avec un satyre, une chèvre, etc., sur toile de 33 pouces sur 15 de haut, entourés de simples baguettes dorées. — 5. Un très-petit, par le même, de forme ronde, représentant des livres et papiers posés sur une table, de 10 pouces de diamètre. — 6. Un sujet d'enfant, Génies des Arts, peints en camaïeux, par feu sieur Cochin, sur toile, de 22 pouces sur 18 de haut. — 7. Quelques tableaux de différents maîtres qui sont divisés en plusieurs lots. — 8. Saint-Michel, en émail, par Durand, avec cercle et ornements en or, destiné pour les chevaliers de l'ordre. — 9. Divers portraits en émail, la plupart par Bouquet. —10. Un étui de mathématiques, plusieurs porte-crayons en argent et crayons divers. — 11. Plusieurs médailles en or et argent, dont une grande en or de 3 pouces de diamètre, envoyée au défunt par l'impératrice de Russie. — 12. Une boîte contenant un nombre d'empreintes en soufre de pierres gravées antiques, et de plus quarante empreintes en plomb, de différentes médailles gravées par Duvivier sur divers événements du règne de Louis XV, le tout dans deux bordures sous verre. — 13. Plusieurs plaques de fer-blanc battu et planches de bois de diverses grandeurs, couvertes en papier blanc propre à dessiner. — 13 *bis*. Diver-

teur testamentaire, disait de lui dans sa nécrologie du *Journal de Paris*[1] :

ses figures en plâtre et terre cuite, etc. — Dessins : 14. Vingt-quatre petits sujets divers dans leurs bordures, dorés, faits en Italie par feu sieur Cochin, d'après différents tableaux célèbres de plusieurs grands peintres italiens, dont on fera des lots. — 15. Un projet fait pour le tombeau du Dauphin, père du roi, élevé à Sens, exécuté à la sanguine par le même. — 16. Un portefeuille contenant un grand nombre de croquis et premières pensées de divers dessins exécutés par le même, ainsi que diverses contre-épreuves à la sanguine, dont il sera fait plusieurs lots. — 17. Un autre contenant diverses académies et études par différents artistes, qui sera divisé. Estampes encadrées, des ports de mer de Vernet, des estampes d'après ces dessins *Lycurgue blessé*, etc. » Une nombreuse série de planches gravées dans la suite des ports de mer de Vernet ; et du n° 37 au n° 183, une immense collection d'estampes en feuilles et de livres à figures, parmi lesquels figure : l'œuvre de feu sieur Cochin, gravé par lui-même dès son adolescence, et successivement d'après ses propres dessins, ainsi que par différents artistes, formant deux volumes in-folio, composés de plus de 1,300 morceaux tant grands que petits, sujets et portraits ; le tout, en premières épreuves.

1. *Journal de Paris*, n° du 4 juin 1790. La *Feuille des affiches, annonces et avis divers* du 18 mai 1790 déplorait vivement « la perte d'une vie si remplie ». — La notice de Belle se terminait par cette réclamation d'une simplicité presque touchante : « Les personnes auxquelles le défunt avait prêté des livres sont priées de les rapporter chez M. Belle. » Cette notice de Belle respire un sentiment d'amitié, la reconnaissance que le souvenir de Cochin méritait de toute la famille, aidée, obligée toujours par lui. Auprès de tous les siens, il joua ce rôle d'ami et de patron, dont M. Tardieu rend témoignage et qu'at-

« J'ai montré jusqu'ici M. Cochin célèbre
dans son art, mais il ne l'était pas moins du

teste cette lettre de la collection Boilly, adressée à Clément-
Louis-Marie-Aimé Belle, au moment où celui-ci débarquait
d'Italie et revenait à Paris :

« De Marseille, le 16 septembre 1751.

« *Mon cher cousin et amy,*

« *Depuis longtemps je n'ay pu avoir le plaisir de t'écrire et j'avois
remis cette occupation agréable après mon retour à Paris, où j'espère jouir d'un peu plus de loisir et de tranquilité, mais les nouvelles
que j'ay reçues icy à ton sujet m'otent cette tranquilité et m'affligent.
On dit que tu te dispose à te marier avec la demoiselle fille de la
dame chés qui tu demeure. Je suis, je te l'avoue, bien surpris que tu
ayes cette pensée et que tu ne voyes pas l'embarras effroyable où tu
vas te précipiter. Je ne te conteste point que ce sont de très-hon-
nestes gens, mais si tu trouve bon que je te dise ma pensée, leur
état ny leur fortune ne me paroissent point propres à former une
alliance dont tu puisses retirer ny avantage ny agrement, par la
suitte. D'ailleurs la demoiselle est si jeune qu'on peut dire que ce
n'est qu'une enfant, elle ne peut t'etre d'aucune utilité. Je ne pense
pas que tu sois assés fou pour faire quelque fonds sur les talents que
tu esperes lui donner dont elle est encore fort loin et qu'il est bien
douteux qu'elle acquiere jamais. Quand elle les auroit effectivement,
quel profit tire-t-on des travaux d'une femme qui est toujours ou
grosse ou en couche. L'exemple de ta mere et de la mienne ne fait
rien icy, elles avoient des talents tout acquis et elles n'étoient pas
nées en Italie où tout le monde est paresseux, particulièrement les
femmes ; je te prie de considérer que ton bien est assez borné pour
ne pouvoir faire un état heureux à deux personnes et à une famille,
ou peut etre il faudroit commencer par comprendre plusieurs parents
de ta femme. Qu'à l'égard du fruit que tu peux espérer de l'usage
de tes talents à Paris (car tu sçais bien qu'en Italie à peine ces talents
suffisent-ils pour se procurer le simple nécessaire), le fruit qu'ils
peuvent te procurer à Paris t'est inconnu puisque pour en etre
certain il faudroit que tu en eusses fait l'essay, il y a beaucoup de
gens de mérite dans cette ville et pour y aller de pair avec eux, il
faut beaucoup de talents. Il est vrai que tu as lieu d'espérer d'y
réussir, mais pour ne te rien cacher il te faut encore du travail et*

côté des vertus morales : charitable et sensible
envers les pauvres, ou les personnes dans la
détresse, il n'eût ambitionné de fortune que

de l'etude, étude facile à la vérité et qui, au point où tu en est, ne
semble demander que de l'assiduité et de la santé. Tu t'es fait assez
habile dessinateur, mais il est bon que tu taches de te fortifier dans
la couleur, l'intelligence de lumière et le pinceau. C'est pourquoi
aiant bien considéré ce que j'ay vu de belles choses en Italie et
l'ayant encore plus examiné dans l'intention de t'en écrire d'une
manière qui te put être utile (car je te prie de me regarder plutost
comme ton amy que comme ton parent) j'avois dessein de te presser
d'aller achever d'étudier à Venise. Rome ne suffit pas pour faire
un peintre malgré la quantité de belles choses qui y sont. C'est Paul
Veronèse peut etre le plus grand et le plus étonnant de tous les
peintres qui ont jamais existé qu'il te seroit maintenant nécessaire
d'étudier, grand et admirable génie, dessinateur excellent et plein
de verités et de graces quoique quelquefois incorrect, couleur admirable, pinceau merveilleux. La quantité et la beauté des chefs
d'œuvre de ce maistre est digne d'admiration dans cette même ville,
encore d'autres hardis coloristes bons à étudier dont je ne te parleray
point icy, les peintres de Florence ne sont que des dessinateurs gris
et sans couleur quoiqu'il y ait bien des choses admirables à Bologne,
l'Ecole de la couleur est Venise. . . . .
« Rends toy habile homme et alors on te pardonnera tout ce que
tu voudras faire pourvu que je sois assuré que tu pourras te faire
un sort agréable, c'est tout ce que je demande. De la ville où tu
seras, tu peux aider ou secourir cette famille à qui tu prends inté-
rest, mais absolument n'y reste point ni même dans l'état du pape
jusqu'à ce que tu sois tout à fait formé. Cette demoiselle trop jeune
peut fort bien attendre et même le doit pour son propre bonheur :
puisque de tes talents dependra son bien ou mal être. Je suis faché
d'être obligé de te dire qu'il te manque encore quelque chose pour
etre habile homme, mais je te le dis en amy et pour ton bien. Je
m'embarrasse moins de sçavoir qui tu épouse que de te sçavoir habile
homme. Tu le peux, mais pour cet effet il faut rompre ou suspendre
cet engagement qui t'a empeché de presque rien faire pendant tout
le temps que j'ay été à Rome. Tu ne peux point travailler tranquile
dans cette maison, sors en, laisse y plutost tout ce que tu y as,

pour venir plus efficacement à leur secours.
Protecteur et soutien de ceux qui se livraient
aux arts, non-seulement il était toujours disposé à aider les jeunes artistes de ses conseils,
mais il en a aidé plusieurs de sa bourse, et, ce
qui est encore plus caractérisé, il en a appelé
plusieurs auprès de lui et a subvenu à tous
leurs besoins par le seul désir de soutenir
leurs efforts et sans aucune vue d'intérêt personnel. Si M. Cochin s'est livré à des entreprises, jamais son intérêt personnel n'a été sa
boussole, jamais il n'a grossi sa portion légitime aux dépens de celle des artistes qu'il
employait, et s'il a rencontré dans sa vie des
ingrats, leur ingratitude n'a jamais pu altérer
en lui son penchant décidé à vouloir faire le
bien même ; c'est la seule passion qui l'a
accompagné dans son tombeau et qui se
trouve retracée dans son testament. »

*c'est une bagatelle en comparaison de l'embarras où tu te vas
mettre. Vas à Naples plutost, enfin fais-toy un habile homme je te
le repète, adieu mon cher amy, reflechis bien, décide-toi promptement, je suis de tout mon cœur ton serviteur et amy.*

« C. N. COCHIN.

« *Je ne t'écris cecy qu'en supposant que la nouvelle est vraie.* »

EISEN

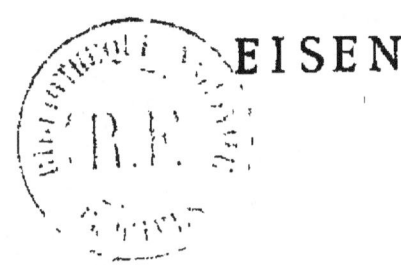EISEN

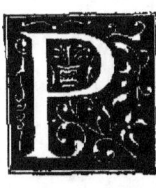

PARMI les livres d'art et de luxe
du xviiie siècle, il en est un qui
est une merveille et un chef-
d'œuvre, l'exemple sans égal de
la richesse d'un livre. Cet ouvrage, le grand
monument et le triomphe de la vignette, qui
domine et couronne toutes les illustrations du
temps, nous l'avons nommé pour tous les
amateurs. Ce sont les « *Contes de La Fontaine* » : l'édition dite des *Fermiers généraux*
et méritant ce baptême de leurs noms, vrai
livre royal des derniers financiers Mécènes,
une des plus belles dépenses de l'Argent intel-
ligent et sensuel du règne de Louis XV.

De ce livre pour lequel nulle dépense n'a

été ménagée, de ce livre où il y a des images pour chaque petit poëme, où les meilleurs graveurs se sont disputé les planches, où Choffard a jeté presque à toute page ses ingénieux culs-de-lampe; de ce livre, le modèle inimitable de la gravure galante décorant le conte libre, — une page, la première d'un des deux volumes, montre, comme un pendant du portrait de La Fontaine, le portrait du dessinateur Charles Eisen [1].

Ce dessinateur français sort de souche flamande, de peintres flamands. Il a pour père François Eisen, qui était venu de Bruxelles chercher fortune à Valenciennes, dans cette province encore annexée à l'art de la Flandre. Marié là en 1716, François Eisen y peignait des Saintetés pour les églises du Béguinage, des Brigittines, des Ursulines, de l'abbaye de Vicoigne. En 1745, des difficultés avec l'administration de Valenciennes, et une rivalité avec son confrère, le peintre Gilis, le déterminaient à repasser à Bruxelles, dont le chassaient bientôt la guerre dans les provinces belges et

---

1. Ce portrait a été gravé par Ficquet, d'après une peinture de Vispré.

la prise de Bruxelles par le maréchal de Saxe.
Il rentrait en France et venait se fixer à Paris.
A Paris, il se mettait à peindre de petits
tableaux, où il alliait le précieux de Miéris à la
mode d'espagnolerie que Vanloo essayait d'in-
troduire dans l'histoire et dont plus tard Fragonard allait faire sa fantaisie. Badinages,
scènes d'espièglerie et de polissonnerie gami-
nante entre filles et garçons : les petits garçons en tuniques à crevés, au chapeau à la
Henri IV; les petites filles à collerettes, à colliers de perles, à coiffures de plumes; le tout
mêlé de chiens, de chats, de perroquets, des
camarades domestiques de l'enfance. Telles
étaient ces plaisantes compositions, marquées
de ce germanisme qui s'épanouira à la fin du
siècle dans les petites peintures de Wille et de
Schenau. Elles eurent un grand succès, et
elles lui eussent ouvert les portes de l'Académie, nous dit Hécart, s'il avait voulu s'y
présenter. Au bout de longues années, le genre
ayant vieilli avec le peintre dont la main devenait moins preste, François Eisen était forcé
de rogner sur ses dépenses et de se réduire à
un pauvre petit logement rue de la Huchette.

Hécart, qui y fit sa connaissance en 1770,
nous dit que le peintre avait alors quatre-vingt-
cinq ou quatre-vingt-six ans, et sa femme
presque autant de vieillesse que lui. « Il s'était
assujetti au goût des marchands de tableaux
qui lui donnaient de l'ouvrage, il peignait pour
eux des tabagies, des caricatures, des bambo-
chades. Les tableaux avaient six et sept pouces
de hauteur, il en faisait deux ou trois par mois
et on les lui payait trois louis chaque. Ce gain
suffisait à ses besoins. Il était encore alors
d'une vivacité pétulante et ne se servait pas
de lunettes... Ses organes s'étant affaiblis à
l'âge de quatre-vingt-dix ans, il fut reçu avec
sa femme aux Incurables et ils moururent dans
cet hospice [1]. » L'*Almanach des Artistes* de 1776
dit de François Eisen : « Il se fût immortalisé,
si l'histoire avait eu plus d'attraits pour
lui. »

Pendant son séjour à Valenciennes, François Eisen avait eu de sa première femme,
Marguerite Gainze, sept enfants, dont le troi-

1. *Biographie valenciennoise* (par Hécart), recueil de notices
extraites de la *Feuille de Valenciennes*, de 1821 à 1826. Valenciennes, imprimerie de J.-B. Henry, 1826.

sième, né en 1720, fut Charles Eisen [1]. L'éducation de ce fils fut celle d'un artiste. Son
père l'éleva à l'école de l'art naturiste flamand,
l'astreignant, tout petit, à un dessin exact et
serré d'un linge, d'un manteau, d'une couverture, d'une robe de soie jetée sur une chaise,
le formant à l'art si difficile des draperies, et
d'autres fois exigeant de lui le rendu consciencieux et minutieux d'un animal, d'une plante,
d'un meuble même. Puis, pour compléter le
goût du jeune homme, ainsi tenu longuement
le crayon à la main en face de la nature et
devenu un bon dessinateur, il le menait dans
des cabinets de tableaux, l'arrêtait devant une
toile, lui en faisait remarquer les beautés et les
défauts, et, de retour au logis, il exigeait de
lui une répétition de la composition qu'il lui

---

1. Voici l'acte de naissance de Charles Eisen, que nous
empruntons à la brochure de M. Cellier : *Antoine Watteau,
son enfance, ses contemporains.* Valenciennes, 1867 :

« Le même jour (17 août 1720) fut baptisé Charles-Domi-
nique-Joseph, né ce jourd'hui, à dix heures du matin, fils de
François Eisen, peintre, demeurant au Fossart, et Marie-Marguerite Gainze, sa légitime épouse. Parein fut Charles Du Bois,
de la paroisse de la Chaussée; mareine, Marie-Marguerite
Michez. Le père estant présent. Ont signé François Eisen,
Charles Dubois, Marie-Marguerite Miché. »

avait fait voir. Ce que sa mémoire ne se rappelait plus, l'imagination du jeune Eisen était
bien forcée de le créer. Il apprenait ainsi l'invention ; et « c'était par ce moyen, et petit à
petit, disait le père Eisen à Hécart, qu'il avait
amené son fils à devenir compositeur ».

A vingt-deux ans, en 1742, le jeune Valenciennois est déjà à Paris. Il entre dans cet
atelier de Le Bas, la véritable académie et la
grande pension de la gravure contemporaine [1]
où nous avons déjà trouvé Cochin, où nous
retrouverons Moreau, où passent tout ce monde
et tous ces noms de l'art : Aliamet, Bacheley,
Cathelin, Chenu, David, Duret, Ficquet, Gaucher, Godefroy, Guibert, Elmann, Julien, Laurent, Lemaire, Baquoy, Ouvrier, Filleul,
Lemire, Lemoine, Longueil, Malœuvre, Mar-
tinasie, Née, Riland, le Suédois Rehn, l'Écossais Strange. Joyeux atelier sous ce joyeux

---

1. Eisen a gravé dans ses commencements à l'eau-forte
dans le goût de Boucher et du Bachiche. M. de Baudicourt
cite de lui neuf pièces : *la Vierge allaitant l'Enfant Jésus,
Saint Jérôme, Saint Éloi prêchant, la Madeleine, l'Amour ramo-
neur, Hercule et Homphale, l'adresse du sieur Magny,* terminée
au burin par Ingram. Mais la liste n'est pas complète ; il en
est d'autres, parmi lesquels un *enfant couché,* etc.

maître, rond, bonhomme et narquois, qui, sans
gronder ni discuter, corrigeait et châtiait ses
élèves avec un mot, un geste, une mine, une
farce : « Vous méritez bien que je vous embrasse... » était sa punition d'un mauvais
dessin, d'une mauvaise planche ; et l'embrassade comique ne manquait jamais son effet[1].
Bonne école, bonne famille, où les élèves
étaient comme les fils adoptifs de la maison
ouvrière et animée de toutes ces jeunesses tra-
vailleuses. Le patron ne s'épargnait pas à
l'ouvrage, et demandait que chacun *piochât le
cuivre* comme lui. Mais, le travail fini, l'hiver,
une estrade s'improvisait pour les violons, on
dansait dans l'atelier démeublé ; et il fallait
voir la fête : la replète personne de Le Bas
faisant vis-à-vis à Mlle Le Bas en belle robe,
Lemire avec les demoiselles Chenu, et dans le
fond Mme Le Bas, regardant de son fauteuil le
plaisir des autres. Était-ce l'été, un jour de
vacance, tout l'atelier partait monté sur des
rosses, galopant vers les verdures de Nanterre.
Et voilà précisément Eisen dans la cavalcade :

1. *Portraits intimes du* XVIIIe *siècle,* par Edmond et Jules de
Goncourt. 2e série. 1858.

il figure dans cette lettre de Le Bas datée de
1746, et illustrée, à la mode des lettres d'artistes d'alors, de ces croquis qui jettent en
marge l'image du récit. C'est lui, ce chevau-
cheur à la débandade, ce maigre dégingandé
perdu dans une immense houppelande, sous
lequel Le Bas a pris la peine d'écrire : *M. Esin*
(sic), *peintre en redingote*[1]. L'année suivante,
en 1747, il est déjà assez connu pour obtenir
l'illustration du *Boileau* édité par Saint-Marc,
il fait là ses débuts par des vignettes où il
s'essaie et commence.

Il était temps qu'il gagnât sa vie. Marié
depuis deux ans, il était chargé de deux enfants.
Une assez singulière histoire que celle de son
mariage : à son arrivée à Paris, en 1741, dans
la rue de la Huchette où il logeait, il avait
avisé une voisine, la fille de Jean Aubert, marchand apothicaire ; le père était mort, la fille
vivait sous la garde de sa mère. Mal gardée, mal
défendue par treize ans de plus que son soupirant, elle mettait au monde, le 4 octobre 1744,
un fils reconnu un peu moins d'un an après

1. *Portraits inédits d'artistes français*, par Philippe de Chennevières. Le Bas.

par ses auteurs, que le vicaire de Saint-
Séverin mariait le 20 septembre 1745. Ce
mariage, auquel son père, François Eisen,
n'assistait pas, et qui avait pour témoins un
sculpteur nommé Vincenot et un peintre
nommé Jean Chevalier, donnait au jeune
homme de vingt-cinq ans une femme de trente-
sept[1]. Tout en donnant son temps, les années
suivantes, à des illustrations de livres, Eisen
faisait paraître « une œuvre suivie »[2], une

1. *Dictionnaire critique de biographie et d'histoire*, par A. Jal.
Paris, 1867, article Eisen.

2. Premier livre d'une *œuvre suivie*, contenant différents
sujets de décorations et d'ornements, comme vases, tombeaux,
niches, fontaines, groupes de figures, statues, à l'usage des
architectes, sculpteurs, ciseleurs, par Charles Eisen, peintre
et dessinateur, associé de l'Académie des beaux-arts de Rouen
et adjoint à professeur à l'Académie de peinture de Paris. Au
petit hôtel de Braque, place Maubert, 1753. Dédié à M. Voyer
d'Argenson. — Il a encore publié dans ce genre : *Divers sujets
de chasse pour les tabatières utils* (sic) *à différents artistes*, dessinés par Vigilex et Eisen. Paris, Demarteau l'aîné, avec pri-
vilége du Roy, 6 planches. Avant Gravelot, qui publiait plus
tard les *Soldats conformément à l'ordonnance de* 1766, Eisen
publiait en 1750 : *Nouveau recueil des troupes qui forment la
garde et maison du Roy*, gravé à l'eau-forte par Le Bas,
série curieuse des costumes magnifiques de la monarchie,
où se voient *le Garde de la Manche* avec l'uniforme, revêtu
d'une cotte d'armes à fond blanc semés de fleurs de lys d'or,

suite de livres de décorations et d'ornements :
vases, tombeaux, niches, fontaines, groupes
de figures, statues à l'usage des architectes,
des sculpteurs, ciseleurs. C'est un vrai portefeuille pour l'artiste et un vrai manuel de l'art
industriel du temps. De page en page, l'imagination féconde et facile d'Eisen y répand les
idées, les sujets, les frontispices à déesses et à
Romains casqués, les cartouches empanachés
et couronnés, les armoiries flamboyantes or-
nées de grands anges et de pluies d'attributs,
des statues pédestres, des groupes d'Hercule
et de Vénus descendant de Lemoine, des
Flores dans des niches de verdure, des cariatides de femmes soutenant des écussons dans

avec la devise du Roy brodée en plein, la pertuisane à lame
dorée et la main frangée de soie blanche et d'argent ; le *Garde
de la Prévôté*, culotte et bas rouges, le hoqueton sur l'épaule
droite, à bouillons d'orfévrerie, les fleurs de lys et L couronnés
d'or, dont le fond est des couleurs du Roy, incarnat blanc et
bleu, couvert d'ancienne broderie, une masse d'Hercule et
deux épées nues au côté, avec ces mots : *Hæc quoque cognita
monstris.* — Il aborde tous les genres, et l'on a encore de lui
des *Principes de paisage pour apprendre à dessiner à la plume,
dédiés à mademoiselle de Malézieux, et gravés d'après les dessins
de M. Eisen, par M. M. C. P. D. G.* ; — et l'*Amour du Dessin
ou Cours de dessin dans le goût du crayon.* 1757, gravé par
François.

des architectures coquillageuses, des tombeaux de triomphe, des jeux d'Amours dessinés pour des feux ou des bronzes de meubles, des fontaines à congélation aux vasques portées par des torsions de sirènes, des luttes d'Antée, toutes prêtes au modelage, de petits groupes des trois Grâces faits pour porter la boule d'une pendule de boudoir. Rien ne manque des dessins, des modèles, des attributs que réclament le goût et la mode : mufles de lions en portoir, femmes-sphinx, bustes d'empereurs, motifs de pots à oille, projets de tabatières, brûle-parfums dignes d'être exécutés à Sèvres. Eisen a véritablement donné là comme l'album complet des croquis de la Rocaille.

Insistons sur ce côté du talent d'Eisen. Il est un des signes de l'art du temps qui réclame de ses petits peintres d'être, à l'imitation de leur maître Boucher, ce grand touche-à-tout, non-seulement des peintres, mais encore des ornemanistes. L'artiste, tel que le veut et tel que le fait le xviiie siècle, ne doit pas avoir uniquement la science de l'homme et de la femme, du personnage ; il faut qu'il y joigne le sens du pittoresque et du caractéristique de cette

ligne générale des choses, le style d'une époque. Il faut qu'il ait l'imagination du changement, du renouvellement, du rajeunissement
que demande une société au décor de sa vie;
qu'il soit l'inspirateur des formes à donner au
bronze, à l'argent, à l'or, au bois, à la porcelaine, à la faïence d'un siècle, l'inventeur de
ce que l'industrie, alors assimilée à l'art, exige
des artistes, pour la façon de la matière, le
guide enfin du bronzier, du ciseleur, du bijoutier, de tous les métiers du goût. Et l'art ne
croit pas déchoir en se livrant à ce genre pratique du dessin : c'est le gagne-pain de Gravelot en Angleterre à ses débuts, c'est plus
tard la fortune européenne du nom de ceux
qui y touchent. Parmi tous, Eisen eut le don
· de cette invention, passant, avec son génie de
motifs toujours nouveaux, de l'enflure opulente
de Meissonnier aux profils droits de Goutières.
Il est d'ailleurs de pays d'orfèvres. Tout jeune,
à Valenciennes, il a dû s'inspirer des grands
ouvrages de Moyenneville et de son école,
morceaux de ciselure aussi beaux que des
Balin : ces chefs-d'œuvre en vermeil, en argent
et en cuivre, ces châsses du saint Cordon, de

saint Pierre, de saint Paul, de saint Druon, qui,
promenées aux fêtes, étaient l'honneur et la
magnificence des promenades de la ville [1]. Et
voyez-le dans ses moindres vignettes, quelle
science, quelle entente de l'ornemaniste montrent ces culs-de-lampe, ronds comme ces
tabatières en coquille ou ces boîtes de montre
à bas-relief repoussé, d'où se lèvent les scènes
de la Fable; ces petits tableaux, pareils à des
émaux dans les ciselures d'un cadre rubané;
ces plaques ovales que l'on voit encadrées dans
le bois de violette d'un « bonheur du jour »;
ces médaillons qui enserrent avec des guirlandes de verdure des Amours dont le baiser
se pâme sur des roses; — tant de compositions
minuscules accompagnées d'arabesques mêlant
Pompéi à Trianon. Comme il sait enchâsser
son dessin, le monter dans une sertissure à
griffe, à biseau, à feuille, dans des trophées
de fleurs, des rinceaux, des entrelacs, des
chutes de lauriers, de guirlandes, de rosettes,
dans le serpentement, le contournement, le
caprice guilloché qui court sur un « sou-

1. *Biographie valenciennoise.*

venir Louis XV! » — Eisen est le bijoutier, c'est le Germain de la vignette.

Cette double aptitude, une main courante, un crayon toujours en verve, une facilité qui tient à la fois d'un jet de source et d'une production mécanique, permettent à Eisen d'illustrer presque tous les livres qui paraissent, de jeter au public des dessins de toutes sortes, paysages, études de chevaux, costumes de militaires, entrées d'ambassadeurs, sujets sacrés, mythologiques, antiques, contemporains, dont les titres suffisent à remplir chaque année des pages entières du livret de l'Académie de Saint-Luc [1]. Et qu'on ne croie pas que tous ces

1. Nous donnons ici la liste complète des expositions d'Eisen mentionnées dans les huit livrets imprimés de l'Académie de Saint-Luc, en respectant les explications, souvent amphigouriques, de l'artiste. Cette longue liste pourra servir à mettre sur la trace d'un de ses tableaux ou de ses dessins.

EXPLICATION DES OUVRAGES DE PEINTURE ET DE SCULPTURE DE MESSIEURS DE L'ACADÉMIE DE SAINT-LUC.

1751.

Par M. Eisen, peintre de cette Académie et de celle des beaux-arts de Rouen :

82. Un tableau représentant Icare et Dédale, fait pour la réception de l'auteur.

83. Un plafond allégorique, représentant la Nature qui

dessins n'aient qu'un format de vignette : quelques-uns atteignent la hauteur de six pieds sur

tient une corne d'abondance d'une main et de l'autre retient le Génie par une de ses ailes, qui semble toujours s'écarter du vrai. On y voit les attributs de l'Architecture, de la Sculpture et de la Peinture. Plusieurs dessins et esquisses sous le même numéro.

1752.

Par M. Eisen, conseiller :

50. Un tableau, toile de 3 pieds en hauteur, représentant l'atelier d'un peintre occupé à faire le portrait d'un jeune homme qui vient d'être tué, et qui est son fils, ce qu'on reconnaît à l'inspection d'un vieillard, où la douleur et la fermeté se confondent. Ce sujet est tiré de l'histoire abrégée des peintres.

51. L'histoire de Lucas Sinorelly.

52. Une esquisse du Serpent d'airain, qui a été exécutée en grand.

53. Deux dessins faits pour Mme la marquise de Pompadour, de la composition du sieur Eisen.

54. Un Printemps et un Automne, d'après un bas-relief d'ivoire, tous deux de même grandeur. Ces deux dessins ont été gravés pour Mme la marquise de Pompadour, lesquels deux bas-reliefs lui appartiennent.

55. Deux dessins qui avaient été faits pour servir d'ornement à l'Oraison funèbre de Madame Henriette de France.

56. Plusieurs esquisses sous le même numéro.

1753.

Par M. Eisen, adjoint et professeur, rue du Foin :

32. Un dessin d'une vue de Paris du pont Royal au Pont-Neuf. Les figures représentent l'entrée de Son Excellence

une largeur de quatre. Il expose aussi nombre
de tableaux ; car contrairement à ses confrères,

M. le comte Kaunitz–Ritzberg, ambassadeur de l'Empereur.
Le dessin a environ 3 pieds et demi de large sur 2 de haut.

33. Plusieurs autres dessins tirés des Contes de La Fontaine.

34. D'autres qui doivent servir d'ornement au poëme de la
Christiade.

35. Le dessin du frontispice fait pour la nouvelle édition
d'Alphonse du Fresnoy.

36. Autre pour la nouvelle édition du Puffendorff.
Plusieurs vignettes pour le même ouvrage.

37. Plusieurs autres dessins d'un Œuvre suivi, à l'usage
de différents artistes, architecture, sculpture, ciselure, orfévrerie, bijouterie, que l'auteur fait graver pour lui, contenant six
feuilles chaque livre, dont il vient de mettre le premier au
jour, qu'il a eu l'honneur de dédier à M. le marquis Voyer
d'Argenson, maréchal des camps et armées du Roy, etc.

38. Le portrait d'une demoiselle, peint à l'huile, de grandeur de tabatière.

1756.

Par M. Eisen, adjoint professeur, quai des Miramionnes :

48. Un frontispice de l'Histoire militaire de Flandre. L'on
voit dans ce dessin Minerve tenant une médaille qui représente le Roy ; elle ordonne à la Renommée d'aller publier les
exploits guerriers de ce prince et de le couronner de lauriers.
Cette médaille est soutenue par le Temps, que des enfants
enchaînent, et dont ils arrachent la faux, pour retarder l'instant où ce monarque bien-aimé doit être placé avec ses ayeux
au Temple de Mémoire ; c'est le vœu que fait l'auteur, comme
le plus respectueux et fidel sujet de Sa Majesté. Hauteur de
11 pouces 8 lignes, sur 7 pouces de large.

49. Un frontispice qui doit servir en cour d'Hollande. L'on

tout en étant dessinateur et vignettiste, il sort
souvent du cadre étroit de son genre, il continue l'habitude du commencement de sa car-

voit dans ce dessein une figure qui caractérise la Hollande sur
son trône, tenant d'une main une couronne d'abondance, de
l'autre un caducée; un Indien qui lui présente les tributs de
la nation; à côté, un Génie tenant les armes de la maison de
Nassau; deux autres sont occupés à tenir un gouvernail, l'autre
met la boussole autour du tronc; plusieurs ballots de marchandises caractérisent le commerce; le fond représente un
combat naval. De 7 pouces 8 lignes de hauteur sur 4 pouces
8 lignes de largeur.

50. La vignette de l'épître dédicatoire du même ouvrage
représente les armes de Monseigneur le duc d'Orléans, que
Minerve couronne; on voit à côté les Génies qui caractérisent
la Guerre et les Arts. Ce dessein a 8 pouces de long sur 3 pouces
de haut.

51. Le premier sujet de Pastor Phido représente Neve du
grand Zèle (sic) montant, prêchant au bord du fleuve Alphe, à
l'ombre d'une plaine, lorsqu'un habitant des eaux, lui remettant son fils entre les mains, lui recommande d'en avoir soin,
devant être le bien et l'appui de sa patrie; l'on voit dans le
fond le temple de ce dieu, et dans un côté du lointain un
orage se préparer. Ce dessein a 6 pouces de haut sur 4 pouces de
large.

52. La Poésie. L'on voit dans ce sujet des poëtes et des
philosophes appliqués à étudier cet art, et les autres s'em-
presser de montrer leur ouvrage à Appollon pour avoir les
lumières.

53. La Peinture, la Sculpture et l'Architecture. L'on y voit
la Peinture avec ses attributs; la Sculpture appliquée à faire
un buste du Roi; l'Architecture achevant un modèle en éléva-

rière et reste peintre. On le voit brosser de
grandes toiles pieuses ou profanes : *Icare et
Dédale, le Serpent d'airain, Signorelli peignant
son fils mort, Diane et Endymion,* des esquisses

tion ; l'on voit au bas des Génies occupés à dessiner d'après la
bosse.

54. L'Astronomie. L'on y voit des étudiants aux astres ; un
tient un papier, sur lequel est tracée une mappemonde ; dans
le fond, des ingénieurs qui travaillent sur le terrain ; au-dessus de ce sujet est Appollon qui préside.

55. La statue pédestre du Roi, des jeunes militaires faisant
l'exercice, auquel préside Minerve. Ces quatre desseins ont
chacun 10 pouces 11 lignes sur 8 pouces 8 lignes de long.

Deux desseins allégoriques de même grandeur.

56. Un jeune militaire étudiant l'art de la guerre, tandis
qu'un officier de ses amis entre doucement dans le cabinet,
accompagné de la Générosité voilée ; elle pose sur la table un
dépôt, et elle semble appréhender d'être apperçue dans l'action
généreuse qu'elle fait. Ces figures sont historiquement habillées, cependant représentent le jeune guerrier entrant dans le
cabinet du Firmacie (*sic*), son bienfaiteur, accompagné de la
Reconnaissance, qui vient pour lever le voile de la Générosité,
qui accompagne toujours ce philosophe, qui, se levant prestement d'une main pour aller prendre le bras de la Reconnaissance, et accueillant de l'autre le jeune militaire, qui s'en saisit
et la baise. Ces deux desseins ont chacun 6 pieds de haut sur
4 pieds de long.

57. Deux desseins de même grandeur. Le premier représente
Hercule qui étouffe Antée. L'autre représente Bellerofon qui
combat Chienne.

58. Deux autres desseins représentant saint Sébastien, faits

pour des salles de communion, des plafonds
représentant la Nature, des sainte Geneviève
pour des chapelles de château. De la première

pour servir d'esquisse à un tableau d'autel, de 8 pouces de
haut sur 4 de large.

59. Un jeune seigneur au berceau, entouré des Arts, de
11 pouces de hauteur sur 5 de large.

60. Une étude d'un cheval, de 1 pied 1 pouce de long sur
8 pouces de haut.

Trois paysages dessinés au crayon rouge.

61. Un représentant l'entrée d'une forêt déserte, des animaux que des gens mènent. Ce dessein a 14 pouces 10 lignes
de long sur 10 pouces de haut.

62. Les deux autres représentent une tempête sur mer, de
chacun 1 pied de haut sur 10 pouces de large.

63. Une pastorale lavée à l'encre de la Chine, de la longueur
de 7 pouces sur 5 pouces de haut.

64. Une estampe représentant la Gallerie du Roy de Pologne. Le génie des beaux-arts ordonne de placer la *Nuit* du
Corrége, qui est le principal tableau que possède vos remar-
ques (*sic*). Au bas sont des génies qui s'amusent à chercher l'avis
du peintre, dont il examine les tableaux. Le fond représente
la galerie où sont attachés les tableaux. Cette estampe a
8 pouces de long sur 6 de haut.

65. Plusieurs desseins de différentes grandeurs.

1762.

Par M. Eisen le fils, professeur, quai des Miramionnes :

16. Un tableau de 4 pieds sur 3 pieds, représentant Lucas
Signiorelli qui peint son fils qui vient d'être tué.

17. Un projet dessiné pour une chapelle de communion.

18. Une esquisse du tableau d'autel de ce même projet,

éducation de sa jeunesse il garde un fonds
d'aspiration à la peinture noble, à la peinture
d'histoire; et d'un de ses bons jours, il nous

représentant Notre-Seigneur qui fait la Cène avec ses apôtres.

19. Autre esquisse représentant l'Annonciation de la Vierge,
exécutée en grand. Ce tableau a 13 pieds et demi de haut sur
10 pieds de large, fait pour l'église collégiale de Douay, en
Flandre.

20. Autre esquisse, représentant le mariage de la Vierge.

21. Le portrait de Mme Vincent.

22. Le portrait de M. l'abbé de ***.

23. Quelques esquisses et plusieurs desseins.

1764.

Par M. Charles Eisen, professeur :

9. Sainte Geneviève assise dans la campagne, faisant la
lecture. Ce tableau est destiné pour la chapelle d'un château.
Il porte 6 pieds de haut sur 4 pieds de large.

10. L'enlèvement de Proserpine.

11. Plusieurs desseins à la mine de plomb et lavés à l'encre
de la Chine, représentant différents sujets sous le même
numéro.

1774.

Par M. Eisen, adjoint à recteur :

9. Le Triomphe de Cybèle et les Forges de Vulcain, repré-
sentés tous deux par des enfants. Ces tableaux portent 12 pouces de haut sur 15 de large.

10. Diane et Endimion. Ce tableau est de la même grandeur que le précédent.

11. Érigone et l'Amour sous la forme d'une grappe de raisin.
Hauteur, 14 pouces ; largeur, 16 pouces.

reste une composition appliquée et réussie, *Henri IV et Gabrielle* enchaînés par des rondes d'Amour. Eisen dans ce tableau atteint la grâce d'un petit Boucher historique [1]. Puis, à l'imitation de son père, il peint encore de petits tableaux de genre, de mœurs et de société : l'*Accord du mariage*, la curieuse image de la bourse remise par le fiancé, le *Bouquet*, scène enfantine, le *Trictrac* et la *Comète* gravée par son maître ·Le Bas, l'*Amour européen*, une déclaration dans un merveilleux décor d'appartement, la *Dame de charité*, toutes plan-

12. L'Aurore semant des fleurs et chassant les ombres de la nuit. Hauteur, 15 pouces ; largeur, 16 pouces.

13. Sainte Famille, et pour pendant le Songe de saint Joseph.

Ces deux desseins sont à la sanguine, rehaussés de blanc.

14. La Charité, représentée par une femme entourée d'enfants. Dessein à la plume et au bistre.

15. Les Trois Grâces, petit dessein colorié, de forme ronde.

16. Deux desseins coloriés, dont un représente un marché. Ils font pendant.

17. Des enfants jouant avec une chèvre. Dessein à la plume et à l'encre de la Chine.

18. Plusieurs desseins sous le même numéro.

1. Nous possédons un petit dessin de ce tableau crayonnage très-étudié, qui, recouvert presque partout de petits traits de fine plume, joue, avec ses oppositions d'encre de Chine et de crayon, l'effet d'une eau-forte soumise à deux morsures.

ches agréables, coquettes, mais parfaitement froides [1].

Ces tableaux sur lesquels Eisen plaçait une partie de son orgueil et de sa petite gloire, que sont-ils devenus? qui les connaît? qui les a vus? qui peut en dire la valeur? Avec les pertes faites par la France de tant d'œuvres originales, les fausses attributions et les substitutions si fréquentes des copies si nombreuses du temps, la difficulté est devenue bien grande pour établir, quand il s'agit de tableaux de peintres secondaires comme Eisen, l'authenticité qui demande, pour être affirmée, la comparaison de deux ou trois originaux positifs.

1. Citons encore, parmi les pièces gravées d'après ses tableaux et ses dessins, en dehors de l'illustration du livre : le *Concert méchanique*, inventé par Richard en 1769, gravé par de Longueil ; le *Jour* et la *Nuit* de mariage, par Patas ; le *Bal chinois* chez François, la *Vertu sous la garde de la Fidélité*, les *Désirs satisfaits*, par Patas ; le *Modèle enchanteur*, les *Premiers Aveux*, la *Ramasseuse de cerises*, la *Vieille de bonne humeur*, la *Cuisinière charitable*, la *Double Fécondité*, la *Belle Nourrice*, la *Jolie Fermière*, le *Petit Donneur d'avis*, le *Lever des enfants*, le *Sabot cassé*, le *Vieux Débeauché* (sic), planche rare, etc. ; les *Amusements champêtres*, le *Bal champêtre*, les *Plaisirs champêtres*, par Delongueil, qui a encore gravé les deux jolies suites de quatre pièces : le *Matin*, le *Midi*, l'*Après-Midi*, le *Soir* et le *Printemps*, l'*Eté*, l'*Automne*, l'*Hiver*.

Parfois, dans le coin d'une pauvre collection, ou dans le mauvais jour d'une exposition provinciale, il vous apparaît une esquisse noyée et blonde, s'enfonçant dans un verdâtre chaud, où le gras pinceau a vivement posé des tons rouges, bleus, jaunes, relevés, de blancs qui laissent des traînées sèches sur des personnages bâtonnés, ainsi que Watteau bâtonne ses bonshommes à la sanguine, sur des silhouettes de second plan, croquées dans le bitume, perdues dans une poussière et une chaleur étouffée de bal. La mémoire vague et instinctive, qui reste à l'œil, d'un artiste qu'on a fouillé, étudié, dont on a poursuivi la signature et le caractère à travers les gravures, les dessins, vous arrête et vous fait dire, comme par un pressentiment : Ce doit être un Eisen. Mais la certitude manque. Et quelle autre œuvre similaire et bien signée, pour vous la donner? Aucune. Le hasard vous fait-il rencontrer une toile plus terminée, d'un faire plus froid! Autre écueil. Vous êtes exposé, par la ressemblance du sujet, à prendre pour une œuvre du fils une œuvre du père [1]. M. de Pujol dit que l'on voit

1. Le *Magasin pittoresque* a donné, en 1841, le croquis d'un

à Douai, dans la chapelle de la Vierge, à
l'église Saint-Pierre, une *Annonciation* pleine
d'expression et de grâce, mais d'un mauvais
ton de couleur. M. Cellier ajoute qu'elle
porte le millésime de 1776. Il y a sans doute
erreur de sa part : cette *Annonciation* doit
être le tableau exécuté pour la collégiale de
Douai et exposé à l'exposition de l'Académie
de Saint-Luc en 1772.

Si les tableaux d'Eisen nous manquent à
peu près, ses dessins nous restent, et ils sont
nombreux. La plupart sont des plus séduisants.
Ils ont par excellence le charme du dessin :
l'esprit. Eisen les a exécutés, tantôt à l'encre
de Chine relevée de plume, ou bien il les touche d'une aquarelle légère ; le plus souvent il
les crayonne à la mine de plomb. Ceux-ci sur-

prétendu tableau de Charles Eisen, représentant des jeunes
filles et un perroquet, tableau de la collection de M. de Saint-
Remy au Mans, qui possède encore du même artiste un
enfant qui presse le robinet d'une fontaine et en fait jaillir
l'eau sur deux jeunes filles épouvantées. Nous n'avons pas vu
ces tableaux ; mais le premier est assurément un sujet du
père, que nous croyons même avoir vu gravé d'après lui ; et
pour le second, la méprise est manifeste : il a été positivement
gravé par Henriquez, avec le nom d'Eisen père, sous le titre
de : l'*Espiùglerie*.

tout révèlent toute sa grâce. Inspiré de Boucher, sorti de son enflure ronde, de son style
douillet, Eisen s'en dégage par l'affinement, la
délicatesse de sa manière, et, même en rappelant le maître, il reste toujours Eisen. Qu'on
regarde ses moindres crayonnements, ces griffonnages courants, improvisés et courants ;
qu'on l'étudie dans ce que le temps appelait
si joliment et si justement des « *pensées,* » ces
premières idées de peintre, jetées à la volée, à
demi nées et encore flottantes, destinées à être
soumises à l'éditeur. De la feuille de papier
blanc teinté maintenant par les années d'un
ton de Chine, où il semble qu'il n'y ait qu'un
nuage gris, se lèvent peu à peu ces petites
aubes de sujets, ces ondulations de formes,
ces indications pâles, claires, légères, réveillées
et repiquées çà et là, où l'œil poursuit et
trouve des corps, des amours, de petites apothéoses, la silhouette d'une scène coquette.
Rien d'égal à l'adresse, à la facile inspiration
dans le badinage et le tâtonnement de ce
crayonnage autour des profils, des figures,
des habits et des lignes. Ces souffles de dessin
ont le mouvement de l'attitude et des person-

nages, la liberté des étoffes, l'âme de toute
une composition. Un volume entier, acheté
par nous, de ces *Pensées* d'Eisen pour les *Contes de La Fontaine,* la *Henriade,* les *Métamorphoses d'Ovide,* les *Almanachs de la musique du
roi,* etc., éclaire tout ce côté de son talent :
brouillis où le trait rondit et joue autour d'apparences de formes, scènes vaporeuses de
mythologie ou d'histoire, croquis microscopiques, essaims d'Amours dans une poussière de
mine de plomb, contours qu'on dirait estompés
avec le reste du noir d'un tortillon d'atelier,
harmonies effacées, douces, presque lointaines
de ces demi-rêves du crayon. C'est là qu'apparaît le vrai génie du dessinateur rapetissé et
calomnié par ses autres dessins, délices des
bibliophiles, ces dessins terminés, abêtis pour
l'intelligence et le travail du graveur, poussés
au dernier fini sur le vélin du papier ou de la
peau.

En 1762 paraissent les *Contes* de La Fontaine [1]; magnifique publicité pour le vignettiste

---

1. Il existe de ces *Contes* des exemplaires avec des planches
doubles de nudités pour les contes de *Richard Minutolo,* les
Lunettes et le *Rossignol.* Dans ces exemplaires, le *Cas de cons-*

et qui montre quel goût a pour lui le grand
public de ces années, et en quel honneur le
tiennent les éditeurs. Voltaire daigne lui écrire
et le féliciter [1]. L'artiste semble dans le chemin de la fortune. Il est maître à dessiner des
pages et des chevau-légers de la Garde du Roi.
Il est mieux que cela, maître de dessin de
Mme de Pompadour, il touche 7,500 livres de
traitement pour l'occupation d'un jour ou deux
par semaine. Il est, en outre, dessinateur du
Roi. Comment cette carrière si bien commencée s'arrête-t-elle comme brisée tout à
coup? Comment n'a-t-elle point l'achèvement
et le couronnement presque promis? Comment
Eisen n'arrive-t-il pas, ainsi que Cochin, à
l'Académie? Pourquoi cette main de Mme de

cience et le *Diable de Papefiguière* sont ce qu'on appelle, en
termes d'amateurs, « découverts ».

1. « Je commence à croire, monsieur, que la *Henriade* passera à la postérité en voyant les estampes dont vous l'embel-
lissez : l'idée et l'exécution doit vous faire également honneur.
Je suis sûr que l'édition où elles se trouveront sera la plus
recherchée. Personne ne s'intéresse plus que moi au progrès
des arts, et plus mon âge et mes maladies m'empêchent de les
cultiver, plus je les aime dans ceux qui les font fleurir. » (Lettre
de Voltaire à Eisen, insérée à la page 4 du volume Ier de la *Henriade*, édition de la veuve Duchesne.)

Pompadour, volontaire et toute-puissante pour l'avancement de ses familiers d'art, se retire-t-elle si brusquement de lui? D'où vient ce néant soudain, cette ruine d'ambition après cette faveur de cour? D'une insolence, au dire de Pujol qui la raconte ainsi : « Eisen avait de l'esprit, mais il n'en fit pas toujours un bon usage. L'anecdote suivante prouve qu'il était bien impudent, ou qu'il eut des absences de raison qui dégénéraient en folie. Mme de Pompadour, qu'il apprenait à dessiner, lui avait commandé le dessin d'un habit pour le roi dans un goût simple, mais nouveau, désirant que Sa Majesté jouît d'un vêtement qui n'eût point encore paru. Qu'imagine Eisen? Il s'en fait faire un semblable et se montre à Versailles, avec cet habit, le jour même qu'on avait engagé le roi à porter le sien en lui disant qu'il était l'unique. Il encourut la disgrâce de sa protectrice [1] ».

Est-ce là une histoire vraie ou une légende? N'est-il pas à croire bien plutôt qu'Eisen s'est

---

1. *Galerie historique universelle*, par M. de Pujol, 1786. (Charles Eisen.)

perdu à Versailles par ce qui était resté en lui de l'ouvrier dans l'artiste, par les façons et l'âme peuple qu'on devine dans la tête carrée et mâtinée de son portrait où le rustaud habillé passe sous le velours et les dentelles de l'homme de cour ? Sa carrière manquée, il faut l'attribuer à cette grossièreté de l'homme sans lettres et sans éducation, qui écrivait au dos d'une gravure : « *Je suis on peu pas plus contant don monsieur Massard a rendu ce cuq de lempe, ce 10 janvier 1771. Ch. Eisen*[1]. » Son abaissement, il le dut à la bassesse de ses habitudes, de ses goûts, de ses passions, à des mœurs scandaleuses même pour ce temps peu sévère, à une jeunesse de sens que l'âge ne corrigea pas, et qui ne fit que s'exaspérer avec les années. A quarante-sept ans, il déloge du domicile conjugal où il laisse sa femme sexagénaire, abandonnant ses enfants, au mariage desquels il ne figure que par son absence ; et il emménage rue Saint-Hyacinthe avec la veuve d'un valet de chambre, une femme Martin, dont il fait sa gouver-

---

1. Vente d'autographes du 12 novembre 1860.

nante et sa maîtresse, mettant la Seine et les
ponts entre son domicile de la rue du Fau-
bourg-Saint-Denis [1].

Cela et le reste, voilà bien plus vraisem-
blablement ce qui lui ferme les portes de l'Académie royale et le rejette forcément à la
sous-Académie du temps, la démocratique Académie de Saint-Luc, dont il fut, avec Gabriel de
Saint-Aubin, une illustration et dont il parcou-
rut et monta tous les obscurs honneurs, successivement conseiller, adjoint à professeur, professeur, et enfin, en 1774, adjoint à recteur [2].

Après les illustrations de livres de toutes

1. *Dictionnaire critique de biographie*, par Jal.

2. Livrets de l'Académie de Saint-Luc. Eisen a fait le grand
dessin de la gravure : *Indulgence plénière donnée à perpétuité par
le pape Clément XI aux fidèles qui visiteront l'église de Saint-Luc
en la Cité. Planche faite avec les deniers de ladite confrérie en
l'année* 1760. Il semble, du reste, le dessinateur ordinaire des
brevets et convocations de l'Académie de Saint-Luc. Nous
avons là une curieuse gravure, non signée, mais où se retrouve
son dessin. De l'encadrement des choses de l'atelier, une selle
de sculpteur, une palette, des pinceaux, une tête de Niobé, un
torse que dessine un groupe d'Amours ; se détache, tendu sur
un chevalet, comme à un étal de boucher, avec sa tête et les
pieds pendus sur le montant, la peau d'un bœuf, l'animal évan-
gélique de saint Luc, dans le cadre de laquelle le Bâtonnier
invite ses confrères aux premières vêpres qui se disent en la

sortes [1], Eisen illustrait, en 1770, les *Baisers de Dorat*, ce livre typique de sa vignette, le petit volume débordant de gravures, où l'artiste jette et prodigue son double talent de dessinateur et d'ornemaniste. Et qui mieux que lui était fait pour enguirlander d'images cette poésie de Dorat, jetée naïvement par le petit poëte comme le *sursum corda* de la galanterie et de l'amour au libertinage du siècle ? Eisen y sème les médaillons et les allégories du Plaisir; les autels où les colombes se becquettent sous les colonnades de palmier; les petits temples aux colonnes torses, aux chapiteaux d'acanthe, au dôme diadémé de fleurs, effleuré de coups d'ailes d'Amours. L'érotisme des petits

chapelle Saint-Luc, de l'église des R. P. Jacobins, à quatre heures du soir, le 17 du mois d'octobre.

1. Mentionnons, de 1747 à sa mort, les *OEuvres* de Mme Deshoulières, 1747; l'*Art d'aimer*, 1751; *Angola*, 1751; *Voyage dans l'autre monde*, 1752; la *Christiade*, 1753; l'*Éloge de la folie*, d'Érasme, 1757; les *Lettres péruviennes*, *Lucrèce*, 1754; la *Thériacade*, les *Saisons*, 1759; les *OEuvres de Grécourt*, 1764; les *Sens*, 1766; les *Héroïdes*, de Blain de Sainmore, 1768; *Narcisse dans l'île de Vénus*, les *Quatre Parties du jour* et les *Jeux de la petite Thalie*, 1769; la *Henriade* et le *Théâtre de Voltaire*, 1770; le *Tableau de la Volupté*, 1771; la *Pipe cassée*, les *Géorgiques*, etc, etc.

vers brûle et petille dans ces en-têtes et ces
culs-de-lampe qui montrent, du recto au verso
des pages, des apothéoses de volupté, des couples sur des ottomanes, encensés par la fumée
des brûle-parfums, des Cupidons foulant aux
pieds toutes les couronnes de la terre, des
Aurores, de la petitesse et de la finesse d'une
pierre gravée par Guay, repoussant le voile
d'une nuit heureuse au bas de la dernière
rime d'un baiser. Et partout, dans cette sorte
d'illumination et de petillement de la gravure,
dans le feu de joie des ciels et des paysages,
brillent ces petites déesses mignardes, debout
ou couchées, les petites Vénus qui pourraient
se faire une conque d'une foliole de rose,
ces figures microscopiques de femmes en
forme de poire, qui tiennent à la fois de la
pendeloque et de la perle baroque. Car Eisen
est l'homme du nu féminin infiniment petit,
du nu de l'in-12. Il excelle à faire tenir sur un
rien de papier la nudité de la Fable telle que
la comprend la poésie et l'art du temps. Et
il n'a point d'égal quand il enferme dans la
grandeur d'un chaton de bague le déshabillé
de la Mythologie du xviii· siècle.

Là est son vrai petit talent, un talent qu'il
faut, après tout, se garder d'exagérer, et qu'il
serait injuste de mettre sur la même ligne que
le talent de son rival et de son maître Gravelot. Ne confondons pas, ne comparons même
pas les deux artistes : l'un, avec son fond de
Flamand, l'ouvrier mécanique et à la tâche, le
pacotilleur de la vignette ; l'autre, plus que
Français, Parisien, plein de la conscience et
de l'amour de son art, ne travaillant qu'à son
heure, ne produisant qu'à sa satisfaction.
Gravelot est un sérieux dessinateur. Sa vignette
atteint au style du galant. Il donne en petit
cette note absolue du charme de son temps,
un rien de cet idéal de coquetterie que Watteau donne en grand. Eisen n'a presque toujours qu'une grâce inférieure. Son dessin mou,
rond, sans étude, ne tient pas à côté de ce
dessin de Gravelot serré, délicat, fini et vivant
jusqu'au bout des extrémités des doigts d'une
main. Ses personnages sont marqués au signe
d'une vulgarité courante. Ses seigneurs, ses
amoureux auraient besoin de prendre des leçons
du marquis de Polainville, de la comédie de
Boissy, pour porter leur chapeau « comme on

le porte à la cour de France » : ils ont une
face de Jeannot, l'air de farauds et de garçons-
marchands endimanchés, ou de laquais gênés
dans les habits de leurs maîtres. La femme,
chez Eisen, dans toutes les figures qu'il a
improvisées d'elle, ne semble que le type banal,
égrillard, souriant et inerte de quelque modèle
de la rue sur laquelle il a jeté une robe de
dame ; une sorte de poupée à grosse mouche
à la tempe, décolletée et falbalassée, la jupe
courte, le corsage à l'air, à laquelle le dessinateur ne fait prêter que la fadeur d'une monotone afféterie. Car Eisen, — regardez ses
Contes de La Fontaine, ses grandes vignettes
de la vie familière, — Eisen est toujours inex-
pressif presque inanimé. C'est vainement
qu'on chercherait chez lui ce qu'exprime et ce
que respire de la femme du temps le dessin
de Gravelot, les délicates attaches de corps,
les fins emmanchements de col, d'épaules, de
bras, de poignets, l'air, la tournure, le costume
même, l'envolement étoffé de ce petit être
fragile, divin et jamais crotté, qui touche à
peine terre dans telle des vignettes pour les
Contes de Marmontel, ou la miss *Jenny* de

Mᵐᵉ Riccoboni. Le plus subtil, le plus aimable de la délicieuse créature du siècle, sa physionomie espiègle, mutine, ou tendre ; le piquant honnête de sa volupté, l'aristocratie de toute sa personne, tous les raffinements que lui avait donnés, comme à l'objet d'art par excellence, une civilisation extrême, cela a toujours échappé à Eisen : l'exquis et le suprême lui ont manqué dans son genre.

La vignette est alors triomphante, elle règne. Eisen est à l'apogée de son talent, dans ces années où il fait suivre les *Baisers* d'Anacréon du *Tableau de la Volupté*, de *Phrosine et Mélidor*, du *Temple de Gnide*, de *Tarsis et Zélie*, des *Fables* et du Recueil de *Poëmes* de Dorat. Il devient l'illustrateur patenté de la poésie, et ses dessins font passer jusqu'aux vers de M. de Pezay[1]. A ce moment une réaction éclate, dans un grand parti de l'art, contre la vignette, et les attaques contre lesquelles Cochin lui-même

---

1. Grimm dit à ce propos : « Messieurs, vous vous faites trop imprimer. Si vous ne finissez, nous dirons incessamment que vous nous vendez les jolies images de M. Eisen pour faire passer vos vers, qui ne le sont point du tout. » (*Correspondance littéraire*, vol. IV.)

n'est pas protégé par sa position officielle, sa réputation consacrée, ses écrits, l'effort du grand style de ses derniers dessins ; ces attaques se déchaînent, s'emportent à l'injure contre les vignettistes moins autorisés, contre les dessinateurs qui sont purement artistes, contre les talents de ces hommes qui ne sont rien, comme Gravelot, ou tout au plus obscurs professeurs de l'Académie de Saint-Luc, comme Eisen. Donnons ici des duretés, des injustices soudaines de l'opinion publique, la mesure et le ton, d'après ce singulier et curieux volume : *Dialogues sur la Peinture, Tartouillis,* 1773, qui met en scène le fameux marchand de tableaux Remi, un mylord et Fabretti. Écoutez cette exécution :

« M. REMI... Notre gravure va un peu nous venger de la sculpture italienne.

MYLORD. Ah parbleu, Monsieur Remi, vous vous y prenez mal dans ce moment-ci, et je deviens partie.

M. REMI. Comment, Mylord ! ce début est brusque.

MYLORD. Il ne l'est pas encore assez. Notre belle édition de l'*Arioste de Baskerville,* eh bien,

ils l'ont polluée par de maudites vignettes de
ce pitoyable Eis... (en), j'avois défendu
expressément qu'on l'employât ; mais je me
suis si fort fâché que pour les derniers chants
il n'y aura rien de sa façon, il y a longtemps
qu'il nous infecte de ses dessins, mais nous
venons de le bannir honteusement de toutes
nos presses.

M. REMI. N'en parlons plus, il y a d'autres
dessinateurs.

MYLORD. N'allez-vous pas encore me citer
votre Grav... (elot), son Tasse, son Corneille
et ses nombreuses infamies ?

M. REMI. Il est défunt, le pauvre homme,
son âme est en paradis.

MYLORD. Le purgatoire ne sert donc de rien
en France, et ses vignettes et ses tristes culs-
de-lampe auront donc été faits impunément?
Mais ne troublons pas les cendres des morts.

. . . .

M. FABRETTI. Je suis tout étonné de vous
entendre. Je croyois qu'il n'y avoit que la
France pour les vignettes et la gravure.

M. REMI. Pour la fécondité, on ne peut
pas nous la contester. Tout est plein de nos

vignettes. Eisen en une serée en rempliroit
un in-folio.

MYLORD. Je croyois que cet Eisen ne
reparoîtroit pas. Qu'il remplisse, s'il veut, les
almanachs et les livres bleus.

Cette vive attaque était un symptôme.
L'heure de la lassitude venait. A peu de temps
de là, l'illustration du livre s'arrêtait avec l'af-
folement passé du siècle : le regain de la mode
ne devait lui revenir que quelques années
plus tard avec Moreau. Mais, dans la période
qui suit la mort de Louir XV, la vignette
tombe en discrédit ; et les vignettistes qui
survivent à sa vogue n'ont plus guère de dé-
bouchés. Eisen devait être un de ceux qui
perdaient le plus à cette petite révolution.
Est-il à penser qu'à un moment les éditeurs
de Paris se montrèrent aussi dégoûtés de ses
dessins que les éditeurs de Londres, et qu'il
se trouva sans ouvrage en France? Fut-il
chassé par le manque d'argent ou par ses
dettes? Quoi qu'il en soit, en 1777, il quittait
Paris et se rendait à Bruxelles ; il y allait
« pour ses affaires, » selon une déclaration de
sa femme. Il s'établit rue au Beurre, chez

un quincaillier nommé Jean-Jacques Clause,
où il meubla une chambre. « Il arrivait à
Bruxelles, dit son compatriote Hécart, rongé
de goutte et tourmenté par les maux qu'en-
traînent le libertinage et la débauche. » On le
voit : le libertin resta libertin jusqu'à la fin, à
l'exemple de tous les maîtres, petits ou grands,
du XVIIIᵉ siècle, qui ont eu le sentiment du nu
féminin en étant des amoureux de la chair de
la femme : Boucher, Greuze, Baudoin. Et la
vie crapuleuse que le vieil artiste menait en
Belgique accélérait sa fin. Il mourait le 4 janvier 1778 [1]. En mourant, il n'avait pas dit un
mot au quincaillier de sa femme ni des deux
enfants lui restant encore des cinq qu'il avait
eus ; il lui avait seulement laissé l'adresse de
sa maîtresse Charlotte Martin, veuve de René
de Coudray, « Mᵐᵉ de Saint-Martin, » comme
l'appelait noblement Eisen en pays étranger.

1. Les *Mémoires secrets de la République des lettres* (vol. XI)
enregistrèrent ainsi la nouvelle de cette mort : « 18 janvier.
Charles Eisen, fameux dessinateur, et ayant le titre de *peintre
du Cabinet du Roi*, est mort à Bruxelles le 4 de ce mois. On
connoît surtout ses dessins pour les *Métamorphoses d'Ovide*,
ceux des *Contes de La Fontaine* et ceux pour une édition de la
Henriade. On lui reproche d'avoir abusé de la fécondité de son

Le Belge se dépêchait d'envoyer à cette adresse
l'annonce de la mort de son hôte dans ce
français de son pays : « ...Mais grâce à Dieu,
« *il s'est bien converti pour mourir.* Le curé de
« Saint-Nicolas lui a confessai et qu'il en a été
« bien contens. Il est enterré, sur le simetierre
« de Saint-Gudule : le 6 du courant, *je l'ay*
« *fait enterrer joliment.* » Puis il arrivait au
triste de sa position, déclarait que, tant dettes
que déboursés, le défunt lui était redevable
de 376 florins, faisant en argent de France
752 livres, sans compter ce qu'il devait aux autres, ce qui pouvait bien porter la somme à mille
livres. Il craignait que les meubles et la bibliothèque, dont son hôte, de son vivant, avait
vendu une grande partie sans l'en prévenir, ne
payassent pas la moitié des dettes. Le défunt
l'avait assuré qu'il serait payé sur ses meubles
à Paris, au cas qu'il n'y eût pas assez chez lui
pour le payer ; et le quincaillier terminait sa

imagination et de sa facilité, d'avoir gâté sa manière, et, pour
courir trop après les grâces et l'élégance, de s'être souvent
écarté de la vérité ; d'avoir donné dans le gigantesque et le
tortillage. » Cette note est répétée mot pour mot dans la
petite notice nécrologique que le *Journal de Paris* consacre à la
mémoire d'Eisen.

lettre en priant Mme de Saint-Martin d'avertir
le père du mort. Mais ce n'étaient là que les
dettes de Belgique. La veuve en trouva bien
d'autres après avoir fait renvoyer la Saint-
Martin de la garde du scellé apposé aux deux
chambres occupées par Eisen dans la maison
de la rue Saint-Hyacinthe; elle voulut le faire
lever pour l'inventaire : une nuée de dettes se
leva de cette ouverture. Et pour s'arracher le
peu que laissait le misérable insolvable, accou-
rurent le chirurgien, le boulanger, le perruquier, le fruitier, le frotteur, auquel Eisen
devait 45 livres depuis 1774; le propriétaire,
maître Wasselin Desfossés, professeur en
droit, enfin le graveur Patusse, qui réclamait
240 livres données à Eisen sur deux dessins
qu'il devait lui livrer en 1773, et 36 livres données à compte le 7 février 1777 sur ces mêmes
dessins « toujours promis et jamais faits[1] ».

---

1. *Dictionnaire critique de biographie*, par Jal.

MOREAU

MOREAU.

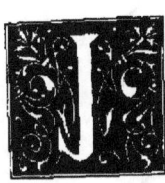EAN-MICHEL MOREAU, plus connu
sous le nom de Moreau le jeune,
naquit à Paris, le 26 mars 1741.
Son père était un perruquier de la
rue de Bussy, qui prit plus tard une manufacture de faïence. L'enfant, qui devait être le
dessinateur des dernières fêtes de cour et des
suprêmes élégances du xviiie siècle, eut pour
parrain un camarade de son père, perruquier
comme lui, et pour marraine la femme d'un
marchand de vin [1].

Dans la notice manuscrite, mise en tête de
l'œuvre de l'artiste à la Bibliothèque impériale

1. Nous devons à l'obligeance de M. Mahérault les actes de
l'état civil de J.-M. Moreau. Voici son acte de naissance, extrait
des registres de baptême de la paroisse Saint-Sulpice, 1741 :

« Le 27 mars 1741 a été baptisé Jean-Michel, né hier, fils
de Gabriel Moreau, perruquier, et de Marie-Catherine Villeminot, son épouse, demeurant rue de Bussy ; le parrain Jean-
Batiste Yvernault, maître perruquier, la marraine Michelle
Villeminot, femme de Remy Darlot, marchand de vin. »

par la piété de sa fille¹, Mᵐᵉ Vernet dit en
parlant de son père : « Il serait difficile de
dire à quel âge il entra dans la carrière des
arts. Sa mémoire, quelque bonne qu'elle fût,
ne le lui rappelait pas, et, pour lui, avoir
commencé de vivre et avoir dessiné étaient
exactement une seule et même chose. » L'a-
mour instinctif du dessin, l'occupation du
crayon, ont pu être, chez Moreau, aussi pré-
coces ; mais, chose bizarre, des témoignages
amicaux attestent que le développement de
son goût, la formation de son talent, furent
pénibles et longs. L'artiste s'arracha labo-
rieusement à lui-même. Il fut obligé de disputer le succès à une sorte de premier sommeil de ses facultés, à un engourdissement qui
donnait à son travail un effort ressemblant à
un ruminement lourd. Lui-même racontait et
confessait à Lemonnier la dureté de ses efforts
longtemps infructueux, les déboires du commencement de sa carrière, et l'injurieux baptême que lui avait valu de ses camarades le

---

1. Cette notice, publiée par les *Archives de l'Art. français*,
ne diffère guère que par quelques phrases insignifiantes de la
notice de Feuillet, insérée au *Moniteur* de 1813.

malheureux labeur de sa patience : on l'appelait le *bœuf* . Sa première jeunesse se passa
ainsi dans la lutte, mais dans une lutte où il fut
soutenu, encouragé, entr'aidé, poussé et porté
en avant par l'émulation fraternelle avec un
frère de deux ans plus âgé que lui, qui sera
plus tard le gouacheur, l'aquarelliste, le peintre
méconnu, un des inspirateurs de la couleur
future du paysage anglais sur la toile et le
papier : Moreau l'aîné.

Il avait dix-sept ans quand son maître, le
peintre Le Lorrain[2], était nommé directeur de
l'Académie des Beaux-Arts de Saint-Péters-
bourg. Il le suivit en Russie ; allant chercher

1. *Notes biographiques sur Charles Norry et sur Moreau le
jeune*, par Lemonnier (écrites à la sollicitation de la société
philotechnique dont Moreau faisait partie).

2. Les renseignements sont assez maigres, sur ce peintre
fort peu connu. Un catalogue de vente, sans date, donne la
description des tableaux, dessins, estampes, bronzes, marbres,
stucs, bras de cheminée et feux dorés d'or moulu, dont il est
obligé de se défaire, ayant eu l'honneur d'être choisi par l'Impératrice de Russie pour être son peintre. La Blancherie dit
qu'à son retour de Russie il fit plusieurs plafonds en cire colo-
rée pour le comte de Caylus et des dessins de meubles dans le
goût antique pour M. de Lalive de Jully, qu'on préférait aux
ouvrages de Boele. Il a peint pour Saint-Roch une sainte Irène.
Et à la vente du marquis de Menars passent sous son nom

la fortune dans le pays, où son petit-fils devait
un jour être reçu avec tant de gloire. Moreau
était nommé là, professeur de dessin à l'Académie impériale de peinture et de sculpture.
Mais en 1759, après dix-huit mois de séjour,
son maître était venu à mourir. Moreau, se
trouvant isolé et dépaysé, renonçait à sa
place, à l'avenir qu'assuraient en ce temps-
là les pays de glace aux Français de talent ;
et il revenait à Paris. Le voyage, du reste,
lui avait profité : le long trajet à travers la
variété des peuples, la nouveauté de ces pays
lointains, le caractère de ce bout du monde
de l'Europe, les curiosités du sol, des mœurs,
des usages, des monuments, des costumes, en

quarante dessins d'études et compositions faites pendant son
voyage de Russie, les uns lavés à la sanguine, les autres à la
pierre noire, avec un portrait de l'impératrice de Russie, fait
en 1758, à la pierre noire.

1. Quel argent rapporta Moreau de Russie ? Fut-il chargé
de quelque mission ou commission près du gouvernement
français ? On ne trouve nul renseignement là-dessus ; et cependant dans le registre des dépenses de la cour, connu sous le
nom de *Livre rouge*, Paris, 1793, nous relevons l'inexplicable
mention suivante, à la date du 30 septembre 1790 : « Une
somme de 30,000 livres pour rentes viagères au sieur Moreau,
peintre du Roi. »

frappant son attention, commençaient en lui
l'éveil de l'esprit d'observation.

A Paris, ne pouvant réussir à devenir
peintre, ou plutôt peut-être forcé par la nécessité d'abandonner une carrière aux commencements si longs et si coûteux, il se décidait
à entrer chez Le Bas. Le Bas commençait par
lui confier une partie des planches de l'ouvrage
de Caylus sur les antiquités grecques, romaines, étrusques. De sa première année d'essai
dans la gravure, de cette année où il expose
modestement à la place Dauphine, nous avons
une très-petite pièce en hauteur, une *Appari-
tion de la Trinité*, au-dessus d'une foule de
petites bonnes gens, assez maladroitement
gribouillée et signée : *M. Moreau invenit
et sculpsit*, 1761. En 1763, on le voit encore à
l'apprentissage de son métier dans un espèce
de fac-simile de Rembrandt, d'après Rembrandt *La Femme d'Uri au bain*, qui ressemble à un mauvais Norblin. Les années suivantes, il faisait l'eau-forte de quelques Greuze;
entre autres de la *Bonne Éducation*, sur la
marge de laquelle sa pointe, déjà habile et se
jouant avec le cuivre, jetait un joli petit portrait

de femme et des croquis ayant déjà la signature et la hardiesse de main d'un talent presque formé[1]. Suivaient de nombreuses eaux-fortes pour les compositions de Vernet, des épisodes de ses ports de mer, des dessous de gravure pour ses grands paysages, une *Joute sur le Tibre*, entre autres, curieuse pour l'aspect du Tibre d'alors et la mémoire d'îlots sombrés depuis. Au bout de toutes ses planches, petites ou grandes, nous le trouvons qui donne, en 1768, l'eau-forte du *Coucher de la Mariée*, d'après Baudouin, une planche qui révèle dans l'élève de Le Bas un aquafortiste tout à fait supérieur, essentiellement léger et clair, dégagé de la sécheresse et de la lourdeur du métier, la pointe spirituelle à la façon d'une pointe de peintre mordant au cuivre, la taille brillante, lumineuse, piquante, touchant les figures de femme comme avec un ton de crayon relevé d'un trait de plume, ayant enfin

1. Dans le nombre de ces jeux d'eaux-fortes de Moreau, il faut citer de petites fantaisies, de vrais griffonnis de peintre, des fontaines jaillissantes égratignées d'une pointe vive et fine, et quelques petites bandes de têtes d'homme et de femme aiguillées qu'il a signées, je ne sais par quel caprice, J.-M. Moreau *Parigino*.

cette qualité artiste de l'eau-forte – le *croquant*
qui fait aujourd'hui rechercher ce que Moreau
a ainsi gravé, d'après les autres, comme des
eaux-fortes originales de maître, tant ces interprétations lui sont personnelles. N'en citons,
que ces quelques exemples : le *Modèle honnête,*
d'après Baudouin, cette *Philosophie endormie,*
qui est Mme Greuze d'après Greuze, et la *Fon-*
dation des filles à marier, de Gravelot.

Cependant, du jour où il s'était fait graveur, interprète du dessin, de la pensée des
autres, Moreau n'avait pas cessé de dessiner,
de composer; il n'avait pas renoncé à l'ambition d'inventer et de créer. Heureusement il
était chez Le Bas, ce maître qui avait comme
les encouragements et les soucis d'un père
pour les vocations et l'avenir de ses élèves.
Le Bas aida Moreau à devenir dessinateur. Le
samedi, il lui donnait la besogne qu'il devait
faire le dimanche, et ne lui en redonnait que
le samedi suivant, afin de ne pas le détourner
des études de sa semaine. Avec cela, il le
payait assez pour qu'il pût suffire aux dépenses de ses huit jours. Moreau avait ainsi
la liberté de son temps pour dessiner d'après

nature, chercher sur le papier les compositions qu'entrevoyait déjà son imagination,
acquérir les aptitudes, les connaissances,
toutes les sortes de mémoires qui devaient lui
donner sa science future. Ses commencements
sont timides, et il faut aller chercher les premières figures sorties de son crayon dans des
planches dont l'ensemble est dessiné par
d'autres que lui, mais qu'il n'a pas oublié
pourtant de recueillir dans son œuvre. Petits
essais qui devaient plus tard faire sourire le
maître parvenu à son développement : ce sont
des homuncules, des diminutifs déjà spirituels
de figurines, hommes et femmes en costume
héroïque ou parisien, meublant et peuplant
maigrement des dessins d'architecture, des
épures géométrales et pompeuses : projet de
place au Roi, Temple des arts, Arc de triomphe,
décoration du théâtre des Italiens 1763, signées de Le Lorrain, de Dumont, de l'architecte Louis. Il va jusqu'à jeter des personnages à travers des élévations et des profils
de machines projetés par Sendrier de Bièvre,
charpentier du roi pour transporter la statue
du Roi dans la place Louis XV, et par ces

années où il semble passer par l'épreuve d'une
misère que ni Le Bas ni Caylus ne purent
tout à fait soulager, il est réduit à bâcler des
dessins pour l'entreprise de l'*Encyclopédie*, un
travail ouvrier « auquel, dit Ponce, il gagnait
moins que le plus mince journalier ». Des
cartes à jouer, oui, il y a des cartes à jouer
dans son œuvre. Enfin, en 1766, il arrive à
sortir ses personnages du cadre et de la signature des autres, dans les deux dessins : l'*Illumination de l'hôtel de Son Excellence l'Ambassadeur Plénipotentiaire de Son Altesse Électorale
Palatine* et les *Réjouissances à Reims*, annonces de son genre où son talent se montre non
encore dégrossi, pataud, maladroit à remuer
les foules, leurs joies, leurs danses.

La transformation de Moreau est une explosion subite, étonnante. A trois ans de là, son
talent éclate, entier et triomphant, dans un
dessin qui le met au premier rang. Tout à coup
l'artiste a atteint la perfection du genre qu'il
tâtonnait. Ses défauts de lourdeur et de mal-
adresse ont disparu : ils ont fait place à une
merveilleuse plénitude, à un accord admirable
de toutes les qualités du plus savant, du plus

charmant, du plus spirituel et du plus compositeur des dessinateurs. La *Revue du Roi à la
plaine des Sablons*[1], ainsi s'appelle cette grande
page. Moreau s'y révèle tout entier avec sa
délicatesse et sa force. Il s'y montre déjà en
pleine possession du dessin de l'homme et de
la femme; maître d'un vaste sujet; admirable
manœuvrier du mouvement des foules. Quel
premier plan heureux, bien trouvé, ombré du
passage d'un nuage : cette mêlée de carrosses
à glaces et à baldaquins; à caisses sculptées,
de vis-à-vis et de berlines à quatre portières,
de chevaux piétinants, de badauds, de tinteurs

---

[1]. Ce dessin, acquis par nous chez un chemisier du quartier Saint-Germain-l'Auxerrois, avait passé à la vente Le Bas,
1783, où il était catalogué sous le n° 25. Un curieux historique
manuscrit de la vente, relié à la suite d'un exemplaire du catalogue Le Bas, acheté à la vente Duchesne, et qui semble rédigé
par Joullain, l'expert du catalogue, nous apprend que ce dessin
avait été commandé à Moreau par Le Bas, et que le prix convenu avait été de 600 livres payées comptant au dessinateur,
avec la promesse de deux douzaines d'épreuves de la gravure,
dont moitié avant la lettre et moitié après. Les épreuves ne
lui ayant pas été livrées, Moreau exigeait de la succession
480 livres, qui faisaient monter le dessin à 1,080 livres. Nous
possédons également le traité manuscrit passé entre Le Bas et
le libraire Lamy pour la gravure de ce dessin. — Ce dessin a
été exposé par Moreau au salon de 1781.

de tisane, de femmes en grandes toilettes, épouvantées des fusils de soldats qui mettent la foule à l'alignement! Comme Moreau a su toucher la petite figure du Roi à cheval, faisant aux troupes l'honneur de les suivre sur les pages du livret qu'il tient à la main! Et l'amusant défilé des troupes dont on compterait les soldats! — L'ingénieuse idée que ce trouble-fête de coup de vent, polissonnant partout, jusque dans les drapeaux, animant et balayant toute la scène, lutinant les toilettes de femmes, jouant avec le ballon des jupes et la pudeur des fichus, décoiffant les hommes qui courent après leur chapeau, plaquant ou soulevant les robes, fouettant les petites silhouettes presque envolées des chambrières montées sur le haut des carrosses! Et quel espace, que d'air, quel tourbillon, que de monde sur le papier! Sont-ils loin les chevaux qui là-bas font des voltes et des courbettes! L'infini détail dans la masse! Quels tours de force dans la marche de ses petits soldats qui n'ont pas un pouce, dans ce carré de musiciens hauts comme des moitiés d'épingles! Quelle magie dans tout ce vivant panorama,

décroissant, arrivant pour les personnes et les
choses, à une minusculité qui semble insaisis-
sable au dessin de la main humaine, à un défilé, au plus loin de la grande plaine, de petits
carrosses et de petits canons, si petits qu'ils
vous font venir l'idée de ces petits chars auxquels l'antiquité attelait une puce!

L'année qui suivait, en 1770, à la demande
de Cochin qui se retirait et qui avait pu juger
du mérite et de l'avenir du jeune artiste,
Moreau était nommé dessinateur des Menus-
Plaisirs, chargé de dessiner et de graver les
fêtes célébrées pour le mariage de Monseigneur le Dauphin et des Princes ses frères.

Il était marié depuis cinq ans. En 1765,
Moreau, âgé de vingt-quatre ans, avait épousé
Françoise-Nicole Pineau[1], fille de ce Domi-
nique Pineau, maître sculpteur, dont il lais-

1. Voici l'acte de ce mariage : « Extrait des registres de la
paroisse Saint-Nicolas-des-Champs. Le 14 septembre 1765,
mariage de Jean-Michel Moreau, graveur, âgé de vingt-
quatre ans, fils de Gabriel Moreau, manufacturier de faïence,
et de Marie-Catherine Villeminot, demeurant de fait paroisse
Saint-Sulpice, de tout temps, de droit de la paroisse Sainte-
Marguerite, avec Françoise-Nicole Pineau, âgée d'environ
vingt-cinq ans, baptisée céans le 6 décembre 1740, fille de

sera le portrait. Sa femme paraît tenir par sa mère à la famille Prault, au grand imprimeur du temps qui, par l'entreprise de ses grandes affaires, pouvait-être utile au marié. Moreau en avait eu dans la première année de son mariage une fille, son seul enfant, la petite Catherine-Françoise, qu'il nous semble revoir dans ce double dessin si paternel, si bien signé du lavis d'encre de Chine et du trait de plume du père, dessinant deux fois, d'après nature, la dormeuse dans son grand lit : ici, dans son petit bonnet tuyauté, ses cheveux en houppe sur son front, joufflue et reposant de profil, les bras allongés sur les couvertures, les mains mortes sur le ventre; là, la tête renversée dans l'oreiller, la bouche en avant et respirante dans la ronde figure, les menottes

Dominique Pineau, maître sculpteur, et de Jeanne-Marie Prault, inhumée céans, le 8 novembre 1748, demeurant rue Notre-Dame de Nazareth; — furent témoins Louis-Gabriel Moreau, peintre, demeurant rue de la Harpe, paroisse Saint-Séverin; François-Didier Moreau, ingénieur, demeurant même rue, tous deux frères de l'époux; Laurent-François Prault, libraire-imprimeur, demeurant quai de Gèvres, paroisse Saint-Jacques-la-Boucherie; et Jacques Ledoux, marchand joaillier, demeurant même quai, tous deux oncles de l'épouse. »

allongées comme pour dormir à poings fermés. C'est cette enfant qui, plus tard, resserrera les liens d'amitié qui attachent Moreau aux Vernet : elle épousera Carle en 1787, à l'âge de dix-sept ans et demi, et elle sera la mère d'Horace.

En 1773, l'illustrateur de livres[1] se dégageait chez Moreau, un illustrateur nouveau et de premier ordre, qui devait voir pendant cinquante ans la seule annonce de ses « figures » assurer dans la librairie de toute l'Europe le débit et la fortune d'un ouvrage. C'était un livre de luxe, entièrement gravé, musique et paroles, les Chansons du premier valet de chambre du roi, de M. de Laborde[2] dédiées à la Dauphine, qui fournissait à l'artiste l'occasion de se révéler comme le vignettiste unique de la romance. La romance amoureuse, pastorale et badine du temps, mêlant Berquin, Bouilly et Grécourt, n'a point eu en

---

1. Moreau avait déjà illustré plusieurs livres, entre autres une série d'auteurs italiens, imprimés par Prault, le Tasse, Pétrarque, Boccace, etc., et ornés de ses frontispices.

2. Les dessins des Chansons de Laborde se sont vendus à la vente Radziwill, faite à Paris en janvier 1866.

effet d'interprète plus inspiré que Moreau :
il en est le vrai maître et le poétique imagier.

Rien de plus accompli dans son œuvre que
cette série de scènes gracieuses dessinées et
gravées par lui en 1772 et en 1773 : petits tableaux rustiques, bergeries dans un décor de
Demarne, pastourelles virginales, Colins et
Luciles; horizons blancs de troupeaux de moutons, défilés de bestiaux, chevauchements de
laitière dans une aube de Joseph Vernet, fêtes
de seigneurs sous un Mai, foires de Gonesse,
jeux de quatre coins, mélancolies d'un Tircis
au bord d'un ruisseau; danses de village autour
d'un feu de Saint-Jean, maison de Collette
à la treille de vieille vigne, soupirs d'ingénuité, brises de désir, peur d'orage favorable
à l'amour; — l'éternel sujet des paroliers du
temps; toute cette volupté aux champs chantée
par la musique et les vers d'alors comme le
renouveau du siècle, Moreau l'exprime avec
une fraîcheur, un lumineux qui ne sont qu'à lui.
La sentimentalité de son époque revit, comme
à son matin, dans ces planches où les Amours
ne sont plus des Amours de mythologie, mais
des enfants de Greuze avec des ailes.

« Et déjà s'annonce la nouveauté, l'originalité
de la vignette de Moreau. Même avant son
voyage d'Italie [1], il la dégage légèrement de la
tradition du siècle; il l'affranchit des leçons de
Watteau, de l'imitation de Boucher, dont descendent jusqu'à lui presque tous les vignettistes. Entraîné peut-être presque inconsciem-
ment par le mouvement de l'art de Louis XVI,
une Renaissance dans la rocaille, il cherche
dans sa ligne une sorte de gracilité antique.
On rencontre parfois dans ses allégories une
académie d'homme qui vise à la statue grecque
et qui sous l'esprit de ses doigts devient un
Apollon en biscuit de Sèvres. Mais surtout
étudiez ces corps de femmes qu'il sait si bien
jeter volantes, planantes, balayées d'écharpes,
chatouillées sur les cuisses de lambeaux de

[1] Moreau fit en Italie un voyage que Feuillet, dans sa notice du *Moniteur*, place en 1784, que Mme Vernet, Ponce,
Lemonnier, mettent à la date de 1785, et qui dut, en tout cas,
se continuer au delà de ces années; car on lit au bas de la
gravure d'une scène de *Sophonisbe*: *J.-M. Moreau fecit in
Roma*, 1786. Il y alla avec un Dumont, sans doute l'ami dont
il fit le portrait en 1767 : Gabriel Pi. Martin Dumont, professeur d'architecture, membre des Académies de Rome, de
Bologne, de Florence.

nuages, de gaze, dans ces pièces de la Fable,
dans ces entourages de portraits royaux, dans
ces encadrements magnifiques des spectacles
de Louis XV, et de Louis XVI [1] ; Vertus et
Muses vous feront penser à des Grâces, dessinées par Saint-Non à Pompéi. Avec leur svel-
tesse, l'allongement de leur torse, leur gorge
attachée haut, petite et drue, leur jeunesse
virginale, presque éphébique, leur poitrine de
Psyché, et leur élancement de nymphes, toutes
ces figures vous paraîtront comme la fin du
xviiie siècle se renouvelant, allant d'Eisen à
Girodet, annonçant la mode de corps des
femmes du Directoire et de l'Empire, la Française déjà toute prête, avec ses seins remon-

1. Ce sont trois merveilles que les trois encadrements pour
les affichages des spectacles dans les châteaux royaux, le *Réper-
toire des spectacles* de la cour comme le temps les appelait. Le
premier dans un cadre oblong, surmonté de la tête de Louis XV,
coupant de longs corps de femmes et enjambé par des jeux
d'Amours qui y suspendent des guirlandes de fleurs. Le second,
carré et arrondi en coquille dans la partie supérieure, surmonté
de l'effigie de Louis XVI entre un satyre et un génie féminin
qui tient une palette, avec une chute d'Amours musiciens.
Enfin un troisième, le plus rare, gravé par Ponce en 1770,
surmonté de la tête du tout à fait vieux roi Louis XV, avec le
Tragédie et la Comédie accoudées à la tablette, deux figures
qu'on prendrait pour des Muses de Prudhon.

tés, à porter la ceinture sous la taille, au retour
prochain des modes grecques et romaines.

···L'année 1775 allait donner à Moreau l'occasion de faire paraître toute la science, toute la
force, toute la délicatesse, toute la pleine maturité de son talent dans la grande représentation de la plus majéstueuse cérémonie de l'ancienne France et de l'ancienne Monarchie,
étudiée, exprimée, figurée avec une fidélité et
tout à la fois un charme qu'aucune représentation de fête chez aucun peuple, dans aucun
temps, n'avait atteint. Ce sujet populaire, où se
déploie le génie le plus heureux du dessinateur, c'est le Sacre dans la basilique de Reims,
le Sacre antique mêlant dans ses rites, son
décor, ses ordonnances, ses costumes et ses
pompes, le moyen âge au XVIII⁰ siècle. Voilà le
chœur, et sous le dais pendu à la voûte, voilà
le roi Louis, seizième du nom. Sur l'autel l'at-
tendent la couronne de Charlemagne, l'épée,
le sceptre, la main de justice, les éperons,
la tunique, la dalmatique, les bottines et le
manteau royal de velours violet semé de fleurs
de lis d'or, doublé d'hermine ; assis dans le

premier de sés trois habillements, coiffé de la
toque de velours à plumes blanches, à aigrette
de plumes noires de héron, il n'a encore que la
grande robe de tóile d'argent en forme de sou-
tane. A sa droite, à sa gauche, les pairs
laïques du royaume, avec leurs couronnes de
duc ou de comte sur la tête, dans leur manteau long de drap violet doublé et bordé d'hermine, l'épitoge toute d'hermine sous le manteau, en robe longue de drap d'or; à sa droite
plus près de lui le grand écuyer de France.
Derrière lui, le grand maître de la maison du
Roi, debout, tenant le bâton bleu semé de fleurs
de lis d'or et sommé de la couronne royale;
et par derrière encore, un peu sur la gauche,
le connétable assis, portant la pointe haute,
l'épée de Charlemagne, entre deux huissiers
de la Chambre, la masse à l'épaule; et le
chancelier après le connétable, entre le grand
chambellan, le premier gentilhomme de la
Chambre et le grand maître de la garde-robe.
Ici, sur les quatre stalles hautes du côté de
l'Évangile, sont les quatre seigneurs otages,
qui le matin ont été à l'abbaye et à l'archi-
monastère de Saint-Remy, se portant cautions

solidaires; en présence du procureur fiscal de
la sainte ampoule, dont tout à l'heure l'archevêque de Reims va prendre une goutte avec
une aiguille d'or pour faire les neuf onctions
au Roi : ils s'appellent le vicomte de Laroche-
foucauld, le comte de Talleyrand, le marquis
de Rochechouart et le comte de la Roche-
Aymon; tous quatre vêtus d'habit, veste, culotte, manteau de brocart d'or légèrement
rayé de noir, les bas blancs à fleurs brodés
d'or, les souliers ornés de rosettes couleur de
feu avec réseaux d'or. Sous eux, les écuyers
ont en main leurs guidons blancs chargés des
armes de France et de Navarre d'un côté, des
armes de leurs maîtres de l'autre. Près des piliers du chœur, dans leurs habits de chevalerie,
pourpoints et chausses retroussés de satin
blanc, manteaux de satin noir, la croix de la
sainte ampoule brodée en or et en argent sur
le côté gauche du pourpoint et du manteau, se
tiennent les trois chevaliers barons de la sainte
ampoule, à cause de leurs seigneuries de
Terrier, Bellestre, Neuvizy, Souastre, mou-
vantes et relevantes en plein fief de l'abbaye de
Saint-Remy. Et les manteaux de Saint-Esprit,

toutes les marques d'ordres, toutes les hiérar-
chies et toutes les dignités, et la Cour, et
l'Église, et les chanoines procédants et assistants, et les tambours, et les trompettes et les
hautbois placés entre les escaliers [1]

Le moment choisi par le dessinateur est le
moment d'émotion du sacre, le moment du
« serment du royaume », la minute qui suit
celle où, après avoir soulevé le Roi de son fauteuil, les deux évêques de Laon et de Beauvais demandent, suivant l'ancienne formule,
aux seigneurs assistants et au peuple s'ils
acceptent Louis XVI pour Roi. Le Roi vient de
se rasseoir, la tête couverte, dans la majesté
presque papale de sa robe blanche ; et devant
l'archevêque dressé debout devant lui comme
le témoin de Dieu, sa main royale posée sur
l'Évangile, il lit tout haut en latin sur le livre
que lui tiennent les deux évêques : « *Je promets au nom de Jésus-Christ, au peuple chrétien
qui m'est soumis, de faire conserver en tout temps
à l'Église de Dieu...* » serment que vont suivre
le serment de chef et souverain du grand ordre

---

1. *Le Sacre et Couronnement de Louis XVI.* Paris, chez
Vente, 1775. — *Mémoires de la République des lettres*, 1775.

du Saint-Esprit, le serment de grand maître de
l'ordre militaire de Saint-Louis; le serment de
l'observation des édits contre les duels.

Un chef-d'œuvre, ce chef-d'œuvre de Moreau, ce grand dessin dessiné et gravé par lui,
qui par l'ordonnance décorative, l'arrangement
perspectif, l'animation des personnages, est le
plus vivant et le plus spirituel tableau de la
cérémonie officielle, la vision même du Sacre.
Il faut voir, étudier, admirer chaque partie de
la composition : ce côté droit, ces tabourets,
ces banquettes, encombrés de seigneurs, cet
habile désordre, cette variété d'attitudes, ces
apartés et ces groupes qui se détachent de la
masse, tout ce coin traversé et remué par
l'impression de la cérémonie; — une cérémonie
où pleurera l'envoyé de Tripoli; ce coudoiement de manteaux courts, d'habits brodés, de
colliers, de croix en sautoir, d'étoffes à fleurs
d'or, cette haie de perruques et de têtes surmontées par les pertuisanes des gardes écossais; en face toute cette belle et grande ligne
assise de prélats, d'évêques, de pairs ecclésiastiques, les chasubles d'orfévrerie, les chappes
d'étoffe d'or, les chaperons et les orfrois bro-

dés d'or, les mitres d'or, les camails d'hermine, les rochers de dentelles, d'où se lève la grande silhouette du grand maître des cérémonies appuyé sur son bâton de commandement. Et derrière les prélats, ces loges en retraite sous une voussure où une pénombre d'avant-scène met sa douceur sur le visage des femmes, tandis qu'au-dessus, sous le feu des lustres, des bougies, des torchères, allumant un jour de théâtre dans le sombre des vieux vitraux, s'étagent toutes les grâces féminines que Moreau a voulu faire planer sur le Sacre, toute cette coquetterie de grandes dames, toutes ces légères désinvoltures, toutes ces petites mines fouettées de lumière, toutes ces poses de caquetage et de curiosité émue, tous ces petits échafaudages de coiffures, de poufs et de plumes, tous ces petits décolletages à collier de dentelle mouvant entre les deux seins nus éventés par tous les éventails que la chaleur fait jouer; — un escalier d'Opéra qui descend jusqu'au balcon où la Reine trône, un bouquet au côté, Madame à sa droite, Mesdames Clotilde et Élisabeth à sa gauche [1]. . . .

1. Nous possédons le dessin de la première idée de cette

En ces années où Esnault et Rapilly, rue
Saint-Jacques, *A la ville de Coutances*, commencent cette immense publication, par livrai-
sons, de costumes et de coiffures, qui comptera
plus de cinq cents planches in-folio et dont
peut-être il n'existe plus aujourd'hui en Europe un exemplaire complet; en ces années
qui voient paraître ces images où tout se réunit, la grandeur, la fidélité, le coloriage soigné,
l'enluminure gouachée, le talent des artistes,
les noms de Leclerc, de Saint-Aubin, de Watteau de Lille, etc.; pour donner la plus prodigieuse et la plus complète reproduction des
habillements d'un temps, il semble que le
XVIII⁰ siècle soit pris d'un grand orgueil de lui-
même. Devant le spectacle des raffinements,
des perfections, des jouissances et des parures
de sa civilisation, le poli de sa société, l'orné
de toutes choses autour de lui, le suprême

composition, un dessin fait largement et prestement lavé au
bistre, avec une indication des personnages qui n'est pas sans
analogie avec le spirituel pochage de Guardi. Pour la gravure,
il agrandissait très-heureusement le dessin, allongeait et meu-
blait de seigneurs le coin de droite. A la vente Tondu, on a vu
passer ce second dessin, très-terminé, mais par malheur déplorablement piqué par l'humidité.

moment de ce goût galant qui fait de la France
l'arbitre, le modèle et le maître du monde pour
les élégances de la vie, il semble que le siècle
ait eu le désir de laisser un souvenir exact,
artistique et en même temps rigoureusement
historique de ses modes, de ses ameublements,
de tous ses milieux. Les usages du bon ton, il
veut les fixer dans des attitudes et des actions
gravées sur le cuivre et dont l'estampe gardera
la mémoire. Il veut faire survivre, pour les
historiens, les peintres, les comédiens même
de l'avenir, tout ce qu'il a imaginé dans la
grâce et dans la délicieuse corruption de la fin
de toutes les recherches, de tous les luxes et
de tous les arts. C'est alors que l'ambition se
lève dans quelques imaginations d'éditeurs de
léguer à la postérité un livre qui manque aux
sociétés anciennes, un livre-monument qu'on
puisse appeler le *Code des Modes et des Manières
de la France du* xviiie *siècle*. Et bientôt paraît le
livre splendide, royal, de Prault, imprimeur du
Roi, édité par Ebertz. Il s'annonce par un premier cahier, dessiné par Freudeberg, donnant
comme la chronique intime et imagée de
« l'extrêmement bonne compagnie » pendant

les années 1773 et 1774. Mais l'éditeur n'est
pas content de cette première suite, et il
promet une nouvelle série pour l'année 1775.
C'est Moreau qu'il a l'intelligence de charger
de cette seconde suite, qui paraît seulement
en 1777.

La première série offrait le tableau de la vie
d'une jeune femme livrée aux amusements de
la société jusqu'à l'époque de la maternité. La
série de Moreau la prend à ce moment, et dans
une série de douze planches, continuant l'histoire des *Élégantes* qui deviennent mères au
milieu des occupations et des dissipations de la
mode, il la relève et la couronne par la maternité, nouvelle dans le siècle, de la femme « du
bon ton ». Ces douze planches s'appellent : *Les
Adieux; l'Accord parfait; la Rencontre au bois
de Boulogne; la Dame du Palais de la Reine; les
Rendez-vous pour Marly; la Déclaration de la
grossesse; N'ayez pas peur, ma bonne amie; J'en
accepte l'heureux présage; les Précautions; C'est
un fils, monsieur; les Petits parrains; les Délices
de la maternité.*

Les *Adieux* se passent à l'Opéra. « La ma-
jestueuse Présidente, » en grande toilette, la

haute coiffure empanachée de plumes, le bouquet au côté, le parfait contentement au corsage, des barrières de fleurs aux parements de
la robe et aux volants de sa jupe, — se retourne
sur le seuil de la loge n° 13 dont vient de lui
ouvrir la porte l'ouvreuse Dumas, à moins que
ce ne soit l'ouvreuse Pigoreau, avec son pauvre
bonnet battant-l'œil et sa fanchon. Sa main
droite, tenant mollement l'éventail entre le
pouce et l'index, pose sur le poing du Président déjà entré dans la loge ; et elle abandonne
sa main gauche au baiser d'un joli homme qui,
ce soir-là même, à minuit, part pour son régiment. Planche coquette et magnifique, que
remplit la splendeur de cette femme et l'opu-
lence ballonnante de cette toilette.

De la musique, voilà l'instrument le plus en
vogue dans l'*Accord parfait* : la harpe qui gracieuse l'attitude, penche ou renverse volup-
tueusement, arrondit moelleusement le bras,
relève la jupe, découvre le pied, fait ressortir
la blancheur de la peau d'une main sur la couleur *puce*, de son bois. Aussi quelle attention
de l'amateur assis, les jambes croisées, la
main appuyée sur sa haute canne, le chapeau

renversé sur le genou, devant la leçon de la
femme qui a jeté sur sa gorge et sa robe ce
peignoir de fine mousseline et de garniture si
recherchée que la mode vient de le mettre au
nombre des déshabillés galants.

La *Rencontre au bois de Boulogne* nous
montre, sur un cheval caracolant, à la crinière
tressée, la femme en feutre à plumes blanches,
les cheveux noués en queue de flambeau
d'amour battant à son dos, avec un habit et
une grande jupe nouée à la ceinture par
une écharpe.

Une autre de ces toilettes est dessinée,
avec une exactitude de patron, dans les *Rendez-vous pour Marly*, où deux femmes, atten-
dues par leur carrosse au Pont-Tournant, promènent aux Tuileries leur chapeau à la
Henri IV et leur robe à la Polonaise, l'uniforme
libre et large de la campagne.

Ici rayonne la femme à la cour, sous la
figure de la *Dame du palais de la Reine*, traver-
sant un vestibule de Versailles, deux pages
devant elle, un Brissac et un d'Ayen derrière,
dans une mise de « Reine des cœurs », plumes
et diamants aux cheveux, esclavage de dia-

mants au cou, robe ruchée, falbalassée, bouil-
lonnée de guirlandes et de petits bouquets de
fleurs, contre laquelle glisse un éventail : un
éblouissement de costume, un édifice de
parure, le rêve extravagant et charmant des
imaginations d'une demoiselle Bertin ou d'une
demoiselle Roussaud.

Mais arrivons à cette suite charmante où
Moreau déroule les joies maternelles. « Croyez-
vous, maman? — Oui, ma fille, ce que vous
éprouvez est le symptôme ordinaire. — Cer-
tainement, madame... » fait le vieux médecin
ami de la maison, qui vient de prendre sa tasse
de chocolat, et qui tient déjà, pour s'en aller,
sa canne à bec-de-corbin. Et la jeune femme,
en bonnet à la laitière, sans corset, la taille
dénouée, une main dans la main de sa mère,
la regarde avec des yeux heureux, pudiques et
souriants, tandis que, sur la porte du fond, une
jeune sœur renvoyée fait signe qu'elle a deviné.
Rien de plus délicat que cette composition : la
Déclaration de la grossesse, si doucement émue
du premier tressaillement de la mère.

N'ayez pas peur, ma bonne amie : cela est dit
par deux femmes dans un petit salon à alcôve,

garni d'un lit de repos sur lequel est allongée
Céphise, en robe lâche. Adossé au montant
de l'alcôve, où un socle de bronze porte un
vase de Sèvres plein de fleurs, un abbé, un
merveilleux abbé sourit en taquinant d'une
main son jabot. Et l'une des femmes répond :
« Vous vous faites un fantôme de cela, et c'est
la plus petite chose du monde. On souffre un
peu, et quand tout est passé, on n'y pense plus.
Comme vous, j'ai d'abord fait l'enfant, cela me
tracassait, m'inquiétait, et jugez si avec la
délicatesse dont je suis... — *L'abbé*. D'honneur,
mesdames, vous êtes incroyables... Vous êtes
l'objet de l'adoration de tous les mortels, et
vous avez la noble et importante commission
de fournir des hommes à la société... — *Céphise*.
A la société ? Cela vous est bien aise à dire, à
vous autres... Vous en avez tous les bénéfices
sans participer aux charges. — *La marquise*.
Mais, en vérité, ces abbés sont admirables...
Et de quoi cela se mêle-t-il ? »

Passons dans la chambre à coucher. Devant
le lit empanaché, la marchande de layettes a
ouvert son joli coffre rose, garni de rubans, de
gazes et de dentelles. — « C'est une layette de

garçon, madame ? a demandé le mari. — Oui,
monsieur. » Et la marchande a présenté un
bonnet que le mari a pris sur son poing et
qu'il montre à Céphise, qui gaiement lui dit :
J'en accepte l'heureux augure.

La planche des *Précautions* nous amène
sous la colonnade du vestibule ouvert de la
maison. Céphise, un bras sous celui de son
mari, laisse sa main s'appuyer sur celle d'un
parent en élégante « chenille » et coiffé « en
crapaud ». Elle essaye, sur la marche à descendre, un pied timide, devant la portière de
la chaise à porteurs, qu'ont avancée deux
grands laquais picards. Un dôme à croix dans
le ciel à jour, indique une sortie de dévotion,
une visite à Dieu et à une église où elle va
trouver un prie-Dieu de velours, des coussins
de duvet brodés de franges d'or, un grand sac
cramoisi couvert de broderies et renfermant
des Heures de l'édition la plus belle et du plus
gros volume.

Maintenant, le dessinateur nous fait entrer
dans le cabinet du père, un cabinet de *curieux*,
marquant « le goût qui caractérise et honore le
siècle », rempli de Claude Lorrain, de Van

Uden, de Teniers, d'Ostade et de Greuze. On voit, devant un bureau de Riesener, le père se soulever à demi, lever les bras au ciel, au cri de la femme de chambre, découvrant dans des langes de dentelles l'héritier tenu en main par la grosse Bourguignote de nourrice, une vraie madame Poitrine : — *C'est un fils, Monsieur !*

Le baptême suit naturellement; et les parrains sont des enfants, les *Petits Parrains*, la petite fille, gonflée dans sa jupe « dont la garniture et les frivolités sont immenses », jouant aux grands airs, et posant en dame, la main sur le gant de son petit compère, l'épée au côté, un nœud de rubans à l'épaule; tous deux prêts à monter avec le nouveau-né dans une retentissante voiture « à l'anglaise », qu'éclaire un valet avec une torche.

Et la série se termine par une douce apothéose du bonheur donné par l'enfant, dans la planche si bien appelée les *Délices de la maternité*, un des plus frais, des plus heureux, des plus ensoleillés dessins de Moreau.

En avant d'un de ces bosquets de treillage, tout garnis de ces légers feuillages à pointes de lance dont il aime le décor, sous une statue d'une Vénus fouettant l'Amour avec des roses, l'artiste a assis sur un banc de jardin la félicité des époux. Ils sont là, tous les deux, le père penché sur sa femme derrière le cou de laquelle il passe un grelot ; la mère un peu renversée sur lui, pour mieux laisser grimper après elle l'enfant en chemise écourtée, avec le petit ventre et les jambes nues, qui tend sa main au joujou. Ils sont là, le père souriant, la mère, tout le visage noyé de bonheur, la robe à demi ouverte encore, et le bouton de sein de la nourrice oubliée à l'air. Autour d'eux, la joie du midi d'un jardin brûle dans les fleurs. La « remueuse » arrange la bercelonnette sur le sable de l'allée ; et une fille de chambre, une main appuyée sur le bois du banc, toute dans une ombre claire sous la soie d'une ombrelle, regarde cela [1].

1. Citons, comme documents et comme autorités de ces descriptions, le texte rarissime des exemplaires de souscription. Prault, 1777 ; le *Tableau de la vie* ou les *Mœurs du dixhuitième siècle*, Neuwied : c'est un texte tout différent de celui qu'écrivit Rétif de la Bretonne pour la réédition de 1789 du livre de Prault, sous le titre de *Monument du costume*, et reproduit dans le format in-18 ; — *Tableau de la bonne compagnie*, 1787.

La seconde série de Moreau expose la vie
d'un seigneur à la mode. C'est : le *Lever ;* la
Petite Toilette ; la *Grande Toilette ;* la *Course des
chevaux ;* la *Petite Loge ;* le *Souper fin ; Oui ou
Non ;* la *Sortie de l'Opéra ;* le *Seigneur chez son
fermier ;* le *Pari gagné ;* la *Partie de whist ;* le
Vrai Bonheur.

Le *Lever,* la première planche, nous introduit dans la chambre à coucher d'un jeune
duc, encore en bonnet de nuit à fontanges, en
robe de chambre, abandonnant indolemment sa
jambe à un valet de chambre qui lui passe son
bas. Son maître d'hôtel lui apporte son chocolat; son secrétaire, petit abbé coquet, écrit à
une table les billets doux de M. le duc. Une
jolie parfumeuse, son carton de parfums et de
savonnettes posé à terre, présente des gants à
monseigneur qui, la lutinant, lui dit : « Combien?... Mais je badine, ces marchés-là se font
tête à tête... »

Puis c'est la *Petite Toilette* dans le cabinet
orné d'un galant portrait de femme dans un
cadre à nœud de torches, de deux petits tableautins polissons, masqués de rideaux, avec
des fleurs, et quelques livres badins posés

sur le marbre d'une armoire de garde-robe.
Monseigneur se fait coiffer, dans un manteau
à poudrer, par deux valets coiffeurs ; un tailleur étale et déploie devant lui, sur un fauteuil, « un chef-d'œuvre de goût », un habit
dont il montre la manche, tandis que son garçon en étale les basques. Et derrière son
maître, le coureur, appuyé sur la pomme dorée
de sa canne, coiffé de son casque à plume,
tout galonné et chamarré, une écharpe, un
tablier frangé tombant sur son gilet, le coureur
se tient prêt à porter les billets du matin.

Monseigneur est habillé dans la *Grande
Toilette* : il a passé son cordon bleu ; son épée
à nœuds et son chapeau bordé de plumes l'at-
tendent sur son fauteuil. On lui attache sa
bourse et il a son bouquet. Une jolie femme en
négligé du matin, la pelisse garnie et la robe
rayée, est assise auprès du feu. L'ordre de
laisser entrer est donné. Déjà deux officiers, la
croix de Saint-Louis à l'habit, « ont été admis
à faire leur cour ; et l'on annonce un auteur
qui vient présenter son livre relié en maroquin
doré sur tranche, avec les armes de monseigneur sur le plat ».

Le voilà faisant de « l'anglomanie », et, dans un costume d'anglomane, pariant pour M. de Lauzun à la *Course des chevaux* sur la route de Vincennes.

Nous le retrouvons le soir à l'Opéra dans la *Petite Loge* à l'ombre discrète, le dos tourné à la lumière de la salle, le bras sur l'appui de velours, la lorgnette à la main, en face d'un autre « agréable ». Une ouvreuse a été inviter de sa part une Guimard débutante à venir dans sa loge; et présentée par une mère fausse ou vraie qui la pousse par la taille vers le duc, la déesse encore dansante dans la robe volante de Boquet, montant sur ses pointes et faisant un rond de bras, sourit à la main du duc qui lui prend légèrement le menton en lui « rama-geant » quelques compliments du jour.

Et après l'Opéra, à la petite maison sur les boulevards du Temple : le *Souper fin* avec un partenaire et deux femmes « divines », la par-tie carrée dans la salle à manger à médaillons d'amours, à guirlandes de fleurs, éclairée d'un feu doux de candélabres et d'une lanterne de cristal de Bohême ne donnant de jour qu'à la table et à la poitrine des soupeuses. Chaque

couple voisine et se rapproche : le vin petille
dans les yeux, sur les lèvres : une femme verse
à boire, une autre lit une lettre en riant. Autour de la table où l'ambigu a pour milieu le
groupe des trois Grâces portant un ananas,
point d'indiscret, point de domestique : « toutes
les commodités, » comme dit le temps, rien
que deux *servantes* où se glace le champagne
et où les verres se lavent dans le *rafraîchissoir*
de Sèvres.

Parfois, une fois... de l'amour, de l'amour
comme dans le *Oui ou Non :* délicieuse image
d'un caprice passionné ! Le décor est fait d'un
bosquet, d'un mélange d'arbrisseaux, qui a le
fouillis d'une nature vierge où seraient tombés
des vases, et des statues d'amour, un doigt sur
la bouche : sur un banc rustique, la femme, la
grande dame à la beauté souveraine, le buste un
peu en retraite, montre d'une main une lettre
à terre, et de l'autre semble arrêter le suppliant
tout rapproché d'elle et les mains jointes
dans un mouvement d'imploration adorante.

Arrive la fin ordinaire de ce désordre de
grand seigneur : le mariage représenté ici par
la *Sortie de l'Opéra,* un vendredi, le soir de la

présentation de la femme au monde de Paris.
Dans le grand vestibule à pilastres, sur le pavé
de marbre blanc et noir, pendant que l'aboyeur
appelle les voitures et que les femmes atten-
dent au milieu de la foule brillante des lorgneurs, la jeune duchesse qui a le chapeau et
le bouquet de la huitaine du mariage, dans une
toilette de dentelle toute blanche, semée de
roses blanches, un fil de perles rattaché aux
fleurs de son côté, les bras gantés de blanc
jusqu'au coude, passe, rayonnante, écoutant
un peu derrière son éventail les propos qu'un
joli homme murmure à son oreille. Elle donne
la main à son mari, qui, frappant sur l'épaule
d'un ami devant lui, paraît lui chuchoter quelque chose dont ils sourient tous deux. Et, pendant ce temps, au premier plan, comme si
l'adultère s'ébauchait déjà, un cavalier glisse
par derrière une lettre à la fameuse bouquetière
de l'Opéra, qui va peut-être la remettre à la
toute jeune mariée dans un paquet de roses,
avec la phrase consacrée : « Ne lui mettez pas
les pieds dans l'eau! » - - - -

La série se continue par des scènes de la
vie de château : le *Seigneur chez son fermier*,

le *Pari gagné,* une image de cette nouvelle
chasse à l'arc mise en honneur et en pratique
par M. de Monville dans son « Désert » ; et la
Partie de whist à quatre avec un couple s'intéressant au jeu : car « c'est ainsi que s'amu-
saient nos amants du xviiie siècle [1] ».

Et il n'y a pas seulement à admirer dans ces
planches le dessinateur, le spirituel arrangeur
de scènes, le peintre ingénieux de société ; Moreau a encore un talent, un génie rare et qui lui
est absolument personnel : il est exact, fidèle,
attaché au vrai de l'ameublement, du milieu,
consciencieux observateur de la réalité, de la
spécialité et, pour ainsi dire, de l'actualité des
objets et des choses. Il ne donne pas seulement
la scène, mais ce qui l'encadre, la physionomie
et le caractère du lieu où elle se passe. Ses
meubles sont de l'année même, ses modes sont
du jour. De là, cette précieuse illusion et les
inappréciables renseignements de ses planches.
Il n'invente ni un cabinet ni un salon ; il les
prend sur nature ; on pourrait exécuter à Beauvais un paravent dont il dessine dans un fond

1. *Tableaux de la vie,* Neuwied. — *Tableaux de la bonne
compagnie,* Paris, 1787. — *Lettres juives,* par d'Argens.

de chambre les arabesques Louis XVI. Tailleur, modiste, tapissier, il se fait tout cela pour
donner comme l'impression nette, absolue,
rigoureuse de son temps fixé dans la chambre
noire d'une gravure. Tandis que les autres
vignettistes se laissent aller à la fantaisie de
leur imagination, à l'ornementation qui vient
au bout de leurs doigts, Moreau étudie, copie,
prend ses modèles; il fait poser une bergère
ou une table de marqueterie. C'est par cette
étude patiente, scrupuleuse, appliquée, poussée à la dernière limite de l'observation et de
la précision, que Moreau est un historien. La
particularité, ce qu'on appelle aujourd'hui la
couleur locale, — il faut appuyer sur cette
qualité du dessinateur, — il la porte jusque
dans la compréhension du pittoresque étranger, un sens qui a fait totalement défaut à
l'art si français et si exclusif du xviii° siècle.
L'Orient, par exemple, cet Orient qui en est
resté pour les artistes du temps au Mamamou-
chi de Molière, et qui ne leur semble bon que
pour les costumes d'une mascarade à l'école
de Rome, ce pays falot, baroque et invraisemblable, le décor de *Tanzai* et *Néadarné*, l'Orient

a fourni à Moreau le sujet d'un dessin, la *Réception de M. de Choiseul à la Sublime Porte;* et l'on est tout étonné de trouver un dessin sérieux, ressenti, des silhouettes de Turcs et des profils d'Arnautes que ne désavouerait pas un peintre ethnographique de l'Orient. En tout, chez Moreau, c'est la même exactitude. On le voit, malgré les difficultés qu'il y trouve, imposer à l'Opéra, à l'administration, aux acteurs, la révolution du costume, et dans la représentation du 27 septembre 1782, ce n'étaient ni l'air de bravoure de Mlle Lebœuf, ni le jeu passionné de la Saint-Huberty, ni la danse de la Guimard en Terpsichore qui faisaient le succès de la pièce; on applaudissait le caractère des costumes, « une amélioration, nous dit le *Journal de la République des lettres,* dont le public rapportait l'honneur aux soins du sieur Moreau, qui en a donné les dessins ».

Moreau continue à dessiner tous les grands événements du temps. L'événement de 1778, un autre Sacre, le *Couronnement de Voltaire* [1]

1. Le *Couronnement de Voltaire* a été gravé par Gaucher en 1782. Un croquis de ce dessin a passé à la vente Greverat.

après la sixième représentation d'*Irène;* il le
représente dans cette vue de la Comédie-Française, les deux côtés de la salle, ce tumulte du
parterre poussé jusqu'à la rampe, ces loges
pleines de femmes debout. Le Dieu est là-haut
aux secondes, avec sa perruque grisâtre à la
vieille mode de Bachaumont, dans la loge des
gentilshommes de la chambre, entre Mme Denis
et Mme de Villette; sur le théâtre, plein du
monde refoulé des coulisses et des soldats de
la tragédie, devant le décor d'*Irène,* le buste
de l'auteur trône au milieu des acteurs, des
actrices, rangés avec des guirlandes et des couronnes aux mains, Mme Vestris déclamant sur
un papier les vers improvisés par le marquis de
Saint-Marc :

« Aux yeux de Paris enchanté... »

A quelques années de là, arrive la naissance du Dauphin. Aux fêtes qui la suivent, à
ces fêtes que Louis XVI, dans l'excès de sa
joie de père, commande au prévôt des marchands « les plus brillantes », à ces fêtes auxquelles s'associent l'allégresse publique et
toutes les espérances de la France, à ce grand

événement de la Reine et du Roi honorant de leur présence la capitale où Louis XV, dans toute sa longue vie, n'était venu que cinq fois, Moreau consacre toute une série d'images où revivent les journées du 21 et du 23 janvier.

Ce sont d'abord deux grandes planches en hauteur. La première est le *Festin Royal* à l'Hôtel de ville, offert à Leurs Majestés. Moreau, avec un admirable sens perspectif, a pris en enfilade la grande salle de cent trente-deux pieds de long; il a fait fuir jusqu'au fond la hauteur des colonnades, le cintre de leurs arcades, la double rangée des lustres; et sa gravure fait planer le regard sur la table immense, chargée d'un *surtout* de trois temples, et ne finissant que là-bas, au haut bout où sont placés le Roi, la reine et les deux frères du Roi, les seuls hommes, avec le Roi, dînant à ce dîner de soixante-dix-huit couverts, où sont assisés, après le sang royal, soixante-dix dames les plus nommées de France. Et avec quel art, quelle ingéniosité et quelle variété de détails, de poses, de groupes, tout autour de la table, derrière les chignons endiamantés et les épaules nues, le dessinateur a jeté une

foule choisie qui circule, un monde de curieux,
traversé de valets qui courent, encombrant les
buffets de desserts, la haie pressée du service
d'honneur fait par le sieur Caumartin auprès
du Roi, par le procureur du roi, le receveur de
la ville, les échevins servant les princes et
princesses, tout le corps de ville en gala, —
·la robe du magistrat coudoyant l'habit de cour
et le rabat de l'édile penché sur des dentelles.

Le pendant du *Festin* est le *Bal,* le Bal à
l'Hôtel de ville, le 23 janvier. De la grande
colonnade qui fait un bas côté d'ombre, on
aperçoit la salle inondée de lumière, houleuse
de masques, regorgeant de spectateurs placés
aux grandes fenêtres devenues des loges. Sur
le premier plan, escorté d'arlequins, de poli-
chinelles, de pierrots gesticulant qu'ont peine
à repousser les gardes, devant un flot de foule
qui semble respirer l'amour monarchique en
goguette et le royalisme des halles au mardi
gras, le Roi s'avance tête nue, en large domino
blanc qu'il retrousse pour marcher. La Reine,
qui vient de souper gaiement avec lui au
Temple, et de s'habiller chez le sieur Buffaut,
trésorier de la ville, marche un peu en arrière,

coiffée d'un grand chapeau à plumes et enve-
loppée d'une espèce de chemise ruchée et
flottante, qui lui laisse la naissance du cou et
les bras nus. Pressée par le peuple, elle va
dire tout à l'heure : « J'étouffe!... » Et le roi
sera obligé de se faire faire place à coups de
coude.

Mais ce n'était pas assez que les fêtes de
l'Hôtel de ville : Moreau voulut aussi immortaliser les joies de la rue, le spectacle du défilé.
Il donnait une très-grande planche représentant la place de l'Hôtel-de-Ville à une heure
un quart, l'heure juste de l'arrivée de la Reine,
partie de la Muette vers les neuf heures. On
y voit cette place de toutes les curiosités, parfois féroces, de Paris, la Grève avec toutes ses
maisons qui regardent, toutes ses fenêtres,
toutes ses mansardes ouvertes; du monde partout; tout le fond de la place rempli et masqué
par l'architecture improvisée de la riche galerie aux colonnes corinthiennes chargées de
tentures, au fronton de cartels et d'écussons
aux armes de France, et la loge pour Leurs
Majestés faisant avant-corps, rotonde et coupole, surmontée par un dauphin; en bas, sur

le pavé, — le peuple, non plus le petit peuple
en promenade qu'égrène Cochin groupe à
groupe, ou dont il fait un mur de comparses
comme au théâtre, mais du peuple à poignée,
un grand peuple mouvant, remuant, vivant,
profond, le Paris qui, à huit ans de là, sera
Quatre-vingt-neuf. Moreau est, en effet, à un
degré supérieur et sans exemple, le peintre de
la foule : il la noie et la détaille. Au vague
qu'ont les multitudes au loin, il oppose comme
repoussoir le détachement, la netteté des
silhouettes de premier plan. Voyez dans cette
planche : quel ondoiement dans ces masses de
petits ronds de têtes vitalisés par l'éclairage
de l'ombre et du jour, par de petits points qui
sont, pour ainsi dire, les repères d'imperceptibles figures! Comme le dessinateur rend
l'espèce de commotion électrique qui passe
dans tous ces corps de curieux! quelle frénésie
pour voir! quel tumulte! quelle précipitation
en avant des galopins, des décrotteurs, au
milieu de Javottes ébahies, de petites sociétés
isolées du mouvement, de petites femmes
bouffantes, le mantelet noir serré aux épaules,
à côté de lorgneurs philosophes! Partout on se

presse, on se pousse, on se mêle. Des femmes
de la halle agitent des branches d'arbre, les
chiens courent, la foule se tasse derrière la
haie des soldats, les voitures de la cour ont de
la peine à marcher au pas solennel et balancé
de leurs huit chevaux blancs, la crinière nat-
tée, la tête empanachée. C'est le moment où
le carrosse de la Reine tourne devant l'Hôtel
de ville : la portière s'ouvre, Marie-Antoinette
descend, coiffée de plumes, la jupe sur grand
panier; et son regard semble embrasser la
foule.

Tout ce spectacle, Moreau le fait voir
comme il l'a vu; et il se sépare encore ici de
Cochin et de son ordonnance à l'italienne par
une ordonnance essentiellement française et
nationale; car c'est le dessinateur de la pure
observation et de la nature, du spectacle évo-
qué et saisi sur le vif. Étudiez son estampe :
sur le côté, dans l'ombre, sur la base même
d'une des deux colonnes triomphales qui se
dressent à côté d'une vasque et se couronnent
d'un globe fleurdelisé porté par des dauphins,
vous découvrirez, assis, son épée et son chapeau remis à un ami derrière lui, un artiste

qui dessine, un carton sur ses genoux. Évidemment, c'est l'artiste lui-même, l'artiste
consciencieux qui prenait tous ses documents
devant le mouvement de la vie, et cette réalité
d'un moment qu'ont les choses. N'était-ce pas
Moreau qui mettait sur toutes ses planches :
Dessiné d'après nature, pour affirmer le sérieux
et la vérité de son étude ?

Une quatrième planche complétait cette
suite des fêtes de la naissance du Dauphin : la
vue du feu d'artifice tiré le 23 janvier. Les illu-
minations éclatent le long de la galerie où la
Reine paraît au balcon de la tribune. Toutes
les fenêtres de l'Hôtel de ville resplendissent
de lustres éclairant en bas des estrades. Des
triangles blancs, des ifs brûlent devant l'hôtel-
lerie de l'*Image de Notre-Dame* et les maisons
qui vont au quai. Sur le quai, le Temple de
l'Hymen avec ses deux colonnes enguirlandées
de flammes-lance, dans le noir profond du ciel,
la pluie de lumière d'un volcan ; et l'on devine,
sur tout le pavé de la Grève, la foule qui y pié-
tine, obscure et perdue, sombre et grouillante
dans les ténèbres que déchirent çà et là, d'un
accroc de lumière, des reflets d'incendie ou la

fumée blanche de coups de canon. Et là encore
on peut constater tout le « vu » de l'effet par
Moreau, monté sans doute sur cet échafaud
signalé par Bachaumont, « des dessinateurs
chargés de perpétuer aux yeux de la postérité
la mémoire des diverses parties de ce spectacle [1] ».

Cette année-là il terminait l'ouvrage où
devait se montrer et se répandre, comme la
poésie, la tendresse même de son talent. Pour
ce livre, comme pour les livres qu'il aime et

1. *Gazette de France*. Supplément à la *Gazette* du mardi
29 janvier 1782. Relation de la fête que la ville de Paris a donnée
à Leurs Majestés le Roi et la Reine. *Mercure de France*, janvier 1782. *Mémoires de la République des lettres*, id. — Moreau
fit d'autres dessins de ces fêtes, mais sans doute devant les
frais de gravure, les Menus reculèrent. Nous en possédons un
d'une largeur de 103 centimètres sur 45 centimètres de hauteur, exécuté à l'aquarelle sur un trait de plume, représentant
la reine Marie-Antoinette allant rendre grâce à Notre-Dame
et à Sainte-Geneviève. Ayant pris ses voitures de cérémonie
au rond du Cour, la Reine passe sur la place Louis XV dans
un carrosse attelé de huit chevaux blancs et suivie de cent
gardes du corps. Le dessin est pris du jardin en terrasse du
palais Bourbon, où des curieux pressés contre la balustrade
regardent le défilé et la foule immense de l'autre côté de la
Seine. Dans le coin à gauche, le prince de Condé et le duc de
Bourbon causent, les mains dans des manchons, avec un groupe
de femmes.

qu'il veut dignement honorer, il abandonne les
formats ordinairement choisis par le temps.
L'in-octavo même ne lui suffit pas. Sa vignette
aspire au développement de la scène, à l'ambition du tableau : il veut l'in-quarto; et c'est
dans cette grandeur qu'il donne cette illustration de la *Nouvelle Héloïse,* vraiment admirable
au milieu de toutes ses illustrations.

Nul artiste du temps n'a senti et compris
Rousseau comme lui ; nul n'est entré en pareille
communion avec le charme nouveau et sympathique de ses personnages, avec l'âme de ses
héroïnes. Elles resteront toujours attachées au
livre, ces scènes animées, vivantes, palpi-
tantes, attendries ou dramatiques, coquettes
ou pathétiques, éclairées par le peintre de la
vignette, avec le romanesque de la lumière,
tantôt d'un jour en écharpe frappant le centre
de la composition d'une filtrée de soleil, tantôt
de la lueur et du jeu doux, voluptueux, discret, d'une bougie. C'est le roman qui vit et
prend corps sous le crayon de l'artiste. Le je
ne sais quoi de tendre qui s'en exhale, au
milieu des sécheresses du temps, le grand cri
de la sensibilité nouvelle qui en sort a comme

son écho dans les planches émues, dans les pantomimes passionnées du dessinateur, dans les émotions des bouches entr'ouvertes de femmes, dans ces figures à sentiment, ces gestes qui parlent, ces regards profonds, ces têtes pénétrées. Moreau semble avoir au bout de son crayon l'âme et la flamme de ces pages inspirées, et ce qui brûle dans le livre, brûle aussi dans ses gravures. Sa délicieuse Julie n'est-elle pas la Julie même de Rousseau, celle dont Saint-Preux voulait « le portrait modeste comme elle-même? — La *douce*, la *modeste*, l'*enchanteresse* Julie, élégante, simple, « la gorge couverte en fille modeste et non pas en dévote ». Comme Moreau a su incarner le type du romancier dans un type de Greuze honnête, en faire un modèle de goût et de candeur, une créature ravissante, printanière sous son costume de campagne, une femme qui garde comme la clarté de la jeune fille sous son petit chapeau de paille gondolé! Quel innocent envolement d'amour, quel feu pur de la vierge, quand elle se précipite au baiser de Saint-Preux et cache sa figure sur les lèvres de l'ami! Ici quel bonheur tendre, sur cette

petite figure de blonde, mouvante et sensible,
changeante au moindre sourire, quand la tête
à demi détournée, le regard à demi pâmé, le
souffle suspendu, elle abandonne une main, sur
le bord d'un piano, à celui qui l'embrasse, com-
primant de l'autre, dans son petit corsage soulevé, l'émotion du doux moment et les batte-
ments de sa félicité... Et plus loin encore, cet
autre baiser de Saint-Preux à genoux sur cette
main de la touchante inoculée, qui, le profil
perdu sur son oreiller, fait de ses deux bras
étonnés comme le mouvement d'embrasser un
rêve... Le dessinateur est arrivé à peindre
mieux que Rousseau lui-même ce baiser sur
une main qui passe sur un cœur.

On peut reconnaître là le grand compositeur qu'est Moreau. Il possède une flexibilité,
une fécondité qui ne se répète jamais; une
étonnante facilité à concevoir une scène, avec
l'art d'en combiner les effets, de varier en les
équilibrant les attitudes, de leur donner un
naturel, une justesse et un aplomb rares dans
les grands tableaux, une netteté des plans,
une intelligence de l'arrangement, une vérité
des figures, de leur pose, de leur expression

qui vous font toucher l'action représentée.

C'est qu'à ces facultés personnelles, il joignait l'acquis, le jugement, la solidité d'une lecture immense. Car Moreau était un liseur : chez lui, l'étude accompagnait le métier ; il avait une bibliothèque, cette bibliothèque que Lemonnier reproche aux artistes sans lettres du nouveau siècle de ne plus avoir, de ne plus consulter. De là cette autorité à laquelle ses confrères rendaient pleine justice ; il était souvent leur conseiller, et David même ne dédaignera pas ses avis [1].

Moreau a donc lu Rousseau, il l'a relu, et il apporte à cette illustration plus encore que son talent, la fièvre et la poésie de cette prose, mais encore une espèce de religion pour les idées du philosophe, un culte pour la personne de l'écrivain. L'admiration de l'œuvre qu'il avait l'honneur et le bonheur de traduire ; voilà ce qui le fit entrer si avant dans le roman de l'homme de génie à la mémoire duquel il resta toujours fidèle, dévot. Il conserve et célèbre dans une pieuse image le souvenir de

1. Notice de Lemonnier.

cette agonie du 27 juillet 1778, cherchant à
s'envoler dans du soleil : « Ma chère femme,
rendez-moi le service d'ouvrir la fenêtre, afin
que j'aie le bonheur de voir encore une fois la
verdure. Comme elle est belle! que le jour est
pur et serein! que la nature est grande!...» Il
le grave dans une petite planche qui le représente herborisant à Ermenonville, en juin 1778.
De l'île des Peupliers, de son tombeau, il fait
une eau-forte dans laquelle il agenouille, sur
la rive, la prière, l'invocation d'une vieille
femme aux mânes du grand homme ; prière
jugée impie par la Sorbonne, et effacée après
la première et unique épreuve connue de la
planche terminée. Enfin, lui décernant l'immortalité, qu'il donnera plus tard à Mirabeau, il le
représente arrivant aux Champs-Élysées, et
reçu par Socrate, Platon, Plutarque, Montaigne, tandis que de petits Génies sortent de
la barque de Caron les livres immortels du
philosophe. On le voit : Rousseau est le Dieu
de l'artiste, un Dieu que les années ne lui font
pas oublier. Nous trouvons en effet dans un
catalogue de lettres autographes une demande
de Bernardin de Saint-Pierre, à la date de

1792, faite par son ami Moreau, d'un passage d'une lettre adressée à un lord anglais où Jean-Jacques prédit notre révolution : Moreau veut l'inscrire mot pour mot, au bas de son estampe.

Tournez les feuilles, allez en avant, en arrière de ces gravures, l'œuvre de Moreau est un piquant pêle-mêle de planches de toutes sortes : adresses de marchands, cartes d'entrée pour les expériences du globe aérostatique de MM. Charles et Robert, feuilles d'écran, la planche si brillante d'un renouvellement de ménage à la *Cinquantaine,* avec les deux couples, l'un à vingt ans et l'autre à soixante-dix, montant au même autel, des coiffures à la *Mappemonde,* à la *Hérisson,* pour « le Manuel des Toilettes », des allégories comme pour le rétablissement de la comtesse d'Artois, où Chirac tout nu, changé en Esculape, enlève la faux au Temps, tandis que les ducs d'Angoulême et de Berry lui coupent les ailes, une caricature sur le partage de la Pologne, *le Gâteau des Rois,* que grave Lemire, des modèles de nez, de bouches, d'oreilles, des figures pour des Voyages à des terres sauvages et extrava-

gantes devant amener entre l'artiste et le chevalier Mouradgea des différends aplanis par
Wille, de charmantes eaux-fortes pour une
espèce de mécanique orthopédique à redresser
le cou des jeunes personnes ; enfin, des petits
bonshommes pour la coupe d'un Vauxhall, et
mille autres menues pièces.

Car, quand il le veut, Moreau est aussi un
maître dans le petit. L'homme et la femme, il
sait les réduire à une proportion presque imper-
ceptible, à une taille d'insecte, en leur gardant
leur tournure, leurs gestes, leur grâce, leur
physionomie. Et pour cela, il n'use point de
l'escamotage spirituel mis en pratique par certains de ses confrères, il ne se sauve pas par
l'à peu près de l'indication ou l'intention de
l'élégance : il réalise ses bonshommes avec
l'adresse d'une main magique qui se jouerait de
leur mesure. Et ce n'est pas seulement par le
contour de la ligne extérieure, le dehors qu'il
les exprime ; c'est aussi par ce que les peintres
appellent « le dedans ». On peut en juger par
ces en-tête des *A-propos de Société,* grands au
plus comme de petits billets de visite et où il
fait tenir à l'aise tout le public d'une soirée de

lanterne magique, des salons de femmes où l'on peut compter vingt dames ou cavaliers parfaitement figurés et dont on retrouverait à la loupe le moindre détail de costume. Dans un autre genre, il a de petites planches d'anecdotes antiques, des statues de Pygmalion dans des ateliers grecs, nettes et incisées comme la taille de la plus fine pierre gravée. Quand il lui plaît, il dépasse les microcosmes de Blarenbergh, comme dans cette prodigieuse gravure de la place Louis XV, qu'il remplit de personnages-mouches d'une exiguïté que n'atteignit pas Callot lui-même, de sociétés, de groupes, d'un petit peuple éparpillé, à perte d'horizon, dans le mouvement des carrosses et des voitures. Ce rendu va jusqu'aux têtes : Cochin a pour les visages trois points qu'il sait placer ; Moreau, lui, met des traits dans un rien de place. C'est ainsi qu'on reconnaît à première vue, dans l'aquarelle du Louvre [1], la tête mutine

---

1. Le Musée du Louvre possède quatre autres dessins de Moreau : *Tullie faisant passer son char sur le corps de son père,* son morceau de réception à l'Académie, plume et bistre ; — *Réception de M. de Choiseul, ambassadeur de France à la Sublime Porte,* 1779, bistre ; — *Grande Illumination du parc et du canal*

de Mme du Barry, le beau vieux profil cassé de
Louis XV. Ses plus petites Marie-Antoinette
sont vivantes; et s'il lui avait plu, Moreau était
homme à faire le portrait d'une femme dans le
rond d'une des mouches de sa figure.

En dehors de ces tours de force, de ces
jeux de son dessin auxquels il ne fait que
s'amuser et dont il sort à tout moment par ses
grandes illustrations, on a encore de lui un
certain nombre de portraits. Citons un portrait
de Mlle Fanier, de la Comédie-Française, gravé
par Mlle Saugrain, cette élève des deux frères
Moreau qui grava d'une pointe si spirituelle les
gouaches et les paysages de l'aîné; un portrait
de Joseph Vernet, de Papillon de la Ferté, de
de La Borde, de Grétry, le médecin Guillotin,
au bas duquel on lit cette dédicace : *Civi
optimo,* un tout petit portrait de M. de Choiseul, dont le masque de doguin pétille de la
malice d'un Figaro ministre sous le trait vif de
l'eau-forte; un portrait du sculpteur Pineau,

du château de Versailles, à l'occasion du mariage du Dauphin avec
Marie-Antoinette d'Autriche, encre de Chine ; — L'Assemblée
des Notables en 1789, encre de Chine. (Note communiquée par
M. Reiset.)

celui de Louis-Auguste, dauphin de France, celui d'Élisabeth de Russie, ayant comme armes la médaille pour l'installation de l'Académie de Moscou en 1754 ; enfin, le plus grand nombre des portraits de la *Société académique d'Apollon.* Et nous ne relevons ici que les portraits gravés de Moreau. Il y aurait toute une liste à faire de ceux qu'il a dessinés spécialement à l'encre de Chine ; par exemple, ce portrait si artistiquement éclairé, ce lavis que nous avons là à notre mur ; si étudié et si vivant, si nuancé dans les plans de chair : une vieille femme avec son grand bonnet de linge, son mantelet de soie noire, assise sur une chaise de bois, près d'un chat qui fait le gros dos, et ayant derrière elle la gravure du *Concours de la tête d'expression* par Cochin, qui doit indiquer quelque parenté du graveur, et qui sait ? peut-être sa vieille mère Horthemels.

Disons-le ici bien haut, on ne saurait rendre trop pleine justice aux dessins de Moreau. Suivons-le donc dans toutes ces feuilles éparpillées à droite et à gauche, dans cette collection si intelligemment ramassée depuis tant d'années par le zèle pieux d'un de ses derniers

élèves, M. Mahérault, et qui nous le montre
depuis ses débuts jusqu'à sa mort, depuis ses
durs et criards lavis grecs ou romains de 1760 à
1770, auxquels il revint dans cette académie de
société établie chez le duc de Chabot, jusqu'à
ces dessins miniaturés de la fin de sa vie, que
M. Mahérault lui voyait faire en l'année 1810
avec la prestesse courante de ses vieux doigts,
un pinceau chargé, l'autre trempé dans le go-
det d'eau, toujours prêt à effacer, à éponger.
Après ses dessins de la *Mort de Cléopâtre*, ses
dessins de sacrifices antiques, les uns bistrés
à la Vien, les autres lavés à l'encre de Chine
sur papier jaune et rehaussés de blanc, allons
à ce dessin qui sort tout à coup de ces tâtonnements sans originalité, à la *Revue du Roi*, une de
ses encres de Chine les plus réalisées, les plus
fondues, les plus douces à l'œil dans le contour; là dedans il y a toutes les adresses, toutes
les habiletés, toutes les caresses du lavis, des
ombres comme peintes qui n'ont jamais l'opa-
cité du noir et gardent de l'encre le brillant
d'un ton mouillé, un infini des plans obtenu par
l'infini de la dégradation des teintes, des miroitements de jour dans les masses et les remue-

ments des foules grises, enfin ce miracle d'une encre étalée et si bien graduée, nuancée, qu'elle amène l'œil qui cligne à l'illimité de la perspective, à l'illusion dioramique. La science et la distribution de la lumière dans le dessin, voilà le plus grand art du dessinateur : on la retrouve dans ses moindres ébauches d'après nature pour ses foules et ses fêtes ; c'est toujours le croquis de l'ombre et de la lumière qu'il prend. Voyez cette légère esquisse : l'enlèvement du ballon de Robert ; sur ce bout de papier à peine teinté où les personnages ne sont guère que des bâtons et les têtes de petits *o*, on voit déjà toutes les grandes lignes vivantes et ondulantes de la terrasse des Tuileries, du jardin ; tout l'effet y est. Mais une plus curieuse maquette de Moreau, prise au vol, prise sur un genou, est cet autre bout de papier que l'on reconnaît pour être l'ouverture des états généraux, où l'on sent, pour ainsi dire, la voûte, le dais, la famille royale, les rangées de banquettes dans le rien d'indication des lignes graphiques, un fouettage de mine de plomb, un peu de noir à des rideaux, et des coups de crayon écrasés pour toutes les têtes.

Moreau use aussi habilement du bistre que de
l'encre de Chine ; le bistre avec la chaleur
qu'il donne à ses dessins est même son procédé
favori, celui qu'il emploie pour le *Sacre de
Louis XVI*, les *Monuments du costume*, la plus
grande partie de ses suites de vignettes scin-
tillantes d'un papillotage de lumière. Il en a,
selon les années, de divers tons allant du foncé
au clair, au pâle, à une espèce de jaune de
soleil charmant et lumineux dans ses bergeries
et ses marches de troupeaux du Midi. Avec le
bistre, il arrive presque à *fragonardiser,* mais
de si près que l'attribution devient souvent
presque embarrassante, comme dans ce volume
d'illustrations de la *Pucelle,* ce curieux volume
de brouillons qu'il a abandonné au Chant V,
après trente dessins balayés de verve. C'est
encore au bistre qu'il a fait nombre de petits
paysages sur nature d'un feuillé très-étudié, et
des ruines à la pierraille si bien touchée.
Moreau a, du reste, essayé avec succès de tous
les genres de dessin ; de la mine de plomb
pour des portraits, quelquefois d'un mélange de
crayon et de sanguine qui, sous le précieux de
son travail, fait prendre au visage l'apparence

d'une jaune plaque d'ivoire rougie des premiers
tons de la chair. Souvent il recourt à une dure
sanguine taillée très-fine, avec laquelle il
obtient tous les traits déliés de la pierre d'Italie. J'ai vu de lui dans ce genre l'étude de la
danseuse pour la *Petite Loge*. Il fait d'autres
ébauches du « Monument du costume » avec
des rehauts de crayon rouge et blanc sur une
très-légère indication de crayon noir, de façon
à presque dessiner son dessin par les lumières :
de cette manière est la femme du *Rendez-vous
pour Marly,* dont la tradition veut faire une
étude du mari d'après sa femme, son modèle
ordinaire. — Quelquefois encore le dessinateur, auquel on ne saurait guère reprocher par
moments qu'un dessin trop fait, trop écrit,
trop souligné pour le graveur, une conception
trop définie, et où ne flotte pas assez du dessin
d'un peintre, le dessinateur a des fougues
d'emportement, d'inspiration. Sur une feuille
in-folio de ce gros papier d'un gris jaunâtre,
le papier à dessin du temps, il jette dans un
contour puissant, répandu au pinceau, des
taches fortes et expressives que boit le plu-
cheux du papier, des heurts d'ombres, de

ténèbres noyées et de lumières fouettées de
blanc gouaché, d'où se lèvent des effets rem-
branesques, les coups de clarté dans le clair-
obscur dont la magie restera à sa planche. Ce
sont là les plus forts, les plus grands, les plus
magistraux dessins de Moreau, ceux qui
donnent de lui la plus haute idée, ces esquisses
de la NOUVELLE HÉLOÏSE : *l'Inoculation* et *la
Dispute*.

Il a touché aussi, mais plus rarement, à
l'aquarelle. Laissons ses grandes débauches de
lavis teinté sur papier gris, ces bacchanales de
nymphes en espèces de camaïeux sales qu'il
bâcle en ses commencements. Prenons l'aquarelliste dans cette grande aquarelle du défilé de la
Reine sur la place Louis XV, le 21 janvier 1782.
Prenons-le dans la fête de 1771, donnée à
Louis XV à Louveciennes par Mme du Barry,
— aquarelle qui porte au dos les armes et la
devise de la comtesse, — sa plus agréable
page en couleur, d'une couleur encore un peu
timide comme celle du temps, et non dégagée
tout à fait du lavis d'architecture, mais tout à
fait supérieure à celle de Cochin par la pro-
preté, la clarté, la gaieté, la transparence. On

en connaît d'autres, par exemple le *Projet d'un monument à ériger pour le Roi,* gravé en fac-simile de couleur par Janinet, où des bronzes, des marbres, étonnent par le trompe-l'œil. Moreau a encore lavé spirituellement de cette façon à plusieurs teintes des dessins de costumes pour l'Opéra, datés de 1784.

Moreau a gagné, il gagne beaucoup d'argent avec l'illustration de presque tous les livres du temps, des classiques, des ouvrages remuant les esprits : le *Télémaque,* la *Vie de Marie-Thérèse,* le *Molière,* agréable interprétation à la mode de 1770, traduction un peu mince, manquant de l'envergure de celle de Boucher, et sans rien de ce large caractère louisquatorzien que Coypel, seul, a su rendre; les *Incas,* les *Saisons* de Saint-Lambert, le *Code noir*, l'*Histoire philosophique des Indes,* enfin la *Henriade,* et cette immense série d'estampes, dédiée à S. A Monseigneur le prince de Prusse, destinée à orner les œuvres de Voltaire, se vendant chez l'auteur rue du Coq-Saint-Honoré et dont s'occupa l'artiste près de dix ans. Moreau n'est point à la merci des éditeurs; il peut, avec ses ressources

propres, aborder les opérations de la vente
sans intermédiaire, exploiter . lui-même son
talent, et s'en faire les gros revenus d'une
grande entreprise. A en croire les notices
écrites sous l'inspiration de sa fille, point
d'homme moins capable que lui de pareilles
idées d'intérêt. On y lit : « Il s'en faut beaucoup que M. Moreau se soit occupé de sa
fortune autant qu'on pourrait le croire d'après
ses immenses travaux. Jamais peut-être on ne
porta plus loin le désintéressement personnel,
même l'incurie et surtout l'éloignement pour
tout ce qui ressemblait à des entreprises dans
un genre où il faut cependant en faire ou du
moins y prendre part si l'on veut s'assurer
quelque portion des bénéfices. Sous ce rapport il fut encore artiste dans toute l'étendue
du terme. Il semblait trouver tout simple que,
puisque les plaisirs et l'honneur du travail
étaient pour lui, les profits fussent pour les
autres. » Malheureusement, un document manuscrit du temps vient durement contredire
ici l'éloge de la piété filiale. C'est à propos de
Le Bas, du maître si paternel pour Moreau,
de Le Bas qu'avaient ruiné les figures de

l'*Histoire de France* de son ancien élève, et
ses lenteurs interminables. Le Bas aux derniers jours de sa vie avait jeté dans l'affaire
la garde-robe de sa femme, son argenterie,
ses meubles. Le pauvre homme mort, arrive
sa vente en décembre 1783, cette vente qu'attendait depuis longtemps Moreau pour rattraper et exploiter les figures dont il avait fourni
les dessins, et fait traîner la livraison, comptant bien que l'âge de Le Bas ne lui permet-
trait pas de pousser l'ouvrage à sa fin. A l'annonce de la vente, Moreau de crier partout
et de faire crier qu'il ne continuera les dessins de l'*Histoire de France* à aucun prix. A
toutes les vacations même serment. Le matin
même de la vente des planches, il va trouver
le libraire Lamy et le prévient que, sachant
son projet d'enchérir, il ne veut pas lui laisser
ignorer qu'il ne fera plus un dessin. Lamy lui
demande s'il a le projet de surenchérir. Moreau lui répond que non; qu'il est trop sur-
chargé; qu'il n'achètera qu'autant que la
chose se vendra à bas prix. On met l'ouvrage
sur table. Les libraires et les marchands sont
sous le coup de la menace faite par Moreau

de ne plus livrer de dessins. Lamy seul couvre les enchères d'un inconnu, mais il se laisse gagner au découragement et à la crainte de ses confrères. Et le nom de Moreau est jeté par cet inconnu à l'huissier priseur comme adjudicataire. Moreau devenait propriétaire pour 8,960 livres de 154 planches dont 5 n'avaient pas encore servi; de 5,598 épreuves dont 2,352 avant la lettre, et de 959 épreuves d'eau-forte. Et précisément à cette vente, la conduite de Cochin faisait contraste avec celle de Moreau. Cochin avait gravé les ports de mer en société avec Le Bas. Aux termes de l'acte de société, Cochin pouvait prendre la moitié des planches appartenant à Le Bas d'après l'estimation d'académiciens. Sa délicatesse se refusa à l'usage de son droit. Cochin ne voulut pas qu'on soupçonnât ses confrères de l'avoir favorisé. Il doubla la première enchère de prisée[1].

Les années 1788 et 1789 demandaient à Moreau les deux grands dessins de leurs

1. Historique manuscrit de la vente de Le Bas, par Joullain.

grands événements : l'Assemblée des notables et l'Ouverture des états généraux. Et dans le commencement de la dernière année, l'artiste était nommé académicien, après avoir été agréé en 1780[1]. Il lui avait fallu attendre ce titre neuf années; et ce n'était pas sans débats

1. Voici les expositions de Moreau a partir de 1781 :

SALON DE 1781.

MOREAU LE JEUNE, agréé graveur du cabinet du Roi.

299. Cérémonie du sacre de Louis XVI.

Ce dessin a été ordonné par M. le maréchal duc de Duras; c'est le moment où Sa Majesté prononce le serment.

Estampe gravée d'après le même dessin.

L'estampe, de même grandeur que le dessin, a 30 pouces de long sur 19 de haut.

Dessin de l'illumination ordonnée par M. le duc d'Aumont pour le mariage du Roi.

Cette vue est prise du bas du tapis vert, d'où l'on voit toute l'étendue du canal.

Dessin représentant Louis XV à la plaine des Sablons, passant en revue les gardes françaises et suisses ; l'instant est celui où les troupes défilent devant sa Majesté.

Ce dessin a 1 pied de haut sur 2 pieds 3 pouces de long.

Trois études au pastel sous le même numéro, une tête de femme et deux de vieillard.

Le portrait de Paul Jones, dessiné d'après nature en 1780.

Vingt-neuf dessins in-4° des œuvres de J.-J. Rousseau, pour l'édition de Bruxelles.

Un cadre renfermant plusieurs dessins pour l'Histoire de

et sans contestations que se faisait son élec-
tion. Le dessin qu'il avait présenté dans la

France, gravés sous la direction de M. Le Bas, à qui ils appartiennent.

Autre cadre contenant cinq dessins in-8° pour les œuvres
de l'abbé Métastase et une grande vignette pour mettre à la
tête de la Description générale de la France ; le sujet est l'établissement de l'ordre de la Toison d'or par Philippe le Bon,
duc de Bourgogne.

Une vue de l'Orangerie de Saint-Cloud.

Plusieurs dessins in-4°, sujets de la *Henriade*, qui forme-
ront la première livraison des estampes proposées par souscription pour l'ornement des éditions de M. de Voltaire. Cette
livraison paraîtra en janvier 1782.

Arrivée de Rousseau au séjour des grands hommes : sur le
devant Diogène souffle sa lanterne. Cette estampe paraîtra au
jour dans trois mois.

Plusieurs dessins et esquisses sous le même numéro.

SALON DE 1783.

306. Quatre dessins des fêtes de la ville à l'occasion de la
naissance de Monseigneur le DAUPHIN.

Le premier, l'Arrivée de la Reine à l'Hôtel de ville. Le
second, le Feu d'artifice.

Ces deux dessins ont 27 pouces de long sur 17 de haut.

Le troisième, le Repas donné par la Ville à Leurs Majestés.

Le quatrième, le bal masqué.

Dessins allégoriques pour la convalescence de Madame,
comtesse d'Artois.

12 pouces de haut sur 9 de large.

Autre dessin allégorique. 14 pouces de long sur 10 de haut.

Douze dessins pour les œuvres de Voltaire, dont la col-

séance du 10 janvier ne satisfaisait pas les académiciens, qui s'ajournaient pour pronon-

lection est dédiée à S. A. R. Frédéric-Guillaume, prince de Prusse.

Fabricius recevant des députés au moment qu'il fait cuire des légumes.

Ce dessin appartient à M. le duc de Chabot.

Fête projetée sur l'emplacement de l'Orangerie et de la pièce des Suisses pour la naissance de Monseigneur le Dauphin, en deux dessins de 33 pouces sur 13 de haut; le premier représente le plan et la coupe sur la plus grande longueur, le second la vue perspective prise de l'Orangerie.

Portrait de Madame de la Ferté.

SALON DE 1785.

285. Dix-huit dessins pour les œuvres de Voltaire.

Portraits, Dessins.

M. Renou, adjoint et secrétaire de l'Académie de Rouen, conseiller de cour, et dessinateur du prince royal de Prusse.

M. Martini, graveur.

M. Guillotin, docteur en médecine de la Faculté de Paris.

Mlle Le Prince.

Mlle Saugrain, graveur.

Mlle de Corancès.

Dessins.

Caïus Marius qui, par son seul regard, arrête le soldat qui veut le tuer.

Mort de Caton d'Utique.

Un cadre contenant quinze dessins pour les figures de l'Histoire de France, ouvrage dédié au Roi.

cer. Il en apportait alors le 19 avril un autre :
Tullie faisant passer son char sur le corps de

SALON DE 1787.

316. Un grand dessin représentant l'Assemblée des Notables.
— Dessin ordonné par le Roi.

Autre représentant Tullie faisant passer son char sur le
corps de son père : il doit être gravé pour la réception de
l'auteur. — Ce dessin appartient à Mme des Entelles.

Sept dessins destinés à orner l'édition de Voltaire.

SALON DE 1789.

Quatre estampes pour les fêtes de la ville.

Dessins.

Ouverture des états généraux du 5 mai 1789.
Constitution de l'Assemblée nationale du 17 juin suivant.
Tullie faisant passer son char sur le corps de son père.
C'est le morceau de réception de l'auteur.

Patriotisme et fidélité au roi. — Le 24 février 1525, Jean
le Sénéchal, seigneur de Molac et de Carcado, capitaine de
cent hommes d'armes, gentilhomme de la chambre de Fran-
çois Ier, sauva la vie à ce prince par le sacrifice de la sienne.
Voyant un arquebusier prêt à tirer sur le roi, il se précipita
au-devant du coup et fut tué. Estampe dédiée à M. le marquis
de Molac, chef de nouvel-armes des grands sénéchaux féodés
et héréditaires en Bretagne.

SALON DE 1791.

Deux cadres contenant dix dessins. Sujet tiré du Nouveau
Testament. Autre cadre représentant la procession d'Isis.

Les dessins du frontispice des Cérémonies religieuses.

son père, que tous s'accordaient à regarder comme très-supérieur au premier ; et il était

Deux estampes représentant les états généraux.

Un cadre contenant dix dessins. Sujet tiré du Nouveau Testament.

Une tête de femme, dessin.

SALON DE 1793.

Deux cadres contenant chacun dix dessins pour les Évangiles.

SALON DE 1798.

Cadre contenant quarante-sept dessins faits pour une édition de Gesner.

Cadre contenant dix-huit dessins, Actes des apôtres, pour l'édition in-8° du Nouveau Testament de Saugrain.

Un dessin pour Anacharsis.

Un dessin représentant Régulus retournant à Carthage, pour les œuvres de Montesquieu

SALON DE 1801.

Deux cadres renfermant plusieurs dessins in-8° pour les œuvres de Voltaire, édition de Renouard.

SALON DE 1804.

Trois cadres contenant quarante dessins de la collection des œuvres de Voltaire.

Cadre renfermant 12 dessins, sujets tirés des Métamorphoses d'Ovide.

Cadre renfermant sept dessins, sujets de l'Énéide.

Séparation de Paul et Virginie, vignette.

reçu, le 25 avril, sur la présentation de son
parrain Wille; encore lui manqua-t-il deux

Sara présente Agar à Abraham.
La maladie d'Antiochus.

SALON DE 1806.

Deux cadres renfermant douze dessins pour les œuvres de
Racine.

Six dessins pour les œuvres de Boileau.

Trois dessins pour les Contes d'Hamilton : *le Bélier*, *Fleur
d'Épine* et les *quatre Facardins*.

Cinq dessins pour les Confessions de J.-J. Rousseau.

Un portrait.

Stratonice, ou la Maladie d'Antiochus.

Les Adieux de Coriolan à sa famille.

SALON DE 1808.

Un cadre contenant soixante-huit dessins : trente pour
Molière, douze pour Corneille, six pour Gresset, deux pour
Werther, quatre pour la nouvelle édition in-4° des Métamor-
phoses d'Ovide, deux pour le Musée français de Laurent et
Robillard ; l'un représente la peinture moderne, l'autre la gra-
vure ; douze dessins pour l'Histoire de France.

SALON DE 1810.

Réception de S. M. l'Empereur, à l'Hôtel de ville, le 4 décembre 1809.

Fête donnée par la ville de Paris, le 10 juin, à l'occasion
du mariage de Leurs Majestés Impériales.

Ces deux dessins appartiennent à l'auteur.

voix pour l'unanimité. Avec la Révolution,
l'académicien de fraîche date devenait l'ora-
teur des idées révolutionnaires de l'art dans
les turbulentes séances de l'Académie. Il était
de ceux qui le 6 février 1790 y parlaient,
entre David et Giraud, avec le plus d'animation pour la révision des statuts et l'égalité
absolue de tous les membres du corps académique. On le retrouve, s'exprimant avec la
même énergie d'opinion, à l'orageuse assemblée du 6 septembre 1790, où il emporte la
nomination de la commission composée de
Pajou, Vincent, Miger, Lebarbier, Renou, et
l'adjonction de seize associés libres. Il est
encore parmi les quatre membres choisis
parmi les « mieux parlants » qui doivent présenter les statuts et règlements nouveaux au
Comité de Constitution. La République de
Voltaire, la République de Rousseau passe;
et Moreau reste un révolutionnaire. Ce nom
qu'il a mis au-dessous du Sacre, des Fêtes
de 1782, de « l'Exemple d'humanité de la
Dauphine » du médaillon de la Reine soutenu
par les Tendresses et la Bonté, son nom de
dessinateur de cour, il n'a pas de scrupule

à le mettre au bas de la médaille gravée pour la *Commune des arts de peinture, sculpture, architecture et gravure*, constituée le 18 juillet 1793 en vertu de la loi du 4 juillet 1793, de l'an II de la République française. Il signe la Minerve qu'un génie s'apprête à coiffer du bonnet rouge qu'elle tient sur son poing. On trouve dans la collection de M. Mahérault un curieux dessin de Moreau vers cette époque : le costume « du Français républicain » en redingote à crevés, chapeau à plumes, bottes molles, et le glaive sur la culotte[1].

De ce patriotisme, Moreau ne fut guère récompensé par la Révolution. La Terreur lui fit perdre ses places, anéantit le capital ramassé par ses économies, tarit ses revenus et sa source de fortune en arrêtant les entreprises de librairie; et en 1797, il était obligé

---

1. Rattachons à ses œuvres républicaines deux dessins vendus à la vente du Descamps (1868). Ces deux dessins, exécutés sur papier brun, avec le ciel complétement sabré de blanc et la foule noire indiquée à la Prudhon, représentaient la Fête de l'Être suprême, l'un devant le palais des Tuileries, l'autre près du grand bassin du côté du Pont-Tournant.

de prendre une place de professeur de dessin aux écoles centrales[1].

Cette place modeste et astreignante, l'artiste la remplit consciencieusement. Il mit le porte-crayon à la main de plus de deux mille élèves; et en sa qualité de grand-père professeur, il eut la satisfaction de commencer au milieu de tant d'éducations celle du talent précoce d'un petit-fils, Horace Vernet, dont il montrait à tout le monde sur sa tabatière un *fixé :* un cavalier tirant un coup de pistolet, — œuvre des douze ans de l'enfant.

1. A ce temps de son professorat se rapporte une lettre de Moreau, qu'a bien voulu nous communiquer M. J. Boilly :

« Ce 23 brumaire an Ve de la République françoise.

« *Citoyen Président,*

« *Je viens de lire la liste des objets d'art que les commissaires françois envoyés à Rome ont choisis pour être transportés en France, et les instructions qui leur ont été adressées à ce sujet par la classe de l'Institut que vous présidiez : je n'ai point vu que dans cette nomenclature d'ouvrages célèbres on ait désigné aucun de ceux qui sont sortis du pinceau de Jules Romain; et cependant, le nom de cet artiste figure avec assez de distinction dans l'histoire des grands maîtres pour que l'on regrette de ne posséder de lui au Muséum françois qu'un tableau peu capital. Aujourd'hui que ce Muséum va s'enrichir de tant de chefs-d'œuvre des écoles d'Italie, ne conviendroit-il pas d'y placer Jules Romain au rang qui donneroit une grande et juste idée de ses talents? Les membres de la classe des Arts de l'Institut se rappelleront sans doute des tableaux de ce maître dignes de fixer le choix de la commission; j'oserais cependant leur en indiquer un qui m'a particulièrement frappé et qui d'ailleurs est*

Mais sa place était supprimée. Il restait sans traitement, sans indemnité; ce n'était que trois ans plus tard qu'une très-modique pension lui était accordée. Il revenait alors forcément à son crayon, à son métier de vignettiste. Mais la Révolution avait passé sur lui. Elle avait été pour Moreau comme pour tous les autres la mauvaise magicienne qui d'un coup de baguette lui avait enlevé son talent du xviiie siècle. La décadence de l'artiste, sa chute soudaine, elle n'apparaît pas trop encore dans cet interminable *Nouveau Testament,* auquel il consacre une partie des années révolutionnaires, et qu'il n'aurait pas avant ces années plus réussi que son *Histoire de France;* mais elle étonne, elle afflige presque dans ces dessins au courant de son goût et de son illustra-

à la *disposition du gouvernement romain : c'est le tableau du maître-autel de l'église Sainte-Marie* dell' *Anima, il représente une Vierge couronnée par les anges, avec saint Joseph et saint Jacques et un autre saint qui l'invoquent.*

« *Je finirai ma lettre, citoyen président, par cette réflexion qui m'a encouragé à l'écrire . c'est qu'elle ne peut être mal reçue des membres d'une société qui fait profession d'accueillir les idées bonnes et utiles, et qui, en rejetant celles qui ne le sont pas, sait encore gré à leurs auteurs des motifs qui les leur ont inspirées.*

« *Je suis, avec respect et fraternité, votre concitoyen,*

« MOREAU le jeune,

« *Professeur aux écoles centrales.* »

tion ordinaire : ce ne sont plus des Moreau,
ce sont des bistres maigres, peinés, miniaturés,
qui ont la minceur et le fini pénible des Que-
verdo, des Chasselat même. Sa tendance à
arrêter sa forme dans la cernée d'un petit
trait de plume, autrefois dissimulé, sauvé par
l'esprit et le moelleux, en s'accusant chez lui
de plus en plus avec les années, arrive à la
sécheresse de ces dessins linéaires dont deux,
datés de l'an III, ont pour sujet le *Départ d'un
volontaire pour l'armée* et un *Enfant jouant avec
un bonnet rouge*. Viennent des dessins toujours
plus laborieux, des *Énéides*, se traînant de
loin derrière David ou derrière Prudhon. Et il
va descendant à de petites suites d'images, où
il semble voir tomber en enfance la sénilité
de l'artiste : un Florian, un La Fontaine, délices des éditions de Renouard, que se dispute
le goût ignare des bibliophiles. Et enfin,
comme si le malheureux avait perdu tout souvenir de lui-même, toute mémoire de ses
petits chefs-d'œuvre, il osait recommencer
son *Molière,* ses *Métamorphoses!* Il osait recommencer sa *Julie!* — Un moment il fait un
effort, s'essaye une dernière fois à de grands

dessins de cérémonies. Au salon de 1804, il
expose les fêtes données par la ville pour la
paix de Vienne et le mariage de Napoléon,
des fêtes qui, le catalogue nous l'apprend, ne
sont plus commandées, ni achetées.

En 1814, un des premiers actes du retour
de Louis XVIII était de rétablir Moreau dans
son ancienne place de dessinateur du cabinet
du Roi. C'était faire remonter le temps à l'artiste ; et comme rajeuni par cette faveur, sa
vieille tête se montant, il rêvait de rentrer en
fonctions par un ouvrage qui serait au bout de
sa vie le pendant de son sacre de Louis XVI :
le sacre de Louis XVIII. Mais il était attaqué
depuis deux ans d'un mal incurable, d'un
squirre cancéreux au bras droit. Après deux
douloureuses opérations, une troisième fut
jugée impraticable ; et Moreau passa les derniers mois de sa vie, n'ayant plus même la
chère occupation de sa main pour se distraire
des approches de la mort. Il mourait le 30 novembre 1814[1].

1. La Russie n'avait pas oublié l'artiste qui avait fait ses
débuts chez elle. A sa mort, elle acquérait la plupart de ses
planches. L'œuvre qu'il avait formée et qui remplit sept vo-

L'artiste, — son éloge est dans un mot, le mot dit par les artistes sur sa tombe : « C'est un homme qu'on ne remplacera pas. »

L'homme, — il serait injuste de le juger sur la figure de son portrait[1], avec sa petite tête renfrognée et rogue, son front entêté, sa bouche en avant et faisant la moue, son physique grognon, la laideur de la ténacité découpée sur son profil. Il était un père tendre, un ami chaud, un homme de bonté et de cœur, mais d'enveloppe dure et rugueuse, d'apparence brusque, hérissé des vivacités, des brutalités d'une franchise qui ne savait

---

lumes à la Bibliothèque impériale, déjà reliée aux armes de l'empereur de Russie, allait partir à sa destination sans l'intervention de la fille de l'artiste. De Russie sont également revenus les dessins pour le *Monument du Costume* vendus par M. Gigoux ces années dernières.

1. Il n'existe de Moreau qu'un portrait dessiné par Cochin et gravé par Saint-Aubin, dans la suite de la *Société académique des Enfants d'Apollon*, société composée de musiciens, de peintres mélomanes, dont Moreau a fait presque tous les portraits : il a dessiné en outre, avec le symbole d'une tête de soleil rayonnante, le billet d'entrée des concerts que la Société donnait le jeudi à l'hôtel Lubert, rue de Cléry, 96. M. Viliers, dans sa notice sur *Jean-Baptiste Nini*, indique, mais avec réserve, un médaillon en terre cuite du modeleur comme le portrait de Moreau le jeune.

rien cacher ni adoucir chez lui de l'impression
ni de la pensée. Le charme social ne lui manquait pourtant pas; d'immenses lectures avec
lesquelles il avait refait une éducation un peu
négligée, l'espèce de bibliothèque vivante qu'il
était, cette mémoire extraordinaire et naturelle dans laquelle se rangeaient sans confu-
sion les noms, les événements, les moindres
dates; son amour de l'anecdote, des petits
faits de l'histoire qui lui avaient valu de ses
intimes le nom de *l'anecdotier,* le tour original
qu'il prêtait aux choses en les racontant, le
plaisir qu'il se voyait donner aux autres, l'animation qui lui en venait, dissipaient les restes
de sa pesanteur trompeuse d'autrefois et le
certain air bourru qu'il avait à froid : ses aspé-
rités s'effaçaient, le causeur original arrivait à
plaire, et l'on touchait dans cet esprit attrayant
une âme sympathique.

DEBUCOURT

DEBUCOURT

I.

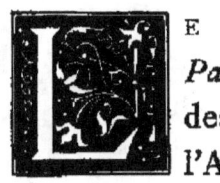E Palais-Royal, la *capitale de Paris;* le Palais-Royal, le « Salon des nations », le rendez-vous de l'Allemand, de l'Espagnol, de l'Anglais, du Portugais, du Suédois; le Palais-Royal, « un diminutif du charmant tourbillon que Fontenelle apercevait dans la planète de Vénus »; le Palais-Royal que l'on devait visiter au moins une fois par jour, sous peine de heurter la mode et le bon ton; le Palais-Royal où le fameux médecin Dumoulin envoyait ses malades, par ordonnance, tous les matins, jusqu'à parfaite guérison; le Palais-Royal des cafés, du café du Caveau, du café de Chartres, du café Italien, du café méca-

nique, du café de Foy, du café de Valois; le
Palais-Royal des hôtels, des billards, des res-
taurateurs, de la Taverne anglaise et de la
Grotte flamande, du couvert espagnol et du
salon chinois de Beauvilliers; le Palais-
Royal, cet « abrégé de l'univers pour les nou-
veautés »; le Palais-Royal des brochures et
des *Étrennes mignonnes,* des colifichets et des
bijoux, des estampes et des tableaux, de
Lenoir, d'Hamond, de Poixmenu, des fantoc-
cini et de la collection Adanson, des horlo-
gers, des fleuristes, des faiseurs de portraits
en silhouette; le Palais-Royal des Ombres
chinoises de Séraphin et du cabinet de figures
de Curtius; le Palais-Royal des comédiens de
Beaujolais et des Variétés amusantes; le
Palais-Royal des entre-sols à sept louis par
mois et des *trous de colombier;* le Palais-Royal
du marchand de marrons de Monseigneur le
duc d'Orléans et de la bouquetière de Madame
la duchesse d'Orléans; le Palais-Royal de
l'arbre de Cracovie, arbre de Dodone bour-
donnant des nouvelles du monde, dont l'écrivain public du Palais-Royal, M. de Longueville, faisait son *Hamadrvade;* le Palais-Royal

où le vieux suisse Fribourg poursuivait les polissons jouant à la cligne-musette, et chassait parfois à coups de fouet « les ambulantes à la brune »; ce Palais-Royal-là, le Palais-royal du XVIIIᵉ siècle; — où le retrouver?

Dans deux planches du peintre-graveur Debucourt.

La première de ces' deux planches a pour titre : *Promenade de la gallerie du Palais-Royal* (1787) [1]. C'est le « promenoir en bois » avec ses pilastres, ses arcades cintrées, ses réverbères fleurdelisés, les petits carreaux des cintres laissant passer le bleu du jour, et au-

---

1. Cette gravure, que Debucourt n'a pas signée, porte au bas, au-dessus de la mention : *Vicq sculpt. Imprimé par Chapuy,* l'adresse suivante : *Cour du Louvre, la 5ᵉ porte à gauche en entrant par la Colonade, au premier.* C'est l'adresse du dessinateur et graveur de la planche. Un état du Louvre, dressé vers 1794, nous donne le renseignement suivant : « Sixième département, angle de la cour à droite adossé à la colonnade : Debucourt, trente-neuf ans, peintre et graveur, trois pièces et une petite antichambre occupées par lui depuis douze ans et demi, obtenues à la sollicitation de M. d'Angivilliers, » sans doute à la suite de son mariage avec la fille du sculpteur Mouchy. — Le *Mercure de France* (juin 1787) annonce ainsi la publication de la *Promenade du Palais-Royal* au prix de 12 livres : « Cette estampe, du genre grotesque, a du piquant et de l'originalité. Les figures en sont nombreuses, variées et divertissantes. »

dessous, de feintes draperies rouges aux cré-
pines dorées retombant sur des châssis de
vitre. Là dedans, des boutiques de toutes
sortes : fripiers, libraires, marchands de
jouets, de portefeuilles, de saucissons; l'escamoteur et le fruitier, le faïencier et la lingère,
sans compter les spectacles forains : la Belle
Zulima, et Judith tranchant la tête d'Holo-
pherne. Mais la gravure ne nous montre que
les numéros 162, 163, 164, 165, 166, étalant
sous la main toutes les frivolités que vendent
les petites Lolo : bijouterie, clincaillerie, éventails, jarretières, houppes, *pouponnes*, au milieu desquels vaguement s'aperçoivent des
silhouettes de petits-collets rajustant leur perruque auprès du comptoir. Devant les boutiques, c'est ce qu'on appelait « la *bigarrure* »
du Palais-Royal : le chevalier de Saint-Louis
à côté du jeune officier, le clerc tonsuré auprès du commis, les quadrilles de familles
provinciales et les vieux libertins à lorgnon,
l'homme du bel air et le tout neuf débarqué
de la *turgotine,* tous les allants et les venants
de ce grand passage de l'étranger et de la
France, des personnages ridicules, des figures

hétéroclites, de ces caricatures qu'attrape et qu'affectionne le crayon du dessinateur ; l'impertinence des petits bouts d'hommes faisant jabot ; les élégants à doubles breloques, le manchon sous le bras, se caressant complaisamment le menton ; l'*anglomane* au tricorne insolent, cambré dans sa longue redingote à collet rouge, la cuisse dans une culotte de peau de daim tendue, un fouet de baleine à la main, et l'éperon d'argent à la botte ; des financiers « à col apoplectique », à grosses perruques, à cannes à pomme d'or, à souliers carrés ; des *farauds* campés dans leur habit de *chyprienne* zébré des rayures au goût du temps, vertes et jaunes, et boutonné de ces grands boutons carrés qui portent, d'habitude, les lettres de l'alphabet. Des femmes passent dans tout cela, à travers tous ces hommes, avec des regards *quêteurs,* des provocations, des mots qu'elles jettent, la bouche ouverte, aux passants, des signes de doigt qui sont une menace ou un appel, des attaques qu'elles lancent avec un coup d'éventail, des rires qu'elles étouffent dans la fourrure de leurs manchons blancs de poils de mouton de Sibé-

rie... Tableau mouvant comme une optique
que « ce *Camp des Tartares* » au fond duquel
rôdent, au bras d'une vieille, ces jeunesses à
jeun qu'on appelle des *cherche-dîners*. Mais au
premier plan passent les triomphantes, celles
qui marchent à côté de la *Bacchante*, de la
Thevenin, de la *Sultane*. On croit voir s'avancer dans la gravure toutes les célébrités de
« l'allée Cythérée », la grosse *Tonton-Minette*,
Dunkerque-la-Bique, *Sainte-Marie-la-Pauvresse*,
si bonne, si donnante qu'elle est réduite à
emprunter des jupons à ses camarades, *Ma-
non-Gogo*, la fille de la blanchisseuse, *Latierce*,
qu'on appelle la *Cavale*, au bras de *Beaujour-
la-Boucaneuse*, *Aspasie Citron*, la blonde aux
yeux bleus, ainsi baptisée pour avoir ruiné le
fournisseur des orangères. Celle-ci en redingote brune, coiffée d'un haut chapeau de
feutre, fait son marché, une badine à la main.
L'une, en grande perruque poudrée et lui flottant dans le dos à la Conseillère, s'en va, mutine
et se rengorgeant dans sa pelisse bleu de ciel
garnie de cygne ; un laquais à la mode du temps
la suit, un de ces ridicules petits jockeys,
dont ne peut se passer une fille, un jockey en

veste rouge, cheveux courts et rabattus sur le
front, tenant sous le bras un carton presque
aussi grand que lui. Trois autres, bras dessus,
bras dessous, forment un groupe enlacé qui
se balance en toutes sortes de poses aga-
çantes et de gracieux penchements, et d'où
part l'œillade de six yeux noirs : trio charmant
d'où se détache, en avant, toute la personne
de la plus jolie, en demi-redingote de taffetas
couleur queue de serin, le grand chapeau de
taffetas noir couronné de plumes au-dessus de
son échelle de rubans ; vraie figurine de la
« demoiselle du bon ton » d'alors, la mouche
au coin de l'œil, le décolletage voilé, le bouquet
de roses au sein, le corsage coupé voluptueu-
sement en pointe, la taille *guêpée,* les deux
chaînes de montres battant à la jupe, le petit
soulier de gros-de-Naples bleu au pied.
Toutes sont roses du rouge léger de la cour-
tisane, et leurs petites mines apparaissent perdues sous les chapeaux *bonnettes,* dans la folie
de la mode, dans l'extravagance des boucles
de leurs perruques et des poufs à la chinoise,
l'ampleur blanche des grands fichus menteurs,
le voltigement des plumes et des rubans, le

nuage des gazes, le bouillonné des fanfreluches, le falbalassé du linon.

La seconde planche de Debucourt représentant le Palais-Royal s'appelle la *Promenade publique* [1]. Elle est signée D. B. et datée 92. Cette fois nous sommes dans le jardin [2]. Bien des choses s'y sont passées depuis 1787. Les maisons de jeu y ont apporté leur fièvre, leur folie, l'argent qui roule à la débauche. Le

[1]. On sait le prix auquel la mode, revenant à ces planches historiques, les a fait monter en ces dernières années dans les ventes d'estampes. La *Promenade publique*, en état ordinaire, a dépassé des enchères de 200 francs. Une épreuve avant la lettre a été vendue 255 francs à la vente de M. Fossé d'Arcosse. Il nous avait dit l'avoir payée quinze sous sur le pont Neuf !

[2]. Une vue du jardin gravée en couleur et intitulée *Promenade du jardin du Palais-Royal* avait déjà paru en 1787. Elle représente deux des quatre pavillons ovales en treillages qui existaient alors au bord du bassin rond, au milieu du quinconce de tilleuls. De l'un de ces pavillons qui était une succursale du café de Foy à l'autre qui lui servait de laboratoire, une tente de coutil à rayures bleues est tendue et donne de l'ombre aux consommateurs attablés, aux personnes d'âge habituées à venir goûter la fraîcheur, regarder les poissons rouges du bassin et les promeneurs. Moins fine, moins nuancée de teintes que la *Promenade de la Gallerie*, cette gravure un peu grossière, poussée à la caricature, et où les groupes mal liés ne font pas foule, ne saurait être avec justice attribuée à Debucourt, dont elle ne porte du reste ni la signature ni l'adresse.

Cirque s'est élevé sur le miroir du gazon : on le voit dans le fond avec ses pilastres et ses jardins suspendus, ses vasques et ses jets d'eau. Et sous les arbres plantés à la place des vieux arbres, confidents des rendez-vous de l'Opéra, dont on a fait des bières, sous les arbres où Camille Desmoulins a cueilli la verte cocarde de la liberté, c'est une foule, un coudoiement, le Longchamps à pied du plaisir. L'allée de marronniers fourmille de monde, et jusque sous les ombrages du fond on aperçoit une presse de promeneurs, des groupes mêlés d'où se détachent des perruques de robin et des calottes d'abbé. Au premier plan, les petits maîtres en catogan font la roue dans leur haut collet noir, dans leur cravate de mousseline à trois tours, dans leur frac collant de casimir écarlate, envoient des baisers du bout des doigts, comme celui-ci qui est le duc de Chartres [1], ou bien regardent en souriant

1. La supposition que tous les personnages de ces deux planches de Debucourt doivent être des portraits et des types a une espèce de confirmation dans ce passage de l'*Ermite de la Chaussée-d'Antin*, que veut bien nous indiquer M. H. Vienne : « ... Il y a quelques jours qu'assis au coin de mon feu je m'amusais à regarder deux anciennes gravures de 1778, dont une

comme celui-là, en habit d'amour, en frac
rose, en culotte rose, un éventail à la main,
si indolemment allongé sur quatre chaises.
Des fouets se plient sous tous les bras, des
nœuds de rubans fleurissent la tige des bottes.
Des nabots, haussés sur leurs pointes, font
les jolis cœurs. Des jeannots en bonne fortune
vont, béant, le tricorne étonné. Une rose
oubliée sur la paille d'une chaise marque un
rendez-vous. Les nouvellistes, autour d'une
table, écoutent un habitué de l'assemblée militaire. Veste rouge et la serviette sous le

représente *une Promenade au Palais-Royal* et l'autre *une Soirée du
Boulevard*. Au nombre de certains originaux qui se faisaient remarquer à cette époque dans tous les lieux publics, j'eus la
bonne foi de me reconnaître dans un petit groupe de jeunes
gens passablement ridicules. L'intention maligne du peintre
était pour moi d'autant plus facile à saisir qu'il n'y avait alors
en France que M. de Conflans et moi qui portassions nos cheveux coupés et sans poudre, comme on les porte aujourd'hui.
Cette petite découverte me fit un plaisir extrême et me remit
en mémoire une foule de circonstances et de personnages qui
auraient fort bien pu ne s'y jamais représenter. Les figures
principales de ces anciennes caricatures avaient été touchées
avec tant d'esprit par Debucourt, que je retrouvais sans difficulté les noms de tous ceux qu'il avait mis en scène... » Cette
page de M. de Jouy a un autre intérêt que le renseignement
qu'elle donne : elle édifie sur la façon dont les yeux des écri-

bras, un petit garçon du café de Foy apporte deux glaces sur un plateau. Tout le Palais-Royal est là, le Palais-Royal des six cent trente-trois filles : le sérail est lâché. Les femmes entretenues, les courtisanes, les filles, lasses de fredonner en se balançant sur une chaise à l'écart, défilent une à une, deux à deux, trois à trois. Elles sont à la nouvelle mode : les robes à queue, « vrais balais du Palais-Royal », laissent voir maintenant, écourtées, les fins bas de soie ; l'extravagance des chapeaux a presque disparu ; il y

vains et des peintres de mœurs de la Restauration regardaient et étudiaient une gravure. La date de 1778 est fausse. *Une Soirée du Boulevard* n'est pas une soirée du boulevard, mais la promenade dans le jardin du Palais-Royal. Enfin, malgré la plus consciencieuse recherche, il nous a été impossible de découvrir, dans l'une ou l'autre de ces deux planches, une seule tête à cheveux coupés.

Ce qu'il y a de sûr et de vrai, c'est à côté de quelques portraits d'habitués historiques et populaires du jardin, tels que le duc de Chartres et le petit nain, il y a dans cette planche de Debucourt des souvenirs d'amitié ; par exemple, ce dernier groupe attablé, à droite, est un ménage avec lequel l'artiste vécut dans l'intimité une partie de sa vie. Il y a aussi des vengeances. Ce petit vieillot si ridicule, entre ces deux caricatures de femmes, derrière l'habit écarlate, c'est la revanche du graveur contre l'ennui dont l'avait lassé une famille provinciale.

a des bonnets de linge, et des cheveux natu-
rels frisés à l'antique, que relève seulement
un ruban bleu. Partout, des toilettes envolées,
légères, aériennes, gazes, linons, robes à
transparents, couleurs gaies, vivantes, cé-
lestes, qui avec du blanc, du rose, du bleu,
font éclater la mode tricolore. Vraie foire de
volupté où des têtes d'hommes se penchent
sur le cou des femmes, où des matrones,
pareilles à des spectres, promènent des petites
filles, où l'on voit, comme dans un musée du
vice, un échantillon de tous les costumes et
de tous les pays : là-bas, la grande belle Cau-
choise ; ici, une petite femme à la jupe jaune,
au corsage de dentelle noire, qu'on prendrait
pour une *manola* de Goya ; plus loin, une né-
gresse qui est peut-être l'*Esther*, « la noire
parfaite » dont parle Rétif [1].

---

1. Le *Palais-Royal*. A Paris, 1790. — *Tableau du nouveau
Palais-Royal.* Londres, 1788. — *Almanach du Palais-Royal pour
l'année 1785.* Paris, Royer. — *Observations sur la destruction de
la promenade du Palais-Royal, lettre d'un Anglais établi à Paris.*
Amsterdam, 1781. — *Tableau de Paris,* par Mercier, vol. VI
et X, 1782-1789. — *Les Soirées du Palais-Royal...* contenant
quelques lettres à une amie avec la conversation des chaises du
Palais-Royal. — *Sous l'arbre de Cracovie,* 1762. — *Lettre écrite*

II.

Ces deux planches en couleur, on pourrait les appeler la bonne fortune de l'œuvre de Debucourt; et elles seront la fortune de son nom. Par là il aura sa petite immortalité; par là il survivra à bien des petits peintres de son temps. Il leur survivra pour avoir sauvé et conservé l'*amusant* de la vie d'un temps, dans un genre de gravure peinte où passe, à travers la mécanique du procédé, la main d'un artiste, la touche qui fait jouer, sur le travail de l'outil, l'esprit de la gouache française.

du Palais-Royal aux quatre parties du monde. Paris, 1785. — L'*Hamadryade du Palais-Royal,* par M. de Longueville, écrivain public. Amsterdam, 1780. — *Entretiens du Palais-Royal,* par Caraccioli, 1786. — *Requête adressée à Monseigneur le duc d'Orléans, par les demoiselles de Launay, Latierce, La Bacchante et autres, pour obtenir l'entrée du Palais-Royal, qui leur a été interdite.* — *Réponse à l'auteur du scandale du duc d'Orléans,* 1789. — *Nouveau tableau de Paris,* 1790. — *Almanach des adresses des demoiselles de Paris,* ou *Calendrier du plaisir.* A Paphos, de l'imprimerie de l'Amour, 1791. — Les *Sérails de Paris,* an X. — *Magasin de modes nouvelles et anglaises,* 1787-1788. — *Journal de la mode et du goût,* ou les *Amusements du salon et de la toilette,* par M. Le Brun, 1790-1791.

L'agrément égayé qu'il demandait aux
œuvres et aux traductions de l'art, le
xviiie siècle l'avait, dès ses premières années,
cherché dans la gravure en couleur. Repre-
nant la tentative d'un maître de Rembrandt,
Lastman, un Allemand du nom de Leblond,
après des essais en Hollande et en Angleterre,
était venu à Paris apporter son procédé basé
sur la théorie de Newton, et réduisant les
couleurs à trois couleurs primitives, leur impression à trois cuivres. En 1735, il faisait
graver par Tardieu une Vierge de Carle Ma-
ratte qu'il ne voulait pas *mignaturer*, c'est-à-
dire finir au pinceau avec des couleurs à
l'huile comme les planches qu'il apportait
d'Angleterre. Cet essai ne réussissait pas. La
tentative était reprise par un homme qui avait
travaillé sous Leblond, un Marseillais qui
avait vu le travail des manufactures d'in-
diennes dans les rues de Marseille, l'ennemi
des théories newtoniennes et l'auteur de la
Chroagénésie, Gautier Dagoty, qui se mettait
à chercher l'impression des tableaux en couleur au moyen de quatre planches et d'une
palette de quatre couleurs : le noir, le bleu, le

jaune et le rouge. Il gravait ainsi des paysages, des fruits, des fleurs, des coquilles, le *Dessinateur* et l'*Ouvrière en dentelle*, d'après Chardin; puis, comme son rival Robert, il se vouait exclusivement à la gravure de planches colorées d'anatomie. L'aspect triste et désagréable de ces planches, le noir de leur trame embouée comme d'essuiements de couleurs à l'huile, leur vernissage enfumée, leur ton verdâtre et jaunâtre de majolique, les condamnaient auprès du public. La plus grande cause de leur insuccès était attribuée, par les spécialistes, au peu d'habileté des graveurs français dans la *mezzo tinte*, cet art que Cochin avouait n'être pratiqué supérieurement qu'en Angleterre, et que M. de Mondorge disait abandonné depuis longtemps par nos artistes et nos imprimeurs français. C'est alors que Janinet, s'appliquant « à ce principe du nouvel art », jetait dans le public des planches d'un aspect tout nouveau, entre autres le portrait de Marie-Antoinette (1774), très-supérieur à tout ce qu'avaient tenté dans ce genre Leblond et Gautier. Dès lors ce n'est plus à la vulgarisation du tableau, de la peinture à l'huile, que

tend l'effort de la gravure : c'est à la multipli-
cation du dessin colorié, au rendu du lavis qui
avait trouvé déjà, pour ses manières mono-
chromes de bistre ou d'encre de Chine, des
fac-simile si exacts dans les nouveaux procédés de gravure au pinceau. La découverte
des premiers inventeurs est alors reprise et
perfectionnée : le graveur en couleur a quatre
ou cinq planches de cuivre d'égale grandeur,
qu'il a soin de faire raccorder exactement par
le moyen de pointes fixées sur les marges en
dehors de la gravure. Sur la première planche,
il grave à l'aquatinte son sujet avec toutes ses
valeurs. Les autres cuivres reçoivent les travaux qui doivent, cuivre par cuivre, imprimer
les couleurs de la planche : un cuivre le rouge,
un cuivre le bleu, un cuivre le jaune ; le vert
sera fait par la superposition du bleu et du
jaune, et ainsi des autres couleurs composées.
Les noirs, les demi-teintes étant fournis par
la première planche, les lumières pures seront
données par le fond du papier laissé blanc [1].

1. *Lettres concernant le nouvel art de graver et d'imprimer les
tableaux,* par Gautier, graveur du roi en ce genre, Paris, 1749.
— *Mercure de France,* juillet 1749. — *Dictionnaire des arts de
peinture,* etc., par Watelet Prault, 1792.

C'est à cet art si compliqué que Debucourt touchait avec la science d'un maître.
Presque du premier coup, avec ses premières
planches à cinq cuivres, il efface son prédé-
cesseur, son rival Janinet, les Descourtis à la
suite, et il défie d'avance toute la série future
de ses imitateurs. Avec lui, le sec de la gravure disparaît. Il dissimule ce grain plat et
mécanique, cette espèce de canevas de pointillé qui jusqu'à lui fait ces vilains dessous,
froids, tristes, sales, transperçant l'enluminure et le coloriage des tirages. Le travail, le
procédé, la manière et la peine de l'effet
obtenu, échappent et se cachent chez lui ; ce
qu'il grave, les scènes qu'il jette sur le cuivre, ont la légèreté, le jet du pinceau. Rien
de dur ni de lourd dans ses ombres, dans ses
fonds d'intérieur pastelleux, dans le nuageux
de ses ciels : une fraîcheur d'aquarelle court
à travers ses tons de fleurs et de satin, les
roses, les jaune-de-paille, les gorge-de-pigeon.
Les petites têtes délicatement modelées ont
des taches de rouge éteintes comme sur un
papier mouillé. Du moelleux des costumes et
des pelisses, de la douceur des blancs, il tire

des tendresses et des satinages de ton qu'on
dirait prises à une robe de Netscher. Les
piqûres de lumière, les petits réveillons, les
gais coups de jour, l'esprit, le petillement, le
joli et le vif de la touche, il les jette, il les
sème par toute sa planche, avec le gras d'empâtement et la vivacité d'éclaboussure d'une
gouache; si bien que l'illusion est complète et
que sa gravure, regardez-la encadrée à un
mur : elle n'est plus pour vous une gravure
imprimée; vos yeux croient s'amuser d'un
dessin, et voient dans l'épreuve quelque chose
de la main même de l'artiste.

Il y a là un grand art de petit graveur.
L'agrément de ces planches, l'illusion qu'elles
donnent, cette harmonie qu'elles ont dans la
vivacité et le bariolage, révèlent une science
bien remarquable, un maniement bien habile
et bien délicat des outils du graveur. Debucourt, en effet, a poussé plus loin que personne le travail de ses dessous. Il s'y est appliqué avec un soin, une légèreté de main, une
maîtrise dans l'infiniment petit du procédé,
qu'il est intéressant d'étudier, si l'on veut lui
rendre toute justice, dans les essais bien

rares à rencontrer de ses épreuves en noir. Il existe un de ces tirages de la *Noce de village,* où l'on peut voir, à l'état vierge, la finesse des travaux, la transparence des tons dégradés, tout le piquant des petites touches dont les physionomies sont éclairées. Mais peut-être où toute la délicatesse, toute la spirituelle et consciencieuse dextérité de l'adroit graveur, se révèlent le mieux, c'est dans ces commencements de planches gardés par M. Jazet, travaux fragmentaires, parcelles de scène, qui nous font voir, pour ainsi dire, Debucourt gravant. C'est d'abord un trait, un simple trait mordu à l'eau-forte, fin comme le dessin d'une plume de corbeau. Dans ce trait, le *berceau* du graveur, auquel succédera plus tard la lourde roulette, s'attaque à un petit bonhomme, à une figure de femme, la caresse, la modèle, avec toutes les délicatesses et toutes les dégradations de l'ombre; et reberçant et regrattant, l'outil délicat et magique finit par étendre sur toute la planche une douceur d'estompage. C'est la manière noire, le procédé d'où sont sorties ses planches les plus réussies, les plus peintes : le *Menuet de la*

Mariée, la *Noce au château,* l'*Almanach national.* Mais Debucourt ne s'en tient pas toujours à ce seul procédé : il le mêle et l'associe à d'autres [1]. Ainsi, dans la *Promenade publique,* après avoir fait les figures au berceau, il jette les grains résineux de l'aquatinte sur les masses, les terrains, les ciels ; puis il fait mordre au pinceau les accessoires, le feuillé, tout ce à quoi il veut donner le cerné d'une morsure à la teinte ; heureux et dangereux mélange, qui fait merveille dans cette planche, mais qui, en envahissant les gravures suivantes, en s'y heurtant d'une façon trop vive et trop dure, en étouffant sous des morsures les demi-teintes de la manière noire, finit par perdre le talent de Debucourt.

La manière noire, c'est, au fond, le triomphe et la supériorité de sa gravure. Voyez dans ses essais, chez M. Jazet, la petite femme sur une chaise du *Menuet de la Mariée.* Du repoussoir d'une tache de noir, elle sort

---

1. M. Renouvier, dans son *Histoire de l'art pendant la Révolution,* parle des planches de Debucourt comme de planches gravées au pinceau. Debucourt n'a usé qu'accidentellement et partiellement de ce procédé.

sur le blanc du papier avec le fini, le rendu,
la suprême et artistique finesse du plus fin
lavis à l'encre de Chine : imaginez la réduction microscopique d'un Reynolds. Car le
graveur, chez Debucourt, rappelle l'art anglais
et en vient. Il s'est formé, on le devine, à
l'école des gravures anglaises. Comme la mode
du xviiie siècle français, il descend et s'inspire
du xviiie siècle anglais. Et, — détail curieux
et inconnu, — n'est-ce pas dans une planche
en couleur du Vauxhall de Londres qu'il
trouva l'idée de peindre le Palais-Royal de
Paris [1] ?

III.

Debucourt avait commencé vers 1785 cette
série d'images de son temps, images dont il
est à la fois le créateur, le peintre et le graveur. Trois rarissimes planches datées de cette
année-là, — la *Porte enfoncée*, les *Amants
poursuivis*, *Suzette mal cachée*, ou les *Amants*

---

[1]. Drawn by Rolandson, aquatinta by Jukes, engraved by
Pollard, 1785.

découverts, et la *Fille enlevée,* pittoresque barbouillis passé à la vente Raifé (1864), — nous
montrent ses débuts.

En 1786, il publiait les *Deux Baisers,* gravés
d'après son tableau de la *Feinte Caresse* exposé
au salon de peinture de l'année précédente,
et le *Menuet de la Mariée,* un de ses chefs-
d'œuvre. C'est une joie foraine, une espèce
de kermesse à Salency, un petit tableau bien
riant, bien clair, où un petit attendrissement
à la Greuze se mêle à un fond de buveurs
d'Ostade ; les belles dames de l'endroit sont
assises ou debout avec leur petite figure ba-
layée de l'ombre des dentelles de leur chapeau; Jeannot le marguillier, Thomas le caril-
lonneur, Lucas le magister et jusqu'au bon
Guillaume, le père du joli Colin, tout le village fait cercle autour du gros et court bailli
emperruqué, tout de noir vêtu, qui, rondissant
la jambe pour la première danse, présente,
sous son manteau, le poing à la main timide
de la mariée, fluette, blanche, éblouissante,
transparente, dans sa virginale toilette de villageoise d'opéra-comique.

En 1787, grande année de travail du graveur, outre la *Promenade de la gallerie du Palais-Royal,* Debucourt donnait au public la voluptueuse image de l'*Oiseau ranimé,* — un serin qu'une femme, en compagnie d'une amie qui lui rit sur l'épaule, s'amuse à faire revivre dans l'entrebâillement de son corset et la chaleur de son sein. Une autre de ses planches était l'*Escalade* ou les *Adieux du matin;* une autre *Heur et Malheur* ou la *Cruche cassée,* l'éternelle allégorie du joli péché, représentée ici par une Nicette à la fontaine, en chapeau de paille, rougissant dans l'ombre des bois et n'ayant plus de soulier qu'à un pied. Puis, la famille prenait place dans l'œuvre gravé de Debucourt avec le *Compliment* ou la *Matinée du jour de l'an,* une composition dédiée aux pères, qui montre le petit-fils en matelot, soufflé et poussé par sa mère, récitant sa leçon aux grands parents, en regardant du coin de l'œil le polichinelle des étrennes à demi glissé de l'armoire [1].

1. M. Renouvier (*Histoire de l'art pendant la Révolution*) cite, à la date de cette année, une allégorie à la mémoire de feu M. de Vergennes, que nous n'avons pas vue. L'incroyable rareté de quelques planches de Debucourt rend bien difficile un

En 1788, les joies de la famille reparaissaient dans le pendant pour les mères de la *Matinée du jour de l'an* : les *Bouquets* ou la *Fête de la grand'maman* qu'embrasse, pendue à son cou, une petite fille, tandis que le petit garçon cache un bouquet derrière la jupe de sa jeune mère [1]. Puis venaient la *Main* et la *Rose* : les deux jardins à berceaux, à jets d'eau, à statues, les deux déclarations par de charmants hommes à de blondes amoureuses, mêlées de Paméla et d'Héloïse, déjà douces à leurs vainqueurs comme le mouton auquel en bas, dans le cul-de-lampe, un Amour met un bandeau sur les yeux.

Debucourt datait de l'année 1789 la *Noce au château*, un de ces divertissements de châtelaine à la mode des proverbes de Carmontelle.

catalogue absolument complet de son œuvre en couleur. Notons, parmi les pièces sans date et que les ventes ont vu passer une fois : le *Songe réalisé*, et un « Recueil de têtes et de coif- « fures modernes à l'usage des jeunes personnes qui dessinent », dans la manière de François et de Demarteau (les numéros 1, 5, 7, seulement). Vente de Lavalette, 1861.

1. Une première idée de cette gravure, une esquisse peinte avec la touche grasse, libre, fouettée, de Fragonard, a été sauvée, par M. Jazet fils, d'un feu de châssis et de vieilles toiles brûlées par un domestique après la mort de Debucourt.

Au bas de l'escalier d'une terrasse, pleine de
saluts d'abbés et du jet des eaux sautantes,
que garnit toute la société, la dame du château ouvre le bal avec le grand dadais de marié au gilet rose, en s'amusant et en souriant,
au fond d'elle, de la gêne du villageois. Il
donnait encore cette année la planche d'*Annette et Lubin,* souvenir du conte de Marmontel
et de la comédie de Mme Favart, qui porte en
médaillon le portrait d'après nature des deux
vieux amoureux de Cormeil en Parisis.

En 1791, tout le joli qu'il a su tirer de la
gravure en couleur, il le met au service de la
Révolution [1] dans l'*Almanach national dédié
aux amis de la Constitution,* une de ses plan-

1. La pente naturelle de l'artiste à la nouveauté et à la liberté, la reconnaissance pour le nouvel état de choses qui
avait élevé son père au commandement de la milice nationale
de la Chapelle, font de Debucourt un des dessinateurs et des
graveurs des hommes et des choses de la Révolution. Il publie
le portrait de Louis XVI, du Louis XVI de la patrie, en pied
et en buste, le portrait de Lafayette, le brillant portrait en
habit écarlate de Louis-Philippe d'Orléans. Il donne, en messidor de l'an II, les figures de la Liberté, de l'Égalité, de
l'Unité et de la Fraternité. Indépendamment de l'*Almanach
national dédié aux amis de la Constitution,* il invente le décor
du *Calendrier républicain de l'an III,* la Philosophie, sur une mon-

ches capitales, et l'une des plus artistiques de
toute l'imagerie révolutionnaire. Qu'on se
figure un grand socle construit avec les débris
de la Bastille; des deux côtés du socle, une
chute de médailles de bronze où se lisent les
noms des constituants législateurs ; au milieu
une plaque de marbre d'où se détache un bas-
relief bronzé, rappelant les lignes de Prud'hon,
où l'on voit l'Assemblée nationale en Minerve,
assise sur une chaise curule et traçant les lois
constitutionnelles sur des tables soutenues par
un cube, « emblème de l'égalité ; » au bas de
la Minerve, le génie de la Liberté brûle les
papiers, les parchemins, les ruines de l'ancienne France, et, de l'autre côté, des enfants
prêtent le serment civique. Sous le socle est

tagne, au bas de laquelle retombent les grenouilles du Marais,
présidant à l'année qui commence par ces nouveaux saints :
Raisin, Safran, Châtaigne... Il dédie aux Français le jeune
Barra. Il grave la montre des dix nouvelles heures républicaines,
le cadran de la nouvelle division du jour décrétée par la Convention nationale, au bas duquel il donne son adresse, Cour
du Vieux Louvre, *la porte rouge*, au 2ᵐᵉ. Et même, dans les
scènes de famille, où la morale de la République cloître les
artistes, il introduit le patriotisme, met l'écho de la patrie dans
l'enfance, place dans ses mains le fusil des pères, et coiffe les
petites filles du bonnet de grenadier dans le rire des mères.

l'almanach de l'année 1791, IIIe de la Liberté.
Et devant l'almanach, de petits groupes sur
lesquels Debucourt a mis tout son esprit de
dessin et toute sa gaieté de couleur, figurent le peuple et l'utopie, la rue et l'idée du
temps : ici un Français en uniforme national
et un Anglais, pressés dans une embrassade
amicale, invitent à une confédération fraternelle un Turc et un Indien, au milieu de l'enthousiasme qui agite les chapeaux au bout
des cannes et des épées ; de l'autre côté, un
vieux vilain ménage d'aristocrates, médusé et
faisant la grimace, tourne le dos à deux enfants, dont l'un est en petit grenadier de la
milice, et qui montre sur l'almanach la date
du 14 juillet ; et le vieux ménage, en s'en
allant, va donner dans un jeune ménage
patriote, un mari en uniforme de la garde
citoyenne donnant le bras à sa femme en lisant
quelque catéchisme du citoyen. C'est là, dans
ce petit coin charmant et petillant de sa gravure, que Debucourt a jeté, en jolie poissarde,
la Presse de la Révolution. Au milieu de tous
les journaux exposés sur deux bancs, au milieu d'un étalage de rubans, de fleurs, d'insi-

gnes patriotiques enroulés à des baguettes,
pareils à des thyrses de cocardes, une marchande de papiers-nouvelles est campée; coquette et débraillée, la fanchon jetée sur le
bonnet dénoué, le fichu entr'ouvert, le tablier
blanc sur la jupe, la jupe retroussée sur le
jupon bleu, les pieds sur des brochures anti-
patriotiques déchirées, elle aboie le journal,
elle tend le papier : on l'entend crier le *Décret
pour l'émission des nouveaux assignats.*

IV.

Là s'arrête et finit le Debucourt du XVIIIe siècle, le Debucourt de la *gravure-gouache.* Les
planches qu'il continue à publier, comme
l'*Heureuse famille*, la *Bénédiction paternelle*
(1795), etc., ne semblent plus lavées ni peintes.
D'autres, comme *la Rose mal défendue*, dessinée
en 1791, comme *la Croisée,* comme *Il est pris,* et
au bas de laquelle il met : « Gravé par un procédé nouveau découvert par l'auteur en 1792, »
ne ressemblent plus, avec leur pointillé de cou-

leur, qu'à de mauvais Bartolozzi [1]. Debucourt
n'est plus dès lors que le Debucourt du Directoire et de l'Empire. De la gaieté qu'il avait
jetée dans ses tableaux de mœurs, il glisse à
la bouffonnerie, au grotesque. Il descend et
tombe dans la mode et le rire de l'époque, en
pleine caricature.

Tout alors, disons-le, poussait à cette
grosse ironie du dessin la main d'un artiste
doué comme Debucourt de la malice de l'observation. Le sens dessus dessous d'une révolution, le pêle-mêle de la société, l'aventure
inouïe des fortunes, faisaient de ce monde un
carnaval de gens, de figures, d'habits, de tour-
nures. On eût dit que le corps humain avait
perdu l'harmonie et le sérieux de ses lignes.
Les salons ressemblaient à un gros mardi gras
de statues antiques, à une parodie de modèles
de David. Les modes caricaturaient encore la
caricature de ces silhouettes de parvenus : les
tailles sous le sein, les collants à l'Elleviou,
les fracs, les culottes écourtées, les robes pla-

1. Citons ce pauvre retour à la gravure en couleur, en 1801,
par huit planches pour *Héro et Léandre*, de son ami le chevalier de Querelles.

quées, étaient là pour accuser impitoyable-
ment. le contraste des gras et des maigres,
mouler la pléthore et l'étisie, dessiner sans
pudeur le cauchemar d'un Trénis accroché à
une madame Angot. A peine si Debucourt eut
besoin d'un verre grossissant pour jeter la
charge de cela au milieu de l'épidémie caricaturale qui sévissait alors en France [1].

Dans cet entraînement à la grosse farce
gravée, Debucourt ne revient guère à la vraie
peinture de mœurs que dans sa planche de
Frascati, le café des élégances de l'Empire. Il
nous a gardé là ce spectacle perdu d'un lieu
de plaisir légendaire ; le grand salon avec son
décor pompéien, les frises à hippogriffes, les
victoires volantes en char au-dessus des por-

---

1. Il publiait dans ce genre le *Turcaret du jour*, la *Promenade*, les *Cerises*, l'*Escarpolette*, *Au soir*, le *Prétexte*, la *Correspondance secrète*, les *Visites*, le *Premier Jour du* XIXe *siècle* (1801),
la *Femme et le Mari* ou les *Époux à la mode* (1803), les *Courses
du matin* ou la *Porte d'un riche* (ventôse an XIV), l'*Orange*
ou le *Nouveau Jugement de Pâris*, la *Dansomanie*, la *Musique*
(1809), le *Carnaval* (1810), les *Gastronomes affamés*, la *Fin des
Gastronomes*, et encore l'*Hiver* ou le *Mari*, le *Printemps* ou les
Amants, la *Coquette* et ses *Filles*, les *Petits Messieurs*, les *Galants
surannés* ou les *Petits Papas*; l'*Innocence du jour*, le *Baiser à
propos de bottes*, le *Coiffeur*, le *Tailleur*, etc , etc.

tes, les lambrequins de théâtre, les statues de
flûteuses, les tuyaux de poêle mosaïqués, les
lustres avec leur maigre quinquet au milieu
des cristaux, les garçons en poudre et en tablier blanc apportant des glaces, les chaises
du dos desquels retombent des écharpes rigi-
des avec un plissé droit de chlamyde, des
hommes en bottes molles, des hommes en
chapeau rond avec des habits carrés encore
taillés par les ciseaux du Directoire, des
femmes vêtues de lâches et de libres étoffes
collées et filant sur elles en plis mouillés, des
femmes au bras de grands personnages en bas
de soie et en habit brodé, la taille courte, le
diadème dans les cheveux, de longs gants
blancs jusqu'au coude, traînant leur queue
avec une majesté de tragédie, — tout est dessiné d'après nature; Debucourt n'a pas besoin
de le dire au bas de la planche : on sent le
temps, et c'est une page de la petite histoire
que son Frascati.

Un hasard que cette planche; car l'artiste
original ne s'appartient presque plus depuis
longtemps déjà. Le graveur-peintre n'est plus
guère, depuis le Directoire, que le vulgarisa-

teur de son ami Vernet, le graveur de ses fa-
ciles improvisations, le graveur qui interpré-
tera jusqu'à la fin, avec ses doigts de vieillard,
les dessins et les scènes, les caricatures et les
chasses, les militaires, les attelages, les chevaux, les routes, presque tout l'œuvre de ce
Carle qui savait bien devoir tant à son graveur, lorsqu'il lui écrivait : « ... Croyez au véritable attachement que je porte à votre personne et à la vénération *reconnaissante* que
j'ai pour votre talent, je dis reconnaissante,
car sans vous mon faible savoir-faire serait
resté dans un cercle étroit dont vous avez cen-
tuplé la circonférence [1]. » Le reste, la fin de
son talent, Debucourt l'use à ce métier. Et ce
n'est pas sans tristesse qu'au bout de cet
œuvre, commencé avec tant d'esprit, et si
pimpant aux premières pages, vous trouvez
de séniles imageries, des scènes de brigands
dans la neige, qui ont l'air d'illustrations pour
un mélodrame de Ducray-Duménil.

1. Carle Vernet finit cette lettre en lui parlant de deux
dessins qui sont terminés, et lui demande s'il veut les prendre
dans ses promenades à Paris, ou bien s'il faut qu'il les laisse
au café de Foy, « où leur ami M. Lenoir aura la complaisance
« de les garder ». (Lettre communiquée par M. Jazet.)

V.

Une étude sur Debucourt ne serait pas complète si elle ne s'arrêtait un moment à sa peinture. Nous savons bien que dans la déconsidération où était tombée, sous l'Empire et sous la Restauration, la peinture du xviiie siècle, Debucourt n'osait plus se qualifier du nom de peintre, et qu'il prenait l'humble titre de Debucourt le graveur. Mais devons-nous oublier comme lui et retrancher de son talent ces productions qui le faisaient agréer dès son début par l'Académie, et dont la critique du temps disait : « Petits tableaux de grande manière, d'une touche savante et d'un fini précieux ; ils réunissent une grande connaissance du clair-obscur, la lumière y est discrètement ménagée et les effets en sont doux, harmonieux [1]. » Et c'était encore la même année les *Réflexions joyeuses d'un garçon de bonne humeur* qui, trouvant les débuts du jeune

1. *Panard au Salon,* 1781.

peintre aussi heureux que ceux de Hue, ajou-
taient : « Ses tableaux sont d'un ton qui tient
aux grands maîtres qu'il a envie d'imiter, mais
les figures ressemblent un peu à la porcelaine
et ne sont pas toujours correctement dessinées. Au reste, le public attend beaucoup de
ce jeune artiste, qui n'a que vingt-six ans. »
Le peintre, on le voit, si méconnu, si ignoré
aujourd'hui, attirait l'attention dès sa première
exposition[1], et à l'exposition suivante, au Salon de 1783, sa « Vue de la Halle à l'instant

[1] Voici la liste des expositions de Debucourt :

1781. Le *Gentilhomme bienfaisant*. — Un seigneur ouvre sa
bourse pour soulager une famille dont le père expire dans
l'instant que l'on vient, pour dettes, enlever les meubles de
la maison (20 pouces de large sur 17 de haut).

L'*Instruction villageoise* (15 pouces de large sur 12 de haut).
Le *Juge de village* (même grandeur).
La *Consultation redoutée* (de 13 pouces sur 11).
Plusieurs petits tableaux sous le même numéro.

1783. — *Vue de la Halle*, prise à l'instant des réjouissances
publiques données par la ville, le 21 janvier 1782, à l'occasion
de la naissance de Monseigneur le Dauphin (3 pieds et 8 pouces
de large, sur 2 pieds 9 pouces de haut).

Un *Charlatan* (6 pouces de large, sur 6 de haut).
Deux Petites Fêtes (même grandeur).
Plusieurs petits tableaux sous le même numéro.
(Il exposait la même année au salon de la Correspondance

des réjouissances publiques données en 1782 à l'occasion de la naissance de Monseigneur le Dauphin » obtenait des brochures et des critiques, l'honneur d'une discussion accordée aux peintres les plus connus, aux morceaux

de la Blancherie : *Intérieur d'un ménage flamand*, du cabinet de M. le comte de Cossé.)

1785. — *La Feinte Caresse*. — Un vieillard sourit en regardant le portrait de sa jeune épouse qu'il fait peindre tirant le sien en médaillon, tandis qu'appuyée sur son épaule, elle lui caresse la joue et profite de sa folle confiance pour glisser un billet au jeune artiste qui lui baise la main (15 pouces de large, sur 12 de haut).

Autres tableaux sous le même numéro.

Debucourt, tout entier à la gravure en couleur, n'expose pas les années suivantes. Il ne reparaît au Salon qu'en l'an XII (1804), avec une gravure : le *Chasseur au tir*, d'après Carle Vernet. Dans les Salons qui suivent, outre ses gravures et un essai de lithographie (1819), voici les tableaux qu'il expose :

1810. — La *Consultation*, les *Voyageurs*, le *Colin-Maillard*, un *Ermite distribuant des chapelets à de jeunes filles*.

1814. — Un *Médecin consulté par une jeune fille*, une *Fête de village*, un *Charlatan* (dessin).

1817. — Une *Procession dans un village aux environs de Paris*, dessin.

1824. — Le *Lendemain d'une noce de village* ou la *Présence de la Mariée*, intérieur d'une ferme : danse de paysans.

En 1829, il expose à la salle Lebrun un trait d'humanité de Louis XVI, peint en 1785. Guyot a gravé en couleur ce tableau de Debucourt. Debucourt a encore été gravé par Legrand : *Réception du décret du 18 floréal* avec les trois états apportés par

les plus en vogue. *Change₂-moi cette tête* ou
Lustucru au Salon lui reconnaissait une grande
facilité, une touche spirituelle, et ne blâmait
dans son tableau qu'une infinité d'échos de
lumière du même ton sur tous les plans, un
dessin mesquin dans les figures, et surtout

les trois changements de gouvernement; par Moitte : les *Voi-
sines laborieuses;* par Robinson : l'*Heureuse Famille;* par Leveau :
le *Juge* ou *la Cruche cassée,* sujet dont Debucourt s'est amusé à
faire une eau-forte, la seule qu'on connaisse de lui.

Debucourt, on le voit, n'expose de dessins que sur la fin
de sa vie. Ses jolies planches du XVIII° siècle font rêver des
gouaches qu'il aurait traduites par la gravure; mais les ventes
depuis vingt ans, toutes les collections ne nous ont pas montré
un seul dessin de ce genre et de ce temps. Faut-il croire que
c'était sur ces tableaux qu'il se gravait, comme la planche des
Deux Baisers gravée d'après la *Feinte Caresse* donnerait à le
penser? ou bien ne faisait-il que des croquis? Quoi qu'il en
soit, les dessins de Debucourt d'avant le Directoire et l'Empire, les dessins entièrement purs, assez signés par le faire pour
n'être pas confondus avec des Greuze ou des Fragonard, ces
dessins sont d'une singulière rareté; et nous ne saurions en
citer que trois : une étude de la vieille Annette pour le petit
médaillon en bas d'*Annette et Lubin,* chez M. Jazet; une esquisse à l'encre de Chine, chez M. de Chennevières, qui semble
la première idée de la gouache de Paignon-Dijonval : une
femme assise près d'un poêle, aveuglée par la fumée, tandis
qu'un jeune homme embrasse sa fille; et un autre grand dessin
gouaché : les travaux pour la Fédération du Champ de Mars,
chez M. Delbergue-Cormont, présentant tous les caractères de
dessin et de coloris du petit maître.

dans les extrémités. *Sans quartier au Salon*
trouvait la scène pleine de détails intéressants, les figures fines et spirituelles. Mais il
en critiquait la couleur générale froide « quand
on la consulte dans le miroir convexe ». Il reprochait à Debucourt, après avoir fait une si
grande étude de Téniers, « de ne rien rappeler de sa palette », de n'avoir que l'esprit de
sa touche, et d'abuser de cet esprit. Du reste
il reconnaissait le succès de la composition,
faite pour amuser tout le monde et pour donner au public l'illusion d'être à Vaugirard, ou
dans une rue de la Courtille. Le *Songe* faisait
une allusion moqueuse à l'habitude du peintre
de peindre ses figures d'après des petites pou-
pées en bois; et interrogeant les personnages
du tableau, il leur mettait dans la bouche cette
satire : « Not' maître a été au chantier de la
Boule-Rouge acheter une voie de bois noir ;
il en a fait de petits bonshommes, tant bien
que mal, quelques-uns d'après un bon vivant
qui est mort depuis longtemps qui s'appelait
Te... Téniers; quelques autres d'après son
imagination ; il les a pris pour modèles, et nous
v'la. De cette affaire, j'avons des maisons de

bois, des têtes de bois, des habits de bois, des voix de bois... » Enfin le critique de la brochure *Messieurs, ami de tout le monde,* écrivait : « Ses petits tableaux sont toujours charmants ; effets de lumière piquants, touche hardie, fini du précieux le plus séduisant, tout se joint au faire le plus agréable et souvent très-savant. La *Halle* renferme des vérités de détails sans nombre et sûrs de plaire ; mais toutes ses maisons ont l'air de tomber. Au reste, il serait cruel de traiter sévèrement un artiste estimable qui donne de si belles preuves de ses talents. Quel est celui qui eût fait d'aussi charmants tableaux, après avoir perdu une épouse aimable et chérie, qu'il a possédée si peu de temps ? Je m'étonne même que l'artiste ait pu être assez maître de sa douleur, pour donner encore à son art des moments si bien employés. »

Tel est l'ensemble des jugements sur la peinture de Debucourt. Sans doute il y a à rabattre des éloges donnés par le goût du temps à ces petits tableaux de cabinet qui ont la minceur des procédés de l'artiste, la petitesse des pinceaux microscopiques, des vessies minuscules que Debucourt faisait préparer pour son usage particulier. Mais s'il est de l'école porcelainée des Boilly, des Wille, des Taunay, des Defrance, si le vernissé de sa peinture la fait comparer par une critique du temps à un panneau de carrosse [1], il est juste de reconnaître qu'il sait conserver là-dessous un peu de la blonde chaleur du coloris français, un fond de claire harmonie, sur lequel il fait agréablement tapager le bouquet de tons de l'éventailliste et le papillotage des fraîches couleurs. Dans presque tous les tableaux des petits peintres de son école, en dépit du luisant, de la recherche du brillant, la couleur est noirâtre; il y a une froideur et une sécheresse de lumière qui n'a jamais le jour ni la tiédeur du ciel : Debucourt, lui, est lumineux. Il est lumineux comme s'il y avait du lait dans sa pâte. Il cherche et trouve la blancheur, qui est sa note favorite, dans une sorte de rayonnement crémeux qu'il endort ou fait éclater toujours sur du blanc, sur le blanc d'une femme, d'une robe, dont il aime à faire le milieu

1. Entretiens sur les tableaux exposés au Salon de 1783.

et comme le cœur de son tableau. Cet éclairage
nacré avec des bleuissements si fins, est sa signature ; c'est ce qui le fait reconnaître à première vue, et ce qui le distingue de ses camarades et de ses confrères en pastiche flamand.
Un caractère encore le particularise : l'accent
de ce Français qui refait des Téniers à la
mode du xviiie siècle n'est pas tout à fait français. Quelque chose encore là, dans les tableaux de Debucourt, sent l'Angleterre, et
quand on les regarde, il vous revient peu à
peu involontairement un souvenir de Wilkie.

Il est bien entendu qu'ici nous ne jugeons
pas Debucourt sur ces grandes mauvaises
toiles de l'Empire, sur ses grossissements lâ-
chés de ses premières kermesses, toiles vides
et plates qu'on dirait délavées des tons de la
peinture à la colle et maigrement relevées çà
et là comme par des piqûres de traits de
plume. Pour le goûter, l'apprécier, il faut le
voir dans son bon temps, dans son vrai cadre,
dans ces petits morceaux, assemblées de vil-
lages, danses, scènes de charlatans, à peine
grands souvent comme un dessus de tabatière.
Il faut aller le retrouver dans un petit bijou

entrevu par nous, sous le marteau du commissaire-priseur à une vente près du Château-
d'Eau, et que nous avons été heureux de revoir chez M. Jazet. Dans un porcelainage gras,
doux et large, sous un ciel d'une limpidité
émaillée, rosé de petits nuages volant sur des
pâleurs de bleu, une noce de village joue,
chante, danse et boit. Une goutte de lumière
semble tomber du verre d'eau de Rembrandt
dans le fond du cabaret sur les buveurs; une
ombre molle glisse d'une tente sur le ménétrier, sur les groupes attablés; et du fond
plein de foule se lève un petit coup de jour
argenté qui rappelle, en écho mourant, cette
clarté d'un lis dont la délicieuse petite femme
du premier plan a sa robe toute pleine. Une
petite perle, — voilà ce tableau.

VI.

Debucourt était né en 1755 [1] d'une honnête famille bourgeoise. Sa mère avait ses

1. « Paroisse Saint-Nicolas-des-Champs. Le 13 février 1755,
« a été baptisé Philibert-Louis, né d'aujourd'hui, fils de

parents dans le commerce. Son père était huissier à cheval au Châtelet. En 1789, il se trouvait procureur fiscal à la Chapelle-Saint-Denis. L'on a de lui, datée du lendemain de la prise de la Bastille, le 15 juillet, à huit heures du matin, une demande, comme commandant en chef de la milice bourgeoise, à Messieurs les électeurs de Paris, de deux cents fusils pour armer ses hommes et assurer l'approvisionnement de la capitale. Poussé par le goût de la peinture, son fils Philibert était entré dans l'atelier de Vien; mais une certaine indépendance de caractère, une vivacité d'originalité, un précoce entraînement vers les petits maîtres flamands, faisaient vite abandonner au jeune homme les leçons et l'atelier du précurseur de David.

Il épousait à vingt-six ans une fille du

« Jean-Louis Debucourt, huissier à cheval au Châtelet
« de Paris, et de Marie-Luce Dieu, son épouse, demeurant rue
« Saint-Martin, le parrain Philibert Petit, marchand galonnier,
« demeurant rue Saint-Denis, de cette paroisse; la marraine
« Marie-Edmée Dieu, épouse de Judocus Couvent, marchand
« fabricant d'étoffes, demeurant rue Saint-Sébastien, paroisse
« Sainte-Marguerite, cousine de l'enfant, lesquels ont signé. »
(Communiqué par M. E. Bellier de la Chavignerie.)

sculpteur Mouchy [1], qui l'apparentait avec ses
deux oncles Pigalle et Allegrain. Courte union
que brisait au bout de quinze mois la mort de

[1] « Paroisse St-Germain-l'Auxerrois. Du 29 janvier 1782,
« sieur Philibert-Louis de Bucourt, peintre, âgé de vingt-
« six ans et demi passés, fils de sieur Jean-Louis de Bucourt,
« procureur fiscal, et de dame Marie-Luce Dieu, d'une part; et
« demoiselle Marie-Élisabeth-Sophie Mouchy, âgée de dix-
« neuf ans et demi passés, fille de sieur Louis-Philippe Mou-
« chy, sculpteur du roi, et de demoiselle Élisabeth-Rosalie
« Pigale, d'autre part, de droit et tous deux de fait aux gale-
« ries du Louvre de cette paroisse, ont été mariés de leur mu-
« tuel consentement par moi, soussigné, prêtre vicaire de cette
« paroisse, après que les fiançailles et publications de trois
« bans ont été faites en cette église, du consentement et en
« présence des père et mère du mari. Et encore du consente-
« ment et en présence des père et mère de la mariée, comme
« aussi en présence de sieur Adrien de Bucourt, marchand
« mercier, rue Saint-Honoré de cette paroisse, cousin du
« marié; de sieur Charles Le Dreux, bourgeois de Paris, rue
« Saint-Germain de cette paroisse, cousin du marié; de sieur
« Jean-Baptiste Pigalle, chevalier de l'ordre royal de peinture
« et de sculpture, rue Saint-Lazare, paroisse de Saint-Pierre
« de Montmartre; de sieur Christophe-Gabriel Allegrain,
« adjoint-recteur de l'Académie royale de peinture et sculp-
« ture, rue Meslée, paroisse Saint-Nicolas-des-Champs, tous
« deux oncles de la mariée, lesquels nous ont attesté le domi-
« cile, la liberté et la catholicité des contractants sous les
« peines portées par les ordonnances et déclarations du roi. Et
« ont signé : Debucourt, Mouchy, Pigalle, Le Dreux, Allegrain,
« Granchez, vicaire. » (Archives de l'état civil de Paris.)

la jeune femme [1], lui laissant un fils. Ce fils, dont Debucourt a dessiné le portrait aimé et la silhouette élégante dans le jeune homme à l'orange du *Jugement de Pâris*, mourait en 1801 dans l'apprentissage de son art et le début d'un talent qui s'annonçait déjà. L'isolement où cette mort laissait le père lui faisait épouser, près de la cinquantaine, Mlle Marquant [2], tante de M. Jazet, qui entrait alors dans l'atelier de Debucourt pour apprendre l'aquatinte. La famille Jazet conserve de cette seconde femme de Debucourt un curieux por-

1. 5 avril 1783. Paroisse Saint-Germain-l'Auxerrois.

2. « Du seizième jour du mois de ventôse, l'an XI de la « République française. Acte de mariage de Philibert-Louis « Debucourt, âgé de quarante-huit ans, né à Paris, le 13 du « mois de février 1755, profession d'artiste peintre, demeu- « rant à Passy, département de la Seine, fils majeur de Jean- « Louis Debucourt et de Marie-Luce Dieu, son épouse, tous « deux décédés, et veuf de Marie-Élisabeth-Sophie Mouchy; « et de Suzanne-Françoise Marquant, âgée de quarante « et un ans, née à Arcy, département de l'Oise, le 13 du mois « de septembre mil sept cent soixante-un, demeurant à Passy, « fille majeure de Louis Marquant et de Suzanne-Louise Letel- « lier, son épouse. En présence d'Antoine-Henri Denoroy, « propriétaire; Louis Gauthier, officier de santé; Emmanuel « Michel Querelles, homme de lettres; Paul Bonnemain, gra- « veur. » (Archives de l'état civil de Paris.)

trait à la mode du Directoire, dessiné et pas-
tellé par le mari futur. C'est une figure de
femme de quarante ans, l'œil noir, le nez aqui-
lin, les coins de bouche retroussés, avec cet
air de bonhomie fine et de malicieuse bonté
qui semble le sourire et l'expérience de l'âge.
La tête sort d'une perruque à mille boucles
frisées, blanchie d'un œil de poudre, sur laquelle est jeté un bonnet à grands tuyaux où
court un ruban bleu. Le buste est empaqueté
par un grand fichu blanc tombant sur une
robe bleu noué par un ruban rose. Et d'une
main gantée d'un long gant, celle qui sera
Mme Debucourt tient une lettre sur laquelle le
dessinateur a écrit : *Mon amie... pour la vie,*
ton ami Debucourt, an VII.

Pendant ces cinquante années, Debucourt
est l'homme peint par ce trait que nous racontait le marchand d'estampes Guichardot. « Ma
femme, nous sortons, disait-il à sa femme un
jour qu'il pleuvait à verse. — Par quel temps!
Et pourquoi, mon ami? — J'ai envie de sortir.
Où va monsieur? demandait le fiacre. — Ah!
diable... Tenez! menez-moi voir la statue de
mon oncle au Luxembourg, disait le neveu de

Pigalle. — Mais pourquoi sommes-nous donc
sortis? lui demandait sa femme au retour. —
Pourquoi?... c'est que ça me crevait le cœur
de voir de la fenêtre ce pauvre diable de co-
cher qui restait là et qui avait l'air si malheureux sur son siége... C'était pour lui faire faire
une course. » L'homme de cette charité et de
ce cœur demeure, toute sa vie, — toute cette
vie qui doit finir par un procès-verbal de ca-
rence, — le type parfait et complet de l'artiste insoucieux du lendemain, ignorant de
l'épargne, enfant avec l'argent, la bourse toujours ouverte à ses fantaisies, à ses caprices,
la main toujours prête à donner, empruntant,
s'engageant, faisant des billets, se fiant à la
vie et ne comptant pas avec elle. Ordre, pré-
voyance, soucis bourgeois, il regardait tout
cela comme incompatible avec le tempérament, la carrière et le talent d'un homme
d'art. Et c'est à lui qu'échappa, dans un sourire de dédain, ce beau mot, — le mot d'un
siècle à un autre : son neveu venait lui annoncer que sa publication du colonel Moncey
avait eu quelque succès et qu'il pourrait
placer quelques fonds. « Mon cher ami,

lui dit Debucourt, vous ne serez jamais un artiste ! »

D'ailleurs, il faut bien le dire, ce n'était guère le temps des âmes, des idées et des leçons bourgeoises, que ces années où vivait Debucourt. C'était le Directoire, c'était l'Empire ; c'étaient des années déréglées, vives, étourdies, violentes aux plaisirs, héroïques et gargantuesques, poussées à la distraction, à la jouissance, à la dépense, par l'imprévu du lendemain ; des années où les ateliers fermaient, aussitôt un tableau ou un portrait vendu se sauvaient dans quelque banlieue, et là s'oubliaient à s'amuser, à boire, à griser des calembours, jusqu'à ce que l'argent fût mangé. Debucourt avait-il gravé une planche d'après Vernet qui se vendait bien, on partait pour la campagne, et le plus souvent on s'arrêtait au Palais-Royal, où Debucourt laissait l'argent des éditeurs. Même un jour il y laissa l'enseigne du Gourmand, l'affiche de ses faiblesses, qui, jointe à ses gravures de gueule à fond de gros pâtés en ruine et de bataillons de bouteilles vides, devait lui faire accorder par Fayot le titre de gastronome, côte à côte avec Vernet, dans la liste d'honneur des *Classiques de la table.*

En 1803, Debucourt avait quitté Passy qu'il avait longtemps habité et où il s'était remarié, pour aller s'installer dans une maison de campagne qu'il possédait barrière de La Chapelle, n°s 85 et 86. Là, à la tête de deux chevaux, de deux carrioles, il se mit à mener largement et heureusement le grand train villageois d'un gentilhomme campagnard. Il s'entoura d'animaux ; il eut des lapins, des pigeons, des poules, mais qu'on ne tuait pas : ils étaient dans sa basse-cour pour y mourir de vieillesse. Dans son jardin il laissait tout fleurir et mûrir à la grâce de Dieu, tout cueillir à la maraude des enfants du voisinage. N'y a-t-il pas là une charmante et douce tendresse à la nature ? On se figurerait ainsi la maison des champs d'un La Fontaine.

Vers 1824, il abandonne la campagne où il avait laissé couler sa vie, et, sa maison vendue, il vient habiter le n° 3 du boulevard Saint-Denis. Mais en revenant à Paris, il y transporte et y emménage ses chères bêtes, une famille de chiens et de chats, vrais en-

fants gâtés du logis, habitués à n'être nourris
que de poulet, de poisson, de biscuit; et pour
lesquels chaque soir le salon se transforme en
dortoir où le chat favori a un petit lit avec
des rideaux. Ses toutes dernières années, le
vieillard allait les vivre à Belleville dans l'hos-
pitalière et affectueuse maison de son neveu,
travaillant toujours, s'occupant jusqu'au bout
de son art. Il mourait[1] en pleine illusion, délicatement trompé par M. Jazet, croyant jusqu'à
la dernière heure qu'il devait le bien-être de
sa vieillesse à ce pauvre crayon que tenaient

---

1. « L'an mil huit cent trente-deux, le vingt-trois septem-
« bre, à onze heures du matin, par-devant nous François-Denis
« Grebauval, maire de la commune de Belleville, officier de
« l'état civil, chevalier de la Légion d'honneur, sont comparus
« M. Étienne-Joseph Chevrier, graveur, demeurant à Paris,
« rue de Lancry, n° 7, âgé de trente-neuf ans, et M. Jean-
« Pierre-Marie Jazet, propriétaire, demeurant à Belleville, rue
« des Bois, n° 18 bis, âgé de quarante-quatre ans, lesquels
« nous ont déclaré que le sieur Philibert-Louis Debucourt,
« peintre et graveur, était décédé hier en son domicile, à
« trois heures de relevée, rue des Bois, n° 18, né au sixième
« arrondissement de Paris, le 13 février mil sept cent cinquante-
« cinq, veuf en deuxièmes noces de demoiselle Susanne-Fran-
« çoise Marquant, décédée à la Chapelle-Saint-Denis (Seine),
« et les attestants, alliés du défunt, ont signé avec nous après
« lecture. » (Communiqué par M. E. Bellier de la Chavignerie.)

encore ses doigts affaiblis la veille de sa mort.

On a de lui un petit profil, un physiono-trace[1], qui laisse voir dans la fine tête dé-coupée du vieillard la jeunesse du joli homme, le trait net et délicat d'un visage ciselé res-semblant à une médaille de muscadin.

1. Ce physionotrace a été regravé avec au bas : *Carle Vernet pinxit.*

FRAGONARD

FRAGONARD

I.

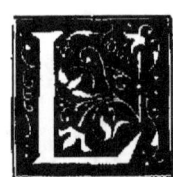ES poëtes manquent au siècle der-
nier. Je ne dis pas les rimeurs,
les versificateurs, les aligneurs de
mots ; je dis les poëtes. La poésie,
à prendre l'expression dans la vérité et la hauteur de son sens, la poésie qui est la création
par l'image, une élévation ou un enchantement d'imagination, l'apport d'un idéal de rêverie ou de sourire à la pensée humaine, la
poésie qui emporte et balance au-dessus de
terre l'âme d'un temps et l'esprit d'un peuple,
la France du xviiie siècle ne l'a pas connue ;
et ses deux seuls poëtes ont été deux peintres :
Watteau et Fragonard.

Watteau, l'homme du Nord, l'enfant des
Flandres, le grand poëte de l'Amour! le maître
des sérénités douces et des paradis tendres,
dont l'œuvre ressemble aux Champs-Élysées
de la Passion! Watteau, le mélancolique enchanteur, qui met un si grand soupir de nature
dans ses bois d'automne pleins de regrets, autour de la Volupté songeuse! Watteau, le *Pen-
seroso* de la Régence! — Fragonard, lui, est le
petit poëte de *l'Art d'aimer* du temps.

Voyez-vous dans l'*Embarquement de Cythère,* en haut du ciel, à demi perdus, tous ces
petits culs nus d'Amour, effrontés, polisson-
nants? Où vont-ils? Ils vont jouer chez Fragonard, et mettre sur sa palette la poussière
de leurs ailes de papillon.

Fragonard, c'est le conteur libre, l'*amo-
roso* galant, païen, badin, de malice gauloise,
de génie presque italien, d'esprit français;
l'homme des mythologies plafonnantes et des
déshabillés fripons, des ciels rosés par la chair
des déesses et des alcôves éclairées d'une
nudité de femme! Sur une table, à côté d'un
bouquet de roses, laissez le vent d'un beau
jour feuilleter son œuvre : des campagnes où

se sauvent, dans une fuite coquette, les robes
de satin, le regard saute à des champs gardés
par des Annettes de quinze ans, à des granges
où la culbute de l'Amour renverse le chevalet
du peintre, à des prés où la laitière du pot au
lait montre ses jambes nues, et pleure, comme
une naïade sur son urne brisée, ses moutons,
son troupeau, son rêve qui s'envole. A l'autre
feuille, une amoureuse, par un soir d'été, écrit
un nom chéri sur l'écorce d'un arbre. Le vent
tourne toujours : un berger et une bergère
s'embrassent devant le cadran des heures,
dont de petits Cupidons font le cadran des
plaisirs. Il tourne encore : et c'est le joli songe
d'un pèlerin endormi à côté de son bâton et de
sa gourde, et auquel apparaît un essaim de
jeunes fées écumant une grosse marmite...
Ne semble-t-il pas qu'on ait l'œil à une optique d'une fête de Boucher, montrée par son
élève dans les jardins du Tasse? Lanterne magique adorable! où Clorinde suit Flammette,
où des lueurs d'épopée se mêlent au sourire
des *novellieri!* Contes de la fée Urgèle, petits
badinages comiques, rayons de gaieté et de
soleil qu'on dirait projetés sur le drap où

Béroalde de Verville promène sa chercheuse
de cerises, — voilà la peinture de Fragonard.
Le Tasse, Cervantes, Boccace, l'Arioste,
l'Arioste tel qu'il l'a dessiné, inspiré par
l'Amour et la Folie, elle rappelle tous ces génies de bonheur. Elle rit avec les libertés de
La Fontaine. Elle va de Properce à Grécourt,
de Longus à Favart, de Gentil-Bernard à
André Chénier. Elle a comme le cœur d'un
amoureux et comme la main d'un charmant
mauvais sujet. Le souffle d'un soupir y passe
dans un baiser. Et elle est jeune d'une éternelle jeunesse : elle est le poëme du Désir,
poëme divin! Il suffit de l'avoir écrit comme
Fragonard, pour rester ce qu'il sera toujours :
le Chérubin de la peinture érotique. :.

II.

Jean-Honoré Fragonard est né à Grasse en
Provence (5 avril 1732) [1]. Riante patrie! un

1. Voici l'acte de naissance de Fragonard, dont M. Séne-
quier veut bien nous envoyer la copie prise par lui sur les
registres conservés à la mairie de Grasse :

« Année mille sept cent trente-deux.

« Le sixième avril, a été baptisé Jean-Honoré Fragonard,

verger de lauriers, d'orangers, de citronniers,
de grenadiers, d'amandiers, de cédratiers, d'ar-
bousiers, de myrtes, de bergamotiers, d'arbres à parfum; un jardin de tulipes, d'œillets
éblouissants de couleurs inconnues du Nord, et
poussant seulement dans le parterre des Alpes;
une campagne embaumée des aromes du thym,
du romarin, de la sauge, du nard, de la men-
the, de la lavande, et toute murmurante du
jet de ses innombrables fontaines; une terre
« entre-tissue de vignes », — c'est le mot dont
la peint le prêtre de Marseille, Salvien, — de
vignes sous lesquelles passent et repassent les
grands troupeaux promenés de la basse à la
haute Provence; une terre ayant cet horizon
d'azur : la Méditerranée! Nature de joie, pays
de plaisir, égayé de bruit, de rires, de musiques et de musettes, plein du bonheur gai,
bavard, chantant et dansant, de ce peuple
qu'on voit, au XVIII siècle, mener la vie comme

né le jour précédent, fils du sieur François, marchand, et de
demoiselle Françoise Petit, son épouse; le parrain : sieur Jean-
Honoré Fragonard, son aïeul, et la marraine demoiselle Gabrielle Petit, sa tante, tous de cette paroisse.

« Signé qui a su : Fragonard, Fragonard, Martin, curé. »

une fête de Pan, sous le ciel le plus pur et le
plus doux de l'Europe! Et quel berceau, dans
ce jardin, que le berceau du peintre, sa ville
nourricière : Grasse! cette distillerie dans un
paradis; la Grasse des odeurs, des sucres et
des essences, de la parfumerie et de la bon-
bonnerie; Grasse avec ses étages de jardins,
les fruits d'or et les floraisons d'argent de ses
hautes forêts d'orangers libres, et le serpentement de la Foux dans la verdure de ses immenses prairies, et sa vue au midi, dont le
large embrassement touche Monans, la Mou-
gins, Châteauneuf, la plaine de Laval, le
sombre Esterel, et s'en va mourir au loin,
dans cette infinie douceur de bleu, — qui est
la mer où baigne l'Italie!

Fragonard naît là, et il naît de là. Il puise
à cette terre, dont il sort, sa nature, son
tempérament. Il grandit en s'imprégnant de
cette atmosphère des pays chauds; de ce climat qui remplit le pauvre et le nourrit presque de sa sérénité. Et l'on reconnaît dans tout
son œuvre le peintre qui a reçu tout jeune la
bénédiction d'un ciel méridional, le coup de
jour de la Provence. Il reflète la gaieté, le

bonheur de la lumière, comme un homme qui
y a trempé pendant toute son enfance. Rien
qu'à voir une esquisse de lui, on sent une chaleur, presque un parfum, l'odeur du pays dont
il vient. Il a dans la main le reflet, dans l'esprit la flamme de son soleil. Sa palette ne
joue que sur le blanc, le bleu, le brun rouge
du Midi. L'éclair de ses tableaux, c'est l'éclair
qui court sur les orangers ; et qu'il ouvre une
fenêtre dans un de ses intérieurs ou dans le
fond d'un conte de La Fontaine, sa fenêtre
semble toujours donner sur un paysage de
Provence et s'ouvrir à l'Italie. Ses personnages
rustiques ont le déshabillé de la vie en plein
air, la demi-nudité des pays bénis où l'on foule
le blé en plein champ. Ici et là, dans un coin
de son œuvre, passe le chapeau blanc proven-
çal, le bonnet du marin de la Méditerranée. Ses
scènes, il aime à les placer, à les grouper sous
ces architectures cintrées, ces voûtes basses,
ces cavées, ces antres romans où le Midi
cherche l'ombre et le frais. Ses fonds, il les
meuble de la vaisselle de terre cuite que re-
trouvent ses souvenirs, et, le plus souvent, il
y dresse les grandes jarres qui, là-bas, gar-

dent le vin et l'huile. Peint-il une scène de
nature, il y jette sa patrie, il y brouille, il
y enlace la végétation vive, les broussailles
folles et fortes; il y emmêle le fouillis vert et
fleuri qui croît et se mouille aux fontaines de
Traconnade, de la Foux, de Merveilles ; et sa
plante bien-aimée, la plante qui revient toujours dans ses compositions avec le caprice et
le retour qu'elle a dans un album japonais,
c'est la grande herbe frissonnante, légère,
échevelée, d'élancement oriental, qui frappa
ses yeux d'enfant aux bords des canaux de la
Provence : le roseau. Il semble en avoir rapporté
des brassées pour en encadrer son œuvre.

Tout ainsi chez lui, sa palette, son imagination, sa fleur d'idées, de sentiments, de
couleurs, vient du Midi ; et ne dirait-on pas
que toute sa peinture a été improvisée, sous
l'azur du ciel, sur un chevalet posé dans un
jardin, entouré du bonheur de l'air, de la res-
piration de l'été, de musiques et d'échos où
s'éteignaient ensemble une chanson de trou-
badour, un *canzone* de Pétrarque, le dernier
soupir des Cours d'Amours et le bruit d'harmonie des eaux de Vaucluse ?

Mais ce n'est pas seulement le peintre,
c'est aussi l'homme que je veux retrouver dans
son acte de naissance. Son pays, — la Provence, qu'on appelait la *Gueuse parfumée*, —
n'est-ce pas la fée qui le baptise? Il me paraît
tenir encore du sol natal autre chose que son
talent : sa race, son humeur, la grâce de sa
destinée, sa bienveillance [1], une nature heureuse de vivre, une gaieté qui flotte sur le sérieux de la vie, un doux entêtement à faire
son chemin, une activité sans hâte, une orga-
nisation paresseusement travailleuse, l'ambition de ne cueillir que le plaisir de l'art et de
la vie, l'amour d'une existence coulante et
sans effort, le sans-souci de l'avenir, — tout
cela relevé, soutenu d'audace, et de cette
gaie confiance dans la Providence qui lui faisait répondre plaisamment, quand on l'in-
terrogeait sur ses débuts et la façon dont il

[1]. Il avait, à travers cette bienveillance, des boutades, des
lubies, des originalités d'artiste. Un jour qu'il entrait dans le
salon de Saint-Non, qui l'attendait au milieu d'une nombreuse
compagnie, Saint-Non, l'apercevant, lève les bras pour le ser-
rer contre lui, en criant : « Voilà mon roi, mon prince ! »
Fragonard lui passe sous le bras, tourne derrière lui, gagne la
porte et s'en va.

s'était formé : « Tire-toi d'affaire comme tu
pourras, m'a dit la Nature en me poussant à
la vie. »

III.

Le père de Fragonard était négociant à
Grasse. Il mit toute sa petite fortune dans la
spéculation des frères Périer, l'établissement
de la première pompe à feu à Paris. La spéculation ayant complétement échoué, il vint à
Paris avec sa femme, pour tâcher de rattraper
quelque chose de ses fonds engagés dans la
malheureuse affaire. Mais il eut, à cette poursuite, si peu de succès, qu'il se vit réduit à
entrer comme commis chez un mercier. Son
fils avait alors près de quinze ans. Ne sachant
comment l'élever, il le plaça petit clerc chez
un notaire. Mais le petit clerc, au lieu de gros-
soyer, ne faisait que des caricatures. A la fin
le notaire engageait les parents à le placer
chez un peintre. Sa mère, un beau matin, le
menait chez Boucher ; mais Boucher lui disait
qu'il ne montrait pas l'A B C, qu'il prendrait

son fils quand il aurait appris les premiers éléments de la peinture. Sa mère alors allait le présenter à Chardin, qui le prenait pour charger sa palette, et ne lui donnait, tout Chardin qu'il était, que des estampes du temps à dessiner, seule éducation que l'élève trouvait alors dans les ateliers. Là, Fragonard, sans goût pour la peinture et les sujets de son maître, ne fit rien que paresser, et annonça si peu son talent, que Chardin déclara à ses parents qu'il n'y avait rien à en faire et qu'il ne réussirait jamais. Mais, tout en étudiant si mal chez Chardin, Fragonard passait une partie de son temps, qu'on croyait perdu, dans les églises de Paris, regardait les tableaux, les emportait dans sa mémoire, et chez lui les repeignait de souvenir. Un jour il se décida, muni de quelques esquisses ainsi peintes, à se présenter chez Boucher, qui, cette fois étonné, l'accepta et l'occupa à ses grandes peintures commandées par la manufacture des Gobelins, auxquelles il faisait travailler ses élèves. Tel fut le véritable apprentissage de Fragonard. Sa palette se forma à l'école de la peinture de tapisserie. Au bout de deux ou

trois ans, Boucher lui dit : « Concours pour
le prix de Rome » ; et comme Fragonard lui
objectait que, n'ayant pas suivi les cours de
l'Académie, il ne pouvait concourir : « Ça ne
fait rien, tu es mon élève », répondait péremptoirement Boucher. Sur le mot de son
maître, Fragonard concourait en 1752, et il
remportait le prix à l'âge de vingt ans, sans
avoir été admis aux cours de l'Académie, fait
extraordinaire et sans doute unique dans l'histoire des prix de Rome. Il avait eu à lutter
contre Gabriel de Saint-Aubin, qui n'eut que
le second prix. Le sujet du concours était *Jéroboam sacrifiant aux idoles*. On voit ce tableau
à l'École des Beaux-Arts. L'animation des
groupes, la fougue des draperies, la pompe
nuageuse des architectures, les blancs, les
rouges, la couleur d'un de Troy plus vaporeux,
plus *gouacheux*, promettent déjà beaucoup du
peintre que fera Fragonard.

Le voilà aussitôt en Italie ; mais ce joli
peintre de pratique, jeté à Rome en face du
modèle, perd tout à coup la tête, et si bien,
que Natoire, surpris de la faiblesse de ce qu'il
fait d'après nature, en vient à l'accuser d'avoir

trompé les académiciens, de n'être pas l'auteur du tableau qui l'a fait envoyer à Rome.
Il le menace d'écrire à Paris, et Fragonard
obtient à grand'peine de lui un délai, un sursis
de trois mois. Ces trois mois il les emploie à
travailler jour et nuit, d'après le modèle, d'a-
près l'écorché. Natoire voit bientôt qu'il s'est
trompé, lui accorde son amitié; et c'est à lui
que Fragonard devra la prolongation de son
séjour à Rome [1].

  Au fond, en ces commencements, l'élève
de Boucher se trouvait dépaysé à Rome. Les
grands maîtres lui parlaient une langue trop
sévère et qu'il ne comprenait pas. Il l'avouait à
son retour : les peintures les plus renommées
lui parurent d'abord tristes et monotones, et
le découragèrent entièrement. « L'énergie de
Michel-Ange m'effrayait, disait-il; j'éprouvais
un sentiment que je ne pouvais rendre; en
voyant les beautés de Raphaël, j'étais ému

1. Nous devons ces détails sur l'enfance et la jeunesse
d'Honoré Fragonard, ainsi que les autres renseignements intimes sur sa vie, à l'obligeance de son petit-fils, M. Théophile Fragonard, le peintre sur porcelaine, que s'est attaché la
Manufacture de Sèvres, et qui continue la tradition de grâce et
l'honneur artistique du nom de Fragonard.

jusqu'aux larmes, et le crayon me tombait des mains ; enfin je restai quelques mois dans un état d'indolence que je n'étais plus le maître de surmonter, lorsque je m'attachai à l'étude des peintres qui me donnaient l'espérance de rivaliser un jour avec eux : c'est ainsi que Baroche, Piètre de Cortone, Solimène et Tiepolo fixèrent mon attention [1]. »

Une fois que Fragonard a trouvé ces décadents de grâce plus accessible, il vit avec eux. Il les étudie, les interroge. Il les copie, il les pénètre. Il entre dans leurs toiles, et les dépouille presque. Il prend à Tiepolo son esprit, son petillement ; à Solimène, il emprunte la volupté de son pinceau ; à Piètre de Cortone, ses rayons tremblants, sa lumière indécise et dansante ; à Baroche, son barbotement céleste et la *vaguesse* de sa peinture flottante. Ce travail passionné où il presse les maîtres qu'il aime et les serre de tout près, lui apprend à saisir leurs secrets, leur manière, à retrouver leur faire, leurs procédés, leur main même sous sa main. Et c'est ainsi qu'il devient le

1. *Biographie universelle.*

peintre qui un jour jettera sur la toile un Rembrandt dans l'or fumé de sa lumière, ou bien y mettra la vie pourprée d'un Luca Giordano; pasticheur inspiré qui aura toujours, même dans sa peinture personnelle, le souvenir et le secours de cette familiarité avec la technique de ses maîtres [1].

Ce sont des copies, ce sont des dessins. Fragonard dessine dans les palais, dans les églises, dans les musées, allant de Raphaël à Lanfranc, et de Corrège au Caravage, amassant ces milliers d'études, ces bistres enlevés en courant, quelquefois carminés de laque, ces sanguines roulantes, ces pierres d'Italie fouettées et sabrées de crayonnage, toutes ces croquades joliment francisées et pimpantes de ce *flamboyant* apporté de l'atelier de Paris. Mais ce n'est pas assez : en concurrence avec Hubert Robert, Fragonard court et bat les vignes, les villas, les fabriques; et là encore, sa grasse sanguine trouve à tout coin de che-

1. La collection de M. Walferdin, cet amateur qui a passé sa vie à aimer, à retrouver, à sauver Fragonard, est pleine de ces tours de force du pinceau de Fragonard et de ces étonnants emprunts à presque tous les grands coloristes.

min de quoi couvrir le papier. Sous ses
crayons, sous ceux de Robert, la désolation
de cette grande terre de Rome se met à sourire comme ce qu'on appelait le *Désert* dans
les parcs du xviiiᵉ siècle. Plus rien de majestueux, mais plus rien de triste : sous le badinage et la légèreté de leur étude, la ruine
joue avec la verdure ; la tombe antique égaye
le paysage ; l'archéologie ne reconnaît plus
ses reliques ; les monuments deviennent un
décor. L'esprit des deux peintres français met
à tout ce qu'ils voient cette imagination du
joli qu'a leur temps ; et pour leur temps, il n'y
a point d'autre Rome que celle qu'ils ont
peinte, pareille à un poulailler de Boucher
dans des démolitions d'arc de triomphe. Aussi
est-ce à eux que va l'abbé de Saint-Non dès
qu'il arrive en Italie. De 1759 à 1761, ils deviennent les dessinateurs en titre de tout ce
qui arrête en route l'admiration ou la curiosité de l'abbé. Ils sont ses commensaux, ses
hôtes, le crayon toujours en main, dans ses
séjours de plusieurs mois à Tivoli, à la villa
d'Est, que lui prête l'envoyé de Modène.
Ils sont ses compagnons de voyage dans le

midi de l'Italie, les amis qui lui dessinent, pour la gravure de son grand livre, Hubert Robert la campagne, Fragonard les musées de Naples.

Au milieu de ce travail passionné, de cette production incessante, au travers de ces études d'après nature, de ces esquisses, de ces vues, de ces paysages, de ces copies, de ces croquis, cette main de Fragonard, toujours allante, toujours vive, attaque encore le cuivre, à l'imitation des maîtres italiens se reposant du pinceau avec la pointe, et peut-être à l'encouragement de Saint-Non, l'aimable aquafortiste. Il y avait alors à Rome comme un petit foyer de spirituelle gravure, qui invitait à l'eau-forte nos peintres français si longtemps rebelles à jeter leurs caprices sur le cuivre. C'est là que Vien, en 1748, immortalisait dans sa série de planches l'ingénieuse mascarade de l'école de Rome[1], qui avait arraché aux ambassadeurs des puissances en guerre avec

---

1. *Caravane du sultan à la Mecque. Mascarade turque donnée à Rome par Messieurs les pensionnaires de l'Académie de France et leurs amis au carnaval de l'année* 1848. A Paris, chez Bazan et Poignant, marchands d'estampes, rue et hôtel Serpente.

la France la reconnaissance de notre goût et
le cri de : *Vive la France!* De Rome encore
sera daté en 1764 ce joli livre gravé [1], hommage des pensionnaires du roi saluant l'arrivée de madame Lecomte, la maîtresse de
Watelet. Tous s'y mettront, Weirotter, Du-
rameau, Hubert Robert, Radel, pour jeter les
allégories où flotte dans le ciel, au-dessus de
la voyageuse, un Amour chargé d'un carton
de dessins; Subleyras et Lavallée Poussin,
pour entourer les sonnets italiens d'encadrements d'idylles, d'arabesques tombant dans
des vues de Rome, de frises courantes où se
dessinent des nymphes grandes comme l'on-
gle, où sourient des minois d'Amours sous la
tiare papale. C'est entre ces deux livres et
tout près du dernier que Fragonard s'essaye
et se trouve avoir, du premier coup, la
pointe libre et griffonnante des Vénitiens. Il
grave des Tintoret, des Lanfranc, des Ricci,
des Carrache. Il grave et regrave des Tiepolo,
son maître de gravure, tout cela en petites

---

1. *Nella venuta in Roma di Madama Le Comte e dei' signori
Wattelet e Copette. Figure de Stephano della Vallée Poussin,
s. l., 1764.*

planches, grattées au vol, qui ressemblent
au croquis fixant un souvenir et une impression sur une page d'album. Puis, dans le
format et l'espace d'un billet de visite, il
jette quelque jardin de villa abandonnée, un
dôme d'arbres, une épaisseur d'ombre avec
un trou de jour, une terrasse où dort,
caressée de verdures pendantes, la statue oubliée d'un dieu; et sous le travail brouillé de
son aiguille, son *grignotis,* comme dirait le
temps, le petit paysage petille de lumière et
de vie, avec ses cascades de branches, son
fouillis d'herbe, et ces rampes à balustres
que gardent allongés deux sphinx. Mais ne le
jugez pas encore là : il faut le voir où il est
adorable, dans ces quatre planches de satyres,
dans cette suite d'eaux-fortes gravées en Italie
en 1763 [1]. Ici deux satyres accroupis sur leurs
pieds de bouc font un siége de leurs bras
noués à une nymphe qui enjambe, avec un
écart de volupté, en se soutenant de ses fines
petites mains sur les muscles de leurs biceps.

---

1. Un second état de ces eaux-fortes porte : *Suite d'eaux-
fortes gravées en Italie.* A Paris, chez Jombert, rue des Mathurins, *Aux deux Piliers d'or.*

Là, à l'ombre, et comme sous le penchement
d'un roseau incliné laissant pendre les lances
brisées de ses feuilles, un satyre soulève une
enfant et lui fait donner sa petite main à un
faunin que tient une petite nymphe agenouillée d'un genou, une cuisse chatouillée du sabot du faunin, toute riante de l'ingénuité d'un
jeune corps antique. Puis c'est, dans un ovale,
un satyre élancé, les mains appuyées au dos
d'un jeune homme; il se retourne pour embrasser une nymphe qui le chevauche et qui
se retient à lui de ses jambes croisées autour
de ses reins. Dans le cadre écorné par les
branchages que l'on voit après, une satyre ithy-
phallique, une jambe levée et le sabot piaffant
la mesure d'une *cordace,* serre contre lui deux
enfants dormant sur ses épaules et dont les
petites têtes laissent passer son sourire de
nourrice ivre; devant lui, précédé d'un faunin,
les jambes, les bras en l'air, folle de tout son
petit corps, une nymphe, comme envolée dans
sa danse, un pied jeté en avant, la poitrine et
la tête retournée en arrière, élève des deux
bras en l'air la musique d'un cistre. Idées légères comme les plus légères de l'Anthologie!

Bas-reliefs délicieux auxquels la pointe du graveur a fait un si joli cadre de verdure, de nature, d'abandon et de désordre! Ne dirait-on pas de divines terres cuites tombées dans l'herbe du socle d'un Priape? Ou plutôt, avec leur entourage de mousse, de liserons, de roseaux, de fraîcheur aquatique, ne font-elles pas penser à des pierres gravées ramassées par le peintre français dans la grotte des nymphes où se baignait Chloé?

Sorti d'Italie, revenu à Paris, Fragonard ne trouve plus le temps de toucher à la pointe. Il n'a plus le loisir ni la patience de l'eau-forte. Il n'y revient guère que pour aider de son adresse et de son expérience la main de sa belle-sœur. Une seule grande planche lui échappe en 1778, *l'Armoire* [1], où, sous un travail serré et léger de fine vermicellure, dans une harmonie claire, sur des fonds endormis de grandes teintes plates, il lance un père et une mère irrités, le père avec un gourdin à la main, contre le jeune homme surpris, et tout penaud, risquant un pied hors du bahut rustique

---

1. On lit au bas : *Fragonard,* 1778, *sculp. invenit,* chez Naudet.

auprès duquel une fille de campagne pleure
niaisement dans son tablier; drame de village
que regarde, au delà d'un grand lit de ferme,
par une porte entr'ouverte, une bande de
marmots curieux, le nez en l'air dans un coup
de soleil.

L'étude de l'Italie, copies, dessins, eaux-
fortes, n'empêchait pas Fragonard de créer et
de peindre. Nous trouvons dans le Journal du
duc de Luynes, à la date du 29 avril 1755,
mention d'un tableau de Fragonard, envoyé de
Rome : *Le Sauveur lavant les pieds à ses apôtres,* exposé dans l'appartement du roi, selon
l'usage, avec les autres envois des élèves de
l'Académie [1]. Il composait encore, terminait
patiemment quelques petits tableaux, quelques jolies scènes d'intérieur, dont l'une passait en 1785 à la vente de M. le Bailli de Breteuil.
On y voyait, dans une chambre rustique, un
jeune garçon cherchant à embrasser une jeune
fille, à lui prendre le baiser qu'il lui avait
gagné au jeu, sur le coup de cartes étalé sur
la table. La jeune fille se débattait, mais une

---

1. Ce tableau se trouve aujourd'hui dans l'église paroissiale
de Grasse.

amie, en riant, lui prenant les bras, la forçait
à payer sa dette. Une note du catalogueur disait le tableau peint en Italie par Fragonard,
et sans doute acquis par M. le Bailli dans son
séjour de vingt ans là-bas. Ce tableau, *l'Enjeu
perdu,* repassait l'an dernier, sans que l'on en
sût la provenance, à la vente du docteur Aus-
sant, et il étonnait le public par le précieux,
le moelleux, le fini d'un faire rare chez Fragonard [1], contraire à ses habitudes et presque
à son tempérament. La petite toile se jouait
finement sur la gamme de suavité des violets
pâles, des jaunes paille, des verts de mousse,
des roses tendres expirant dans l'adorable défaillance de la rose thé ; elle semblait sur la
palette nuée du maître du *sfumato,* du grand
peintre des Assomptions et des Nativités.
Fragonard avait cherché la fonte du moelleux
espagnol, la vapeur de ses lumières, ces tons
comme enveloppés d'une gaze. Le corsage,
les manches blanches de la femme embrassée,

---

1. C'est sans doute à cette première manière de Fragonard
que Mariette, dans son *Abecedario,* fait allusion quand il parle
de la timidité de la main de Fragonard, toujours mécontent
de lui, effaçant, retouchant.

sa jupe jaune, son jupon rouge, les visages
et les chairs, toute cette gaieté de couleur
doucement flambante dans une lumière de
groseille faisait penser à une miniature de
Murillo.

Murillo, on le voit clairement dans ce petit
tableau, est alors l'admiration, la séduction du
jeune peintre, une séduction dont il ne se dé-
tachera jamais tout à fait, même à l'heure de
sa peinture pochée et cursive. Il lui restera
toujours l'amour de ces couleurs volatilisées,
de ces tons aspirant à une tendresse céleste ;
toujours ce goût de Murillo qui lui inspire encore en Italie sa peinture religieuse, cette
Visitation de la Vierge achetée par Randon de
Boisset, et cette *Adoration des Bergers* faisant
accourir Paris à la galerie du marquis de
Veri.

IV.

En dépit de tout ce travail, de tout cet art
qu'il semait là-bas, des mille dessins de « ses
crayons flatteurs », le jeune artiste n'était

guère connu au delà de l'Italie, au delà de
cette patrie d'adoption où il s'oubliait presque
douze ans[1]. Son nom, Paris l'ignorait presque.
Mais Fragonard ne lui donnait pas le temps
de l'apprendre. Il enlevait le succès et la cé-
lébrité d'un coup, avec son tableau de *Callirhoé*, le tableau « d'agrément » qui le faisait
recevoir à l'Académie par acclamation[2], ce
tableau qui, au Salon du mois d'août, enthou-
siasmait tout le public et avait l'honneur d'une
commande royale de reproduction en tapisserie des Gobelins.

Imaginez un vaste tableau de neuf pieds
de hauteur sur douze pieds de largeur, où les
figures humaines ont leur grandeur, l'archi-

---

1. Mariette écrit dans son *Abecedario* que Fragonard revenait d'italie en 1761, ramené par Saint-Non. Mais Diderot
assure d'un autre côté qu'il ne revint que quelques mois avant
la présentation de son tableau. Il y a tout lieu de croire ici
Diderot; car sa version a pour elle la date de plusieurs eaux-
fortes de Fragonard d'après les tableaux italiens, une entre
autres datée à Venise du 28 février 1764.

2. Voici la liste des envois de Fragonard, aux deux seuls
Salons où il a exposé :

1765.

Le grand prêtre Corésus se sacrifie pour sauver Callirhoé.
Ce tableau est au Roi et destiné à être exécuté en tapisserie

tecture son déploiement, la foule et le ciel
leur espace. Entre deux colonnes d'un marbre
miroitant et de reflets presque irisés, au-dessus de la pourpre sourde d'un tapis à franges
d'or, étendu et cassé à l'arête de deux marches, s'ouvre cette scène de drame antique
qui semble avoir sous les pieds un rideau de
théâtre. Sur le tapis, sur cette nappe de l'autel païen, s'enlève un cratère de cuivre, près
d'une urne de marbre noir à demi voilée de la
blancheur d'un linge. Une colonne coupe par
la moitié un grand candélabre fumant d'encens et orné de têtes de bouc, bronze superbe
qu'on dirait arraché à la lave d'Herculanum.

dans la manufacture royale des Gobelins. Il a 9 pieds 6 pouces
de haut sur 12 pieds 6 pouces de large.

Un paysage.

Ce tableau de 22 pouces appartient à M. Bergeret de
Grancour.

Deux vues de la villa d'Est à Tivoli.

Appartient à M. l'abbé de Saint-Non.

· 1767.

Groupes d'enfants dans le ciel.

Tableau ovale tiré du cabinet de M. Bergeret.

Une tête de vieillard.

Tableau de forme ovale.

Plusieurs dessins.

Contre le candélabre, un jeune prêtre se
précipite et s'agenouille, embrassant son piédestal; de terreur il a laissé tomber son en-
censoir à terre. A côté de lui, debout, est le
grand prêtre Corésus, couronné de lierre, enveloppé de draperies, et comme flottant dans
la blancheur sacerdotale de ses vêtements; un
prêtre imberbe, de sexe douteux, de grâce
hermaphrodite, un énervé d'Adonis, une
ombre d'homme. D'une main retournée, il
s'enfonce le couteau dans la poitrine; de
l'autre il a l'air de jeter sa vie aux cieux, tandis que sur son visage de demi-femme passe la
faiblesse de l'agonie et la douleur de la mort
violente. Contre le grand prêtre qui meurt,
est la victime vivante, mais évanouie, presque
morte de croire qu'elle va mourir. La tête
abandonnée sur l'épaule, elle a glissé devant l'autel qui fume. Son corps a molli sur
ses jambes pliées, ses bras ont roulé le long
d'elle, son regard s'est perdu, la volonté de
ses membres est brisée; et elle est là, affais-
sée, sans mouvement, la gorge à peine soulevée par un souffle, pâlissante sous la couronne
de roses que le pinceau du peintre fait pâlir

avec elle. Entre son corps et l'autel, un jeune
prêtre se penche dans une curiosité d'horreur.
Un autre qui tenait sur un genou, devant la
jeune fille, le bassin attendant le sang des
victimes, demeure épouvanté, le regard fixe,
la bouche béante. Par derrière, des figures
de vieux prêtres à barbe grise se montrent,
effarés, l'affreux spectacle. Au-dessus d'eux,
les fumées du temple, les flammes, les parfums, les évaporations d'autel, se rejoignent
dans le ciel à des nuées, à une nuit de miracle
et d'enfer, agitée et roulante, au tourbillon
ardent et sombre où un génie, brandissant une
torche et un poignard, emporte l'amour dans
le sillon de son vol sombre et de son manteau
noir. De cette ombre, allez à l'ombre du bas
du tableau : deux femmes s'y tordent de peur,
reculent, se voilent la face; un petit garçon
se sauve contre leurs genoux, se cramponne
à elles, et un coup de soleil, accrochant le
bras de l'une des femmes, allume la chevelure et les deux petites mains roses de l'enfant.

Telle est cette grande composition de Fragonard, ce coup de théâtre dont il a dû pren-

dre l'idée et peut-être l'effet même à une des reprises de la *Callirhoé* du poëte Roy; vraie peinture d'opéra, demandant à l'opéra son âme et sa lumière. Et pourtant quelle magnifique illusion que ce tableau! Il faut le voir, embrasser de l'œil au Louvre la claire et chaude splendeur de la toile, le rayonnement laiteux de tous ces blancs habits de prêtres, la lumière virginale inondant le milieu de la scène, mourant et palpitant sur la Callirhoé, enveloppant ce corps défaillant comme d'un évanouissement de jour, caressant cette gorge qui s'éteint. Les rayons, les fumées, tout se mêle; le temple fume; les vapeurs de l'encens montent de partout. La nuit roule sur le jour du ciel. Le soleil tombe dans l'ombre et fait des ricochets de flamme. Les réverbérations d'un feu de soufre illuminent les visages et la foule. Fragonard jette à poignées, sur son coup de théâtre, les éclairs de la féerie : c'est Rembrandt chez Ruggieri.

Et quel mouvement, quel envolement, dans cette peinture agitée, bouleversée! Les nuages, les étoffes tourbillonnent; les gestes se précipitent; les attitudes sont éperdues; l'horreur tremble dans les poses, sur les bouches, et il y a comme un grand cri muet qui se lève de tout ce temple et de cette composition lyrique.

Ce cri d'un tableau si nouveau pour le xviiiᵉ siècle, c'est la Passion. Fragonard l'apporte à son temps dans ce tableau, plein d'une tendresse tragique, où l'on croirait voir la mise au tombeau d'Iphigénie. La fantasmagorie de sa Callirhoé fait remonter l'art à l'émotion de l'Alceste d'Euripide ; elle montre à la peinture française un avenir : le 'pathétique.

V.

Le Salon fermé, la curiosité s'occupe et s'inquiète du tableau que le « nouvel auteur » apportera au prochain Salon. C'est un grand sujet de questions, d'interrogations ; et le public est fort désappointé quand, en 1767, il se trouve en face d'un tableau ovale représentant des groupes d'enfants dans le ciel. Ce tableau que Diderot compare « à une belle

omelette bien douillette, bien jaune et bien
brûlée », nous pouvons le deviner, le revoir
dans ce groupe de trois Amours conservés à
Oisème chez M. C. Marcille, et dont M. Walferdin possède une répétition. Imaginez un
Boucher fricassé, rissolé, recuit, teinté de
pourpre vénitienne, battu d'ailes de saphir. Car
Fragonard a beau vouloir lui échapper : son
maître remonte sur lui. La manière, le coloris,
le *lait* de Boucher, le dominent, alors que Fragonard croit l'oublier. Boucher perce, trans-
paraît, surnage au milieu de ces spirituels
emprunts aux petits maîtres italiens, et même
délaye chez lui aux derniers temps la roussis-
sure de Rembrandt. Combien d'incertitudes
sur nombre d'esquisses indécises, comme indi-
vises entre les deux peintres! Certains tableaux
de Fragonard, *la Bascule* et *le Colin-Maillard*
par exemple, qui ne les donnerait à Boucher,
sans la signature que le graveur a mise au bas
des planches? La mode du goût actuel a beau
chercher à rabaisser le maître au profit de
l'élève : Boucher, ne l'oublions pas, reste le
père de la palette de Fragonard. C'est des en-
trailles roses de la peinture de Boucher qu'est

sorti le charmant peintre qui devait mettre de
la vie dans ses ordonnances, animer l'immo-
bilité de ses compositions, passionner ses mythologies, les enflammer de sa verve méridio-
nale et presque gasconne.

Grande est la déception devant l'envoi du
peintre dont le travail de deux ans promettait
quelque grande machine, un tableau d'histoire, une nouvelle tragédie. On se demande
quelle est la cause du renoncement, de la démission d'un artiste s'annonçant avec tant de
fracas; on la cherche dans le goût du plaisir.
Bachaumont veut que Fragonard ait le même
motif de paresse que Doyen amoureux de
Mˡˡᵉ Hus. Ne serait-il pas plus juste d'attribuer
cette abdication du grand peintre de l'histoire
à un retour de Fragonard sur lui-même, à une
reconnaissance modeste et sage de son génie
et de sa véritable vocation? Il avait fait le
tour de force de *Callirhoé*; il s'y tenait et ne
jugeait pas à propos de le recommencer. Au
fond, la grande peinture, il le sentait, n'était
pas son vrai domaine. Il l'avait abordée avec
des qualités plus saisissantes, plus éblouissantes
que solides. Une plus petite scène convenait

mieux à son talent de premier mouvement, à son dessin jeté, à ses jeux de lumière. De nature, il se reconnaissait improvisateur. Son grand succès, son triomphe, au lieu de l'abuser, lui avait donné sa mesure : sa vraie gloire, il la vit, tenant à l'aise, avec ses imaginations, dans le cadre d'un tableau de chevalet.

Ajoutez à ce qui décida le peintre [1], ce qui lia l'homme à la petite peinture et le fit devenir le peintre des fermiers généraux : un peu de mollesse, une sorte de doux lazzaronisme, la fatigue et l'ennui du grand effort, cette belle insouciance que le temps donne à ces artistes et surtout à Fragonard, l'insouciance de la grande fortune d'argent ou de nom, de l'avenir, de la postérité, de tout ce qui fouette l'activité moderne et la brûle de fièvre. Agréé, il ne se donne même pas la peine de devenir académicien : voilà Fragonard et son ambition. Son œuvre lui échappe sans luttes, sans

1. Fragonard fut peut-être encore dégoûté de la grande peinture par la difficulté de se faire payer son tableau de *Callirhoé*, dont il n'eut l'argent qu'au bout de trois ans ; peut-être aussi par la froideur hostile de la critique, froideur alors fort préjudiciable aux artistes et qui faisait dire à Greuze : « Chaque exposition me prive d'une année de commandes. »

tourment d'amour-propre. Ce qu'il produit lui coûte si peu, que l'art est son amusement plus que sa vanité. L'immortalité, y pensait-il ? Il n'a pas songé seulement à lui donner tout son nom : il lui en jette seulement la moitié à l'oreille : *Frago,* — c'est sa signature négligente et familière.

Donc plus de peinture d'histoire, Fragonard y renonce pour ressusciter, dans des toiles moindres, le joli monde de convention, né d'un conseil de Mme de Pompadour, sous les pinceaux de Vanloo, dans *la Conversation espagnole* [1]. Et tout l'esprit du siècle ne revient-il pas à cette fausse et charmante Es-

---

[1]. Une brochure (*Lettre sur le Salon de* 1755, à Amsterdam, chez Arkstée et Merkus, 1755) donne la preuve bien positive de cette initiative de Mme de Pompadour : « L'amour des arts a inspiré à une dame qui les aime pour eux-mêmes une idée qui peut être utile à perpétuer les succès de la peinture. Ennuyée de ne voir que des Alexandre, des César, des Scipion, des héros grecs et romains, elle a proposé aux artistes qu'elle accueille en amis et non en protégés, de chercher dans les habillements européens quelque sujet qui pût faire effet. En vain lui a-t-on objecté que la plupart de nos habits courts, ne drapant point, ne pouvaient pas prêter au pittoresque... Elle a levé elle-même la difficulté en engageant M. Vanloo à traiter pour elle le sujet espagnol qu'on voit si agréablement rendu. »

pagne de Vanloo? La mise en scène de sa
Conversation, Beaumarchais la reprend pour
son délicieux tableau de la chanson à Madame [1]. Fragonard badine avec cette espagnolerie flottante dans la mode de tout le siècle,
sautant des productions d'Eisen père à l'honneur d'habiller Figaro. Il en jette les couleurs,
les pompons, les rubans au dos de ses personnages, comme une mante d'incognito et
un habit de théâtre retrouvés par le costu-
mier des Menus dans une garde-robe du château d'Aguas Frescas. Rien d'aussi léger,
d'aussi piquant, de la façon dont il joue avec
les soies chatoyantes, les miroitements du satin, les plumes des toques, les manteaux, les
pourpoints, les crevés éclatants, les corsages marron aux manches jaunes de soufre;
vestiaire d'un carnaval du Séville des romans,
où le peintre mêle une opulente friperie
xvie siècle au clinquant de topaze brûlée
que Rembrandt fait rayonner au corsage de
ses portraits de femme. C'est dans ce goût
plein de *brio* que Fragonard exécute ses *Le-*

1. *Le Mariage de Figaro,* acte II, scène IV.

çons *de clavecin*, ses scènes d'intérieur, ébauches et débauches de couleur tendres, où il déguise et dépayse si joliment l'amour du temps, que la peinture, les jolis *meubliers* d'art d'alors aiment tant à montrer, dans la vérité de son costume, la couleur locale de son milieu, sa mode de la minute.

Fragonard pourtant ne met là que son esprit. Son génie est ailleurs, plus haut, dans le nuage de la Fable. Ses petits tableaux s'élèvent au ciel du xviiie siècle, un ciel de plafond : l'Olympe de Louis XV.

VI.

Le temps de Louis XV, par ses sens, ses goûts, ses aventures, retourne à la mythologie. Du volume comme du meuble, de la métaphore comme de l'ornement, de l'art comme de l'archéologie, des événements de la cour comme des mœurs de la nation, se lève un souffle de paganisme. Le nuage de Psyché, et Psyché elle-même reparaît à Versailles. Toutes les colombes de la Grèce reprennent

leur vol, au bout des rimes, au coin des toiles,
au chevet des lits. Paris s'efface et signe ses
livres de Cnide. Cythère touche à tout, baptise
tout, plane sur tout. Un moment dans le siècle,
il semble entendre chanter à tous les arts de la
France, à toutes ses pensées, un prodigieux
cantique de volupté, une immense *Pervigilium
Veneris*. Et c'est vraiment Vénus dont on sa-
lue le retour. La science raconte son culte [1],
et son culte recommence. L'imagination des
corruptions de l'époque l'entoure d'une religion. Comme autrefois de l'écume des mers,
elle jaillit de la légèreté des cœurs. Sa figure
presque sacrée représente la fortune des
Pompadour et des Du Barry. A force d'être
célébré, son corps charmant devient comme
la forme adorée de l'idéal du siècle. Elle revient, elle renaît, déesse et maîtresse, souveraine des aspirations, des illusions et des passions de ce monde. Elle ressuscite et s'incarne
dans une divinité nouvelle, spirituelle et française, galante et folâtre. Et il semble qu'elle

1. *Mémoire sur Vénus qui a remporté le prix à l'Académie
royale des Inscriptions et Belles-Lettres*, par Larcher. Vallade,
1775.

revive réellement dans l'œuvre de Fragonard,
lumineuse, rayonnante, avec le sourire et le
le soleil de son dernier triomphe, telle que le
maître la montre dans l'esquisse où elle descend remplir la coupe d'Anacréon, épuisée
par la colombe du poëte.

Et ne sont-ce pas des apparitions, des Vi-
sitations de Vénus, que ces deux tableaux de
Fragonard? Dans le bas de celui-ci tout est
nuit. Sur un lit antique un jeune guerrier
sommeille, accoudé, une main à la joue, un
pied glissé à terre dans une pose de paix vir-
gilienne. Près de lui, sur les marches d'ombre, à côté de son casque et de son bouclier,
un Amour dort la tête plongée dans les bras, le
glaive du dormeur entre ses petites jambes ;
puis ce sont des chiens et un autre Amour
dont on voit le dos sur lequel glisse un cornet
de chasse. De là, de ce sommeil et de cette
nuit, se dresse comme une échelle de Jacob
d'Amours portant et soulevant l'Assomption
d'une Vénus. C'est une lumière où semblent
mourir toutes les fleurs que sèment les Cupidons, où paraissent brûler toutes les flammes
que secouent leurs torches. La Vénus sou-

riante et blanche de la gaze chiffonnée autour d'elle, les chairs d'enfants des petits
dieux, les nuages colorés comme du feu des
trépieds, tout avance suspendu dans une fumée
radieuse... La scène change, et ce n'est plus
le Songe d'Amour, mais c'est encore la nuit,
une nuit de mystère et d'orage, pesant sur
des arbres noirs et des massifs aux parfums
lourds. Un couple couronné de roses est lancé
en avant. Le vent que fendit la course d'Ata-
lante bat la gorge de la femme et repousse sa
tunique. Elle et son compagnon n'ont encore
qu'un pied posé sur la margelle de marbre du
bassin, — le bassin de *la Fontaine d'Amour ;*
et, affamés tous deux, l'œil brûlant, ils tendent
la soif et le désir de leurs lèvres à la coupe
enchantée que soutiennent des Amours volants
ou renversés dans la vasque, mêlant leurs
mains, croisant leurs doigts, trempant leurs
ailes au breuvage qu'ils offrent. De la fontaine,
l'eau tombe ; du bassin, le nuage monte ; et ce
ne sont qu'Amours, Amours à demi perdus dans
la nuée, Amours à demi trempés de pluie,
Amours ruisselants de lumière, Amours sur le
dos desquels le ruisseau qui tombe et les ondes

vaporeuses qui roulent, se brisent en cascades, en gouttelettes de perles [1] !

De ces beaux songes, l'imagination de Fragonard s'élève à de miraculeuses visions, à des tableaux de ravissement et de suavité brûlante, à une sorte d'extase [2]. Il y a de lui des adorations de la passion presque mystiques de flamme et d'élan. Çà et là, dans un coin de son œuvre, dans un jour tendre, se dressent des autels *Au premier Baiser*, où le sang d'une colombe aux ailes déchirées a le symbolisme d'un doux crucifiement, d'un culte au Sacré-Cœur, au Cœur sanglant de l'Amour, la rosée d'une blessure divine s'égoutte sur des calices de fleurs, des carquois, des couronnes, des guirlandes dénouées ; partout ce sont des ailes et des pétales de roses. Poussée, presque soulevée et détachée de terre par de petits Amours qui s'essayent à la porter et jouent dans la transparence de ces voiles, une femme s'avance

1. *Le Songe d'Amour, la Fontaine d'Amour*, gravés à l'aquatinte, par Regnauld.

2. Le *Discours sur l'état actuel de la peinture en France*, 1785, lui reproche « le délire de l'imagination ».

entre deux rayons, deux rampes de jour
montant devant elle, et sur lesquelles trem-
blent des vols d'Amours dans des immobi-
lités frémissantes. Elle sourit, elle faiblit, et,
comme accablée sous la caresse de la lumière, elle laisse échapper une rose à laquelle un génie ailé met le feu avec sa torche :
c'est *le Sacrifice de la Rose* [1], — un souffle
de sainte Thérèse dans une image de
Parny!

Et comme sa pensée, la palette de Fragonard s'enflamme. Elle s'allume à ces autels
brûlants. Elle flambe dans la lumière d'apothéose dont il entoure l'Amour, dont il peint
le Désir. Quelle vapeur, quel embrasement
dans ces firmaments clairs, ardemment limpides, palpitants de chairs de Cupidons, ruisselants de bouquets d'artifice, trempés de ces
lueurs que les gravures en couleur de Janinet
nous montrent, pareilles à des lueurs d'eau

---

1. M. Walferdin possède, de ce sujet, une petite merveille; M. Eudoxe Marcille, un dessin des plus caressés, des
plus achevés qu'ait jamais produits Fragonard. — Il a été
gravé, d'après un tableau aujourd'hui inconnu, par Marguerite
Gérard.

dans un incendie [1]! Ciels de triomphe, transparents de feu, où rougeoient des fumées
gorge de pigeon, où pleuvent des fleurs et des
plumes, où la pourpre et l'azur s'embrassent
et se mêlent sur le corps transfiguré des petits
anges de la volupté!

L'amour, toujours l'amour! Prenez un peu
plus bas le poëme du peintre, juste entre ciel
et terre, entre le *Rêve d'Amour* et le *Serment
d'Amour*, ce qu'il chante c'est le Baiser, le
Baiser dangereux, le *Baiser amoureux*, le *Baiser à la dérobée*... Tous les baisers, morts chez
Dorat, vivent chez Fragonard. Deux têtes qui
se penchent, deux lèvres qui se rencontrent,
il lui suffit de jeter cela sur la toile pour trouver un tableau. Thème toujours charmant, et
d'un dessin qui renaît sous ses doigts! Il le
varie, il le retourne, le caresse, il fait de ces
deux bouches qui se cherchent deux âmes qui
s'approchent. Rien qu'un baiser — à peine si,
dans l'ovale où il l'encadre, il met deux corps
pour le porter. Ses personnages coupés à la
hauteur du cœur ont l'air de cette sculpture

---

[1]. M. Eudoxe Marcille possède la peinture et l'aquarelle
d'un des sujets gravés par Janinet : *la Folie.*

volante du sculpteur lorrain, — ce baiser suspendu qui n'a qu'un piédestal pour soutenir
deux bonheurs et deux amours [1] !

Fragonard reprend-il tout à fait pied, re-
tombe-t-il dans son temps? Sur son chevalet
posé en plein xviiie siècle, que trouve-t-il?
L'Amour encore; l'Amour à la mode, galant,
badin, ravisseur; l'Amour dans une élégance
de polissonnerie ou dans un triomphe de violence. Au milieu d'un jardin de délices, il
lance une petite marquise de Crébillon sur
une escarpolette, et si haut que sa mule glisse
du bout de son pied, si haut que sa jupe s'ouvre devant un charmant indiscret à demi couché devant elle dans un parterre de fleurs. Heureusement qu'au-dessus de lui est un Amour
dont le geste dit : Chut [2] ! Ou bien c'est la

1. Parmi ces baisers de Fragonard, citons cette Muse embrassée par l'Amour, gravée par Mlle Papavoine, sous le titre
de *Sapho*, et dont M. Marcille possède une délicieuse grisaille
où les lumières d'argent font courir sur le corps de la Muse
comme un baiser de clair de lune.

2. *Les Hasards heureux de l'Escarpolette*, gravés par Delaunay. Donnons ici la très-curieuse origine de ce tableau racontée par Collé, à la date d'octobre 1766 : « Croirait-on, me
disait Doyen, que peu de jours après l'exposition de mon tableau au Salon (sainte Geneviève des Ardents), un homme de

composition si connue, ce groupe enlacé d'ardeur et de faiblesse, l'homme en chemise, en
caleçon, allongeant un bras nu et musculeux
jusqu'au verrou de la porte qu'il pousse du
bout des doigts ; la tête retournée, il enveloppe d'un regard de désir la femme qu'il embrasse de son bras droit, la femme éperdue,

la Cour m'a envoyé chercher pour m'en commander un, dans
le genre que je vais vous dire? Ce seigneur était à sa petite
maison avec sa maîtresse, lorsque je me présentai à lui pour
savoir ce qu'il me voulait. Il m'accabla d'abord de politesses et
d'éloges, et finit par m'avouer qu'il se mourait d'envie d'avoir,
de ma façon, le tableau dont il allait me tracer l'idée. — « Je
désirerais, continua-t-il, que vous peignissiez Madame (en me
montrant sa maîtresse) sur une escarpolette qu'un évêque
mettrait en branle. Vous me placerez de façon, moi, que je
sois à portée de voir les jambes de cette belle enfant, et mieux
même si vous voulez égayer davantage votre tableau, etc. »
— J'avoue, me dit M. Doyen, que cette proposition, à laquelle
je n'aurais jamais dû m'attendre, vu la nature du tableau d'où
il partait pour me la faire, me confondit et me pétrifia d'a-
bord. Je me remis pourtant assez pour lui dire presque sur-
le-champ : « Ah ! monsieur, il faut ajouter au fond de l'idée
de votre tableau, en faisant voler en l'air les pantoufles de
Madame, et que des Amours les retiennent. » Mais, comme
j'étais bien éloigné de vouloir traiter un pareil sujet, si op-
posé au genre dans lequel je travaille, j'ai adressé ce seigneur
à M. *Fagonat* (*sic*) qui l'a entrepris et qui fait actuellement
cet ouvrage singulier. — *Extrait de la partie inédite du Journal
de Collé*, communiqué par M. Honoré Bonhomme, auquel nous
devrons bientôt un journal complet de Collé.

le visage renversé, les yeux effrayés et sup-
pliants, désespérant d'elle-même et repoussant d'une main déjà molle la bouche de son
amant [1]... Sa chute, on la voit. Fragonard
n'est pas homme à oublier dans le fond du
tableau ce qu'il sait si bien ouvrir et défaire :
le lit.

Et ne faut-il pas chercher Fragonard jusque-là? Là est blotti son génie. C'est le nid

[1]. Le *Verrou*, gravé par Blot. Ce tableau faisait partie de la
collection du marquis de Veri, collection presque uniquement
composée de Français et de Français du XVIII⁽ᵉ⁾ siècle. Il fut le
pendant très-imprévu, raconte la Biographie, d'un pastiche de
Rembrandt. Au *Verrou*, Fragonard donnait bientôt un pendant plus convenable : le *Contrat* que gravait Blot pour être
acheté avec le *Verrou*, lui faire vis-à-vis, et de le faire pardonner. Au *Contrat* commence, chez Fragonard, cette mauvaise et froide mode de son temps, l'imitation des petits-
maîtres hollandais si en faveur à la fin du siècle dans l'école
appauvrie. Voici les manteaux garnis d'hermine de Metzu, et
la robe de satin blanc de Terburg, l'éternelle robe que tous
vont bientôt se disputer et sur laquelle on ne saura plus quelle
signature lire : Fragonard ou Boilly. Là aussi commence, autant qu'on en peut juger par la gravure, la manière froide,
léchée, miniaturée, de Fragonard, si contraire à la vivacité de
touche de ses tableaux-esquisses qu'on a peine à y reconnaître
son faire original, et qu'elle vous fait venir l'idée de copie. —
Du *Verrou*, M. Walferdin possède un dessin d'une pâleur délicieuse.

du peintre et le rendez-vous de ses pinceaux.
Le lit, — n'est-ce pas pour lui la scène délicieuse de la femme, le théâtre adoré, le trône
douillet de son corps? Il le trahit, il le reflète
en tableaux toujours nouveaux dont il encadre
l'ovale dans le cercle de fleurs d'un miroir d'alcôve. Il fait jouer dessus ce que le xviii° siècle
appelait « ses gaietés »; il lâche et fait envoler à son ciel l'essaim de ses Cupidons. Il y
enlève la nudité des dormeuses dans le nuage
du linge. Sitôt qu'il touche à la batiste des
draps, à l'oreiller foulé, aux rideaux indiscrets,
à la couche en désordre, il a la flamme, la
lumière, la vie, l'ivresse; il a toutes les bonnes
fortunes de l'attaque vive, de l'esquisse brusque
et courante. Il est sur son terrain de victoire.
Il a le feu sacré du xviii° siècle, le diable au
corps, le *Diable au corps* même du temps, et ce
qu'il jette tout chaud à la toile est comme
une caresse du Corrège, dans une page d'An-
dréa de Nerciat.

Le lit et tous les secrets qu'il a de la femme,
la chemise et ses indiscrétions, les effarements
du réveil, les culbutes des courtes-pointes, la
surprise qui renverse les têtes, les cache der-

rière le charmant mouvement du bras levé,
les peurs qui courent à demi nues, ce premier
sursaut de si jolie impudeur mettant sur pied
une chambrée de femmes, le vent qui joue, le
linge qui fuit, un visage qui se voile, un dos
qui se montre tout du long, — comme Fragonard touche cela! Sa verve petille avec le
paquet de pétards passant par une trappe de
plafond, qui éclate, jette son bruit, son nuage,
sa fumée, darde son jour çà et là, sur une
épaule, une cuisse, une jambe, fouette tout le
lit des trois amies, leur court en éclairs sur la
peau[1]. Ici encore l'on se sauve, l'on court,
l'on crie : *Ma chemise brûle*[2]... c'est le feu.
Voici l'eau, deux jets partant d'une trappe du
plancher, et trois femmes encore : l'une
fuyant, la chemise au vent, les reins fustigés;
une autre dans le lit, les jambes levées,
essayant de se défendre avec le drap qu'elle
tend et retient du bout de son orteil; la dernière, toute nue d'angoisse, les pieds sur le
tabouret de lit, et se penchant pour voir d'où

---

1. Les *Pétards*, gravés par Auvray.
2. *Ma chemise brûle*, gravée par Augustin Legrand.

jaillit ce déluge[1]. Fragonard adore ces espiè-
gleries du temps qui éclaboussent de lumière
un corps de femme surpris dans l'inconscience
du premier mouvement. La niche des jets
d'eau recommence dans le verre d'eau que
tient au pied du lit une jeune fillette, guettant
en souriant la jolie réveillée, les reins à l'air
et au jour, une jambe repliée, l'autre tout
allongée nerveusement sur les draps qu'on lui
retire, le haut du corps et les yeux encore
engourdis et pesants de sommeil, les doigts de
la main retournés dans la ruche de l'oreiller[2].

Mais surtout Fragonard est charmé par
les jeux de la femme, le matin, avec elle-
même, dans la blancheur et la chaleur du lit,
alors qu'elle se renverse, s'allonge et se tiraille
dans le réveil. Il aime ces moments abandon-
nés où sa chair respire le soleil, s'oublie à la
lumière, où son corps échappe aux draps,
reprend ses élasticités, où sa chemise roulée
sous elle par la nuit ne la voile plus qu'à
moitié. C'est la volupté ingénue de cette

1. Les *Jets d'eau*, gravés par Auvray.
2. Le *Verre d'eau*, gravé par Pons.

heure badine, les ébats libres et souriants du
réveil, qu'il a voulu peindre dans ce joli tableau : le bonnet échappé, les yeux gais et
pleins de ses seize ans, un large sourire à la
bouche, une fillette sans souci de ce que
montre sa chemise plissée en ceinture, soutient en l'air, au bout de ses pieds, un caniche
frisé à figure de conseiller en perruque; et
toute riante, elle enfonce la plante de ses
pieds dans les poils du chien qu'elle tient suspendu et auquel elle tend d'une main l'anneau de la Gimblette, pendant qu'un coup de
lumière venu du pied du lit file en écharpe
entre les rideaux, bat les couvertures, polis-
sonne en sautant sur toute cette chair rosée
où le jour semble heureux : c'est la *Gimblette*[1],
une fleur d'érotisme toute fraîche, toute française, dont vous ne trouverez le germe en ce
siècle que dans le fumier du livre des *Mœurs*
de la Popelinière aux premières scènes. C'est
le chef-d'œuvre des Fragonard en chemise,

---

1. La *Gimblette*, gravée par Bertony. Fragonard est souvent
revenu à ce motif dont on connaît plusieurs exemplaires. Le
plus charmant est l'un de ceux que possède M. Walferdin,
l'esquisse en hauteur, aux rideaux jaunes, toute différente du
sujet gravé.

après lequel vous ne rencontrerez que cet
autre chef-d'œuvre, le plus suave peut-être
des tableaux voluptueux.

Au bas du lit, tombée et brûlante encore,
· est la torche de l'Amour. Vue de tout le dos,
une jambe pendante hors du lit, une autre repoussant le drap, la tête retournée sur l'épaule,
les cheveux dénoués et leurs boucles épandues
par derrière dans le creux de l'oreiller, une
femme ayant l'ombre de ses cils sur ses yeux
fermés, à sa bouche un sourire endormi, essaye
de retenir mollement des deux mains la chemise déjà ravie à son corps, glissant sur ses
bras allongés, fuyant de ses coudes, et que tire
en l'enroulant sur ses bras un Amour renversé
en arrière dans l'effort de l'arracher, un Amour
volant et qui frôle presque du pied le sein
qu'il laisse sans voile. Image charmante et
poétique, si délicieusement balancée par la
lutte! pensée de grâce et de nudité presque
antique qui semble montrer le petit Eros
colère, violant la pudeur vaincue et défaillante
entre les bras du Songe qui la dépouille[1]!

1. La *Chemise enlevée* a été délicieusement gravée par Guer-
sant.

Ces médaillons de nudité, ces petits tableaux si vifs, ces poëmes libres, comment
Fragonard les sauve-t-il? Quel charme met-il
en eux pour être leur excuse et leur pardon?
un charme unique : il les montre à demi.
La légèreté est sa décence[1]. Ses brosses
n'appuient pas. Ses couleurs ne sont pas des
couleurs de peintre, mais des touches de
poëte.

Il jette le mouvement, il indique le rhythme
d'un corps. Il semble peindre avec la palette
du rêve. Le lit chez lui est presque un voile
comme le nuage, et la femme est une appa-
rition. Sur la batiste bleutée, roulante, presque
céleste des draps, entre les vagues de soie que
font en bouillonnant les lourds rideaux, il ne
renverse que des corps de lait à peine rougis
aux joues, aux coudes, aux genoux, à tous les

---

1. Dans cet ordre de composition, nous ne connaissons
guère qu'une toile où Fragonard ait poussé le travail au delà
de l'esquisse : c'est le *Verre d'eau*, possédé par M. de Villars.
D'un cadre largement indiqué pour la gravure, d'un fond
sabré de bitume, de rideaux maçonnés à grands coups, se
détache un corps de femme patiemment beurré, et d'une
pâte plus remaniée et plus polie que les autres nudités de Fragonard.

endroits fleuris de la peau; il ne montre que
des chairs blanches qu'on dirait éclairées de la
lumière d'une veilleuse d'albâtre. Apparences
voluptueuses, à la fois confuses et rayonnantes, vagues et magiques diffusions de lumière, académies d'aurore se levant dans un
étincelant brouillard matinal, voilà ses tableaux : une vision féerique, rien de plus.
Avec leur sang si pâlement rosé, la vie délicate et argentée de leur peau, leurs membres
rondissants dans la fluidité du contour, le dessin de leur visage mourant dans l'huile grasse,
les femmes de Fragonard ne semblent vivre que
d'un souffle de désir. Tout son œuvre, même
brûlant, reste flottant, balancé entre ciel et
terre. Qu'il dépasse la *Chemise enlevée,* qu'il
aille jusqu'à montrer tous les embrasements
de l'amour dans cette débauche baptisée par
son possesseur : « Le feu aux poudres », —
l'impureté même chez lui n'a ni ordure, ni
dégoût, ni honte; le tableau demeure une
inspiration lumineuse, une mêlée de torches,
un vague essaim de corps d'Amours devinés
dans des frottis de terre de Sienne, un incendie d'Olympe d'où s'envole, à demi entrevue,

la flamme d'une idée. Tout chez Fragonard
se sauve ainsi, tout s'enfuit, frissonne, se
cache à demi, dans cette pudeur de sa peinture : l'esquisse, qui fait trembler le nu devant
les yeux, et voile la femme avec un éblouissement d'incertitude.

Mais l'esquisse est plus encore que le
voile et que l'excuse de l'œuvre de Fragonard : elle en fait en quelque sorte l'idéal.
Un écrivain qui est, lui aussi, un peintre et
un poëte, M. Paul de Saint-Victor, a dit d'une
façon charmante : « La touche de Fragonard
rappelle ces accents qui, dans certaines langues, donnent à des mots muets un son mélo-
dieux. Ces figures à peine indiquées vivent,
respirent, sourient et enchantent. Leur indécision même a l'attrait d'un tendre mystère.
Elles parlent à voix basse, elles glissent sur
la pointe du pied; leurs gestes ressemblent à
des signes furtifs échangés par des amants
dans l'obscurité. On dirait les Mânes voluptueux du xviiie siècle [1]. »

1. Article de la *Presse* du 19 octobre 1860.

VII.

Un esquisseur de génie, voilà le peintre chez Fragonard. Il éclate dans l'ébauche. Il est un maître dans le premier jet, dans la préparation, lorsqu'il improvise des Grâces, des Nymphes, lorsqu'il fait jaillir les nudités ondulantes de la toile qu'il frappe et touche au vol. De l'huile délavée, des égratignures de pâte sèche qui semblent promener les rayures d'un peigne dans le sens de tous les muscles, de la poussière de pastel dont il parait poudrer et brillanter ses tons, du *maquillage* adorable de sa peinture aux ombres bleutées, il sort des bouquets de chair, des morceaux de corps de femme, des rayonnements de peau blondissante, qui ont le charme, la douceur, l'harmonieux assoupissement d'une tapisserie de Beauvais passée; c'est le blanc diffus, la fonte nuageuse, le demi-évanouissement des tons qui ne laissent à une trame de soie que le souvenir, la pâle et délicieuse mémoire des couleurs. Peinture mourante, expirante, et

comme pâmée, toute pleine de la caresse
cherchée par les décadences et les plus exquises corruptions d'art! Quelquefois aussi dans
ses corps de femme, Fragonard fait passer
un ressouvenir de Rubens à travers l'éclat de
Boucher : alors ce ne sont plus ces molles
paresseuses perdues dans la blancheur des
draps et la dernière ombre du sommeil ; ce ne
sont plus ces blanches Vénus qu'on dirait sorties tout à la fois de l'écume de la mer et de
la neige de blanc d'œufs fouettés, ces déesses
blondes et moutonnières dont l'apothéose couleur de matin ressemble au Lever de la Duthé :
ce sont des corps vivants, sanguins, ensoleillés ; des corps où le pinceau pose, sans les
fondre, le vermillon, le bleu de Prusse, le
jaune de chrome, pour faire la lumière, l'ombre et le reflet d'un bras ; des corps dont le
coude est fait d'un coup de vermillon nageant
dans un reflet de pur jaune d'or ; des corps
dont le peintre transperce à demi la peau des
rouges, des bruns, des verts de l'écorché, de
tous les dessous de la vie [1]. Car c'est le miracle

1. Voir les *Baigneuses* de la collection Lacaze.

de Fragonard : cet accoucheur de songes, avec sa palette de nuage, l'homme de ces tendres esquisses, qui donne aux chairs le glacis bleuâtre ou verdâtre de chairs qu'on voit au travers de l'eau, qui fait de ces femmes nues des fleurs noyées, ce même Fragonard jette tout à coup des tons animés, le coquelicot, le soufre, la cendre verte, s'emporte dans une gamme de tapage, met le feu à ses couleurs, pique sa toile d'éclairs ; et de cette main qui tout à l'heure glissait et coulait, empâte de telle façon que la trace de son pinceau reste comme l'indication de l'ébauchoir sur la glaise. Dans cette manière il a laissé des esquisses d'une verve et d'une chaleur inouïes, si carrément touchées qu'elles font penser à la cuiller à pot dont Goya se servait pour ses fresques, des déclarations de berger à bergère d'un coloris brûlé, d'une solidité qui touche au bas-relief, des coins d'intérieur recuits, troués d'un bleu de ciel, d'un azur cru perçant une broussaille fauve, — furieux embryons de tableaux où l'on retrouve le soleil des Vénitiens, les rouges sourds, les bruns puissants du Bassan.

C'est de cette façon vive, puissante, char-
geant la toile, que Fragonard attaque et enlève ses paysages ; je ne parle pas de ses
paysages froids, septentrionaux, où il n'est
qu'un pasticheur adroit, épris d'Hobbéma et
et de Ruysdaël, mais de ceux où il est lui,
peint la nature qu'il sent, son pays, les campagnes de son souvenir qu'il revoit tempê-
tueuses, toutes sillonnées de ces « orages
d'eau » dont la Provence, déboisée de ses sa-
pins et de ses chênes, est dévastée pendant
tout le xviiie siècle [1]. Quelle fougue, quelle
tempête de pinceau dans l'*Orage,* ce chef-
d'œuvre possédé par M. Lacaze! Le ciel fu-
meux, sinistre, électrique, traversé de coups de
jour blafards, l'air lourd, l'haleine de la terre
accablée, soupirante, l'agitation trépidante, la
panique de la Nature, l'effarement des moutons éperdus, des grands bœufs qui mugissent,
le tourbillon qui rase l'herbe, tord en écharpe
la grande toile du chariot que poussent des
hommes en rouge, — tout est saisi dans le

---

1. *Essai sur l'histoire de Provence,* par Boucher. Marseille,
1785.

mouvement, et la brosse roule dans toute la
scène avec le vent qui y passe.

Fragonard a été plus loin que personne
dans cette peinture enlevée qui saisit l'impression des choses et en jette sur la toile comme
une image instantanée. On a de lui, dans ce
genre, des tours de force, des merveilles, des
figures où il se revèle comme un prodigieux
Fa Presto. On voit dans la galerie Lacaze
quatre portraits de grandeur naturelle à mi-
corps. Au dos de l'un je lis ceci écrit, me
semble-t-il de sa main : *Portrait de M. de La
Breteche, peint par Fragonard en 1769, en une
heure de temps.* Une heure! rien de plus. Il lui
suffisait d'une heure pour camper, bâcler et
trousser si fièrement ces grands portraits où
se déploie et s'étale toute cette fantaisie à l'espagnole dont la peinture d'alors habille et ano-
blit les contemporains. Une heure pour couvrir toute cette toile! A peine s'il jette ses
touches ; il dégrossit à grands coups les visages, les indique avec les plans d'un buste
commencé, tire les traits comme d'un fond de
bile. Son pinceau étend les couleurs en la-
nières à la façon d'un couteau à palette. Sous

sa brosse enfiévrée qui va et vient, les collerettes bouillonnent et se guindent, les plis ser-
pentent, les manteaux se tordent, les vestes se
cambrent, les étoffes s'enflent et ronflent en
grands plis matamoresques. Le bleu, le vermillon, l'orange coule sur les collets et les
toques ; les fonds, sous les frottis de bitume,
font autour des têtes un encadrement d'écaille ;
et les têtes elles-mêmes jaillissent de la toile,
s'élancent de cette balayure furibonde, de ce
gâchis de possédé et d'inspiré.

VIII.

Ce peintre de magie, qui créait si vite du
soleil, du jour et de la lumière, était fait pour
peindre ces murs où le siècle ne voulait pas
la nudité du blanc, pour faire un mensonge
de ciel aux plafonds sous lesquels les financiers et les courtisanes d'alors se sauvaient
du ciel gris de Paris. Fragonard fut bientôt
le décorateur à la mode, recherché, appelé,
fêté par la Chaussée-d'Antin naissante, les
folies d'hôtels du quartier neuf. On le voit,

en 1773, occupé à couvrir de peintures tout
le salon du petit palais de volupté de la Guimard. Et déjà il a donné sur le panneau d'honneur l'apothéose, les traits, les attributs et les
séductions de Terpsichore à la divinité du
logis, quand, sur une brouille et sur un congé
qu'elle lui donne, il se venge par ce tour, une
charge d'atelier où se montre son esprit et
toute sa malice. Un beau jour il se faufile
jusqu'au salon, et avec la palette et le pinceau de son successeur absent, il touche, en
un rien de temps, au sourire de la déesse,
l'enlève, lui fait une bouche de colère, un
visage de Tisiphone à laquelle Mlle Guimard
ressemble tout à fait, lorsque, arrivant pour
montrer son salon à des amis, elle entre en
fureur devant la vengeance du peintre [1].

1. *Correspondance littéraire de Grimm,* vol. VIII; Furne, 1831.
— Le récit que Mme Fragonard faisait à son petit-fils n'était
pas tout à fait semblable au récit de Grimm. Selon elle, et
elle devait être là-dessus mieux informée que Grimm, ce fut
Fragonard qui donna son congé au lieu de le recevoir. Il était
fatigué des grands airs et du peu d'égards de la princesse. Un
jour qu'elle lui répétait pour la centième fois : Monsieur le
peintre, ça ne finira-t-il pas? C'est impossible! — C'est tout
fini, lui dit Fragonard. Il prit la porte, et jamais la Guimard
ne put le décider à revenir. Un détail fort curieux, c'est que

Déjà, à cette époque, madame du Barry avait voulu de lui quatre dessus de portes pour Luciennes : les Grâces, l'Amour qui embrase l'univers, la Nuit, et Vénus et l'Amour [1].

Une anecdote, la mention d'une quittance, des traditions, c'est à peu près tout ce qui reste de ces travaux décoratifs de Fragonard. Ils ont disparu avec les murs où ils étaient, avec les maisons qu'ils éclairaient. Ils ont eu la courte éternité que la démolition fait aux pierres mêmes dans Paris.

plus tard, à l'heure où David n'était pas encore à Rome et *vanlootisait* à Paris, il vint trouver Fragonard et lui demanda son autorisation pour finir les peintures commencées par lui et dont la Guimard venait de lui commander l'achèvement. Fragonard se hâta de lui accorder sa demande, avec une grâce que n'oublia jamais, il faut le dire, la reconnaissance de David.

1. *Mémoires des ouvrages de peinture de Drouais, mélange des bibliophiles,* 1857. Ce fut Drouais qui céda ces quatre Fragonard à Mᵐᵉ du Barry moyennant 1,200 livres. — Mᵐᵉ du Barry commandait à Fragonard quatre autres tableaux où Fragonard représentait les quatre âges de la vie. Mais, à la suite d'un désaccord avec la favorite, le peintre roulait les quatre toiles qu'il emporta plus tard à Grasse, et les mit en place dans la maison qu'il y habita, en complétant son idée par une cinquième toile restée inachevée : l'*Age de la désillusion*. Fragonard eut toujours le goût de décorer ses habitations. Il fit des

IX.

Le souvenir de Fragonard est presque tout
entier dans les œuvres qui nous restent de
lui. Derrière le peintre, l'homme paraît à
peine. Qu'en sait-on ? Presque rien. Qu'a-t-il
laissé ? Que reste-t-il de lui dans les mémoires
et les indiscrétions du temps ? L'anecdote de
Grimm sur la Guimard, et c'est à peu près

peintures dans sa maison de campagne de Carrières, puis dans
celle de Petit-Bourg, à la décoration de laquelle il fit travailler
son fils avec lui. — A Grasse, dans la maison de son parrain qu'il
habita vers 1792, et où il passa le temps de la Terreur, il peignit
des toiles et des dessus de porte pour accompagner sur les murs
les toiles faites pour Mᵐᵉ du Barry. Son pinceau remplit même
l'escalier des emblèmes de la République, d'insignes révolutionnaires, de signes franc-maçonniques, de symboles de liberté
et d'images de la loi, au milieu desquels se détachent deux
portraits où l'on croit voir Robespierre et l'abbé Grégoire.
Nous devons ces renseignements à l'obligeance de MM. Piho-
ret et Malvilan. — Il faut joindre à ces travaux décoratoires
de Fragonard une série de quarante deux portraits des princes
et princesses de la branche royale de Bourbon et de la branche
de Condé, exécutés pour le château de Chantilly d'après les
portraits originaux. Parmi ces portraits figurent Louis XVI,
Marie-Antoinette, Louis XVII. Ils appartiennent au duc d'Au-
male et ont été exposés pour la visite du *Fine Arts Club*, le
21 mai 1862.

tout. Les notices, les journaux, les nécrologes
se taisent sur le gracieux artiste qui a trouvé
la gloire sans chercher le bruit. Avec lui, la
biographie est déroutée ; elle cherche vainement, ne trouve que quelques dates, des traces
et comme des lueurs de sa personne. Mais
quoi ! Ne nous plaignons pas tant. Trop de
documents, trop de faits, pèseraient, il nous
semble, sur cette mémoire légère. Un rien
d'histoire qui fasse aimer le peintre, ne de-
mandons pas plus. Que son existence flotte
comme dans une de ses esquisses : le demi-
jour sied à cette vie de poëte, et la person-
nalité de Fragonard est de celles qu'il plaît de
voir, ainsi qu'une ombre heureuse, ayant un
doigt sur la bouche.

Sa figure même échappe. Ses traits ont le
vague charmant de sa vie. Sa souriante ressemblance est répandue et comme errante
dans tout son œuvre, sous le visage éveillé,
amoureux de ses jeunes fourrageurs d'appas,
du joli garçon frisé qu'il tire de *l'Armoire*.
Et pour tout portrait il n'a qu'un médaillon :
l'eau-forte où Lecarpentier le montre en cheveux blancs, et qui laisse à deviner, sous la

verdeur du vieillard, toute la jeunesse de
l'homme[1].

On sait que Fragonard, après une jeunesse
de peintre, une jeunesse galante dont il garda
toujours le culte de la femme, — vieux, on
disait de lui que « c'était un jeune homme
dans une vieille peau », — on sait que Fragonard se maria à près de quarante ans[2].

1. On ne connaît point de portrait, du moins de portrait
gravé, de la jeunesse de Fragonard. Le seul portrait peint que
nous ayons vu de lui, portrait de la même époque que l'eau-
forte de Lecarpentier, est une peinture où sa main semble
s'être mêlée à la main de Mlle Gérard. C'est une toile toute
noire et toute sombre, toute rembranesque, d'où ne sort que
la blancheur d'un grand jabot et la fraîcheur souriante de son
vieux visage. Ce portrait appartient à M. Théophile Fragonard.

2. Nous publions ici pour la première fois l'acte de mariage
de Fragonard, copié par nous sur les registres de la paroisse
de Saint-Lambert, de Vaugirard, pour l'année 1769 :

« L'an mil sept cent soixante-neuf, le dix-sept juin, vu la
permission à nous adressée par messire Chapeau, curé de Saint-
Germain de Lauxerrois en datte du quinze de ce mois de cé-
lébrer le présent mariage, vu la publication d'un ban faitte
pour l'époux et l'épouse en l'église cathédrale et paroisiale de
Grasse en Provence le troisième dimanche après la Pentecôte
sans opposition comme il nous appert par le certificat portant les extraits des parties en date du cinq juin dernier, légalisé le même jour, dispense des deux autres bans accordée par
Mgr l'évêque de Grasse en datte du quatre juin dernier insi-

Voici l'histoire de son mariage, telle que
nous l'a racontée son petit-fils. Mlle Gérard,
l'aînée des douze enfants d'une famille de
distillateurs de Grasse, avait été envoyée et
placée par ses parents à Paris chez un de
leurs confrères, du nom d'Isnard, pour se former au commerce et gagner là sa vie. Mais la
jeune fille n'avait aucun goût pour cet état.
Elle s'amusait de peinture à l'eau, de coloriage, peignait des éventails. Bientôt elle re-
connut qu'il lui manquait les conseils et les
leçons d'un peintre. Comme elle s'enquérait

nué et contrôlé le cinq, vu aussi la publication d'un ban faite
pour l'époux et pour l'épouse en la paroisse de Saint-Germain
de Lauxerrois le vingt et un mai dernier sans opposition
comme il nous appert par le certificat de Monsieur Armery
vicaire de laditte paroisse en datte du quinze du présent, dispense des deux autres bans accordée par Mgr l'Archevesque de
Paris, en datte du vingt-sept mai dernier portant permission de
fiancer le même jour signé Christophe archevesque de Paris,
insinué le même jour signé Chauveau, vu le consentement des
père et mère de la future passé devant le conseiller du Roy
notaire garde notte à Grasse du septième de septembre de
l'année dernière, légalisé par M. Defaudon conseiller du Roy
lieutenant général en la sénéchaussée de la ditte ville de
Grasse en date du cinq juin dernier, cejourd'huy ont été mariés
avec notre permission et ont reçu la bénédiction nuptiale de
Mre Jean-Baptiste-Augustin Granchier pretre licencié es loix
et vicaire de Saint-Germain de Lauxerrois, sieur Jean-Honoré

à qui elle pourrait s'adresser, on lui parla
d'un compatriote, de Fragonard; et Fragonard à qui on s'adressa dit qu'elle n'avait qu'à
venir chez lui. Les leçons amenèrent l'amour
et le mariage. La femme de Fragonard n'était
point jolie. Un portrait d'elle, que possède
M. Théophile Fragonard, nous la montre vers
la quarantaine, avec des traits forts, des méplats sensuels, de perçants yeux noirs sous
d'épais sourcils, un nez gros et court, une
grande bouche, une coloration brune, des
cheveux d'un brun ardent, je ne sais quel air

Fragonard, peintre de l'academie royalle, fils majeur de
François et de défunte Françoise Petit ses pere et mere d'une
part, et Dᶦˡᵉ Marie-Anne Gerard fille mineure de Claude et de
Marie Gilette ses pere et mere d'autre part, tous deux de fait
domiciliés au Louvre paroisse Saint-Germain Lauxerrois et
de droit de leglise cathedrale et paroisiale de Grasse en Provence, ont assisté du côté de lépoux François Fragonard son
père bourgeois de Paris demeurant au Louvre, François Grognet de cette paroisse et du côté de l'épouse Jean Gerard son
frère bourgeois de Paris y demeurant marché Neuf paroisse
Saint-Germain le vieux, Mʳᵉ Denis Martial Cochemer prêtre
de Saint-Germain Lauxerrois y demeurant, lesquels temoins
nous ont certifiés des ages, domiciles, libertés et catholicité
des parties ainsi que dessus et au desir de l'ordonnance ont
signé : Fragonard, Gérard, Cochemer, Fragonard, Grognet,
Granchier, A. Rousselle, curé. »

réjoui et passionné de forte commère hol-
landaise chauffée au soleil du Midi[1]. Quand
Mme Fragonard accoucha de son premier
enfant, d'une fille qui devait mourir à dix-huit
ans, elle dit à son mari qu'elle avait au pays
une petite sœur de quatorze ans, qui lui serait
bien utile pour l'aider à élever et à soigner
son enfant; et c'est ainsi que Mlle Gérard
entra dans la famille pour n'en plus sortir.
Au bout de peu de temps, Paris lui donna
son coup de baguette ; elle dépouilla sa
naïveté, sa gaucherie provinciales; et de laide
qu'elle était comme sa sœur, elle se fit, en
devenant femme, jolie, même belle. Les plus
beaux yeux noirs, l'ovale le plus pur, un dessin de figure romain, la faisaient comparer
à une tête de Minerve, et dans les premières
années qui suivirent la mode pour les femmes
de ne plus porter de poudre, elle faisait sensation au théâtre avec le style de sa beauté.

Tout naturellement, l'ancienne *peintresse*
d'éventails n'avait pas quitté ses pinceaux,

1. Un autre portrait de Mme Fragonard, dessiné à l'encre
de Chine par son mari, existe au musée de Besançon, provenant du legs de l'architecte Páris.

aux côtés de son mari. Elle s'était mise, sous
sa direction, à peindre des miniatures, assez
difficiles à reconnaître des miniatures de Fragonard, du moins quand Fragonard y a mis
sa retouche et sa griffe [1]. Il se trouva que la
petite sœur aima, elle aussi, la peinture, qu'elle
en avait un goût encore plus décidé et plus
heureux : charmante rencontre qui fit de
Mlle Gérard, à l'imitation de Mlle Mayer et de
Mlle Ledoux, les élèves de Prudhon et de
Greuze, comme la pupille des leçons de son
beau-frère, la filleule du talent de Fragonard.

Sur cette fraîche liaison de goûts et de
sympathies, je trouve cette note presque touchante au bas de l'épreuve du Franklin que
possède M. Walferdin : *Gravé par Marguerite
Gérard, à l'âge de seize ans, en 1772. Hommage
à mon maître et bon ami Frago. Marguerite*

---

1. On trouve mention de miniatures de Mme Fragonard
dans plusieurs ventes du XVIII° siècle, et spécialement dans la
vente du marquis de Veri. Le catalogue annonce de Mme Fragonard, au n° 81 : « Huit miniatures très-précieuses et touchées avec toute la légèreté et la grâce possibles; elles représentent des têtes de jeunes filles et de jeunes garçons, toutes
d'une vérité et d'une fraîcheur de ton qui ne laisse rien à désirer, elles seront vendues par couples. »

Gérard. « Le bon ami, » c'est ainsi qu'elle appelle le maître qui a mis à ses tout jeunes doigts la pointe de l'eau-forte, menant sa main d'écolière, lui jetant, par-dessus l'épaule, le conseil, l'avis, l'encouragement; initiation charmante où le professeur touchait à tout moment à l'émotion d'une main de femme, au remercîment de son sourire, doux travail en commun auquel Fragonard apportait ses retouches et donnait parfois tout son talent, comme pour la planche de *Fanfan jouant avec M. Polichinelle* [1], une planche que l'élève croyait avoir faite, et que le maître lui faisait signer pour l'en convaincre. Voilà le fond de la vie de Fragonard chez lui : l'éducation d'art d'une femme dont il fait un aqua-fortiste, dont il fait un peintre, et qui a pour lui un culte d'affection, une vénération enjouée et tendre. Le maître et l'élève mêlent leurs occupations, leurs plaisirs, leurs études, comme ils mêleront leurs deux noms sur la toile du *Premier Pas de l'enfance.*

1. *Mosieu Fanfan jouant avec Monsieur Polichinelle et compagnie.* Mosieu Fanfan est le portrait en chemise du fils du peintre, Alexandre-Évariste, né en 1780.

Entre cette belle-sœur et sa femme, dans cette douce et caressante atmosphère de famille, Fragonard s'oublie aux joies de l'intérieur et laisse couler le temps. Son existence s'enferme et s'enfonce dans son atelier, un atelier animé et réjoui de plaisirs, un atelier où roule l'argent si facilement gagné, où la table est toujours servie, où l'appétissante odeur du pot-au-feu tente le gourmand Lantara; véritable salon d'art décoré de peintures de la main du maître, rempli de tapisseries, de meubles de Boule, de curiosités, fier du vase d'argent de Cellini passé de chez Mlle Lange chez Rothschild; musée des goûts de Fragonard, au milieu duquel on croirait entendre rire et chanter une vie largement bourgeoise dans un atelier de Solimène!

Pour achever ce crayonnage de la vie de Fragonard, qu'y mettre? Ses amis : Hubert Robert, Saint-Non, son camarade intime depuis le voyage d'Italie, Greuze, Taunay dont il aide les débuts et achète le premier tableau. Qui encore? Bergeret, le receveur général des finances, l'ancien ami de Boucher, le Turcaret amateur qui emmène Fragonard et

sa femme en Italie [1]. C'est lui qui possède la
première idée du sacrifice de *Callirhoé*, et c'est

1. Fragonard avait une fort belle collection d'estampes de
son temps. Un jour, — c'était après le triomphe de David, —
il voit de la fumée s'échapper de la porte d'une chambre, et
il trouve son fils devant un feu de joie de papier : — Misérable ! qu'est-ce que tu fais là ? lui dit le père. — Je fais un
holocauste au bon goût, répond sérieusement le fils : il brûlait
la collection d'estampes de son père.

Grâce au journal manuscrit de Bergeret, possédé par
M. Bonsergent, et que nous communique avec une gracieuse
obligeance M. Benjamin Fillon, nous pouvons suivre les voyageurs à la trace et jour par jour, du 5 octobre 1773 au 7 septembre 1774. Et d'abord laissons la parole à Bergeret pour
décrire la bande et l'équipage : « Notre bagage est composé
d'une berline dans laquelle nous sommes quatre; M. et
Mme Fragonard, peintre excellent pour son talent qui m'est
nécessaire surtout, mais d'ailleurs très-commode pour voyager
et toujours égal. Madame se trouve de même et comme il
m'est très-utile, j'ai voulu le payer de reconnaissance en lui
procurant sa femme qui a du talent et est en état de goûter
un pareil voyage rare pour une femme. » La quatrième personne était une gouvernante. Le fils Bergeret suivait dans un
cabriolet avec un cuisinier ; deux grands cochers étaient assis
sur le siége de Bergeret, et son valet de chambre courait la
poste avec le domestique de son fils. Grand train, comme on
voit, auquel rien ne manquait, ni les provisions de toutes
sortes, ni les livres, ni même les portefeuilles remplis de dessins de choix. On va de poste en poste; « le laborieux et actif
Fragonard » dessinant, sitôt qu'on s'arrête, jusqu'à l'heure du
souper. Près de Montauban, on se repose quinze jours dans la
terre de Bergeret, à Négrepelisse ; et j'ai là, dans un carton,

à lui que le peintre adresse ces feuilles de
papier du cabinet Walferdin, bâtonnées de

le Four banal de Négrepelisse, dessiné à ce passage par Fragonard. On repart, on marche, malgré les difficultés de poste et
de chevaux que fait le mariage du comte d'Artois, et l'on
gagne Marseille par Toulouse, Carcassonne, Béziers, Lunel,
Tarascon, Aix. Puis, on felouque d'Antibes à San-Remo. Et la
cavalcade jusqu'à Gênes, de douze mulets couverts de peaux
de tigre. Voici Pise, et bientôt on est à Florence, à la grande
auberge de Vanini, où l'on vous reçoit le soir à l'arrivée avec
un gros flambeau de poing, et où l'on a toujours à ses ordres
trois espèces de valets de chambre. De là, à Sienne, et au
5 décembre (1773) on est à Rome, au bout de deux mois de
voyage. Aussitôt visite de la société à Natoire, invitation à
dîner chez le cardinal de Bernis, à son petit ordinaire de vingt
couverts, à son grand ordinaire de quarante couverts, à sa
conversation du vendredi que Bergeret esquisse, toute étouffée
de prélats, de cardinaux, de nobles, de dames, superbement
illuminée, gorgée de rafraîchissements; invitation à la *conversation* de la marquise de Puismonbrun, nièce du cardinal de
Bernis, à la *conversation* de la princesse Doria, à la *conversation* du cardinal Orsini, renommé pour la beauté de ses invi-
tées et la bonté de son chocolat. Toute la matinée de la
bande, de huit heures du matin jusqu'à trois heures, se passe
en course à l'aventure, en *polissons,* ou bien en visite de
palais et d'églises que guide l'architecte Pâris, le grand anecdotier historique. L'on rentre pour dîner et l'on a toujours à
dîner quelque pensionnaire de l'école de Rome, Ménageot,
Berthélemy, avec leurs cartons et leurs portefeuilles. Le lendemain, on recommence à aller se *ragoûter,* selon l'expression
de Bergeret, en allant dans chaque étude de pensionnaire de
l'Académie voir ce qu'il fait. Les soirées, quand il pleut, on

dessins à la diable, si amusantes et si curieuses, où le peintre en déshabillé, le gai

les use à regarder des gravures que les marchands envoient
par mannes, à étudier des empreintes de soufre. Un jour la
société Bergeret donne un concert au palais de l'Académie ; un
autre jour elle imagine d'avoir sa *conversation* chez elle, à son
auberge qu'on appelait déjà « *le petit Paris* », et elle fonde ses
dimanches, — une nouvelle dans Rome, — ses matinées de
dix heures auxquelles se presse toute l'Académie, accourent
tous les artistes, les Romains, les étrangers ; matinées bruyan-
tes, et toutes amusées, enchantées d'art, où les brocanteurs,
les revendeurs, les marbriers se pressent, avec les objets
qu'ils apportent, dans ce salon où se fait l'exposition de tout
ce que Bergeret a acheté et de tout ce que Fragonard a dessiné dans la semaine. On s'arrache de Rome à la moitié d'avril
(1774), l'on va à Naples, l'on revient à Rome au mois de
juin, et l'on en repart, après une bénédiction du pape, pour
Florence, Bologne, Padoue, Venise, Vienne, Dresde, Franc-
fort et Strasbourg. — Ce beau voyage devait désunir ces deux
grands amis, le peintre et le fermier général qui l'avait emmené, lui et sa femme. Au retour, comme Fragonard réclamait une malle pleine de ses dessins, qu'on avait déposée avec
les autres bagages à l'hôtel de Bergeret, Bergeret prétendit la
retenir, pour se rembourser des frais du voyage du peintre.
Là-dessus, fureur de Fragonard, procès, nomination d'ex-
perts, et condamnation de Bergeret à rendre les dessins à
Fragonard ou à les lui payer 30,000 livres. Bergeret paya,
mais se vengea assez lâchement en rayant sur son journal
manuscrit l'éloge du ménage Fragonard, et en le remplaçant
par cette note en marge : « Observation faite au retour avec
connaissance de cause, on peut prouver les bornes de son
talent dont moi-même je me suis trop enthousiasmé ; ses

farceur, « l'aimable Frago », comme il s'appelle lui-même, se montre si drôlement dans
le piquant bulletin d'une entorse. Dans un
premier croquis, on le voit tombant : *M Frago
qui se trompe de porte et tombe dans un endroit
où il n'y avait point de chaise percé et se fait*

connaissances qu'on peut encore borner sont de peu de ressource à un amateur, étant noyées dans beaucoup de fantaisies; — toujours égal parce qu'il avait joué cette égalité, et
toute la souplesse qu'il paraît avoir ne vient que de lâcheté et
poltronnerie, ayant peur de tout le monde et n'osant donner
un avis franc en négative, disant toujours ce qu'il ne pense
pas, il en est convenu lui-même. — Pour madame, il ne vaut
pas la peine d'en parler, cela pourrait gâter mon papier. » A
ces injures de colère qui ne méritent pas de peser sur la mémoire du mari et de la femme, hâtons-nous d'opposer la sincère et curieuse note que nous communique M. Th. Fragonard : « Il n'y a rien d'étonnant à ce que M. Bergeret en
voulût davantage à Mme Fragonard qu'à son mari. Elle seule
était chargée des affaires d'intérêt de la maison, *c'est ma cais-
sière*, disait en parlant d'elle, l'artiste qui avait les chiffres en
horreur, adressez-vous à elle. Et en effet les questions d'argent le touchaient peu; cela est tellement vrai que le jour où
l'on apprit que les rentiers perdaient les deux tiers de leur
revenu, il se mit à battre des entrechats. — Ah! lui dit sa
femme, est-ce que tu deviens fou? — Nullement; mais je me
réjouis. — De quoi? que pouvait-il arriver de pire? — Dame!
si·on avait tout pris. — Mais cette philosophie l'abandonna
quand il perdit sa fille Rosalie, jeune personne de la plus
grande espérance, morte à dix-huit ans; il fut si violemment

une entorse cruelle à huit heures et demie et deux secondes. Dans une autre, des dames lèvent de surprise et de douleur leurs bras au ciel : *Retour des dames à dix heures, effets douloureux et bien doux pour l'aimable Frago.* Le voici sur un lit couché : *Situation d'ordonnance pour quinze jours.* Sur une autre feuille, c'est une

affecté qu'il éprouva une grave atteinte de choléra-morbus, maladie rare alors, et c'est à la suite de cette épreuve que, sur l'avis des médecins, il alla passer une année dans le pays natal. Cependant, peu de temps après sa brouille avec Berge-ret le financier, un autre financier célèbre, le fameux Beaujon voulut créer quelque chose comme les jardins d'Armide dans l'immense propriété qu'il possédait sur l'emplacement qu'oc-cupe aujourd'hui tout un quartier des Champs-Élysées; pour cela faire, il s'adressa à notre artiste qui remua à plaisir l'eau et la terre du financier, et l'on parlait partout des mer-veilles de la folie Beaujon. Bergeret, qui possédait à Cassan, près de l'Isle-Adam, une assez belle propriété dont il faisait ses délices, devint jaloux de son confrère, il regretta ce qui s'était passé autrefois; il fit tant qu'il obtint sa grâce, il put enfin emmener à Cassan l'artiste et toute la famille. Cassan prit alors une physionomie nouvelle; mais de tant de mer-veilles il ne reste plus rien. Cassan, abandonné à l'État par Bergeret, qui, pour sauver sa tête, se dépouilla de son im-mense fortune à l'époque de la Révolution, et se réduisit pour vivre à une rente viagère de 1,500 francs, Cassan, dis-je, tomba vite en ruine. — Bergeret ne vécut pas longtemps après cela; mais jusqu'à sa mort il resta lié d'amitié avec Fragonard. »

enfilade de gens vus de dos sur un banc ;
d'abord deux enfants ; *Rosalie, Fanfan,* puis
Frago et sa femme, et au-dessus : *Confidence de
Frago à sa femme à huit heures et demie.* Puis
M. de la Gervaisais. Puis *Mlle Gérard.*

X.

Le dessin, chez Fragonard, est sa plume
d'écrivain. C'est, comme on le voit, sa manière
de correspondance, sa forme de billet. C'est
plus encore : on pourrait dire que le dessin
est le journal de son imagination. Tout ce qu'il
pense lui échappe par là : il s'y confesse et
s'y envole. La complète collection de ses dessins serait l'histoire légère et poétique de sa
vie, de ses idées, de ses goûts, de ses opi-
nions, de ses humeurs : on y aurait les mémoires du peintre et de l'homme. L'on ver-
rait son culte pour Rousseau, ses larmes sur
« l'homme de la nature » dans tous ses dessins religieux de l'île des Peupliers à Ermenonville. Ses amours en musique, on les retrouverait dans ce dessin de Gluck, couronné

de lauriers, assis à un pupitre idéal, entre le
buste d'Homère et celui de Virgile, la main
sur une feuille de papier où Fragonard a jeté :
Et mon cœur et mes œuvres. Son admiration
pour Franklin, qui venait apprendre les secrets de l'eau-forte chez l'ami Saint-Non, elle
éclate, elle bouillonne dans ce dessin tita-
nesque, l'apothéose allégorique de l'arra-
cheur de foudre. Ses tableaux n'en disent
pas autant sur lui : dans sa peinture, il est
Fragonard ; dans ses dessins, il est moins et
plus : il est *Frago* tout court et tout intime-
ment.

Suivez-le dans le premier coup d'aile d'une
idée, lorsqu'il jette au papier l'âme d'une composition, lorsqu'il cherche et tâtonne à travers
le nuage ; surprenez-le dans ces dessins de
matin, ces crayonnages qui s'éveillent ; regardez ces lavis faits de si peu, ces semis de
jolies taches, ces souffles, hélas! ces riens
charmants, enviés du jour, dévorés de soleil,
pâlissant, s'effaçant, plus adorables, semble-
t-il, à mesure qu'ils meurent un peu[1] : si petit

---

1. Les bistres de Fragonard ont contre eux le soleil. Ses
tableaux, et surtout ses tableaux finis, souffrent d'autre chose :

que soit leur cadre, le maître est là tout entier.
Le plus souvent, il use du bistre, un bistre
qu'il jette vivement sur un trait de mine de
plomb. C'est son procédé préféré pour essayer
un effet, avoir la vision d'un tableau futur,
faire flotter sa lumière à demi fixée sur le
papier mouillé qui boit les contours ; et quel
parti Fragonard sait en tirer ! Chez lui le bistre
n'est jamais noir, n'est jamais lourd ni pâteux ;
il s'anime de la légèreté, de la transparence,
de la chaleur fauve qui l'avait fait adopter à
Rembrandt pour ses dessins. Le travail sur le
papier mouillé, qui enlève la sécheresse même
aux frottis de premier plan, qui estompe et noie
les plus grandes vigueurs dans la fonte d'une
tache de marbre ; le délavage des fonds, l'ab-

---

ils se sablent déplorablement de litharge. Ceci vient de l'habitude qu'avait Fragonard de se servir de stil de grain d'Angleterre en guise de bitume, qui ne séchait pas assez vite pour
lui. Puis les glacis sur le stil de grain lui donnaient d'agréables
tons blonds. Mais ce procédé avait l'inconvénient de faire
repercer, comme on le voit aujourd'hui, le stil de grain. Au
fond, en dehors de ses couleurs de préparation, la grande
cause de la détérioration de sa peinture est son impatience de
peindre ; il ne voulait pas attendre, il jetait des tons sur des
tons non encore secs. De là, la volatilisation des dessous écar-
tant les dessus de sa peinture.

sence de teintes cernées; ce pinceau qui ne semble prendre d'une couleur que la vapeur; au milieu des bruns de l'ombre l'admirable éparpillement du jour, ces rayons courant dans toute la composition avec les réfractions du soleil dans une glace, ces nimbes de clarté dans lesquels le dessinateur fait resplendir les têtes et les épaules nues, ces coups de midi frappant le milieu de son dessin, faisant expirer le bistre en teintes imperceptibles et ne laissant plus sur le papier que la douceur grise du crayon, tout fait sortir de ces bistres de Fragonard une amoureuse lumière blanche, un éblouissement gai de visages, de chairs, d'étoffes.

Et de là, quelles divines petites figurines de femmes se lèvent, fines, spirituelles, délicates, avec leurs bouquets de cheveux noués d'un ruban et noirs d'une goutte de couleur, leur profil de statuettes de porcelaine ombré et tournant sous un soupçon de lavis, la vie mutine que leur donne, à la façon de mouches de bistre, une piqûre de pinceau à la prunelle de l'œil, à la narine, au coin retroussé de leurs petites bouches en cœur !

Comment ne pas parler ici de la *Lecture* du
Louvre? A côté d'une femme dont on ne voit
que le dos, un fichu, un chignon, un bonnet,
un bout de livre où elle lit, d'un plâtras de
bistre se détache une femme de profil, un
pouf noir sur ses cheveux légers comme de
la soie, un collier de ruban au cou; elle est
assise de côté, un bras replié sur le dossier
du fauteuil, un autre abandonné dans le creux
de sa jupe ouverte, ballonnante, argentée,
cassée à grands plis de satin blanc. Jamais,
avec si peu de chose, Fragonard n'a fait une
femme. Elle s'avance toute claire, toute svelte,
presque diaphane, du fond noir et solide du
dessin : c'est une ombre de coquetterie, et
« une petite reine », comme disait le temps,
l'élégance et la grâce même du peintre. Ici,
sous les zigzags d'un bouquet d'arbres, c'est
un taureau blanc levant la tête d'un bassin,
et, le muffle encore baveux de filets d'eau,
regardant un couple d'amoureux qui s'embrasse au fond du dessin, dans la chaleur d'été
du bistre. Fragonard s'amuse : prenez garde,
il va polissonner! Le voilà qui jette un *Maître*
de danse dans un salon du temps. Tan-

dis que des dames s'amusent, auprès de la cheminée, d'un petit chien qui fait le beau, à côté du tabouret où pose la pochette, le ravissant petit-maître, enlevant et faisant pirouetter entre ses bras sa belle élève, montre, sans le vouloir, un peu de ses jolies jambes au fin matois d'abbé lisant son bréviaire, là-bas, dans l'embrasure de la fenêtre. Et que cela est délicieusement troussé! Le pinceau a la vivacité du geste et de l'envolée de la scène : un peu d'eau, un peu de bistre, un coup de main, — et le tour est fait!

Des bistres, — Fragonard en sème, en répand, il en laisse aller au papier de toutes les sortes, quelques-uns d'un tel flou, si noyés, qu'ils semblent tremper dans l'eau ; d'autres puissants, d'accusation vigoureuse et violentée. Ce sont des études de taureau dans l'étable, des ouvrières vaguant en manteau de lit dans leur dortoir, des danses de marionnettes, des portraits de femmes du temps dans le trifouillis de leurs fanfreluches, des scènes d'évocation inspirées par la magie de Cagliostro, des foules grouillant dans des jardins, sous les grands pins d'Italie, des paysages où le piétiné et le tremblé du pinceau fait un fourmillement d'herbes, d'animaux, d'arbres.

Plus rarement Fragonard, pour la claire et transparente incarnation de ses idées, use de l'aquarelle, d'une aquarelle à peine teintée : lavis charmant de douceur et de lueurs délicates. Parfois pourtant, échappant à ces timidités de coloriage du temps, il risque, en les relevant d'un travail de plume, des valeurs vives, hardies, brillantes, une vraie peinture à l'eau qui peut servir d'esquisse à son tableau. Cette audace de main qui lui fait violenter l'aquarelle, on la retrouve dans ces gouaches, dans ces orages qu'il maçonne avec des solidités d'ébauche à l'huile, et où il jette toujours en quelque coin, comme sa signature et sa fanfare, quelque note éclatante de rouge. Au pastel encore, il arrache l'effet avec ses dessins brutalement crayonnés de noir, balafrés d'écrasis de crayons de couleur, de blanc, de bleu, de rouge, ayant la largeur, la traînée d'une large brosse.

Mais où le dessinateur est inimitable, c'est dans le maniement de la sanguine. Là il l'emporte sur tous, et sur Hubert Robert

même, qui devient froid, maigre et mince
auprès de lui. Badinages des ciels, échevè-
lement pittoresque des parcs, massifs profonds, fines architectures perdues dans le
frottis rose des fonds, — quels jeux de sa sanguine! Il semble qu'il ait entre ses mains son
crayon rouge sans porte-crayon : il le frotte
à plat pour couvrir ses masses; il le fait sans
cesse tourner entre son pouce et son index en
virevoltes hasardées et inspirées. Il le roule, il
le tord, avec les branches qu'il indique; il le
casse aux zigzags de ses verdures. De son
crayon qu'il ne taille pas, tout lui est bon.
Avec son épointage, il fait gras, large, appuie
sur les parties ressenties; avec l'aiguisage du
frottement, il touche les finesses, les lignes,
la lumière, — tout cela avec un art fiévreux,
enragé, attrapant le caractère du paysage, le
faisant copieux, chevelu, feuillu, croquant,
emmêlant la nature aux balustres et le nuage
aux cimes des bois. Plus vaillantes encore sont
d'autres sanguines de lui : des études de
femmes, d'après nature, faites de premier coup,
où la sanguine presque écrasée, sabrant les
fonds de ses tirebouchonnements, brutalise les

étoffes, les garnitures de robes, chiffonne victorieusement la fantaisie et les brimborions
de la toilette, attaque aussi vivement la figure,
la hache d'ombre, et fait ce miracle d'y laisser sous le crayonnage emporté le sourire
d'une jolie femme.

Feuilletez tous ces dessins de Fragonard [1],
feuilles éparses, pensées volantes que nous
montre cette chapelle de son œuvre : la collection Walferdin, les collections de MM. Marcille, de Mᵐᵉ de Conantre, etc., le souvenir
des ventes Saint, Norblin, Villot, les gravures,
les *fac-simile,* — l'enfance y revient à tout
moment, l'enfance y rit presque partout. Elle
est la fraîcheur, la jeunesse, l'innocence de
tous ces petits tableaux. L'enfant, le petit
enfant à la brassière écourtée, piétinant et
dansant dans le soleil avec un peu de l'envolée et de la nudité d'un petit dieu, l'enfant
avec ses petites mains de caresse errantes sur
la figure et le sein des mères, l'enfant avec

---

1. Fragonard a fait un très-grand nombre de dessins, entre
autres des séries d'illustrations pour le Don Quichotte, le
Roland Furieux, les contes de La Fontaine. De cette dernière série, un petit nombre seulement ont été gravés.

sa bouche en cœur, l'enfant dans son compa-
gnonnage avec le chien et l'âne, monté sur
leur dos ou pendu à leur cou, l'enfant tout
blanc dans sa grande petite chemise de nuit,
en haut de la pyramide d'enfants qui guettent
la poêle des beignets, l'enfant blondin et frisé,
une poupée dans les bras, qui prêche sur un
buffet avec l'air d'un petit saint Jean de cire [1],
— toutes ces petites bonnes gens-là font une
lumière et un tapage de Paradis dans les
scènes de Fragonard. Quand ils sont trop
petits, il endort la vie de ces petits êtres,
au milieu d'un jardin en fleur, sous les tendresses penchées d'une mère, dans un berceau qu'on dirait poussé avec les bouquets
de roses qui s'effeuillent dessus [2]. Plus grands,
il les montre debout sur une caisse d'oranger
emmaillottés par des mains maternelles dans
une couverture dont ne sort que leur petit
visage. Ou bien, il les fait monter sur les
genoux de leur mère en ascension d'anges. A
les grouper, à les rassembler, à faire jouer, à

1. Voyez l'*Heureuse Fécondité*, les *Beignets*, le *Petit Prédica-
teur*, gravés par Delaunay, etc.
2. La *Bonne Mère*, gravé par Delaunay.

culbuter tous ces *fanfans* il semble que le
dessinateur ait des joies de père, et l'on dirait
qu'il fait sauter ses compositions sur ses genoux. Comme il les dessine de leur âge, gais,
vivants, roses et fous, ces tout petits garçons,
ces jolis petits bouts de filles, ces brins de
femmes! Ce ne sont pas les enfants que peint
Chardin, déjà petit bourgeois, sérieux, gran-
dis dans le sombre des pièces à petits carreaux, dans les leçons graves de la vie res-
treinte et sévère : c'est vraiment la famille de
Fragonard, les enfants de son génie, que ces
petits démons libres, épanouis, rayonnants,
montrant des genoux de Cupidons entre leur
culotte et leurs bas roulés, enfants gâtés du
bonheur et de la campagne, de l'amour et de
la nature, bâtards bénis de bergères et de
grands seigneurs, que l'on s'imagine nés des
scènes vives du peintre, des couples d'amants
que ses pinceaux renversent sur des bottes
de foin.

L'enfance porte bonheur à Fragonard.
Elle lui inspire tous ces dessins charmants
dont je ne veux citer que quelques-uns : le
chien que coiffe une petite fille devant une

glace, le grand et magnifique morceau de la
femme qui distribue à ses enfants du pain
qu'elle tire d'une huche, — et celui-là : *Dites
donc, s'il vous plaît,* qui prête, avec un peu de
bistre, tant d'embarras et une si jolie moue
au bambino en chemise courte.

Mais pour mettre l'enfance toute vivante
dans son œuvre, ce n'est pas assez pour Fragonard du dessin, de la peinture même ; il lui
faut un procédé, un art particulier, nouveau
par la manière dont il y touche, un art où il
fera oublier tous ses devanciers et défiera
tous les imitateurs : la miniature.

Une miniature de Fragonard, c'est l'exquis du joli, la merveille du petit art, une
chose enchantée, et qu'il ne faut comparer à
rien dans le xviiie siècle, pour le fin et délicieux chatouillement du regard, qu'à une terre
cuite de Clodion. Placez à côté toutes les miniatures du temps : elles pâliront, elle noirci-
ront, elles laisseront voir la peine de leur
travail, leur petitesse, leur minceur. Les plus
brillantes, les plus fraîches, les plus libres,
celles qui auront le plus cherché la vie, celles
qui auront le mieux échappé à la sécheresse

du métier, à l'ingratitude du procédé, paraîtront des miniatures, et rien que des miniatures. Même celles de Hall, aujourd'hui si
chères, ces petites peintures égayées, vivi-
fiées, avec leurs badinages et leurs petille-
ments si fins, leurs aiguillures de gouache,
vous les verrez, malgré la science et l'esprit
du travail, s'effacer devant un Fragonard.
Plus de charme, plus de brillant. Ses petites
figures se violacent. Il est froid, il est menu,
et on ne voit plus en lui qu'un homme habile,
spirituel à coups d'épingle. Mais le rayonnement de la peau, l'éblouissement du teint, la
lumière de la vie sur un visage, — et d'une
vie toute jeune, de cette vie blanche de l'enfance, pleine d'une santé d'innocence, et
comme baignée encore du lait qui l'a nourrie,
— Fragonard seul atteint cela dans ses miniatures. Et c'est son grand triomphe de donner
de l'enfance cette figuration animée, presque
idéale, qui semble l'image où une mère regarde le portrait de son enfant, et le rêve plus
qu'elle ne le voit.

Des enfants, Fragonard a peint là les yeux
de diamant noir humides. Il a su rendre cette

flamme des jeunes regards, la mouiller, l'allumer, mieux que n'ont fait, avec les ressources de l'huile, Greuze et le peintre anglais Lawrence. Il a peint le nuage de leurs traits, la molle et délicate indécision de leurs contours joufflus, leur chair douillette et soufflée, la fine porcelaine de leur front, le bleuissement d'azur de leurs tempes, la moue ou le sourire épanouissant ou fermant la fleur rouge de leur bouche. Vraies miniatures de soleil où vous chercherez vainement le travail, les hachures, le pointillé, les sécheresses des autres miniatures. Une goutte d'eau dans laquelle serait tombé un rayon, voilà le mystère et l'enchantement de ces légers chefs-d'œuvre. Des colorations qui ont la pâleur et l'effacement de tons noyés dans un verre d'aquarelliste, c'est tout le procédé de Fragonard. Son pinceau ne laisse pas une trace. A peine s'il couvre toute la feuille. Partout il laisse revenir la chaleur et le blanc crémeux de l'ivoire, transperçant de ses dessous ces petites mines rosées, faisant le fond et la tiède clarté de tous ces petits teints.

Ainsi faits de rien, d'un badinage et d'un

sourire du peintre, sont-ils assez jolis, tous
ces petits enfants frisés, avec leurs boucles
de cheveux si fins, si blonds, presque couleur
de jour, leurs collerettes bouillonnées, le chapeau et la veste flottante de Pierrot, qui les
fait sortir de leur cadre avec l'air de petits
anges de carnaval revenant d'un bal costumé
d'enfants! Sont-elles assez ravissantes, ces
petites filles, ces petites femmes, un nœud
bleu au corsage, le fil de perles au cou, la
collerette Médicis à la nuque, la poitrine décolletée dans un corsage à l'espagnole, petites
Belles aux cheveux d'or, petites Infantes de
féerie, séduisantes de la séduction de l'enfance de la femme, jolies de cette grâce
presque céleste qui tremble encore en elle et
semble à peine avoir touché la terre! Jamais
l'aube, les premières douceurs d'un visage
féminin, les transparences de chair d'une
toute jeune fille, l'ambre de ces ombres tombées du dessous de l'aile d'une colombe
blanche, la lueur de nacre courant aux épaules
frissonnantes d'un premier décolletage, jamais
les blanches tendresses vierges de la peau de
la femme n'ont eu un peintre pareil à ce mi-

niaturiste dont les petits portraits, si larges,
si moelleux, si vivants, si radieux, font penser
à ces grands peintres de la chair, Van Dyck
et Rubens, réduits à un format de médaillon, ou bien encore regardés par le petit
bout d'une lorgnette achetée au Petit-Dun-
kerque [1].

XI.

La Révolution arrive. Les premières et
généreuses illusions d'une rénovation, les
grandes perspectives de la liberté remplissent
le ménage de l'enthousiasme qui court les
ateliers et passionne les têtes d'artistes. Le

---

[1]. Il est curieux d'étudier chez M. Carrier, l'habile peintre
en miniatures, trois de ces miniatures de Fragonard, des
moins avancées, légères à ce point que le crayon s'aperçoit
encore dans les collerettes et les boucles de cheveux. On
voit là comme la palette de ses dessous, la chaude éclosion
de ses miniatures plus achevées, le lever de ces petites figures
tapotées, de ces petits fronts bossués, de ces petits yeux po-
chés, dans un premier barbouillis vibrant et tremblant de
soleil.

7 septembre 1789, Mme Fragonard figure, avec
MM^{mes} Vien, Moitte Lagrenée la jeune, Suvée, David, dans l'ambassade des femmes
d'artistes qui viennent offrir à la patrie, sur
les bureaux de l'Assemblée nationale, leurs
bracelets, leurs anneaux d'oreilles, leurs
bagues, leurs étuis, leurs aiguilles à tambour,
leurs bijoux d'or et d'argent. Et n'est-ce pas
dans son costume de patriotisme que nous la
fait voir la miniature possédée par M. Théophile Fragonard? Le petit bonnet de gaze
entricoloré de rubans et surmonté de la cocarde, les cheveux sans poudre tombant à la
garçon, la taille prise dans un *pierrot* blanc à
petit collet, les revers larges et rabattus, un
œillet rouge au corsage, — rien ne lui manque
de la mode nationale.

Fragonard, lui, pendant ce temps, dédie
la *Bonne Mère* à la Patrie. L'influence de David,
qui est resté son ami[1] et chez lequel il envoie

1. L'amitié de David pour Fragonard ne se démentit
jamais. Voici en quels termes il le proposa pour la conservation du Musée, en le mettant en tête de la liste des candidats : « Fragonard a pour lui de nombreux ouvrages ; chaleur
et originalité, c'est ce qui le caractérise ; à la fois connaisseur
et grand artiste, il consacrera ses vieux ans à la garde des

étudier son fils Évariste, le fait nommer conservateur du Musée, et plus tard membre du
jury des arts, constitué en brumaire de l'an II
de la République, sous la présidence de Pache,
pour juger les ouvrages de peinture, sculpture
et architecture mis au concours. Le triomphe
de la nouvelle école semble l'écraser et
l'éblouir : il paraît vouloir faire amende ho-
norable de son genre, de sa vive peinture ; et
de ses vieux doigts, si hardis à saisir les fan-

chefs-d'œuvre dont il a concouru dans sa jeunesse à augmen-
ter le nombre. » (*Histoire des Peintres* par M. Charles Blanc.)
Plus tard, en réponse à l'envoi d'un ouvrage d'Evariste Fragonard, David lui écrivait cette lettre d'un large esprit : « Je
suis bien sensible, mon bon ami, à votre tendre souvenir, il
me prouve que je suis présent à votre mémoire. J'ai reçu
avec bien de la satisfaction votre ouvrage, et j'ai eu un plaisir
incroyable à le parcourir. Continuez, mon bon ami, vous êtes
né pour aller loin ; quand on fait à vingt-quatre ans une pareille œuvre, on doit s'estimer heureux. Je félicite votre brave
père et je me mets à sa place. Qu'il jouisse complétement de
la liberté qu'il vous a laissée dans les arts ; car il a senti, en
habile homme, qu'il n'y avait point qu'une seule route pour
arriver au but, et le nom de Fragonard sera distingué dans
tous les genres. J'embrasse bien votre mère, et je n'oublie
pas Mlle Gérard ; la postérité m'en ferait trop de reproches.
Votre ami sincère, David. — Ce 23 vendémiaire an XIV. »
(Copie d'une lettre autographe de David faisant partie de la
collection de M. Moulin.)

taisies dans le nuage, il travaille à des dessins
pénibles, ennuyeuses imitations de l'ennui
des lignes d'alors, que lui achète quelque
amateur arriéré, quelque banquier bruxellois
ayant encore dans l'oreille le bruit de son
nom[1].

Cependant bientôt arrivent les déceptions,
les retranchements, la gêne. Fragonard avait
18,000 livres de rente sur l'État; avec les
réductions, les consolidations, ses 18,000 livres
de rente tombent à 6,000. Il se trouve si
pauvre avec cela, qu'il les place en viager
sur la tête des siens. A demi ruiné, il perd
encore cette place de conservateur, où, malgré une vive opposition, il avait fait adopter
la séparation des écoles. Les ennemis que lui
fait, parmi les gens de l'art de 1790, le passé
de son talent, circonviennent le ministre, qui
lui envoie sa démission sous le prétexte iro-

1. On trouve dans le catalogue de la vente du prince de
Ligne (Vienne, 1814) deux dessins grisaille : l'un représentant « le Sénat assemblé pour décider la paix et la guerre »;
l'autre, « la Fermeture du temple Janus ». Ces deux dessins
avaient été envoyés par Fragonard à M. d'Aoust, banquier à
Bruxelles, qui les avait payés 400 livres.

nique de le rendre à ses importants travaux[1].

Perte de son argent, perte de sa place, oubli de sa vieille gloire, Fragonard supporta toutes ces tristesses de la fin de sa vie avec de la jeunesse d'esprit, une patience allègre, un courage gai, un heureux fond de belle santé. Il tenait de son père, mort à quatre-vingt-dix ans de la courbature d'une chasse où il avait voulu aller tuer du gibier pour le dîner du baptême de son petit-fils Évariste. Leste, ingambe, il promettait la même carrière, lorsqu'un jour, en revenant à pied d'une course

---

1. Voici, d'après les Archives du Louvre, l'historique des fonctions remplies par Fragonard dans l'administration de l'art. Le 12 pluviôse de l'an II, il figure parmi les membres du Muséum national des arts, lors de son installation. Le 19 pluviôse, il est élu président du Conservatoire du Muséum. Le 24 ventôse, il est délégué avec Lesueur pour la plantation d'un arbre de liberté, et son nom figure dans toutes les commissions nommées par le Conservatoire. Le 15 thermidor, Fragonard, cessant de faire partie du Conservatoire, continue à être de la commission temporaire des arts. En l'an III, il figure parmi les cinq membres du Conservatoire. La même année, il est nommé président. Puis, en l'an V, il ne fait plus partie de l'administration du Musée national, et en l'an VIII, 22 prairial, sa place d'inspecteur des convois d'objets d'art envoyés du musée spécial de Versailles au musée central de Paris est supprimée.

au champ de Mars, ayant soif et chaud, il
entra prendre une glace dans un café : une
congestion cérébrale suivit et l'emporta. Il
avait soixante-quatorze ans [1].

Il mourut obscur, oublié. Il n'eut pas même
la courte nécrologie que le *Journal de l'Empire* donne à Greuze, la ligne dont il annonce
la mort des artistes. Et rien ne le rappela à
ses contemporains qu'un souvenir, un tableau
exposé au Salon de cette année-là même, où
Mlle Gérard avait mis pieusement dans la tête
du Bailli les traits et la ressemblance « du
bon ami Frago [2] ».

1. Fragonard mourait le 22 août 1806. Voici l'acte de décès tel que le *Cabinet de l'Amateur* de M. Piot l'a relevé sur les
registres du 11e arrondissement. — « Du vendredy, 22 août
1806. Acte de décès de M. Jean-Honoré Fragonard, peintre
de la ci-devant académie, âgé de soixante-quatorze ans cinq
mois, né à Grasse, département du Var, décédé aujourd'hui à
cinq heures du matin, palais du Tribunat, maison de Véri,
restaurateur, division de la Butte des Moulins, époux de d°
Marie Gérard. — Les témoins ont été MM. Alexandre-Évariste Fragonard, peintre d'histoire, demeurant rue Verdelet,
n° 4, division de la Halle au Bled, fils du défunt, et Jean-
Baptiste Alezard, propriétaire. » — Mme Fragonard mourait en 1824 à l'âge de soixante-dix-sept ans ; et Mlle Gérard
en 1837, à peu près au même âge que sa sœur.

2. Le *Pausanias français*, 1806.

XII.

Pour décrire le grand tableau de Fragonard, Diderot a imaginé de le rêver. Il ne
pouvait mieux faire : Fragonard est le maître
du songe. Sa peinture est un rêve, — le rêve
d'un homme endormi dans une loge d'Opéra.

La scène s'efface, la salle s'éteint. Le coin
du Roi et le coin de la Reine disparaissent.
L'orchestre s'éloigne. La musique expire, et
dans un murmure ailé d'instruments invisibles,
un air de Gluck soupire, voltige et meurt. Peu
à peu, tout se tait, tout finit, — puis doucement tout revient. Le sommeil relève en
silence la toile du théâtre. Et l'opéra recommence devant le dormeur, un opéra céleste
et triomphal. Les palais, les temples, les campagnes, les colonnades de marbre et de verdure, se lèvent dans une vapeur. Les changements à vue se jouent dans les feux de
Bengale. Les métamorphoses de la Fable se
succèdent. Les allégories rayonnent. La cor-
beille de Flore se vide dans le ciel, et fait

pleuvoir le printemps. Les nuages de carton
se changent en nuages de gloire. Les pots à
feu répandent des auréoles. Les massifs de
roses deviennent des buissons ardents. Les
robes d'actrices, fendues et volantes, laissent
paraître des corps de déesses. Les cascades,
les jets d'eau brillent, se brisent et sautent,
lançant en l'air leur poudre de diamants. Puis,
tout à coup, ce n'est plus que Cupidons courant avec des torches dans une forêt de
cyprès ; et tout au fond, monte et grandit,
dans un éblouissement de flamme, le Temple
de l'Amour, l'Amour même de Bouchardon,
illuminé comme de l'immense flambée de bois
de cette fête de Trianon, — le dernier feu de
joie du xvIIIᵉ siècle !

PRUDHON

PRUDHON

I.

UAND l'inspiration de Watteau
disparut de notre école ; quand le
XVIIIᵉ siècle fut rejeté dans le
passé, avec ses mœurs, ses idées,
ses modes et ses goûts ; quand ce grand renouvellement de l'âme d'une nation et de la pensée d'un peuple, une révolution sociale, appela
les arts à un nouvel avenir en déplaçant leur
idéal, deux hommes se rencontrèrent en
France qui, avec des aptitudes opposées, un
tempérament contraire, des fortunes différentes, tentèrent de ramener la peinture aux
leçons de l'antiquité rappelée ou plagiée par

les hommes, par les événements même de leur
temps.

Le premier retournait au génie antique
par Winckelmann, aux lignes antiques par des
académies anatomiques. Il peignait les Horaces
et Brutus, il croyait retrouver Rome en resti-
tuant une forme de fauteuil ou le dessin d'un
glaive : c'était là ce qu'il appelait lui-même
« le style antique ». Plus tard il reconnaissait
que les Romains n'avaient été que des demi-
barbares auprès des Grecs : il quittait le style
romain, il cherchait le *grec pur* en copiant des
statues qu'il ne se cachait pas de reproduire re-
ligieusement dans ses tableaux. De ce « grec
pur » sortait *l'Enlèvement des Sabines*. Plus tard
encore, entraîné à la suite de la petite société
des « penseurs » de son atelier, il se tournait
vers les primitifs grecs, vers les primitifs go-
thiques ; et quel tableau sortait de cette inspiration du sentiment naïf, si innocemment anti-
académique, des œuvres qui dans toute école
annoncent le beau en semblant l'enfanter ?
Léonidas aux Thermopyles. Imagination sèche
et déclamatoire, main patiente mais non inspirée, conscience hésitante, dessinateur pé-

nible et matériel, incapable de rien dessiner sans le modèle, et auquel rien n'apparaissait dans l'ensemble de la vision intérieure, c'était toujours par le décalque et la copie qu'il s'approchait de l'art antique, dont il croyait embrasser l'âme lorsqu'il n'en embrassait que le squelette.

Cet homme, gâté par les adorations de l'admiration publique, immortel de son vivant, était proclamé, par le goût et aussi par les passions des contemporains, le restaurateur de l'antiquité : c'était David.

A l'écart, dans l'ombre, il y avait un peintre que David appelait avec mépris « le Boucher de son temps ». Cependant celui-ci portait dans la tête la Grèce et les Dieux. Il n'arrachait pas lambeau à lambeau les beautés de l'art antique ; il les trouvait dans son âme, elles rayonnaient sous sa main. L'intuition était sa science. Sans modèle, il animait ses créations avec le mouvement et la lumière de la vie, il faisait courir le sang sous la chair, et la divinité dans ses personnages. Les statues sacrées marchaient et respiraient sous ses pinceaux, comme des marbres sortis de terre qui prendraient leur essor dans la peinture d'une Renaissance. Et le génie de l'antiquité allait une dernière fois revivre dans son œuvre. Mais le nom de ce peintre ne devait être populaire que dans la postérité : il s'appelait Prudhon[1].

II.

Le 4 avril 1758, Pierre Moreau, marchand épicier de la ville de Cluny, et dame Ursule Mutin, épouse de François Blais, marchand de ladite ville, présentaient au baptême un pauvre enfant né le jour même : c'était le dixième fils de Christophe Prudhon, tailleur de pierres, et de Françoise Piremol, Pierre Prudhon[2], qui plus tard, sur son acte de mariage, signera

1. Je conserve l'orthographe consacrée du nom de Prudhon qui n'a pas plus de raison de s'écrire Prud'hon que Prudon.

2. Voici l'acte de baptême de Prudhon :

« Ce jourd'hui (4 avril 1758), je prêtre curé de la paroisse de Saint-Marcel-de-Cluny, ai baptisé Pierre fils de Christophe Prudon, tailleur de pierre, et de Françoise Piremol sa femme, né ce même jour. Son parrain Pierre Moreau, marchand épicier, et sa marraine dame Ursule Mutin, épouse de François Blais, marchand de drap. Tous de la dite ville. »

Pierre-Paul, du nom de son second parrain :
Rubens.

L'enfant du tailleur de pierres grandit
comme les enfants du peuple, à la dure, au
froid, au chaud, et faisant de misère bonne
santé. Mais il grandit aussi, couvé par le
cœur d'une mère qui apportait dans son affection maternelle, dans ses caresses pour le
dernier venu de ses enfants, les plus rares
délicatesses de sentiment, les plus douces
tendresses, et ces baisers qu'ignorent d'ordinaire les enfants du pauvre. Toute sa vie,
Prudhon devait se ressentir de cette éducation
d'amour qui, en donnant à son âme, naturellement sensible, la tendresse, l'expansion, la douceur, le dévouement d'une âme de
femme, le livra, sans défense, aux blessures
de la vie, aux déceptions des illusions et aux
tourments des affections humaines[1]. Les années

1. Une lettre que Prudhon écrira en 1785 à Fauconnier
pour le consoler de la mort de sa mère est une révélation de
la douceur de son enfance et du retour qu'y faisaient bien souvent ses souvenirs :

« ... *Que vous dirai-je, mon ami! J'ai éprouvé comme vous le
même malheur. J'ai perdu en quatre mois un père et une mère qui*

passaient, et le petit garçon allait, avec les autres enfants pauvres de la ville, dans les forêts des Bénédictins, ramasser le bois mort pour le feu du souper ; éveillé, mutin, hardi entre tous, et montrant sous ses haillons, dans l'ombre des grands bois, une physionomie où l'intelligence commençait à s'éveiller, où l'avenir semblait déjà mettre une promesse.

Souvent le prêtre s'attache à l'enfant par une protection paternelle, par une paternité morale. Beaucoup des gloires de l'ancienne France, la France les doit à ce besoin d'adoption de l'homme qui vit dans le célibat et ne peut être père. Le curé de Cluny était un de ces hommes d'Église qui se font les pères du

m'aimaient tendrement. Bien plus, il ne m'est resté que des frères et des sœurs en qui j'ai trouvé moins d'affection et plus d'indifférence que dans des étrangers. A l'âge où j'étais alors, il m'était bien dur de n'avoir plus personne qui s'intéressât à ma jeunesse; cependant il a fallu boire le calice jusqu'à la lie ! D'autres malheurs survinrent ; on retira ma pension. Je restai donc sans fortune, sans secours, sans talent; de plus ingénu, timide, confiant, ne connaissant point le monde, et enfin abandonné à moi-même. Que de petites misères et qui étaient bien grandes pour moi, il m'a fallu essuyer. Par combien de situations embarrassantes il m'a fallu passer. Combien de fois il m'a fallu être dupe de ma bonté et combien j'ai trouvé qui en ont abusé ! Quelle comparaison de ce temps avec celui que j'ai passé dans la maison paternelle. » (Lettre appartenant a M. Pelee, publiee par M. Clément.)

génie d'un enfant. Voyez son portrait : ses
cheveux gris, son beau front que les rides
rayent sans le creuser, son regard clair tem-
péré de bienveillance, son nez large et bien
ouvert, cette bouche qui sourit tranquillement,
cette face intelligente de Bourguignon qui dit,
par toutes ses lignes, santé, bonté, droiture ,
vous devinerez quel protecteur et quel ami ce
dut être pour le petit Pierre Prudhon que le
curé Besson. Il fit de l'enfant son enfant de
chœur et son élève, il lui donna lui-même
les principes rudimentaires de toutes choses ;
puis, se défiant de lui-même et sentant s'agiter quelque chose d'inconnu dans cette petite
cervelle, il envoya le fils du tailleur de pierres
à l'abbaye, et obtint pour lui des leçons des
moines de Cluny. Prudhon entre donc dans
cette abbaye de Cluny dont la double église
était grande, à vingt pieds près, comme
Saint-Pierre de Rome. Il vit dans ce monde
de pierre et de marbre, de colonnettes histo-
riées, de vitraux, de statues, de boiseries, de
tapisseries. Il demeure ébloui devant cette
chapelle de Bourbon, un trésor de magnificence, dont les chapiteaux portaient douze

statues d'argent. Sa pensée et ses yeux se
perdent dans cette coupole de l'abside où le
drame et le peuple de la Bible s'agitaient sur
un fond d'or. Et soudain, au fond du pauvre
enfant, c'est comme une lumière confuse,
comme un lointain appel, une aspiration
encore inconsciente, une volonté pleine de
trouble qui remue en lui. A mesure qu'il
s'abîme dans la contemplation de toutes ces
choses animées par la main de l'homme, sous
ces voûtes rayonnantes d'images, au milieu de
ces murs peuplés de formes, il sent monter en
lui, impérieuse, indomptable, l'ambition d'être,
lui aussi, un sculpteur, un peintre : sa vocation lui apparaît. Alors ses cahiers d'étude se
couvrent de croquis qui prennent la place du
latin ; de son canif il fouille et travaille le bois
et tout ce qui lui tombe sous la main, — le
savon même d'où il fait un jour sortir toute
une Passion qui l'étonnera plus tard, à son
retour d'Italie. La peinture surtout le tentait.
Il pressait le suc des plantes et des fleurs, il
se fabriquait des pinceaux avec des poils
ramassés sur les harnais des chevaux, et il
peignait. Mais quel dépit, quel désespoir de

ne pouvoir arriver au ton, à la vigueur des
tableaux de l'abbaye! jusqu'au jour où ce mot
d'un moine : « Vous ne réussirez pas : ils sont
peints à l'huile, » l'éclairait comme une révélation. Il retrouvait, il inventait la peinture à
l'huile.

Chez M. Marcille, dans cette collection qui est l'histoire du talent de l'homme
depuis ses bégayements jusqu'à sa maturité
triomphante, on retrouve une des premières
peintures à l'huile du jeune peintre. Cela
représente, enguirlandés de grosses roses
rouges, et s'échappant des deux côtés d'un
mascaron, tous les chapeaux qui coiffaient en
ce temps la Bourgogne civile et militaire, en
négligé du matin ou en tenue de gala. Sur le
devant, chapeaux et tricornes galonnés d'or;
à droite, couvre-chefs noirs à larges bords
lisérés d'un ruban blanc et rouge, et grands
chapeaux clabauds ; à gauche, chapeaux
ronds et feutres blancs emboîtés les uns
dans les autres en pyramide. Au milieu du
cadre de tous ces chapeaux, l'on voit une
espèce d'antre où deux ouvriers farouches, en
bras de chemise et dans la vapeur de l'eau,

raides comme des figures de l'art byzantin,
travaillent et apprêtent le feutre... Le peintre,
qui ne devait, plus tard, tracer au bas de ses
toiles que la légende des fables de l'Olympe
et des allégories morales, a écrit : *Charton,
marchand chapelier, vend toutes sortes de chapeaux fins et autres,* au bas de ce panneau,
peint brutalement selon les plus naïves et les
plus grossières traditions de la peinture d'enseigne. A peine si, en cherchant bien, l'on
débrouille les premiers tâtonnements du futur
coloriste argentin dans quelques égratignures
de lumière, quelques minces traînées de
blanc sur les chemises des deux hommes.

Cette curieuse peinture, et encore deux
griffonnages, pauvres croquis de commençant
dont la main hésite et tremble devant la nature, et que l'on donnerait à un misérable
élève de Schenau : une femme qui file au
rouet, et une petite fille qui donne la bouillie
à sa poupée, gravés en *fac-simile* par le baron
de Joursanvault, — tels sont les premiers
essais où Prudhon se cherche lui-même, et
poursuit, avant l'heure, son génie. Regret-
tons deux tableaux perdus de ces premiers

commencements. Peut-être la veine de Callot
nous eût-elle été révélée dans Prudhon par
ces deux portraits de Pierrot le Bavoux et de
Gothon Bibi, deux mendiants, vieux compagnons de ses courses dans les bois, qui
devaient, j'en réponds rien qu'à la couleur de
leurs noms, être de glorieux gueux, des types
de ces mendiants de la grande race vivant du
pain de nos anciennes abbayes.

Ces premiers travaux de Prudhon, l'obsti-
nation de ses efforts, sa furie de dessin, éton-
naient et intéressaient les moines, qui parlaient de lui à Mᵍʳ Moreau, évêque de Mâcon;
et le jeune homme était envoyé par Mᵍʳ Moreau à Dijon, à l'école de dessin de M. Devosge, dont les quelques tableaux gravés
montrent, chose bizarre, tout à la fois l'inspirateur et l'élève du genre de Prudhon.

Puis, au bout de longues et patientes
études, quand il commençait à ramasser ses
forces et à mesurer son élan, Prudhon était
rappelé à Cluny. Le jeune homme avait laissé
derrière lui une de ces liaisons que nouent, en
dehors de la sympathie et de la parité des
âmes, l'âge et le tempérament. Quand l'homme

eut reconnu tout ce qui manquait à celle qu'il avait aimée, pour être à la mesure de son cœur, à la portée de ses rêves, quand il eut compris son infériorité morale, et l'impossibilité d'élever jusqu'à lui cette créature vulgaire, il ne se crut pas délié d'un devoir de réparation, il ne voulut pas se dérober au mariage. Le bon curé Besson[1] bénit donc, le 17 février 1778, le mariage de son protégé avec la fille d'un notaire royal, qui ne donnait rien à sa fille pour se marier, et qui ne devait lui laisser guère plus à sa mort. Pauvre mariage[2], où l'élève de l'Académie de peinture et de sculpture de la ville de Dijon n'eut pour témoins qu'un tissier en toile et les trois clercs de l'étude de son beau-père.

Cette malheureuse union semblait briser

1. Ce portrait est dans la collection de M. Eudoxe Marcille. M. Clément le croit peint pendant le passage de Prudhon à Cluny, en revenant de Rome et avant d'aller à Paris. Dans le même temps, il aurait peint un portrait de M. Landel, industriel dijonnais qui le paya en nature, avec deux couvertures de laine de sa fabrication. (*Prud'hon. Sa Vie, ses Œuvres et sa Correspondance*, par Charles Clément. Didier et Cie, 1872.)

2. Prudhon eut de son mariage avec Jeanne Pennet, de 1778 à 1796, cinq enfants : quatre garçons et une fille.

l'avenir de Prudhon. Enlevé à ses études de
Dijon, cloué dans sa petite ville natale, lié à
son ménage, découragé de toute grande espérance, abaissé à un métier de gagne-pain, ne
voyant d'autre carrière devant lui que la carrière d'un pauvre peintre de portraits et d'enseignes, il rencontrait par bonheur une protection qui le sauvait du désespoir, un protecteur qui, en l'encourageant, en le soutenant
de compliments, en lui commandant des
dessins, en mettant un prix à tout ce qui
sortait de sa main, le défendait contre les
tentations du doute et lui rendait la confiance
en lui-même : j'ai nommé le baron de Joursanvault, chevau-léger de la garde du roi à
Beaune, cette belle et noble figure d'amateur
provincial esquissée dans ces lignes du graveur Wille : « Il a établi une espèce d'académie dans sa maison, il s'exerce dans les arts,
et il fait du bien aux jeunes gens qui marquent
de l'inclination pour les talents[1]. » Digne patron de Prudhon[2], ce protecteur de tant

1. Mémoires et Journal de Wille, 1857. Vol. II.
2. La maison de Cluny, habitée par Prudhon, a gardé jusqu'à ces années dernières, au-dessus de sa grande cheminée,

de cœur, qui appelait *mes enfants adoptifs*
les jeunes artistes qu'il aimait! C'est auprès de
lui que Prudhon vient chercher ses consola-
tions : c'est à lui qu'il confie ses tristesses, ses
luttes, ses embarras, ses aspirations et ses projets déçus : c'est à M. de Joursanvault que le
peintre écrit :

Monsieur,

« *Vous aurés sans doute de la peine à me pardonner mon
insoutenable paresse à répondre à la lettre dont vous m'avez
honorés; j'avoue mon tort et merite tout votre ressentiment à
cet égard; cependant daignez oublier ma faute et rappelez
vos anciennes bontés en ma faveur. Puis-je aussi me flatter,
monsieur, que vous ne dédaignerez pas mes respectueux ho-
mages et les vœux que je fais en ce nouvel an pour tout ce
qui peut interesser vos plaisirs et votre félicité; j'ose attendre
cette faveur de votre indulgence.*

« *Je travaillai hors de Cluzy lorsque vous me fites la
grâce de m'écrire et croyant mes travaux finis aller passer
l'hiver à Dijon, j'espérois avoir l'honneur de vous voir à
Beaune, mais la fortune qui se fait un plaisir de m'être contraire en a à mon grand regret décidé autrement. Vous me*

une peinture de jeunesse lithographiée par M. Pelliat. La tradition rapportait que le buste figuré dans le médaillon désigné et soutenu par les cariatides était un portrait de M. de
Joursanvault, dont la reconnaissance de Prudhon avait fait une
espèce de dieu lare de son pauvre foyer.

menacez dans votre dernière lettre de la perte de votre amitié, ce seroit pour moi le dernier des malheurs, j'ai plus que jamais à cœur de me conserver votre bienveillance, de grâce ne me la refusez pas! laissez-vous fléchir à mes prières, rappelez vous la promesse que vous m'avés fait de ne m'abandonner jamais!... Que je regrette bien sincèrement de n'avoir pas suivi vos sages conseils! qu'ils m'étoient utils! que j'étois aveugle! et que j'en ai peu profité : si du moins je pouvois encore réparer ma faute! mais il n'est peut-être plus tems...; que je suis malheureux! ayant amassé quelque argent, j'avois projeté d'aller continuer mes études à Dijon jusqu'au temps du concours pour l'Italie, mais malheureusement une personne m'ayant prié de le lui prêter pour quelques jours je n'osai le lui refuser et actuellement je ne puis rien en retirer. Je me vois par là hors d'état d'effectuer mon projet et contraint de passer le gros de l'hiver dans mon maudit païs; si vous voulés monsieur my envoyer des planches, quelques pointes et du vernis dont on se sert pour l'eau forte, je vous y gravères des sujets de ma composition ou autres, enfin tout ce qu'il vous plaira, ce sera si vous souhaitez à conte de la somme dont je vous suis redevable, car je ne suis pas présentement à même de vous la rendre en argent, ou si vous aimez mieux des dessins lavés ou à la mine de plomb je vous en ferai...

« Je reitère mes prières pour obtenir mon pardon de votre bonté, monsieur accordés moi le, je vous conjure, et croies que je suis avec les sentiments les plus respectueux et le plus parfait dévouement

« *Votre très humble et très obéissant serviteur,*

« PRUDHON P.

« *Je vous prie d'assurer mesdemoiselles Dembruns de mes respectueux devoirs et de leur souhaiter de ma part tout ce qui peut remplir leur souhait.*

« *A Cluny, ce 8 janvier 1780.* »

« *Cluny, ce 4 mars 1780.*

« *Monsieur,*

« *Votre charmante lettre m'a comblé de joie et de plaisir; vous m'assurez donc que je suis redevenu votre bon ami, que vous seriez peiné de rompre le vœu que vous en faites, et bien moi pour vous en témoigner ma vive reconnoissance, je veux faire mon possible pour m'en conserver éternellement le titre.*

« *Il faudrait que je fus singulièrement bizarre pour me brouiller avec vous pour les justes raisons que vous avez de ne m'aider ni de me conseiller dans mon voyage projeté à Dijon, assurément je me voudrais mal d'en avoir eu seulement l'idée. Cependant je crois, Monsieur, vos craintes pour Naigeon un peu hazardées, et votre prévention pour mon médiocre et très médiocre talent un peu forte, car n'ai je pas tout lieu de craindre qu'un travail de trois ans après d'excellents models et sous un maître éclairé, ne l'ait mis ainsi que beaucoup d'autres bien au-dessus des faibles efforts que je pourrai faire pour me distinguer dans le concour : je ne vois pas il est vrai de moyen quoique très-douteux plus prompt pour sortir de ma situation actuelle que ce concour de Dijon; mais ne crains-je pas aussi et avec raison de n'y faire que des tentatives infructueuses et trois années perdues ne me donnent elles pas de justes aprehensions et malheureusement trop bien fondées : la seule raison qui m'engage fortement à ce voyage ce sont les études que je serai dans le cas et à portée de faire et qui je crois ne me seront pas inutiles.*

« *Parlons un peu d'autres choses. Vous m'enhardissez,
Monsieur, et je redoublerais avec ardeur mes instances pour
vous engager à venir à Cluny si je ne consultais que mon
cœur et si je ne craignais aussi de vous incommoder, car je
prefererai toujours quoiqu'il m'en coute votre commodité et
vos goûts à mes désirs quelques violents qu'ils puissent être,
cependant, je ne puis m'en tenir là quand je pense au plaisir
de voir deux amis et un bienfaiteur ; allons monsieur et mademoiselle faite moi cette grâce sans repugnance, venez y ;
mon beau père, ma belle mère, mon épouse la désirent également et joignent leurs instances aux miennes pour obtenir
de vous cette grande faveur, vous voyez monsieur, mon cœur
l'emporte et me fait déjà oublier que vos goûts et votre
volonté doivent être les miens.*

« *Je commence aujourd'hui votre gravure que je soignerai
du mieux qu'il me sera possible, vos observations à l'égard
de Cipris et de la tombe sont fort justes et je m'y conformerai dans l'execution de la planche.*

« *Donnez moi s'il vous plaît et au plus tôt les nouvelles
de votre santé qui m'intéresse infiniment. Je crois que ces
diables de rumes tiennent tout le monde, car à Cluny on en
est assommé.*

« *Je suis, Monsieur, avec tout le dévouement et le respect
possible,*

   « *Votre très-humble et très-obéissant serviteur,*

     « Prudhon, peintre.

« *Mille choses de ma part à mademoiselle Dembrun* [1]. »

Cette liaison de patronage et de reconnais-

---

1. *Archives de l'Art français.*

sance dura ainsi pendant des années entre
M. de Joursanvault et Prudhon, qui continuait à s'occuper, pour son protecteur, de
menus travaux de dessin[1] et de peinture dont
on retrouve un échantillon dans la collection
de M. Grand. C'est un petit tableautin, touché
comme la plus fine miniature, qui représente
M. de Joursanvault en habit militaire, couronné par la Beauté, au milieu d'une Olympe
allégorique : l'Olympe des allégories commençait déjà à visiter l'imagination de Prudhon.

On ne baptiserait guère la toile du nom de
Prudhon sans cette lettre d'envoi, si curieuse
à tant d'autres titres pour la biographie du
peintre. C'est la confession des pensées, la
confidence de l'âme de Prudhon en 1780, et
ne semble-t-il pas qu'on y entende le cri de

1. A ce temps d'intimité de Prudhon avec M. de Joursanvault, se rattache une curieuse illustration. M. de Joursanvault
avait écrit une *Méthode pour la basse;* Prudhon fit à l'encre de
Chine une série de douze petits dessins où, prenant tantôt
pour modèle M. de Joursanvault père, tantôt M. de Joursanvault fils, tantôt le curé de l'endroit, il donne consciencieusement et spirituellement figurés la position de l'avant-bras et
les mouvements des doigts sur les cordes de l'instrument. Ces
dessins, sauf un seul qui est en possession de M. Mouilleron,
appartenaient à M. Teinturier.

ses ambitions et de son génie qui étouffent à
Cluny et appellent Paris?

« *Monsieur,*

« *Je ne suis point de votre sentiment, je trouve votre
charmante lettre trop courte, et d'autant plus qu'il y avoit
déjà longtemps qu'il me tardoit d'en recevoir, n'ayant pas de
plaisir plus sensible que l'honneur de votre entretien, ne fut-
il que d'une ligne ou d'un instant. Voulez-vous me permettre
de vous dire, Monsieur, que vous me flattez un peu trop,
soit au sujet du tableau que je vous ai fait, soit à celuy des
gravures que j'ai eu et que j'aurai l'honneur de vous faire; je
suis bien charmé que votre indulgence trouve passables les
petits ouvrages qui sortent de ma main; mais qui me répon-
dera que je ne me laisserois pas éblouir des choses trop flatteuses que vous dites en ma faveur, surtout en me les répétant
à moi-même: je crains bien ma foiblesse, et si mon peu de
mérite ne m'étoit bien connu, c'en seroit peut-être déjà fait.*

« *Scavez-vous que j'ai aussi une grâce à vous demander;
toujours des graces! je crains bien de vous fatiguer, mais
non celle-ci est d'un genre soutenable, c'est de me laisser
sortir de mon maudit païs après que j'aurai exécuté les ouvrages, soit peints, soit gravés, prescrits dans votre lettre,
outre que j'y perd un tems précieux que je regrette, je m'y
ennuis au delà de tout ce qu'on peut dire, et je ne puis y
rester plus longtemps sans prendre sur mes jours. Laissez-
moi aller à Paris, Monsieur, c'est là où non seulement je
pourrois vous faire des ouvrages plus dignes de vous et de
moi, mais où je serai à même de ne perdre aucun moment et de
me perfectionner de plus en plus; j'oserai seulement vous de-*

mander pour ce païs là votre protection et quelques-unes de vos connoissances, et j'espère bien que vous n'aurez pas à regretter de m'avoir accordé l'une et procuré l'autre. Voici quelles seront les études que j'y ferai le plus particulièrement : j'y dessinerai beaucoup 1° d'après l'antique pour prendre de belles formes, l'anatomie pour en connoître les précisions, d'après nature pour en saisir les finesses et réduire, si je le puis, le tout dans mon dessin; 2° je comparerai ensuite l'un avec l'autre, soit pour en connoître les raports, soit pour en démêler les défectuosités. Outre ce, je consulterai souvent les grands maîtres, tels que Raphael, Titien, Rubens, etc., les uns pour les graces, l'élégance du dessein, la finesse et le naturel sublime de l'expression; les autres pour l'art ravissant du coloris, la belle ordonnance de la composition, la magie du clair obscur etc., etc. Enfin je tâcherai de tirer parti du tout, suivant la portée de mon génie. Qu'en pensés-vous, Monsieur? il me tarde de mettre à execution toutes ces choses; plus la violence de mon désir me presse, plus je m'ennuis à Cluny.

Ici Prudhon fait, en dix points longuement déduits, la critique du petit tableau en miniature qu'il envoie à M. de Joursanvault, et dont nous avons parlé. Il en parle sans feinte modestie et comme avec un pressentiment de ce qu'il pourra faire plus tard. Il reprend :

« *Je me réserve de vous en faire un autre de même grandeur et plus présentable, car je suis jaloux qu'une personne* qui m'honore de son amitié ait de moi quelque chose de passable : ce ne sera point à Cluni, où le regret de perdre mon temps et l'ennuy d'y rester m'excèdent, ce qui me renderoit incapable, si j'y demeurois plus longtemps, de rien faire de bon ; mais ce sera à Paris où je verrai de belles choses qui me renderont tout de feu et que je tâcherai d'imiter dans mes ouvrages ; je me réjouis de vous en envoyer, lorsque j'y serai, vous verrés mes progrès.

« Quand je pense à ce païs ou à Rome, l'impatience et le désir d'être dans l'une ou dans l'autre ville m'emporte. En allant à Paris et passant par Beaune, j'y ferai, si vous voulez me le permettre, votre buste seulement et celui de mademoiselle, pour emporter avec moi, afin de les copier sur le tableau que j'exécuterai. Vous me permetterès aussi, Monsieur, de vous faire cadeau de ce tableau pour pouvoir vous temoigner de quelque façon ma reconnaissance.

« Vous nous faites donc espérer que nous aurons le bonheur de vous posseder à Cluny : quel sensible plaisir pour moi de voir un ami (permettez moi ce terme) pour qui j'ai l'attachement le plus intime, mais je suis bien aussi mortifié d'être privé de mademoiselle Dembrun ; ma joie auroit été entière si vous étiès venus tous les deux.

« Vous me parlez de payement ; qui sait mieux que vous, Monsieur, le prix qu'on met à ces sortes d'ouvrages ; permettez-moi de me rapporter à ce que vous trouverès bon, cette demande de prix de votre part me peine à l'infini, et si ce n'étoit le besoin je ne souffrirois pas seulement que vous m'en parlassiez, car réellement c'est me peiner de me le dire et je m'estimerois trop heureux de faire quelque chose qui put vous faire plaisir.

« Votre petit Jannot est en bonne main, c'est sa maman

qui le nourrit, il est gras comme un petit cochon et méchant comme un petit diable. »

La lettre finit par ces lignes, où l'on retrouve, sous la plume de l'ancien élève des moines de Cluny, l'esprit de l'opinion publique du temps, et les premiers murmures de la Révolution contre les ordres religieux :

« *Ce frère Placide, c'est un vilain; je n'en suis pas étonné, il ne tiendroit pas de la race monastique, je lui ai dit cent fois de faire vos clefs, le drôle n'a jamais eu le tems, il a bien eu celui de boire votre vin. Je vais lui faire voir votre lettre à cet article et lui demander absolument vos clefs, je l'avertirai d'ailleurs que vous venez bientôt à Cluny et que vous ne manquerez pas de lui chanter la grêle.*

« *A l'égard des vieux papiers et parchemins, ils ne sont point communs à Cluny; pour peu qu'on en ait, on en fait des couvertures de pots; on ne pourroit en trouver que chez Messieurs les Benedictins qui non contents de leurs titres et de leurs droits ont usurpé tous ceux de la ville, mais les coquins ne relachent rien...* [1]. »

Les prières, les impatiences de Prudhon, la vivacité et l'élan de ses jeunes espérances touchaient et gagnaient bien vite M. de Joursanvault, qui fournissait au jeune peintre les

---

1. *Archives de l'Art français.*

moyens d'aller à Paris, et Prudhon partait pour
cette terre promise de la fortune et de la gloire.
Il arrivait à Paris précédé d'une lettre de
recommandation adressée par l'excellent baron
à son ami Wille, et qui montre la patiente et
l'intelligente étude que le protecteur avait faite
de son protégé, l'intérêt paternel avec lequel
il avait interrogé son caractère, les craintes,
les terreurs avec lesquelles il confiait à Paris
cette nature tendre et facile aux tentations,
cette âme faible, impressionnable, sensible,
sans défense contre l'entraînement. Et de
quelle voix pleine d'émotion il adjurait et priait
Wille d'accueillir, de guider, de s'attacher et
de sauver des périls de la grande ville le
jeune Bourguignon, « cet enfant », comme il
l'appelle !

« 15 octobre 1710.

« M. Prudhon, né avec un caractère moins
fort que (Naigeon), se livrant avec facilité à
l'amitié, sans deffiance de ceux qu'il aime, peut
tomber dans le précipice le plus affreux, et des
sociétés qu'il se fera à Paris dépend le bonheur
ou le malheur de sa vie. Son goût dominant
est l'ambition de sortir de la foule des peintres

médiocres; il travaille avec ardeur, mais il faut que quelqu'un lui dise de travailler. Si quelque sujet médiocre s'empare de son esprit, ce qui est très-facile, il gagnera son cœur avec aisance et M. Prudhon courera à la débauche avec moins de plaisir qu'au travail mais avec autant de docilité. Il est incapable de dérégle-ment par lui-même, mais, s'il y est conduit, il peut y être extrême, et cette idée me ferait fremir si je n'osais me flatter que, par amour pour le bien, par amitié pour moi, par pitié pour cet enfant, deja marié depuis trois ans, vous daignerez vous l'attacher, lui permettre de vous parler avec confiance, de vous consul-ter, de ne rien faire sans votre aveu et votre avis. Je lui ai montré vos lettres, je lui ai laissé voir la vénération que vous m'avez inspirée; son cœur a été attendri, il vous a nommé son père, il vous aime et vous respecte deja comme tel. »

Voilà Prudhon à Paris. Aussitôt arrivé, il écrit à M. de Joursanvault :

« *Monsieur,*

« *Apres quelques fatigues et un peu de pluye essuyez dans une longue route nous sommes enfin arrivez bien portants*

à Paris chez Madame de Mandre tante de Naigeon. Cette
dame nous a reçu avec toute la politesse et l'honnêteté possible, il paroit que Naigeon sera très-heureux chez elle, elle lui
a témoigné beaucoup d'amitié et d'affection et semble prendre
ses intérrêts avec grand zèle; pour Ramey et moi nous allons
chercher à nous procurer une chambre, monter notre très petit
ménage et un endroit pour vivre à peu de frais. N'en étant
encore qu'à ce point là, je ne puis rien vous dire d'intéressant
de Paris, des tableaux ou de ma propre situation. Cet après-
midy ou demain au plus tard nous irons rendre les visites les
plus interessantes premièrement à Monsieur Wille, Monsieur
Vatelet, etc., et ensuite les autres. De là nous irons voir les
galeries et églises et moi sortant de la et n'ayant point de
temps à perdre j'irai acheter un chassis, de la toile et des
couleurs, composer mon sujet et le peindre ensuite.

« Monsieur le Marquis Dapchiez a donc la bonté de s'interesser à moy auprès de son Eminence. Je désirerois bien
savoir si Monsieur a fait tenir à Madame de Menecer une
lettre de recommandation qu'elle m'avoit fait esperer de luy;
j'oserai dans ce cas vous prier Monsieur de la demander à
cette dame pour me la faire tenir car la protection de Son
Eminence me seroit surement très utile et d'un grand poid et
j'ai très à cœur d'avoir accès auprès d'elle.

« N'ayant encore rien vu et ne sachant rien sur quoi
m'étendre, je m'arrête. Je reprendrai bientôt la plume, car
j'aurai surement dans peu quelque chose à vous dire.

« Je suis avec les sentiments que vous me connoissés plein
de zèle et d'attachement j'ose dire aussi d'amitié sincère

« Votre très humble et très obéissant serviteur,

« PRUDHON, peintre.

« Messieurs Naigeon et Ramey vous assurent de leurs

très humbles respects, et tous ensemble, c'est-à-dire moi avec eux, nous osons vous prier de dire mille choses charmantes de notre part à Mademoiselle d'Embrun et lui présenter nos respectueux hommages.

« *Paris, ce 28 octobre 1780* [1]. »

Mais, à Paris, Prudhon se fatiguait en efforts infructueux, en tentatives vaines ; le manque de travail, la misère, le renvoyaient dans sa province.

Au fond, ces années de 1780, 1781, 1782, qu'est-ce qui les remplit ? Un roman de cœur, que nous raconte, d'une manière charmante, M. Alfred Sensier avec la mémoire de ses souvenirs d'enfance et les lettres qu'avait eues en sa possession M. Pelée.

Prudhon s'était logé à Paris, rue du Bac, dans la maison de M. Louvier « à la porte cochère entre un marchand de vins et un sellier ». Dans cette maison habitait Jean-Baptiste-Raphaël Fauconnier, entrepreneur de broderies et fournisseur des toilettes de dentelles de la cour, vivant en famille avec une belle-

---

1. Lettre autographe possédée par M. Eudoxe Marcille.

mère, une aimable femme, et deux sœurs,
Mlles Nanette et Marie.

Dans cette famille de bourgeois aisés, le
jeune peintre bourguignon trouvait l'accueil le
plus secourable et le plus aimable. Mlle Marie
avait dix-huit ans, était fort jolie avec une
physionomie de grâce et de malice dans des
traits réguliers. Toujours entourée de bambins
pendus à sa robe blanche, ainsi qu'une rieuse
maîtresse d'école d'amours, elle fut l'inspira-
trice de ces jolies représentations de l'Enfance
qui marquent le début de l'œuvre de Prudhon :
Les Enfants jouant avec des lapins, et son pendant : *Les Enfants caressant des petits chiens ;*
deux gravures conservées dans la famille,
comme ayant été possédées par Mlle Marie.

Prudhon était jeune, était sensible, et de
plus très-mal défendu contre les entraînements
par les attaches de son malheureux mariage ;
il s'abandonna au bonheur d'aimer, de se
laisser peut-être aimer, ne parla pas de son
mariage, encore moins de sa paternité, laissant
supposer à la famille Fauconnier et à Mlle Marie qu'il était libre, soupirant timide et discret
du reste, faisant sa cour surtout avec des

peintures de scènes amoureuses, des portraits à la ressemblance caressée, des dessins
allégoriques où l'Amour grave avec sa flèche
sur un autel les initiales M. F. (Marie Fauconnier).

Cet amour secret, tout voilé qu'il est du
nom d'amitié, s'échappera plus tard dans cette
lettre de la fin de 1783, datée de Dijon où
Prudhon a été forcé de revenir.

« *Venons maintenant à ce qui se passe au dedans de moi.
Éloigné des personnes qu'une douce amitié rendait chères à
mon cœur, mon existence ne me semble plus qu'un rêve pénible dont je voudrais m'efforcer de sortir si l'illusion pouvait, pour un moment, tenir la place de la réalité. Eh! mon
ami, faut-il avoir une âme sensible pour n'éprouver que des
sensations douloureuses? Livré à moi-même, je me retrace
vivement la vie heureuse que je goûtais avec vous; mais il ne
me reste que le regret d'être hors de la portée d'en jouir
encore. Et vous, aimable demoiselle, dont la douce amitié
semait de fleurs les jours épineux de ma vie, les charmes de
votre amitié n'apporteront plus de soulagement à ma détresse.
La sérénité ne trouvera plus à séjourner dans mon âme, et le
poison de l'ennui me minera tout à son aise. C'est que, encore
dans ces jours cruels, tout ajoute à ma mélancolie. Si je
fouille au dedans de moi, je n'y trouve qu'un vide affreux.
Si j'envisage ma situation présente, toutes les idées d'honneurs, de fortune et de gloire disparaissent et deviennent chi-
mériques à mes yeux. Eh! mon aimable demoiselle et amie,*

un instant de votre présence dissiperait bientôt les sombres
vapeurs et rendrait le calme à mon esprit agité, car l'amitié
est aux âmes sensibles un aliment qui purge l'âme de ses
faiblesses et la fait sortir de cet abattement où l'ennui la
plonge lorsqu'elle se trouve dénuée des secours de cette même
amitié... »

Quand Prudhon revenait à Paris, il y revenait avec sa femme. Il fallait avouer son état
de mari. Est-ce à propos de cet aveu que
Fauconnier se fâcha avec lui? Cela ne semble
pas invraisemblable. Quant à Mlle Marie, elle
ne lui dit que ces indulgentes paroles : « Voyez-
vous ce Prudhon qui ne m'avait jamais dit qu'il
était marié. »

Mlle Marie ne se maria jamais, se faisant
une maternité avec les enfants de sa famille et
de son voisinage, aimant jusqu'à sa mort,
autour d'elle, la gaieté de leurs jeux et le doux
épèlement qu'elle leur faisait faire de la *Civi-
lité puérile et honnête* [1].

1. Le roman de Prudhon (*Revue internationale de l'Art et de
la Curiosité,* 15 décembre 1869).

III.

A la fin de novembre 1783, Prudhon partait pour Dijon, mettait quatre jours par le
coche à gagner Auxerre, où le manque d'eau
le forçait à s'arrêter, gagnait dans une auberge,
avec sa conversation, les bonnes grâces d'un
Américain qui lui laissait faire une partie de
son chemin dans sa chaise de poste, enfin
gagnait Dijon avec un peu de fatigue, en deux
étapes de neuf lieues. Il recevait au débotté
la proposition du professeur de l'Académie de
prendre comme écolier l'évêque de Dijon. Il
acceptait avec joie ; en province, ainsi qu'il
l'écrit, « *un évêque étant quelque chose* ». Et il
faisait au sortir de l'entrevue avec Devosge la
connaissance d'une espèce d'amateur désireux
de posséder quelques tableaux de sa façon.

Mais, hélas! le lendemain de cette lettre
datée du 27 novembre, tout était à vau-l'eau.
Il n'était plus question de l'amateur ; un *fre-
luquet* avait été choisi pour être le professeur
de dessin de Mᵍʳ l'évêque, et il n'y avait plus

à l'horizon pour Prudhon que la promesse
encore incertaine d'un plafond pour les Élus
de la Province.

De ce jour, le noir rentrait dans sa pensée
si facilement portée à la mélancolie. Il prenait
en horreur Dijon. Il ne vivait plus que par
l'envolée de ses souvenirs rue du Bac, dans
l'aimable intérieur Fauconnier, tout plein de
crainte que la mémoire de sa personne « *ne
s'affaiblisse dans l'affection de ses amis* », appe-
lant leurs douces lettres, qui seules, disait-il,
le *vivifiaient et l'empêchaient de n'être qu'un
automate*. Au milieu de cela, gagnant à peine
le nécessaire, — de quoi payer sa pension, —
à l'aide de quelques portraits, de quelque
commande charitable de l'ami Fauconnier,
dépité de voir remettre de mois en mois le
concours, et malade des fièvres; travaillant
cependant et finissant son plafond à la satisfaction de son professeur.

Enfin le concours tant de fois remis s'ouvrait dans la seconde moitié de l'année 1784.
C'est dans ce concours que l'âme généreuse
de Prudhon se laissa aller à ce beau trait de
dévouement que Voiart raconte dans sa notice.

« Voisin d'un de ses concurrents (celui sans doute sur lequel il s'exprime ainsi dans une de ses lettres : *concurrent pas bien à craindre pour le talent, il ne pourroit l'être que par la faveur*) dont il n'était séparé que par une cloison, il l'entendit gémir de l'insuffisance de ses moyens : quittant alors spontanément son propre ouvrage, il détache une planche et vole au secours de son compagnon; il termine son travail, sans songer qu'il se nuit à lui-même, et son concurrent obtient le prix. Touché de l'injustice faite à Prudhon, le jeune vainqueur avoue franchement qu'il lui doit son succès. Les états de Bourgogne réparent l'erreur, la pension à Rome est accordée à Prudhon ; et ses émules, pénétrés d'admiration, le portent en triomphe, dans toute la ville de Dijon.

Et Prudhon est à Marseille au commencement de novembre 1784, prêt à s'embarquer, ayant fait prix de deux louis pour la traversée et de quarante sols par jour pour la nourriture. Les retards et les lenteurs d'un capitaine qui le fait attendre trois semaines épuisent sa

pauvre bourse, cette bourse qu'il dit ménager
avec une très-grande et stricte économie, qu'il
pèse avec angoisse, et où il voit à peine la
somme nécessaire pour arriver à Rome. Enfin
il part; mais le vent est contraire. A peine
sorti du port de Marseille, le bâtiment est
obligé de se mettre à l'abri dans la rade de
Toulon. Au bout de dix grands jours, le vent
redevient bon, le bâtiment sort du port, et
Prudhon croit finie l'épreuve de ses impatiences. Mais, à dix lieues au large, le vent redevient contraire et force le bâtiment à se
réfugier à Porto-Ferrajo, où le malheureux
Prudhon est encore retenu dix-neuf jours.
L'on finit par se remettre en mer la veille de
Noël, et Prudhon débarque à Civita-Vecchia,
maudissant la mer et cette traversée de trente-
six jours. Le lendemain, il est à Rome, non
sans avoir embrassé, à la façon du Romain,
cette terre qu'il va conquérir : en route, il était
tombé de voiture. Il s'installait; le dimanche
suivant, il était chez le cardinal de Bernis, au
milieu de ces peintres, de ces sculpteurs, de
ces architectes, de ces musiciens venus des
quatre coins du monde et réunis, tous les

dimanches, à la table de l'ambassadeur de France. Il courait et errait dans les rues de Rome ¹; les projets et les résolutions abondaient et se pressaient en lui ; il se promettait de beaucoup dessiner d'après les statues antiques, d'après la nature, d'après Raphaël surtout, dont les peintures exécutées en tapisserie emportaient son admiration, à ce point qu'il voulait un moment remplacer la copie du

1. Une lettre de 1785, adressée à Fauconnier et publiée par M. Clément, donne ces renseignements sur la vie romaine de Prudhon.

« ... Pour le présent, je n'ai rien de nouveau à vous dire. La vie monotone qu'on mène ici en exclut toute variation. Le matin je me lève pour aller dessiner d'après l'antique. A midi, je dîne et continue après dîner l'ouvrage du matin. Le soir, lorsque la nuit tombe, je vais seul me promener dans quelque endroit peu fréquenté jusqu'à l'heure de l'académie, où je me trouve tout aussi seul que s'il n'y avait que moi. L'envie en général que les Français portent à ceux qui ont quelque talent fait que le parti le plus sage est de n'avoir communication avec aucun. Il m'en coûte bien peu à moi, mon ami, qui ne me suis jamais soucié de ces gens qui se disent vos amis, et qui sont loin de l'être en effet. ....

« ... Il est à Rome certain café où s'assemble une partie des artistes français, et où je me suis trouvé trois ou quatre fois dans les commencements. Là chacun cherche un point de dispute, qui se rencontre bientot, pour faire étalage de son éloquence. Là tous les maîtres passent en revue et ne sont point épargnés. On critique celui-ci, on déchire celui-là. Tous ceux qui ne peuvent entrer en comparaison avec Raphael sont proscrits, Raphael lui-même est blâmé de ne s'être pas assez asservi à l'antique. Le mieux de tout

plafond du Guide, que lui avaient commandée les états de Bourgogne, par la copie d'une de ces tapisseries merveilleuses. Puis ce premier feu d'amour pour Raphaël passait, et Léonard de Vinci s'emparait de l'enthousiasme du jeune peintre, qui écrivait en s'agenouillant sous le charme et la possession d'une tapisserie de la Cène :

cela, c'est que tous ces messieurs les beaux parleurs n'étudient ni Raphael ni l'antique, et s'amusent chez eux à ne rien faire qui vaille. »

Dans une autre lettre également adressée à Fauconnier, et qui nous avait été communiquée par Laperlier, son possesseur, Prudhon donnait ainsi son adresse :

« M. Prud'hon, peintre, pensionnaire des états de Bourgogne, accanto San Lorenzo in panisperna ai monti a Roma » Et il ajoute: *« Car j'ai changé de maison et je me suis mis dans mes meubles, ma maison et mon quartier sont en bon air, mais un peu éloignés du centre de Rome ; l'avantage de cela est que je suis plus tranquille. Entre trois qui étions du même sentiment à cet égard, nous avons loué la moitié d'un hôtel, ou d'un palais, en terme romain, dans lequel nous avons chacun deux grandes chambres, notre entrée particulière, et en commun plusieurs mansardes, une cuisine et un jardin. A ma part, je paye 60 livres. Je fais venir mon dîner pour n'avoir pas à sortir dans le mauvais temps. Enfin, mon ami, il ne manque que de vous avoir avec moi pour être heureux, car, qu'est-ce que sont les commodités de la vie si le cœur n'est pas content? le mien exhale souvent des soupirs du côté de Paris, mais en vain ; dans le long espace qui nous sépare ils n'ont que trop le temps de se perdre. »*

« *Je sors de voir tout fraîchement les admirables tapis-*
series exécutées autrefois sur les cartons du fameux Raphaël ;
sans contredit, c'est, selon moi, ce qu'il a fait de plus beau,
de mieux senti et de plus expressif ; mais quelqu'un qui l'a
surpassé bien au delà dans la pensée, la justesse de la ré-
flexion et du sentiment et de plus dans le précis, le moelleux
et la force d'exécution, et dans l'entente du clair obscur et de
la perspective, etc., c'est l'inimitable Léonard de Vinci le
père, le prince et le premier de tous les peintres, d'après
lequel on voit également une seule tapisserie exécutée sur sa
fameuse Cœne peinte à Milan dans un réfectoire de Domi-
nicains. Ce tableau est le premier tableau du monde et le
chef-d'œuvre de la peinture ; toutes les parties de l'art s'y
trouvent réunies au degré le plus sublime ; lorsqu'on est
devant, on ne se lasse pas d'admirer, soit le tout ensemble,
soit chaque détail en particulier. C'est une source intarris-
sable d'études et de réflexion ; la vue de ce seul tableau
suffiroit à perfectionner un homme de génie au point d'égaler
ou de surpasser Raphaël même, puisque tout y est réuni ;
cependant peu de personnes y font attention non-seulement à
ce tableau, mais en général à tout ce qu'on voit de Léonard ;
ou le mérite de ce grand homme est trop au-dessus de leur
intelligence, ou ce qu'il a fait est trop parfait pour qu'il leur
vienne à la pensée d'oser jamais approcher de sa manière,
leur paraissant comme une chose absolument impossible. Cet
homme rare joignoit au génie le plus sublime, un raisonnement
juste et une spéculation profonde, choses qui se rencontrent
rarement en une même tête ; puisque le premier semble appar-
tenir à un homme sanguin et le second paroît être le fait d'un
homme froid et réfléchi ; aussi a-t-il employé neuf années à
peindre cette admirable Cœne dans laquelle on voit dans une

diversité étonnante de caractères différents, le trouble et l'agitation qu'excita, parmi les apôtres, cette parole de Jésus-Chrit : « Je vous dis en vérité qu'un d'entre vous cette nuit même doit me trahir. »

Et il finit en disant du Vinci :

« Pour moi je n'y vois que perfection, et c'est là mon maître et mon héros... »

Il fallait pourtant sacrifier ces admirations et redescendre du Raphaël et du Vinci au Guide. MM. les Élus de Bourgogne ne se souciaient guère d'un tableau religieux ; ils tenaient au plafond de l'Aurore. Prudhon se décidait à aller frapper à la porte du palais Rospigliosi. Mais le prince, auquel un copiste maladroit venait tout récemment de casser deux vases d'albâtre oriental, refusait en ce moment l'entrée de son palais à tout le monde. Cela ne fâcha guère Prudhon qui, par instants, songeait que le plafond était bien grand, et que six cents livres étaient un prix médiocre pour une toile de vingt-six à vingt-huit pieds de long sur une vingtaine de haut. Il voulait se rabattre sur le Festin des Dieux de la Farne-

sine ou sur le triomphe de Bacchus peint par
le Carrache au plafond du palais Barberini,
quand lui arrivait l'ordre de copier le plafond
de Pierre de Cortone.

« *Je suis occupé,* écrivait-il à son ami Fauconnier, *à faire
les préparatifs pour peindre un tableau de vingt-cinq pieds
pour la province, et comme j'ai été obligé d'employer du
monde cela m'a pris tout mon tems et m'a déjà donné beaucoup de fatigue, demain je commence à le dessiner et à
monter et descendre par conséquent très-souvent d'un échafaud
de vint et un piés de haut. Ce tableau est une copie d'après
Pietre de Cortone qui est un assés mauvais peintre des tems
passés et que je ne suis guère content de faire, mais après
cela je pourrai travailler pour moi en toute liberté et chercher
à commencer ma réputation, heureux mon ami, si dans ce
tems là, vous entendés parler de moi avantageusement ou avec
envie, ce sera bon signe...* [1]. »

Attelé à ce grand travail, Prudhon n'en
est distrait que par les soucis et les inquiétudes de la vie matérielle, des fièvres qui le
jettent quinze jours au lit, et le tourment
insupportable des continuelles demandes d'argent de sa femme. C'est en vain que le peintre
adresse remontrances sur remontrances à la

1. Lettre autographe possédée par M. Boilly.

misérable femme. Réduite, à la mort de son
père, le notaire, à une maison et un jardin
valant en tout mille francs, grugée par un
frère, sergent au régiment de la Colonelle,
logé chez elle, y mangeant, y buvant sans souci
de la dépense, Mme Prudhon fatigue de ses
importunités le bon M. Devosge, tous les protecteurs, tous les amis du pauvre Prudhon,
qui n'ouvre ses lettres qu'en s'armant de
patience contre un nouvel ennui, et se laisse
arracher par elle, de mois en mois, des cinquante, des soixante livres sur sa pension.

Peu mêlé à ses compatriotes, fuyant les
camaraderies banales, vivant presque dans
l'unique compagnie de son ami Bertrand le
statuaire, Prudhon se dérobait et se refusait
aux protections qui venaient à lui. Il écrivait
que « les protections l'embarrassaient plus qu'elles
ne lui plaisaient ». Il disait qu'un artiste ne
devait avoir de protection que son talent, ajoutant qu'il ne sentait pas le sien assez avancé
pour qu'il fût produit. Il déclinait les offres de
service de M. Lagrenée, directeur de l'école
de Rome, dont il reconnaissait les aimables
qualités, mais qu'il se refusait à prendre pour

guide de son talent [1]. Il y avait dans sa nature
un peu ombrageuse des pudeurs et des suscep-
tibilités d'orgueil auxquelles il prêtait la formule rigoureuse d'une théorie et qu'il érigeait
en règles de conduite. Son humeur s'accordait
avec ses ambitions pour ce renoncement au
monde, pour ce vœu du travail austère et solitaire que l'homme imposait à l'artiste pour la
dignité de son caractère, pour le salut de sa

---

1. Le programme d'art que son jeune talent s'était tracé :
il est dans cette lettre adressée à Devosge où Prudhon fait la
leçon au fils Devosge, au petit *Natoile*, comme il l'appelle
familièrement.

« *Montrez-leur dans la manière de faire votre tableau que Rome
n'est point faite pour être vue par des aveugles ou des petits maîtres; du nerf, de l'expression, un dessin ferme et grandement senti,
des draperies avec des plis grands et décidés et du repos dans les
parties larges. Joignez à cela un effet vigoureux et tranquille, afin
de faire briller davantage le mouvement de vos figures. Point de ces
clinquants de lumière qui fatiguent l'œil et empêchent le spectateur
de jouir doucement de l'objet qu'on lui présente. Laissez, laissez
le clinquant et le brillant à ceux qui privent leurs figures d'âme et
de sentiment, et qui ne savent ni émouvoir ni intéresser.* » (Lettre
du 26 février 1787, publiée par les *Archives des Arts*.)

Et voulez-vous avoir l'explication, toute l'explication de
l'œuvre de Prudhon, lisez encore cette lettre :

« *... Pour m'expliquer, mon ami, je dirai qu'on s'occupe trop de
ce qui fait le tableau et pas assez de ce qui donne l'âme et l'énergie*

conscience et pour la liberté de son génie.
C'est à cette époque qu'il écrit :

« *Lorsqu'on connaît beaucoup de gens auxquels on est*
obligé de faire sa cour, on se gâte, on perd son caractère,
sa façon de voir ; on devient uniforme, petit, mesquin, en les
fréquentant, on ne veut chercher qu'à leur plaire, et on ne fait
plus que comme tout le monde, triste dénouement ; si les
grands maîtres avaient agi de la sorte nous n'aurions rien à
puiser dans leurs ouvrages. Un artiste qui étudie doit être
libre ; il doit opérer d'après ses principes et d'après ses ré-
flections, qui pour être profondes et solides ont besoin de
solitude. Après cela lorsqu'il y est affermi et qu'il a acquis
le dégré de talent dont il se croit capable, il peut se produire

à ce qu'il doit representer. On pense au brillant du coloris, à l'effet
magique du clair-obscur, à la variété goustueuse des teintes, un
peu au dessin, mais mesquinement. On s'occupe même des passions
que présente le sujet ; mais ce à quoi on ne pense plus, et qui est le
but principal de ces maitres sublimes qui voulaient faire impression
sur l'âme, c'est de marquer avec force le caractère dû à chaque
figure, et qui, venant à être emue dans le sentiment de ce même
caractère, porte avec elle une vie et une vérité qui frappent et
ébranlent le spectateur. On voit dans les tableaux et sur les théâtres
des hommes qui montrent des passions, mais qui, faute d'avoir le
caractère propre de ceux qu'ils représentent, n'ont toujours l'air que
de jouer la comédie ou de singer ceux qu'ils devraient être ; de plus,
au lieu de ce charme de couleur et de ce beau contraste de teintes
qui ne sont que clinquant et qui ne font l'effet que d'un mensonge
et non de la vérité, il doit régner dans un tableau un ton doux et
tranquille, mais vigoureux, qui plaise au spectateur sans l'éblouir
et laisse l'âme jouir de tout ce qui l'affecte. » (Lettre à Fauconnier,
possedee par M. Pelée et citee par M. Clément.)

avec retenu; car il risquerait encore de maniérer son génie. Leonard de Vinci, cet Homere de la peinture qui aurait donné des leçons à Raphael, Michel-Ange et à tous les maîtres qui sont venus avant et après lui, dit lui-même qu'un artiste a besoin d'être tout entier à luy, que la solitude lui est absolument nécessaire pour observer plus attentivement la nature. Enfin ce qu'il y a de certain, c'est qu'il faut se resoudre à ne rien scavoir en voyant le monde, fesant sa cour et perdant son temps, ou sacrifier le monde et ses flatteries pernicieuses à la science et au plaisir de devenir un homme de talent. »

Le travail et la solitude, c'est la vie de Prudhon à Rome. Il se repose du labeur imposé, des ennuis et des fatigues de sa copie, en dessinant les marbres, en notant, avec le crayon et la plume, l'harmonie des lignes antiques. Et toute l'histoire de son séjour, nous la possédons et nous pouvons la suivre dans son album, sauvé par M. Marcille : un mauvais cahier, relié par la papeterie romaine du siècle dernier, en grossier vélin, dont le fermoir est une lanière de cuir. Ce sont d'abord des croquis, des figurines d'après l'antique, indiquées d'un trait maigre et où rien ne se lit de la signature de Prudhon. A la trente et unième page seulement, une statue de Pâris com-

mence à révéler le dessin et le modelage du
peintre. Viennent ensuite un Génie, une étude
de Romain portant un fardeau, qui font déjà
penser au maître qui formera Copia. Ici quelques pages manquent : elles montraient des
académies microscopiques, des homuncules
qui semblaient musclés par le Bandinelli. Prudhon fils les a laissé déchirer et emporter par
Devéria, pour quelque argent qu'il lui devait.
L'album reprend avec *l'Amour désarmé*, d'après
le Corrége ; et de cette plume avec laquelle il
vient de dessiner, le peintre écrit le titre des
œuvres qu'il promet à son avenir : *l'Amour, la
Frivolité, le Léger Badinage et le Repentir qui
le suit, l'Amour et Psyché, Joseph et Putiphar...*
C'est comme la confidence de son imagination,
comme l'Annonciation de son œuvre [1]. Et çà

---

1. Un autre album du même temps, à côté des sujets
que Prudhon a réalisés, indique un assez grand nombre de
sujets qu'il n'a pas traités ou qu'il a modifiés depuis; c'est une
curieuse confidence de son imagination. Nous y remarquons :
*l'Amour d'Antiochus pour Stratonice; — Coriolan et Véturie; —
les Athéniens s'embarquant lors de l'invasion de Xerxès; — l'Histoire de Lucrèce; — l'Histoire de Mucius Scœvola; — Junon à la
prière de Minerve, donne ses divines mamelles à Hercule; — l'Amour
réduit à la raison; — la Vertu avilie par l'Amour; — la Faveur
suivie de l'Envie; — l'Amour séduit l'Innocence, le Plaisir l'en-

et là, il y a encore, sur les feuillets du cahier
jauni, des croquis de femmes caressées d'un
crayon léger, et dont les poses ondulantes
rappellent le balancement des *Noces Aldobran-*

traîne, et bien souvent le Repentir les suit, etc., projets de tableaux
et de dessins au milieu desquels se trouve oublié et non déchiré
un brouillon d'une 'lettre' d'amour que le *roman* publié par
M. Sensier fait supposer à l'adresse de Mlle Fauconnier.

« ... *Pourrais-tu croire qu'ayant mis tout mon bonheur en toi
je pourrais encore le trouver ailleurs : quelque chose qui m'arrive ou
pourraient être les amis qui me seraient aussi chers que toi. Ah! si
tu m'avais cru ingrat, aurais-tu si facilement résolu de sacrifier
mon amour... le plus cher à mon cœur. Il... ma chère amie..., ne
sacrifier qu'au bonheur et au repos de ton ami. C'est lui-même qui
est... victime de... sacrifice. Oui tu as douté de mon amour, tu n'as
pas balancé à me retirer ton cœur et ta tendresse. Il est cependant
si doux d'être aimé, un ami tendre sincère est une chose si rare!
L'amour fait passer des moments si délicieux que je ne conçois pas
comment on peut quitter un ami pour livrer son cœur à l'indifférence. N'est-il donc pas permis d'être heureux? Faut-il pour être
sage passer sa vie sans jouissance, et pour être vertueux, est-il dit
qu'il faille enfouir la source du bonheur, et sacrifier les goûts les
plus chers? Oh! je suis bien loin de le croire, et la vie ne nous est
pas donnée pour ne la passer que dans la froide langueur! Le plaisir
n'est-il pas un présent de cette sage nature, et rejetterons-nous ce
précieux sentiment de la félicité qui nous indemnise de nos dégoûts,
de nos ennuis, qui sème quelques fleurs sur le passage rapide de la
vie, et qui place le bonheur à côté de la peine. Pour n'adopter que
ce qui nous chagrine et nous tourmente... Impossible un tel système,
il ne peut être reçu que par les cœurs froids. La sensibilité le rejette
puisqu'elle croit n'avoir reçu un cœur que pour s'ouvrir au sentiment du bonheur.* » (Album et lettre communiqués par MM. Marcille.)

dines, cette admirable frise de la peinture antique qui devait être une des inspirations familières de Prudhon.

Mais avant tout le jeune artiste contemplait. Il vivait dans la communion du Beau. Il nourrissait son âme de l'âme des chefs-d'œuvre : et c'était au fond de lui qu'il fixait tant d'images. Comme Bruun-Neergaard lui demandait un jour l'objet de ses études en Italie : « *Je m'occupais à regarder et à admirer les chefs-d'œuvre,* » lui répondit Prudhon.

Sa copie de Cortone, enfin terminée, était envoyée à Dijon, vers le milieu de l'été de 1787 ; et Devosge lui obtenait une continuation de trois ans de séjour en Italie, et la commande de deux tableaux de son invention et à son gré. Mais Prudhon avait le mal du pays. Il venait de se refuser aux offres de l'amitié de Canova, qui lui proposait de partager son atelier et de bénéficier de ses relations et de sa gloire naissante. Il suppliait en grâce Devosge de travailler à lui obtenir la permission, ses deux tableaux faits, de revenir et de jouir de sa pension à Paris au moins pendant un an. Il appuyait auprès de lui sur l'état

misérable de son pauvre enfant, qu'il regrettait
de ne point avoir emmené en Italie, sur l'indi-
gence de sa femme, à laquelle, malgré tout, il
devait du pain. Il lui parlait de sa santé, mise
en si mauvais point par le climat de Rome. Il
l'entretenait de ses craintes de se retrouver,
après ses trois ans, une seconde fois à Paris
sans ressources et dans l'impossibilité, comme
la première, de se faire connaître par quelque
ouvrage d'importance. Il lui déclarait encore
que, malgré toute son admiration pour les
maîtres anciens, il n'imaginait guère de quelle
utilité pourrait lui être un nouveau séjour de
trois ans en Italie. Le bonhomme Devosge se
rendait aux raisons et aux sollicitations de son
élève. Et nous retrouvons Prudhon à Paris à
la mi-novembre 1789.

IV.

Établi à Paris, rue Cadet, n° 18, avec sa
femme et son enfant; chargé de cette famille
bientôt augmentée d'un second garçon et d'une
petite fille, Prudhon, pendant ces premières

années de la Révolution, était de jour en jour
arraché aux tentations de son génie par les
nécessités et les misères de la vie. Obligé de
faire à ses besoins, aux besoins des siens, le
sacrifice de ses ambitions, il étouffait ses projets, il renonçait aux grandes choses dont il
sentait le souffle en lui, et que les rêves de ses
nuits d'insomnie poursuivaient dans un nuage.
Il se mit héroïquement à faire des portraits en
miniature, trop heureux quand la commande
d'un portrait à l'huile laissait à sa main un
champ plus large et le sortait de la pratique
menue de l'aquarelle au pointillé. Cependant
ce fut en ces années besogneuses, où le gagne-
pain défendait à Prudhon la grande peinture,
que Prudhon devint un maître : il devint obscu-
rément, à l'insu de tous, dans cette pauvre
retraite, l'admirable dessinateur que l'école
française peut opposer aux plus grands des
plus grandes écoles. Aux instants de repos,
entre deux portraits, dans les courts loisirs de
sa tâche, dans une heure du jour, ou le soir à
la lampe, il jette, sur un bout de papier que
l'enfant déchire et que la femme balaye, la pensée qui le tourmente, la ligne qu'il entrevoit, la

composition qui flotte dans sa tête. Voilà, sous
sa main d'abord hésitante, les jeux charmants,
les jeux vivants de la lumière et de l'ombre, des
figures, des groupes, des tableaux essayés et
comme cherchés à tâtons par le crayon. Puis,
de croquis en croquis, c'est une accentuation
plus osée, plus magistrale, un modelage plus
étudié, plus savant et plus simple, jusqu'à ce
qu'enfin le plein rayon de la création éclate
sous sa main victorieuse, éclairant la troupe
de Grâces décentes, et le chœur de ces allégories morales déjà indiquées sur son album
d'Italie.

Déjà, en 1791, Prudhon avait envoyé au
Salon de Paris un dessin à la pierre noire,
représentant un jeune homme appuyé sur un
dieu Terme. Le Salon de 1793, qui montrait
de lui trois peintures, un portrait d'homme,
un portrait de femme et *l'Union de l'Amour et
de l'Amitié,* montrait aussi deux dessins du
peintre, tous deux à la plume. Le sujet de l'un
était tiré du premier acte d'*Andromaque.* L'autre
était *l'Amour réduit à la Raison,* « faisant partie
de la collection du citoyen d'Arlet », nous dit
la gravure de Copia, ce qui semblerait indi-

quer que le dessinateur était déjà apprécié par les amateurs et les collectionneurs.

Étrange œuvre pour un tel temps, *l'Amour réduit à la Raison!* Imaginez dans un coin de ce salon, envahi par la tragédie, la déclamation, le tumulte et l'orage, un *eidulion* de la poésie grecque, un petit tableau d'Anacréon; et n'est-ce pas le luth même du poëte, ce luth rebelle à chanter les Atrides et les travaux d'Hercule, ce luth qui ne veut chanter que l'amour, dont le peintre a retrouvé les cordes divines et l'immortelle harmonie?

A un anneau scellé dans une gaîne qui porte la tête de Minerve casquée, l'enfant Amour est lié par les deux mains. Dépité, furieux et vaincu, se débattant contre ses liens, il retourne et renverse en arrière son joli visage, crispé par la colère et les larmes. La plainte et la rage d'un enfant gâté se mêlent dans le cri de sa bouche entr'ouverte. Vainement il bat de l'aile, vainement, du pied gauche, il bat impatiemment la terre. Assise en face de la Minerve, les bras nus et le sein à demi dévoilé, le *chiton* aux plis fins et serrés noué au-dessus de la taille, une draperie aux grandes lignes jetées sur les genoux, le corps balancé par l'avance d'une jambe et la retraite de l'autre, une femme, les deux bras levés en l'air, approche l'une de l'autre ses mains pour applaudir : c'est la Raison qui sourit avec une douce moquerie en penchant sa tête sur son épaule.

L'Amour réduit à la Raison n'attendait pas longtemps son pendant : *Le Cruel rit des pleurs qu'il fait verser.* La femme ici courbe la tête, et ses cheveux, dont les tresses se dénouent, pleurent sur ses épaules. Tout son corps s'affaisse. Elle se soutient d'un bras, laissant pendre l'autre dont le mouvement vient mourir sur sa jambe. Une larme tremble à son œil. Auprès d'elle, une rose effeuillée gît sur le sol, — ruine et débris d'un rêve qui semblent, semés çà et là, les morceaux du passé et les parfums d'hier. Et devant l'Ariane, voilà le même enfant, mais cette fois c'est l'Amour libre, maître et vainqueur. Immobile et léger, une jambe passée sur l'autre, les deux bras noués sur son arc droit et qui le porte sans plier, le menton posé sur les mains, il avance et semble balancer narquoisement sa petite tête serpentine où la bouche rayonne d'ironie, dont l'œil est noir de vengeance, et qui montre, dans l'éclair du triomphe, une malice de faune, une joie d'enfant, un rire de dieu!

Puis c'étaient tant de dessins immortels! Un jour, d'une page déchirée d'Ovide, le crayon de Prudhon faisait une page de Michel-Ange. C'était ce sujet longtemps cherché par Prudhon, et dont le baron de Joursanvault a gravé à l'eau-forte la première idée. Cérès à la recherche de sa fille, Cérès attablée et affamée, penchée sur la bouillie dont une vieille femme lui fait la charité, la cuiller suspendue aux lèvres, foudroyant de son regard et du froncement de son sourcil de déesse le petit Stellion dont la bouche se fend déjà en rire batracien. Un autre jour, il allait chercher la volupté dans l'Ancien Testament, et dessinait ce beau torse de la Passion qui se penche sur Joseph et semble s'enrouler autour de lui. Ou bien c'était la vierge de l'Ile-de-France qu'il montrait sur le pont du vaisseau, violée par le vent et la mort, mourante, et, d'un geste de modestie suprême, voilant son agonie. Puis, ses crayons revenaient à la patrie de ses idées,

à la Grèce; et l'on eût dit que le dessinateur
tirait du jardin de ses temples écroulés les statuettes de ses dieux, un petit Panthéon où le
blanc caresse le papier bleu comme un rayon
de lune caresserait une frise de marbre. Ici
c'est Pallas, ici Minerve; là c'est la troupe des
Muses, menée par Apollon; partout c'est la
bande libre et mutine des Amours allumant des
torches, aiguisant des flèches, petits dieux aux
membres arrondis, que Prudhon répand dans
son œuvre pour l'animer du mouvement et des
jeux de l'enfance.

Rien de plus intéressant que de surprendre
la main de Prudhon et de suivre les enfante-
ments de son dessin dans les études possédées
par M. E. Marcille, M. Laperlier, M. de Boisfremont, véritables révélations, précieuses con-
fidences de son *faire,* qui nous permettent de
regarder par-dessus l'épaule du peintre la
marche de son crayon, et d'assister pour ainsi
dire à son travail. L'originalité, la force, la
marque du génie de Prudhon est d'aller toujours de l'intérieur à l'extérieur de sa figure.
C'est le dessin de la lumière qu'il cherche avant
tout sur le corps humain : le rayon, voilà sa

ligne. Aussitôt qu'il a jeté sur le papier bleu
le tracé léger du contour et des ombres, mar-
qué ses places, embrassé ses proportions, il
donne sur ces premières indications un coup
de mouchoir qui fait fuir le crayon noir dans
le nuage d'une préparation de fusain. Il commence à sortir son académie du fond tendre et
de la nuit claire de son papier avec des traits
droits de crayon, largement espacés, qu'il conduit dans le sens du courant des muscles, et
qu'il ne croise qu'à la rencontre des emmanchements. Dans ce réseau, sous cette arma-
ture de blanc, vous croiriez voir se lever dans
un crépuscule un écorché de lumière; puis les
ombres se renforcent de sauce; d'un trait gras
et large le dessinateur enveloppe, plutôt qu'il
n'arrête, le contour de sa figure, et le laisse
flotter dans le linéament indécis, baigné de la
lumière ambiante, avec lequel la nature accuse,
en les caressant, les extrémités d'une forme.
Et le voilà revenu à son modelé de lumière; il
recharge ses valeurs, il masse et presse les
raies de crayon blanc, qui se rencontrent en
losanges aux reliefs des attaches, aux ressauts
des membres et promènent en traînées d'ar-

gent, sur les pectoraux, le relief rayonnant des cavaliers du Parthénon ; puis une estompe de mousseline l'Inde amortit tout ce travail dans une fonte générale. La sauce frottée a laissé le reflet sourd et moelleux du velours gris aux parties d'ombres auxquelles Prudhon ne touche plus que pour les accentuer dans les valeurs de rayures de crayon noir qui vergent le papier. Le moment du dernier travail est venu : le crayon blanc est repris, et ses raies recommencent ; mais, cette fois, Prudhon le pousse à petits coups sur cette figure, qu'il semble lisser et polir amoureusement ; il nuance les plus petites indications de lumières, il fait sentir la moindre dégradation des plans, et il ne s'arrête que lorsque l'image humaine vit et palpite sous les mille petites lignes juxtaposées de son crayon comme sous une trame de jour [1].

[1]. Sur la signature des dessins de Prudhon, une lettre de Prudhon à Constantin, publiée par M. Clément, est toute une révélation :

« ... Ton père signait pour moi les dessins de moi qui lui tombaient dans les mains, car jamais je n'en ai signé aucun. Si ceux dont tu me parles, tu les reconnais de moi, rien ne t'empêche d'en faire autant, de plus tu as ma signature au bas de ma lettre : elle peut te servir de type. »

Esquisses, projets de tableaux, de portraits, de vignettes, Prudhon les traite de même, presque toujours sur ce papier bleu où les premières pensées de ses conceptions semblent se débattre dans une aube; car, à ce grand maître, l'idée du mouvement, le projet de la composition apparaissent, aussi bien que la ligne du dessin, dans une vision lumineuse. Du blanc, du noir, des balafres de crayon, des hachures brutales, cela lui suffit pour fixer le premier éclair de son imagination. Rien qu'un barbouillage, et vous verrez déjà s'agiter sous un baiser du soleil le groupe d'*Innocence et Amour;* rien qu'un nuage, et vous aurez l'éblouissement de l'Olympe, cette voûte toute rayonnante d'un fourmillement de dieux, sur laquelle se détache la Diane aérienne et volante qui pose ses mains sur les genoux de Jupiter.

Prudhon vécut longtemps de ses crayons. Il demanda son pain à des dessins de circonstance. Sous la République, il dessina des Lois, des Libertés; il fit une allégorie de la Constitution française de 1793, rêve de bonheur du patriotisme qui semble le fronton d'une uto-

pie ; et, dans tous ces dessins, il sut prêter
l'idéal d'une force sereine ou d'une grâce
monumentale aux passions comme aux illusions de son temps. Pendant des années, il
usa ses crayons sur des vignettes banales, des
fleurons d'imprimés, des têtes de lettres admi-
nistratives, illustrations microscopiques, figures
d'un pouce, qu'il savait signer de son style et
où il enfermait sans effort la grandeur et le
mouvement qu'un Pyrgotelès fait jouer dans le
cercle d'une pierre gravée. Quoi encore? des
culs-de-lampe minuscules, des en-têtes de
factures et de traites commerciales, des sceaux
de maisons de commerce, les plus misérables
petites œuvres du métier, tout cela sortait de
sa main, comme un Olympe de Lilliput, en-
nobli d'une vénusté magistrale. Les cartons
des amateurs, les reliquaires des curieux ne
gardent-ils pas de lui des cartes d'adresse où
Prudhon fit tenir son génie? N'a-t-il point
laissé tomber de ses crayons cette adresse
d'un bijoutier du Palais-Égalité, dont il répétait le dessin sur le verre de la boutique? Vous
retrouverez les morceaux brisés de l'enseigne
chez M. de la Salle. Et pour la veuve du bijou-

tier, c'était cette autre adresse, un tableau de
Parrhasius retrouvé dans un carré de papier :
cet Amour faisant briller entre ses doigts les
bijoux de ce coffret ouvert, d'où la Tentation
s'envole comme d'une autre boîte de Pandore,
tandis qu'une femme au torse nu attache à son
oreille les tryglèmes d'or avec une coquetterie
de bacchante. Et ne met-il pas l'immortalité
de sa grâce jusqu'en des images de confiserie,
jusqu'en cette Léda dont il plia les reins et
roula l'écharpe dans le cadre d'une bonbon-
nière? Imaginez des vers d'André Chénier
tombés dans une boîte du *Fidèle Berger!*

V.

La misère, la famine de 1794 chassaient
Prudhon de Paris. Il se réfugiait et s'établis-
sait en Franche-Comté, à Rigny, près de Gray,
où il avait la bonne fortune de trouver à faire
des portraits au pastel, portraits à la grosse,
mais où le peintre, qui ne pouvait toucher à
rien sans y mettre son originalité, essayait déjà
ces tons laqueux et sans mélange de jaune, ce

martellement de la touche, ces égratignures
hardies de bleu dans les ombres, qui devaient
donner plus tard à ses pastels cette fraîcheur
humide et cette sorte de clapotement de
lumière avec lesquelles ses crayons peignent
la chair. Prudhon quittait la Franche-Comté
avec l'argent de ses portraits et la protection
de M. Frochot, dont il avait fait la connaissance ; il revenait à Paris sans doute vers le
commencement de l'année 1796 [1]. On ne voit
rien de lui au Salon de l'an IV (1795), et au
Salon de l'an V, qui est l'année de son retour,
son envoi, le portrait du citoyen C..., n'est
point terminé : une note du livret dit que le
temps n'a pas permis à l'artiste de finir les

1. A son retour à Paris, Prudhon fit quelques visites à ses
confrères, visites que M. Clément raconte ainsi : « David
et Girodet le reçurent assez mal. Seul parmi les peintres en
renom, Greuze l'accueillit d'une manière bienveillante. Avec
sa brusquerie habituelle, il lui dit : « Avez-vous du talent?
— Oui, répondit le candide Prudhon. — Tant pis, reprit
Greuze. De la famille et du talent, c'est plus qu'il n'en
faut pour mourir à la peine. Que voulez-vous faire avec
du talent, aujourd'hui qu'il n'y a plus ni Dieu, ni diable, ni
roi, ni cour, ni pauvres, ni riches? Moi qui vous parle, vous
savez que je suis tout aussi grand peintre qu'un autre ; voyez
mes manchettes ! »

mains ni les vêtements. Cependant les dessins qu'il exposait, les trois dessins de *Daphnis et Chloé*, commencés en 1793, pour l'édition de Didot, et les dessins de *l'Art d'aimer* de Bernard, faisaient prendre aux éditeurs le chemin de son atelier, et le voilà gagnant, par-ci parlà, quelque six louis avec les Renouard du temps [1]. Au Salon de l'an VII (1798), Prudhon exposait un projet de frise représentant une bacchanale : ne serait-ce pas le dessin qui est en si belle compagnie de dessins du maître dans la collection de M. C. Marcille, cette *Vendange* qui chante l'*epilemios* avec le rire du vin nouveau? Cette année-là, Prudhon exposait encore la belle gravure de *Phrosine et Melidor;* car ce talent souple et multiple, qui se plie à toutes les formes de l'art, manie d'inspiration tous ses outils. Il y a un graveur dans Prudhon, un graveur qui s'est bien peu témoigné, mais qui a formé Copia et Roger, et qui a dicté à leur burin le procédé tout à la fois

1. M. Laperlier nous communique la quittance suivante de Prudhon : « *J'ai reçu du citoyen Roger pour le citoyen Renouard, la somme de 6 louis pour un dessin de Daphnis et Chloé, que je lui ai livré à Paris, ce 5 messidor an IX.* PRUDHON, peintre. »

gras, moelleux et ferme, qui convenait à la
traduction de ces dessins. C'est le maître qui
a donné à ces hommes habiles le goût et l'idée
de tant de charmantes interprétations, dont
vous trouverez le modèle et le type dans ces
dessins à la plume de Prudhon, qui ne laissent
au burin que la peine de la copie. Ce pointillé,
qui, dans les planches des deux graveurs, rend
avec tant de *vaguesse* et d'une façon si voluptueuse les nus de Prudhon, n'est-il point tout
indiqué dans cet *Enlèvement d'Europe,* où la
plume de Prudhon pique si doucement les
chairs d'un semis de points, et entre-croise si
finement les menues tailles dans les ombres?
Ou bien, prenons cette figure de La Réveillère,
le Pape des Théophilanthropes, dans laquelle Prudhon a retrouvé la grande caricature du Vinci:
que fera Copia, sinon de suivre fidèlement ce
caressé précieux du modelé et ces accentuations de la face, estompées par la plume avec
un travail si ressenti et si patient, qu'elle ne
laisse guère à la pointe du graveur que le mérite d'un instrument de précision?

Enfin, en l'an VIII (1799), Prudhon exposait un grand tableau allégorique de plus de

trois mètres : *La Sagesse et la Vérité descendant sur la terre, et les ténèbres qui la couvrent se dissipant à leur approche.* C'était le tableau pour l'exécution duquel il avait obtenu, sur un dessin, à son retour de Franche-Comté, un logement et un atelier au Louvre. Avec ce tableau, Prudhon envoyait quatre frises, commandées par le riche fournisseur Delonois pour orner un petit salon de son hôtel, l'ancien hôtel Saint-Julien, rue Céruti. Ces frises devaient accompagner la décoration d'un autre salon où Prudhon avait représenté, en quatre grandes figures, la Richesse, les Arts, les Plaisirs, la Philosophie, avec des bas-reliefs imitant le bronze et quatre dessus de porte : *le Matin, le Midi, l'Après-Midi, le Soir,* personnifiés par des femmes peintes en grisailles. Cette décoration, qui fut la nouvelle et le bruit de Paris en l'an VIII et en l'an IX, ce grand tableau de *la Vérité* et de *la Sagesse,* auquel Bruun-Neergaard ne reprochait qu'un peu de lourdeur dans la tête de la Minerve, sortaient tout à coup Prudhon de l'obscurité où il s'était si longtemps débattu. Aussitôt des voix s'élevaient contre cette fortune subite d'un nouveau nom ; des critiques

jalouses proclamaient que le peintre n'avait
pas d'avenir, et le renvoyaient à ses vignettes
avec une brutale insolence. Prudhon était
devenu un rival.

Neuf ans après, Prudhon était un maître.
Le grand peintre qu'annonçait le beau plafond
de *Diane* au musée des Antiques arrivait à se
posséder tout entier. Prudhon envoyait au
Salon de 1808 *la Justice et la Vengeance divine
poursuivant le Crime,* et *l'Enlèvement de Psyché
par les Zéphyrs.* Bientôt *le Zéphyr* et *Vénus et
Adonis* faisaient reconnaître par le public un
talent qui n'avait eu guère jusque-là d'autre
consécration que l'applaudissement sans écho
de quelques gens du métier.

Le beau et mâle tableau, cette *Justice divine
poursuivant le Crime !* quelle grandeur simple
de composition ! quelle sérénité pathétique,
dont la terreur semble l'horreur divine des
anciens et n'ôte rien à la majesté de l'idée
morale ! Et quelle exécution large, franche,
vigoureuse ! quelle science dans les luttes du
clair de lune et de la lueur de la torche dans
les ombres et les reflets ! Rappelez-vous ce
sauvage paysage, et que d'air ! ces belles

figures volantes, ce corps d'Abel!... C'est le chef-d'œuvre de Prudhon.

Une légende rapporte à M. Frochot l'honneur d'avoir inspiré à Prudhon la première idée de son tableau. C'était dans un dîner à l'Hôtel de ville; sur cette citation faite par M. Frochot des vers d'Horace :

> Raro antecedentem scelestum
> Deseruit pœna...

Prudhon se levait de table, et, au bout d'un quart d'heure passé dans le cabinet du préfet, il rapportait le dessin de *la Justice divine*. Il n'est point à croire que cette grande image apparut ainsi à Prudhon tout à coup et toute formée. Il la tourna et la retourna, au contraire, longuement dans sa tête; il la chercha, sans se lasser, sur le papier. Et c'est à cette poursuite passionnée, à l'obsession de cette inspiration, qu'il faut rattacher le magnifique dessin du Louvre[1], où Prudhon semble chercher *la Calomnie* d'Apelles. Un ange vengeur,

---

1. L'admirable dessin donné par Constantin fils à Ledru-Rollin et acheté par le Musée 3,500 francs.

les mains plantées dans les cheveux du meurtrier, le traîne aux pieds de la Justice, armée
du glaive. Au bas du tribunal, sur les
degrés, un corps 'de femme jeté en travers
d'un petit enfant, un corps affaissé, gisant,
évanoui dans la mort, fait reculer le regard du
meurtrier, qui se voile la face de ses mains
éperdues. C'est ainsi que Prudhon comprenait,
en 1805, le tableau de *la Justice*, qu'il destinait
à la salle du tribunal criminel au Palais. Et quoi
de plus curieux que de l'entendre lui-même
proposer, expliquer et commenter son idée,
dans cette lettre d'un si grand accent et d'un
langage si élevé?

A MONSIEUR LE CONSEILLER D'ÉTAT,

PRÉFET DU DÉPARTEMENT DE LA SEINE.

« *10 floréal an XIII.*

« *Apperçu du tableau destiné pour la salle du tribunal
criminel au Palais de justice.*

« *Trouver un sujet qui soit en rapport avec la destination
d'une salle de justice criminelle, et les fonctions des magis-
trats qui doivent y siéger; présenter à la fois des victimes,
des juges, et des coupables, rendre ces objets avec cette
énergie d'expression qui donne à l'âme une commotion forte
et y laisse une trace profonde, seroit, si je ne me trompe,*

atteindre le but que l'on se propose dans l'exécution du tableau qui doit être placé dans cette salle.

« Plein de cette idée, mais peu satisfait de tout ce que
l'histoire nous donne sur cette matière, qui ne consisteroit
d'ailleurs que dans des faits usés ou obscurs; je m'arrête à
la nature de la chose même qui, remplissant en tout point les
convenances, fournit le tableau le plus énergique : il est de
tous les tems; appartient à tous les peuples; s'annonce et
s'explique de lui-même et présente en même tems la cause et
son effet.

« Figurés vous la vengeance publique, Némésis à l'aile
de vautour, chargée de la poursuite des coupables, traînant
au pied du tribunal de la justice le crime et la scélératesse :
La Justice armée du glaive, entourée de la Force, la Prudence et la Modération, prononce l'arrêt foudroiant qui les
frappe de mort. La victime ensanglantée du crime, le poignard
dans le sein, gissant sans mouvement sur les marches du
tribunal même, est sous les yeux de l'hommicide : il est saisi
de crainte, et frissonne d'horreur... Ajoutés pour sentir l'effet
de ce tableau terrible, la présence des juges, l'arrivée des
coupables, l'éloquence mâle des orateurs, les émotions diverses
peintes sur les visages d'une assemblée nombreuse; et vous
avourés qu'il seroit difficile à l'imagination de n'être pas
vivement frappé d'un tel ensemble.

« Ce tableau composé de huit figures, de la largeur de
dix pieds, sur huit de hauteur, destiné pour la salle principale du tribunal criminel, seroit du prix de quinze mille
francs. Il seroit payé par tiers de cinq mille francs chaque, à
trois époques différentes; la première à la présentation de
l'esquisse; la seconde lorsque le tableau seroit ébauché; la
troisième lorsqu'il seroit entièrement terminé.

« *Je me charge de le finir dans l'espace de dix mois, à dater du jour de la présentation de l'esquisse.*

« *Dans l'emplacement de la salle du bas qui est de la hauteur de huit pieds, sur six de largeur, on pourroit y mettre un fait historique ou autre analogue à la justice criminelle, et subordonné au sujet du haut.*

« *Le sujet arrêté, on en détermineroit le prix, et il seroit exécuté de suite aux mêmes clauses que le précédent.*

« *Pour ce qui me regarde personnellement, vous devés croire que l'amour de l'art, et le désir de me distinguer ne me feront rien négliger de ce qui pourra contribuer à sa perfection, et le rendre digne de l'autorité qui m'en a chargé.*

« P R U D H O N, peintre [1]. »

Une seconde lettre, également adressée au préfet de la Seine, précise mieux le tableau qui va sortir des pinceaux de Prudhon :

« *Précis du tableau destiné pour la grande salle du tribunal criminel au Palais de Justice. La justice divine poursuit constamment le crime, il ne lui échappe jamais.*

« *Couvert des voiles de la nuit, dans un lieu écarté et sauvage, le crime cupide égorge une victime, s'empare de son or et regarde encore si un reste de vie ne servirait pas à déceler son forfait. L'insensé! il ne voit pas que Némesis cette agente terrible de la justice, comme un vautour fondant sur sa proie, le poursuit, va l'atteindre et le livrer à son inflexible*

---

1. Lettre autographe signée, possédée par M. E. Marcille, et publiée par la *Gazette des Beaux-Arts*.

compagne. Tel est le sujet du tableau qui doit être placé dans la salle du tribunal criminel du département de la Seine.

« *Ce tableau de huit pieds de hauteur sur dix de largeur, serait du prix de 15,000 francs. Il serait payé par tiers de 5,000 francs à trois époques différentes : la première à la présentation de l'esquisse, la seconde lorsque le tableau serait ébauché, et la troisième lorsqu'il serait entièrement terminé.*

« *Je me charge de finir dans l'espace de dix mois, à dater du jour où je recevrai l'arrêté du préfet qui décide irrévocablement son exécution.*

« *Tous mes efforts seront employés dans ce tableau à répondre aux intentions du conseiller d'État, préfet de la Seine, et à le rendre, par son énergie, digne du local qu'il doit occuper.*

« PRUDHON, peintre.

« *Musée des artistes ci-devant Sorbonne.*

« *Paris ce 5 messidor an XIII* [1]. »

Prudhon ne conçut que plus tard l'idée de faire planer la Justice et la Vengeance divine sur le premier crime et le premier remords, et de donner à la belle pensée du poëte païen la grandeur du drame de la Bible, en personnifiant le meurtre dans cette brute et sauvage figure de Caïn, dont on dit que le modèle était,

1. Lettre appartenant à M. Feuillet de Conches, publiée par M. Clément.

hélas! bien près de lui. Arrivé à cette composition définitive, Prudhon se mit à peindre; et, comme emporté par son sujet, il attaqua la toile d'une main délibérée; il peignit de premier jet, avec des touches fermes et des tons rompus sans mollesse, cette toile où il échappe avec tant de force et de liberté à l'abus des glacis, à la fonte trop précieuse des couleurs, au porcelainage du *faire,* qui seront plus tard ·les défauts de sa manière.

Et puisque nous sommes devant la plus belle toile de Prudhon, arrêtons-nous un moment à l'étude des procédés du peintre, qui sont, dans leur principe, les procédés du dessinateur. Sous son pinceau, comme sous son crayon, la lumière rayonne du centre des figures. Des glacis transparents l'émoussent et l'endorment sur les ombres grises. Malheureusement ce travail, lorsqu'il est poussé au fini, ôte trop souvent le relief et le gras aux empâtements de la lumière; il débarrasse l'esquisse, qu'il amaigrit, des indications fortes et éclatantes, de ces plâtras éblouissants qui l'enlèvent si victorieusement du fond de la toile ; et l'on voit à regret la chaude couleur argentine

de Velasquez ou de Van Dyck s'éteindre peu
à peu dans des camaïeux d'une coloration
triste et froide. Outre cette manière de peindre, l'abstention absolue et systématique de
tout chrome, de tout jaune, que Prudhon
jugeait inutile pour rendre le teint de nos
races, et qui, selon ses observations, noircis-
sait vite, tenait sa palette et la gamme de ses
chairs dans des tons trop exclusivement
laqueux[1]. D'autres préjugés, d'autres recher-

---

1. Prudhon fut, il est vrai, un coloriste inégal, hardi, singulier et quelquefois trompé dans ses effets, tantôt pâle au
point de n'accuser que des ombres, tantôt formant ses clairs-
obscurs par des moyens fantastiques, et, dans certaines occasions, malheureux par les transparences violacées survenues à
ses toiles et par les gerçures causées par du vernis trop tôt
appliqué. Mais, quand on regarde ses tableaux réussis, il est
frais et vif dans ses carnations, enchanteur dans ses effets de
lumière, hardi, passant sur des fonds mystérieux et laissant
tous les tons locaux subordonnés à la teinte principale. Celle
que Prudhon a le plus affectionnée a été nommée *clair de
lune*. Ceux qui l'ont vu peindre nous disent qu'il préparait ses
figures d'un ton uniforme gris azuré, en les empâtant vigou-
reusement, qu'il passait par-dessus les tons foncés plus légèrement, de manière à rehausser peu à peu sa couleur en lui laissant une grande harmonie et un éclat argentin. On croit que
le peintre avait été amené là par l'imitation des procédés qu'il
croyait avoir été employés par le Corrége. (*Histoire de l'Art
pendant la Révolution,* par Renouvier, 1863.)

ches qui devaient, d'après ses espérances, assurer la fraîcheur et la conservation de ses tableaux, trompèrent le maître. Se défiant de l'huile, il substitua à son emploi l'emploi d'une pommade qu'il faisait lui-même avec une grosse molette de buis dans le bois de laquelle il avait grossièrement enchâssé un morceau de cristal. Loin de garder dans sa fleur et sa fraîcheur la peinture de Prudhon, cette pommade, dont nous donnons ici-bas la recette [1], a désagrégé les substances de certaines couleurs ; elle a volatilisé les bitumes, et elle a fait dans les tableaux du peintre, peut-être aussi vernis trop tôt, un travail de décomposition qui avertit des dangers de l'innovation des procédés. Très-préoccupé de la première préparation, Prudhon peignait souvent sur des toiles au

[1]. Un quarteron de mastic en larmes que l'on fait fondre dans l'esprit-de-vin : quand il est fondu, on le passe à travers un linge bien fin ; après, on le lave dans plusieurs eaux jusqu'à ce que l'eau ne soit plus blanche en le pétrissant ; après quoi, on le fait fondre dans l'huile, en y ajoutant un quart d'un rond de cire vierge.

Combiner la quantité d'huile propre à produire une gelée, puis on la broie bien pour pouvoir s'en servir.

Quand on a fait l'opération avec l'esprit-de-vin, il faut faire fondre avec l'huile au bain-marie.

fond brun rouge qu'il frottait à peine d'une
ombre violacée dans l'ombre des figures, et
qui, avec leur ton vierge et épargné par le pinceau, modelaient miraculeusement, et comme
d'elles-mêmes, la paupière, la prunelle de
l'œil, la retraite du nez, les lèvres, le dessous
du cou. Cette toile imprimée brun rouge est le
dessous habituel des derniers et des plus beaux
portraits du maître, de ces portraits de femme
qui me semblent mettre Prudhon, dans le
genre du portrait, je ne dis pas au premier
rang des peintres français, mais au-dessus de
l'école française. Vous retrouverez dans ces
portraits, que la postérité admirera, — le portrait de Mme Jarre, le portrait de Mme Péan de
Saint-Gilles, le portrait de Mme Frochot jeune,
— ces caractères de grandeur spirituelle,
d'animation morale, d'idéalité intime, de beauté
pénétrante, cette profondeur de l'expression,
ce mystère du regard, cette étrangeté délicieuse
du sourire, tous les signes des inimitables portraits de la grande école italienne.

La gloire de Prudhon est dans ces portraits.
Elle est dans ce tableau de *la Justice divine*.
Elle est peut-être avant tout dans ces esquisses

éclairées du premier feu de sa main, dans ces
cartons peints, dans ces petites toiles frappées
de rayons, éclaboussées de soleil, ébauches
qui furent le berceau et l'école des plus étin-
celants coloristes de l'école française d'aujour-
d'hui. Le génie de Prudhon, le voilà dans ces
petites figures du musée de Montpellier :
Minerve, Euterpe, Vénus, Pandore; dans cette
petite figure de l'Abondance, chez M. de Boisfremont. Le voilà tout entier, ce génie du
peintre, dans l'admirable esquisse de *Vénus et
Adonis* possédée par M. E. Marcille. L'ombre
de ces grands arbres, ce bois obscur et baigné
de jour où flotte, sous la tiède haleine de midi,
comme un fluide d'or ; ce corps de Vénus, ce
ventre et ces cuisses dans le soleil, qui font
penser à l'ivoire légèrement teinté de pourpre
auquel Homère compare les membres des
dieux ; ce rayon qui jette entre deux branches
son baiser à Vénus, lui mord l'épaule, lui
caresse le ventre, lui danse sur les genoux ;
cette tête, ces bras, cette poitrine, cette gorge,
qui flottent dans l'ombre délicate et tendre d'un
voile d'azur et de gaze ; ces tons chauds,
ardents, ambrés, du chasseur nu auquel la

déesse prête le reflet lumineux de sa divinité ;
ces Amours, aux pieds du couple, pêle-mêle
avec les chiens de Laconie, fouettés de soleil
et de l'ombre errante des feuilles ; cette volée
d'enfants ailés perdus dans la nuit rousse des
lointains, et dont un coup de jour vermillonne
le talon ; ce fond sourd et transparent, taché
de lueurs d'écaille, au travers duquel éclatent
les réveillons de carmin d'une grenade ouverte;
ce rayonnement fauve où petille et papillonne,
çà et là, comme un éclair de pierre précieuse, — cela seul suffirait à l'immortalité du
peintre.

VI.

La gloire s'approchait donc enfin de lui,
et il la sentait venir. L'ambition de ses jeunes
espérances se réalisait. La mauvaise fortune
semblait passée, et cependant l'homme n'était
pas heureux. Il avait eu à subir toutes les dou-
leurs, le long martyre d'un mari lié à une
femme indigne de lui. Encore si cette femme
inférieure avait racheté, auprès de Prudhon,

la pauvreté de son esprit et la bassesse de ses
goûts par les grâces de cœur attachées à son
sexe, par ces vertus de caractère qui font le
pardon des femmes inférieures!... Mais la
malheureuse avait torturé Prudhon. C'étaient
des scènes continuelles, des colères où écla-
taient les violences de la paysanne, des empor-
tements et des querelles qui troublaient le
silence et la paix de son laborieux atelier de la
Sorbonne. Prudhon en était venu à fuir son
intérieur après son travail : il se sauvait et
allait respirer tous les soirs chez son ami
Constantin. A bout de patience, il se décidait à
une entière séparation (avril 1803), et il se
croyait délivré ; mais la terrible femme venait
encore apporter à la Sorbonne le trouble de
ses visites, le scandale de ses colères. Prudhon
était obligé de solliciter contre elle, au nom
de son repos, l'amitié et le secours de Denon,
dans la triste lettre qui suit :

« *Monsieur,*

« *C'est une peine pour ma délicatesse de vous entretenir
de choses qui me revoltent et me font rougir, je suis outré et
humilié tout à la fois quand je parle d'une femme qui, n'ayant
ny fierté ny amour propre, n'a pas crainte de montrer la bas-*

sesse de son ame par les scènes atroces dégoutantes et scandaleuses qu'elle n'a cessé de me faire ; par ses propos infames contre toutes les personnes qui m'avoisinoient et par la manière insupportable dont elle a agit avec tout le monde : Sans la consideration particuliere qu'ont pour moi mes confreres, ils auroient dans le temps portés des plaintes au ministre de l'intérieur pour écarter quelqu'un, dont la méchanceté soutenue recidivoit journellement tout ce qui pouvoit leur être désagréable et incommode. Messieurs Giraudet et Meynier ne l'ont que trop éprouvé, puisque le premier s'est vu forcé, étant au Louvre, de transporter son travail et son atelier aux Capucines, place Vendôme : il étoit temps pour le second, dont l'extrême bonté a soutenu la patience, que je l'ai mis hors de chez moi ; car il étoit excedé de ses invectives, de ses criailleries et du tapage qu'elle ne cessoit de faire au-dessus de chez lui ; et combien n'étoit-il pas désagréable et facheux pour moi qui suis sensible et aime la paix d'avoir à repondre à des plaintes trop justes réitérées à chaque instant, auxquelles il n'étoit pas possible de faire droit avec un être de l'humeur et du caractère de celui-là.

« D'après ce, l'on sent combien une telle femme est un objet insupportable et scandaleux dans un lieu comme la Sorbonne et combien j'ai de raisons de solliciter un ordre du ministre pour l'empêcher d'y remettre le pied.

« Le gouvernement qui considère les arts, loge les talens ; dans le local qu'il leur accorde il est nécessaire pour l'ordre et la tranquillité qu'il y ait une police qui puisse en exclure quiconque oseroit la troubler. Ma femme est dans ce cas, elle n'est point artiste, elle nuit à la tranquillité de mes voisins, elle nuit à mon repos, à l'exercice de mes talens et à l'éducation de mes enfans ; je suis fermement décidé à ne plus *avoir rien de commun avec elle. Depuis six mois elle est hors de ma maison; je lui donne tout ce qui lui est nécessaire, agréable même; une pension que je lui fais pourvoit à ses besoins, mais il lui manque sur qui exercer son humeur âcre et pour se satisfaire sur ce point, elle voudroit tenter son retour à la Sorbonne; je demande donc qu'il ne lui soit plus permis, défendu même de rentrer dans un local où elle ne rapporteroit que le trouble et le scandale.*

« *Je m'arrête, Monsieur, n'en voilà que trop sur ce sujet. Pardon mille fois si j'abuse de votre condescendance; à peine ai-je l'avantage de vous approcher que je vous demande des grâces et sollicite votre interrêt, mais c'est un artiste, c'est un compatriote qui vous prie de lui rendre un service bien important et bien urgent. Si vous daignez vous employer en sa faveur, il ne doute pas de la réussite, et il en conservera toute sa vie le souvenir de la reconnaissance.*

« *J'ai l'honneur d'etre avec un entier dévouement,*

« *Monsieur,*

« *Votre très-humble serviteur et compatriote,*

« PRUDHON, peintre.

« *Le 7 vendémiaire an XII (30 septembre 1803)*[1]. »

Sous ces coups, le cœur de l'homme saignait encore. Blessé par de si dures déceptions,

---

1. *Archives de l'Art français.* M. Clément raconte que la lettre n'eut pas l'effet désiré. « Mᵐᵉ Prudhon, de plus en plus violente et insatiable, continua à abreuver son mari d'avanies et à le harceler de ses continuelles demandes d'argent. Cet état de choses dura pendant plusieurs années encore, jusqu'au mo-

refoulant les tendresses de sa nature, renon-
çant, non sans déchirement, à ces belles
chimères, les besoins de son âme et de son
caractère, une vie d'intérieur, intime, douce,
bercée par la main, égayée par le sourire d'une
femme, Prudhon vivait isolé, et il se sentait
seul, quand les sollicitations d'un ami, surmon-
tant ses vives répugnances, le décidèrent à
donner des leçons à une élève de Greuze, que
la mort de Greuze laissait sans maître. Et
Mlle Mayer entrait dans la vie de Prudhon.

Ce n'était point une jolie femme que
Mlle Mayer. Une peau très-brune, un nez presque épaté, une grande bouche, rappelaient en
elle, au premier regard, le type de la mulâ-
tresse. Pourtant regardez ce portrait, passé de
l'alcôve où Prudhon le garda jusqu'à sa mort
dans les mains de l'heureux M. Laperlier :
c'est une enchanteresse que cette femme sans
beauté. Dans ce visage que la vie et l'âme de

ment où la malheureuse, étant parvenue jusqu'à l'Impératrice,
fit devant elle une scène tellement scandaleuse qu'on l'enferma
dans une maison de santé, sous l'œil de la police, tenue par
M. Deodore de Piron, et où l'on mettait les fous et les ennemis
politiques. Elle n'en sortit que pour aller demeurer chez son fils
Eudamidas à Toul, où elle mourut en 1834. »

la physionomie illuminent, tout est charme,
jusqu'à ce nez épaté et cette grande bouche.
Sous mille petites boucles noires, folles et
libres, qui font jouer sur le front les anneaux
de leurs ombres légères, et battent les joues
de leurs tortillons défrisés, un sourire errant
voile de tendresse deux grands yeux noirs,
allongés et fendus comme les yeux de l'Orient.
La lumière accuse un méplat charnu et sensuel sur le petit nez dont les deux narines se
retroussent dans l'ombre. Le rire semble cha-
touiller la bouche au coin malicieux, qui s'entr'ouvre et montre à demi les dents. Le dessous
des yeux, du nez, cette bouche et tout le bas
du visage éclairé, selon l'habitude de Prudhon,
avec les grands partis pris d'un jour d'atelier,
s'enfoncent dans des ombres étranges où le
regard se perd en rêveries. Amoureuse,
moqueuse, sentimentale, ardente, pensive,
voluptueuse, passionnée, telle est cette tête
mystérieuse et fascinatrice dans sa mutinerie,
où l'on retrouve l'énigme du sourire de la
Joconde. Approchez-vous du portrait : vous ne
distinguerez pas les tons. Ce n'est qu'une
ébauche, qu'une vapeur, le travail hâté et béni

d'une heure d'inspiration. A peine si Prudhon a voilé d'un mauvais châle lie de vin les épaules et la gorge de son buste. Sur le fond brun rouge de la toile, qui reparaît ici et là, ce n'est dans les ombres qu'un frottis qui semble un lavis d'encre ; sur les lumières de la chair, ce ne sont que les glacis transparents de quelques teintes laqueuses. Mais l'âme du maître a passé dans cette image, faite à si peu de frais, avec si peu d'efforts, légère comme un souffle, immortelle comme un baiser du génie! Cette figure vous parle, elle vous ravit avec ce je ne sais quoi de magique qui, dans les chefs-d'œuvre, est au-dessus et au delà de la peinture, et semble échapper à la matérialité des moyens du peintre, à l'épaisseur des couleurs, aux liens des lignes ; et ce n'est plus une femme que l'on croit voir, mais le type même de Prudhon[1], sa muse familière et bien-aimée, incarnée dans la grâce et la volupté de son œuvre.

1. Le type de Prudhon « avec ces arcades sourcilières profondes et ces grandes bouches qui prêtent à la fois à la force, à la rêverie, à la tendresse », — ainsi que le définit très-justement M. Renouvier ; — d'où vient-il? du mélange de l'étude des bas-reliefs grecs avec l'étude de figures amies ou aimées, de

Mlle Mayer avait l'enjouement de sa physionomie, les profondeurs et les contrastes de
l'expression de son visage. Sur un fond de
sentimentalité, des ardeurs de passion, une
gaieté piquante, l'exaltation d'une nature nerveuse, la malice de l'esprit, luttaient et se
mariaient en elle d'une façon délicieuse,
comme les ombres et les lumières de son portrait. La femme avait tous les dévouements et
toutes les séductions capables de consoler, de
réchauffer et de rattacher au bonheur le triste
cœur de Prudhon. Le maître et l'élève s'aimè-
rent ; et avec cet amour l'horizon d'une nouvelle vie s'ouvrit devant Prudhon. Auprès de
cette compagne, amusé par l'originalité de sa
causerie, ranimé par la vivacité un peu méri-
dionale de son humeur et de sa parole, retrou-
vant son orgueil d'artiste sous la flatterie de ce
culte et de cette adoration, Prudhon s'aban-
donnait à cette liaison qui lui donnait le repos,

Mme Copia, de Mlle Mayer, de Marguerite, le modèle préféré
du peintre, — et peut-être aussi de son type à lui, du type
retracé dans le portrait envoyé d'Italie à Dagoumer, ce portrait à l'œil plein d'ombre, à la lèvre boudeuse, à la physionomie de douceur et de rêverie.

l'oubli et la caresse d'un beau soir ; ou plutôt
il s'y précipitait avec une passion de jeune
homme et toutes les ferveurs amassées depuis
si longtemps au fond de lui. Maîtresse d'elle-
même par la mort de son père, Mlle Mayer
venait loger auprès de Prudhon ; son atelier à
la Sorbonne n'était séparé que par un palier de
l'atelier de son maître et de son ami. Tout le
jour elle était chez lui, travaillant à ses côtés;
elle prenait ses repas avec lui ; elle tenait sa
maison ; elle s'occupait de l'éducation de sa
fille, pour laquelle elle était tout à la fois une
mère et une sœur aînée. Prudhon, qui n'avait
eu que sa mère pour l'aimer, ne savait comment
payer Mlle Mayer de tant de dévouement et de
tant de bonheur. Dans sa reconnaissance, il
rêvait de partager son talent avec cette « amie
de son cœur » ; il voulait l'associer à sa gloire.
La preuve de cette générosité du peintre, nous
la trouvons dans cette suite de neuf dessins,
conservée par M. de Boisfremont et qu'on
pourrait appeler l'histoire d'un tableau de
Mlle Mayer. Ce sont toutes les études d'une
Naïade lutinée par les Amours et qui, poussée
à bout, ne sachant comment s'en débarrasser,

leur jette l'eau de son urne. Il faut voir avec
quelle patiente application, avec quel cœur
Prudhon a mis, pour ainsi dire, toute la composition sous la main de Mˡˡᵉ Mayer. Il y a des
croquis d'ensemble, puis des études séparées
où tous les détails sont cherchés et fixés, le
mouvement de la Naïade, la débandade de la
petite troupe, le culbutis des polissons nus que
l'eau cingle ; puis enfin, c'est le corps de la
Naïade, une des académies les plus finies, les
plus parfaites qui soient sorties du crayon de
Prudhon. Mais ce n'est point assez que toutes
ces indications qui dictent à Mˡˡᵉ Mayer toutes
les lignes de son tableau : Prudhon veut faire
passer son pinceau même dans les doigts de
Mˡˡᵉ Mayer ; à côté des études dessinées il y a
l'esquisse peinte du tableau, où Prudhon donne
à Mˡˡᵉ Mayer l'accord des tons, les couleurs de
sa palette, tant il met de soins à la guider, à
lui souffler son inspiration, à l'approcher de son
génie, tant il met d'ardeur et de patience à
essayer de lui donner un peu de son immortalité !

VII.

En 1808, devant le tableau de *la Vengeance divine,* l'Empereur donnait à Prudhon la croix de la Légion d'honneur.

Le dessinateur républicain ardent et convaincu de la Constitution de 1793 et des symboles patriotiques[1] s'était vite rallié à l'opinion publique. Facile à l'enthousiasme, il fut des premiers à saluer la jeune gloire du vainqueur

---

1. Prudhon, ainsi que presque tous les artistes de son temps, s'était donné entièrement aux idées nouvelles. Nous avons son vote motivé pour le tableau de *Brutus* d'Harriet, comme membre du jury dans le concours des prix de peinture de l'an II. Quand le jury se transforme en club révolutionnaire des Arts, Prudhon en devient le secrétaire adjoint et, dans la séance du 4 germinal, lit un discours où il « considérait les Arts sous des rapports philosophiques et en parlait dans le genre de Rousseau ». Il terminait en développant les idées d'Hassenfratz, à savoir que les Arts, jusqu'alors tournés vers *le goût de la classe des hommes paresseux,* devaient maintenant parler au goût des hommes laborieux. C'était le dessinateur de ces dessins : la Constitution, la Loi, l'Égalité, la Liberté, au bas de laquelle il écrivait : *Elle a renversé l'hydre de la tyrannie et brisé le joug du despotisme.* C'était le peintre de ces tableaux perdus, représentant les journées glorieuses de la Révolution, pour lesquels il eut une fois le prix de 5,000 francs, une autre

d'Italie. Au Salon de l'an IX, il traduisait la
pensée de la France et l'admiration de la
patrie dans cette belle allégorie de la Paix[1]
achetée par Brun-Neergaard, où Bonaparte,
entre la Victoire et la Paix, est debout sur un
char de triomphe que précèdent les Jeux et les
Ris, que suivent les Muses, les Arts et les
Sciences. Napoléon avait gardé souvenir de
l'allégorie; il apprécia bientôt le peintre. Et si
Prudhon ne fut pas le peintre officiel de la
nouvelle cour, il en fut du moins le peintre

fois le prix de 2,000, — et dont peut-être le tableau de la
prise de la Bastille, composé de plus de cent cinquante petites
figures, que mentionne M. Lacroix, serait le sujet d'un de ses
deux concours. C'était enfin, comme le raconte M. Le Sensier,
d'après des traditions conservées dans la famille Fauconnier,
l'habitué des Jacobins et des Cordeliers, l'homme qui rapportait chez lui, de l'éloquence de l'Incorruptible, une espèce de
délire patriotique.

1. Sous le Directoire, dans une première composition, dont
la gravure exécutée par Picot est assez rare, Prudhon avait
témoigné son enthousiasme pour le vainqueur de l'Italie. Il
avait fait monter dans le ciel, par un groupe d'Amours, un
portrait du général aux cheveux longs, qu'une Renommée volante
désignait du doigt, tandis qu'une figure de l'Anarchie, les mains
enchaînées derrière le dos, le carcan au cou, était agenouillée
dans un coin de son dessin. La composition portait pour titre:
Allégorie relative à Buonaparte, général des armées françaises, etc.

intime : il fut le portraitiste ordinaire et familier des femmes de la famille impériale. A lui revenait l'honneur de peindre l'impératrice Joséphine dans le frais décor de la Malmaison. On retrouve, dans les collections, des études, des esquisses, des ébauches à l'huile, toutes sortes de projets de portraits de la reine Hortense et des sœurs de l'Empereur. Et s'il laisse les portraits, c'est pour donner l'aide de son pinceau et de son imagination de décorateur aux pompes des fêtes publiques de l'Empire[1], à la célébration des victoires, ou pour illustrer de son crayon de vignettiste un roman de Lucien Bonaparte. Le divorce de Joséphine n'enlevait à Prudhon rien de cette faveur. La protection impériale continuait pour le peintre, qui obtenait de commencer le portrait de la nouvelle Impératrice. Il en a laissé un déli-

1. Dans une lettre du 22 mai 1810, que nous communique M. Laperlier, Prudhon réclame du préfet de la Seine, pour les dessins des peintures coloriées en transparent et représentant le sujet des Noces d'Hébé et d'Hercule, figures de six pieds et demi, au nombre de quarante et un, et de deux groupes de sculpture, composés de six autres figures de même proportion, placés sur les avant-corps de la loge de Leurs Majestés, une somme de 8,000 francs, ainsi qu'une somme de 9,000 francs pour les sculptures ornant le trône de Leurs Majestés.

cieux profil, surmonté d'un diadème à demi
perdu dans les tresses et les boucles des cheveux, et dont la ligne a le style et la sévérité
gracieuse d'un médaillon antique. Il arrivait
même que le goût de la nouvelle Impératrice
pour le dessin, le besoin d'une distraction qui
l'occupât, approchaient encore Prudhon des
grâces de la cour. Marie-Louise ayant témoigné le désir d'avoir un maître de dessin, l'Empereur, sur la liste des candidats, nommait
Prudhon que la liste avait oublié, et qui, fort
étonné de recevoir son brevet, était obligé
d'aller s'acheter le chapeau et l'habit à la française pour aller donner la première leçon à
l'Impératrice-Reine. J'ai vu un curieux souvenir de ces leçons de Prudhon : c'est un pastel copié par Marie-Louise d'après une vierge
du Guide, où le *corrigé* du maître perce partout, sous les lourdeurs, les tremblements et
les maladresses de cette main d'impératrice
jouant à la peinture. En 1810, quand la ville
de Paris songea à offrir ce berceau et cette
toilette dont elle voulait faire les dignes ca-
deaux d'un peuple à un empereur, c'était au
maître de dessin de l'Impératrice, au peintre

choisi entre tous pour faire le portrait du roi de
Rome, que la ville recourait, comme à l'homme
dont le talent et l'invention devaient être le
plus particulièrement agréables à Leurs Majestés. Et c'était Prudhon qui imaginait tout ce
mobilier. Il dessinait l'écran exécuté en vermeil et en lapis, et ses barques égyptiennes
surmontées de figures d'Isis, emblème de la
ville, portant les autels de l'hymen enguirlandés de fleurs, et ses colonnes de laurier et de
lierre enserrant la glace, et son entablement
corinthien où deux Amours, aux deux côtés de
Mars et de Minerve, rapprochent l'aigle d'Autriche de l'aigle de France. Il dessinait la table
à miroir dont le miroir était encadré de fleurs
liées par le Plaisir volant, et couronné d'une
Flore entourée des génies du Commerce, de
l'Industrie, du Goût, de l'Harmonie. L'allégorie du peintre animait ainsi tout le mobilier
par des personnifications et des images. Cette
ingénue de la fable antique qui occupa si longtemps sa pensée, Psyché, enchaînait l'Amour
dans la ligne ondulante d'un bras de fauteuil;
et sur le berceau, le berceau impérial, dessiné
pour être exécuté en vermeil, burgau et nacre,

Prudhon montrait la Gloire planant sur le
monde et soutenant « la couronne de triomphe
et d'immortalité »; au milieu de cette couronne
brillait *l'astre Napoléon,* tandis qu'au pied du
berceau un jeune aiglon, prêt à s'envoler, semblait essayer ses forces et aspirer à l'espace.

VIII.

Cette liaison avec Mlle Mayer semblait
porter bonheur à Prudhon. M. de Sommariva
qui lui avait acheté son *Zéphyr* lui commandait d'autres tableaux. M. de Talleyrand lui
demandait son portrait et venait se faire
peindre dans son atelier[1]. La critique était
forcée de s'incliner devant son nom et de
saluer ses œuvres. L'Institut lui ouvrait ses
portes. La mode adoptait sa gloire. L'argent

1. Prudhon ayant fait une répétition de ce portrait de
M. de Talleyrand pour la duchesse de Courlande, et réclamant
pour cette répétition une somme de 7,000 francs, écrivait à la
duchesse, en 1817, à propos d'une difficulté sur ce prix, « que
ces sortes de discussions n'étaient faites ni pour son talent ni
pour sa personne »; et il demandait à reprendre son portrait.
(Lettres de Prudhon, communiquées par M. Laperlier.)

venait le trouver. Il avait à son foyer la douce
et enthousiaste adoration d'une femme à laquelle il rapportait tous ses actes, toutes ses
pensées, toutes ses espérances. Le présent et
l'avenir, la vieillesse elle-même, lui souriaient,
quand un coup de foudre brisa sa vie et son
cœur.

Impressionnable et exaltée de nature,
Mlle Mayer était arrivée à l'âge où souvent,
chez la femme, l'âme cède à l'inquiétude et
au tourment des agitations nerveuses, et
semble perdre, à la plus misérable contrariété,
la mesure des choses de la vie, au moindre
chagrin, le sang-froid de la raison. Déjà, sur
des soupçons sans motif, elle avait éclaté en
scènes de jalousie[1], et par moments son esprit

1. Les études historiques et artistiques publiées par
MM. Fillon et Rochebrune racontent qu'en 1818 Mlle Mayer
trouvant sur le chevalet un portrait de visiteuse dont la beauté
avait entraîné Prudhon à solliciter la permission de faire une
esquisse, — esquisse faite *con amore*, — elle mit en pièces le
portrait et du même coup détériora le dessin de la médaille
destinée à rappeler la victoire de Manuel aux élections. Du
reste, la pleine lumière ne sera faite sur cette liaison que lorsque
M. Laperlier se décidera à publier les lettres amoureuses de
cette liaison, que par un délicat scrupule il conserve cache-
tées.

ardent et qui se troublait se répandait en
paroles étranges. Mlle Mayer se trouvait dans
cet état d'irritation et d'excitation maladive,
quand le renvoi des artistes de la Sorbonne
était réclamé et obtenu par la Faculté de théologie. Mille craintes aussitôt montaient à son
esprit, affluaient à son cœur. Préoccupée de
sa situation fausse, sur laquelle elle croyait
fixés les yeux du monde, elle voulut voir dans
ce déménagement forcé un éclat, la publicité
de sa liaison avec Prudhon. Peut-être la nécessité d'une rupture lui apparut-elle...

« Son imagination s'échauffa — dit
M. Charles Blanc dans sa charmante et délicate notice, — et tant d'inquiétudes, se joi-
gnant à l'altération de sa santé, achevèrent de
troubler sa raison. Le matin du 26 mars 1821,
M. Brûle lui trouva le front horriblement
plissé, l'œil hagard. Elle avait auprès d'elle
une petite fille de douze ans, nommée Sophie,
qui était son élève ; elle eut la présence d'esprit de lui donner congé ce jour-là ; mais,
comme l'enfant s'éloignait, Mlle Mayer, dit-on,
la rappela, se mit à l'embrasser avec effusion,
et, prenant une bague, elle lui en fit cadeau,

avec prière de la bien conserver, sans s'apercevoir que la petite Sophie était tout étonnée
de cette expansion subite, de cet adieu inex-
pliqué. Peu de temps après, on entend la chute
d'un corps; on accourt, on trouve M{le} Mayer
étendue par terre et baignée dans son sang.
Elle avait pris les rasoirs de Prudhon, et, après
avoir essayé le tranchant sur sa main, elle
s'était placée devant la glace et s'était coupé
la gorge. L'hémorrhagie n'avait duré que quelques minutes : elle était morte[1]. Prudhon tra-

1. Toutes sortes de causes amenèrent au suicide cette créature passionnée et inquiète : de méchants cancans, et à la fois
la crainte d'être abandonnée et des scrupules donnés à la dernière heure par une amie; peut-être même aussi un tardif
éveil sur sa ruine, — toute sa petite fortune, 80,000 francs,
s'étaient fondus dans le désordre de la maison de l'artiste.
Mais le suicide n'était encore qu'une tentation lointaine, le rêve
du noir de ses idées pendant une heure, quand un mot cruel
de Prudhon en fit une résolution subite. Mme Belloc racontait
à M. Clément que le matin du jour où Brûle avait été frappé
de l'air hagard de Mlle Mayer, on avait apporté une lettre à
Prudhon qui lui apprenait une maladie de Mme Prudhon dont
l'annonce semblait mortelle. Tout à coup Mlle Mayer dit à son
amant : « M. Prudhon, si vous deveniez veuf, vous remarie-
rez-vous? » Prudhon, tout à la pensée de ce qu'il avait souffert
avec sa femme, s'écria avec un geste d'effroi. « Ah! jamais! »
Sur ce *jamais*, sans un mot, Mlle Mayer passe dans le cabinet
où Prudhon avait coutume de s'habiller, prend un rasoir, des-

vaillait dans son atelier. Devant aller ce jour-
là à l'Institut, il se leva pour s'habiller sans
doute; mais, apercevant des visages pâles et
une légère rumeur qui s'apaisait à son approche, il eut le pressentiment de son malheur. En vain M. Pajou voulut l'entraîner, on
ne put le retenir, et il sut tout de ses yeux... »

cend, traverse la cour, remonte dans l'appartement, entre dans
le petit salon, se met devant une glace et.....

Un procès-verbal, dressé par Monyer, commissaire de
police, en présence de M. Cloquet, médecin, et donné par
M. Jal, dans son *Dictionnaire critique de biographie et d'histoire*,
s'exprime ainsi :

« La demoiselle Mayer (Constance), étant dans l'appartement de M. Prud'hon, artiste peintre, où elle avait une partie
de ses effets, Mⁱⁱᵉ Sophie Duprat, élève en peinture de la def-
funte, venant de la quitter, vers les onze heures, et de la laisser
seule dans cet appartement... se porta deux coups de rasoir,
dont le dernier pénétra jusqu'au vertèbre cervical (*sic*)... elle
dut mourir sur le champ. Elle s'était placée devant une glace
pour se porter le deuxième coup et était tombée sur le dos, les
pieds tournés du côté de la porte de communication. »

Il résulte encore de cette pièce que Mⁱⁱᵉ Mayer, au dire de
M. Trézel, qui la connaissait depuis dix-huit ans, était atteinte
d'une maladie noire, dont les caractères avaient paru plus
graves depuis quinze jours, et que cette gravité s'était mani-
festée par un débordement extraordinaire de bile, dont elle
avait été traitée par le docteur Dagommer. (*Archives de la police*,
carton des événements, an 1821, n° 9863-8400.)

Arraché de ce corps sanglant qu'il tenait embrassé, Prudhon fut emmené chez M. de Boisfremont. Il vécut encore deux années, deux années longues comme un exil. Ce sang, cette mort, le 26 mars 1821, lui étaient toujours présents; et replié sur lui-même, solitaire, enfermé dans ses souvenirs et ses regrets, embrassant cette ombre qu'on ne pouvait lui ravir, détaché des orgueils de l'artiste, insensible au bruit de son nom, de sa gloire, abandonnant son corps à l'accablement de son âme, lassé de vivre, peut-être tenté par l'exemple et sollicité par le suicide, il écrivait à sa fille :

« ... Oh! que la chaîne de la vie est pesante ; seul sur la terre, qui m'y retient encore? Je n'y tenais que par les liens du cœur ; la mort a tout détruit... Ma vie est le néant... L'espérance ne détruit point l'horreur des ténèbres qui m'environnent!... Elle n'est plus, celle qui devait me survivre... La mort que j'attends viendra-t-elle bientôt me donner le calme où j'aspire... C'est à la tombe, à mon amie, que s'attachent toutes mes pensées, tous mes vœux!... »

Il n'y avait plus, pour donner à Prudhon la patience de vivre et la force de souffrir, que les choses qui lui parlaient de celle qui n'était plus, que les reliques qui lui faisaient toucher sa mémoire. Le courage de peindre ne lui revenait que pour reprendre *la Famille malheureuse*, laissée inachevée sur le chevalet par Mlle Mayer. Revenant sur ces traits qu'il avait tracés, repassant sur ces tons qu'elle avait posés, promenant le pinceau partout où le sien s'était promené, Prudhon trouvait un âcre plaisir, une douloureuse et chère volupté à se rapprocher ainsi de la morte. Il travaillait lentement, s'attardant à finir cette scène désolée, où il mettait les plus pieuses caresses de son pinceau. On eût dit qu'il prolongeait un dernier tête-à-tête, un suprême adieu. Et le tableau fini, il ne voulait pas encore le quitter; il le dessinait sur pierre lui-même, et donnait cette lithographie qui fit presque une émeute chez Engelmann.

Puis ce furent des jours que Prudhon comparait lui-même à un demi-sommeil oppressif; ce fut une vie lourde, lente, monotone et lugubre. Enfermé dans la retraite sauvage de son atelier, agenouillé à toute heure devant cette chère et sainte mémoire vers laquelle sa

pensée montait comme une prière et comme
une litanie, déjà souffrant de cette maladie du
chagrin, un squirre au foie, donnant le matin,
par habitude, une heure ou deux au dessin,
Prudhon ne sortait plus que pour visiter la
tombe du Père-Lachaise, ou errer sur les boulevards extérieurs du haut de la rue du Rocher.
La mort enfin avait pitié de lui ; mais, comme
elle approchait, Prudhon fut tout à coup pris
d'une fièvre de travail. Le peintre de *l'Assomption* se mit à jeter, avec feu et en hâte, comme
s'il se savait attendu, le reste de ses forces, le
dernier effort de sa vie sur un Christ en croix,
commandé par la ville de Metz. C'est le Christ
qu'on admire aujourd'hui au Louvre, cette
toile désespérée qu'emplissent les ténèbres de
la troisième heure et le gémissement du *Lamma
Sabbactani,* ce martyre d'un Dieu que Prudhon
mourant semble avoir peint avec les souf-
frances de son corps et les crucifiements de
son cœur...

Puis les pinceaux lui échappèrent des
mains. De son lit de mort, il dit à ses amis :
Ne me pleurez pas, c'est mon bonheur. On eût
dit qu'il s'envolait de la vie.

Le 16 février 1823 [1], la France avait perdu
Prudhon [2].

1. Le 3 janvier, Prudhon répondait à l'invitation à dîner
d'une amie :

« ... *Je ne puis, comme j'y comptais, avoir le plaisir d'aller
demain dîner chez vous. Une douleur au côté gauche, très-sensible
quand je respire, plus vive encore quand je tousse, est précisément
venue le premier de l'an me clouer dans ma chambre et s'opposer au
plaisir que je me promettais pour le samedi suivant. Le mal n'est
que musculaire, comme par exemple un torticolis. J'espère donc qu'il
ne passera pas son quatrième jour.* » (Lettre publiée par M. Clément.)

2. Le portrait de Prudhon, gravé par son fils, serait, M. Eudoxe l'affirme, un portrait de M. Viardot père. Les deux portraits qui nous donnent le mieux l'image de la jeunesse et de
la vieillesse du peintre sont : la miniature donnée à M. Fauconnier et dont a hérité M. Pelée, et la miniature de Boilly
que possède M. Eudoxe Marcille. La miniature de M. Fauconnier, exécutée par l'artiste et malheureusement pas encore gravée, le représente à vingt ans, dit M. Sensier, « le teint frais
et légèrement coloré, les yeux d'un gris limpide comme ceux
d'un enfant, le front placide et les cheveux blonds un peu
poudrés, la bouche souriante et voluptueuse ». La miniature
de M. Boilly, qui est une copie d'une première miniature, a été
faite d'après nature au moment où le peintre commençait à
avoir les cheveux gris. Elle a été gravée par M. Hillemacher
et par mon frère.

IX.

Parcourez l'œuvre de Prudhon : c'est un
rêve, c'est le songe d'une nuit d'Ionie. Il
semble d'abord que ce soit l'éveil d'un Olympe,
et que l'on entende des voix, des lyres invisibles, des chansons milésiennes, le pas volant
d'une déesse, la course ailée d'un dieu, le bruit
d'oiseau du zéphyr, toutes les harmonies mati-
nales et voilées de cette première heure du ciel
antique où l'Amour brisant l'œuf de la Nuit
déposé dans l'Érèbe, s'accouple au Chaos et
donne l'être au monde. Bientôt la lumière
sereine, le jour céleste de l'allégorie se lève
sur le poëme du peintre et sur ce chœur de
figurations divines qui semblent à la fois l'âme
et la statue d'une idée. Les Saisons volent, les
Heures jouent, les jeunes Hyménées dansent,
les Muses se joignent aux Muses, l'Immortalité
couronne la Poésie... L'ombre de la Grèce est
devant vous, son génie rayonne à vos yeux
dans une douce lueur, dans une expression
tendre : ainsi se montrerait un dieu de Phidias

sous un vers de Virgile. Le charme d'un sourire ému, la caresse du sentiment, voilà dans
Prudhon la grâce nouvelle des divinités immor-
telles de la Fable. Il y a dans tout son Œuvre,
d'une passion si suave, le souffle et le rayon
de l'Amour; et l'on croirait y voir lâchée,
comme un essaim de petits génies familiers,
toute la couvée de petits Cupidons que le poëte
grec disait logés dans son sein. Quelle jeunesse, quelle première fleur de l'imagination
du poëte, dans tous ces petits tableaux, bai-
gnés du soleil de Mitylène, où le peintre, avec
la grâce de Longus, donne au premier baiser
l'ingénuité pour pudeur! Cependant son génie
mûri l'appelle à un plus haut idéal; et c'est
dans la plus fraîche, la plus pure et la plus ingénieuse légende de la Fable qu'il va chercher
le plus éthéré et le plus attique symbole de
l'amour : il peint cette figure mystique où se
mêlent l'innocence et la curiosité de la vierge,
cette transparente image, l'âme sous un voile
de gaze, — Psyché. Puis, sous l'ombre des illusions et des années qui s'envolent, l'imagination du peintre se recueille et s'attriste. Les
amoureuses images des mythes et des romans

du paganisme s'éloignent de lui. La mélancolie,
puis une désolation religieuse envahissent son
Œuvre comme son cœur. Et voilà qu'à la fin
de ce poëme voluptueux du peintre, la Psyché
qu'il a peinte, enlevée par le Zéphyr sur
l'oreiller des Amours, Psyché, retombée à
terre, se spiritualise et se transfigure. Purifiée
par l'épreuve et la douleur, déchirant son voile,
elle devient l'âme, cette âme nue et ailée, dégagée des liens terrestres, repoussant du pied
la vie, — ce rocher battu par une mer impla-
cable, — et montant à la lumière, les mains ten-
dues au ciel. Elle est l'âme chrétienne dont
Prudhon jette l'aspiration dans une toile immense, en répétant à ses amis ces paroles
du Psalmiste : « *Oh! qui donnera à mon âme,
comme à la colombe, des ailes pour s'envoler au
lieu de mon repos!* »

NOTULES,

ADDITIONS, ERRATAS

WATTEAU

Bien des après-minuit, au milieu de la fumée de la dernière cigarette, dans ce moment de paresse du corps et d'activité rêveuse de l'esprit, qui retarde le coucher après une journée de travail, mon frère et moi, nous nous étions dit : « Un jour nous reprendrons Watteau, nous ne nous satisferons pas du morceau littéraire jeté en tête, nous ne subordonnerons pas notre biographie à la biographie de Caylus, nous tenterons une longue et détaillée notice du peintre galant, nous y mettrons tout ce que de longues heures devant son œuvre nous ont appris, tout ce que donne l'attentive et passionnée étude de ses tableaux, de ses dessins, de ses gravures. Watteau, nous irons le rechercher en Angleterre et en Prusse! Enfin pour ce Maître que nous aimons, que nous sentons, nous nous efforcerons d'écrire une biographie pareille à celle que nous avons écrite pour Chardin, pour Latour, pour Fragonard. » Hélas! il fut de ce projet comme de bien d'autres restés à l'état de rêve, et aujourd'hui je n'apporte à notre travail sur Watteau que des notes, beaucoup de notes, confirmant, contredisant, complétant la biographie de Caylus.

Un mot sur le manuscrit découvert, un jour faste, chez le bouquiniste de l'arcade Colbert, M. Lefèvre, le manuscrit dont nous avons extrait la vie de Watteau.

C'est un in-quarto, relié en veau, fleurdelisé sur le dos et les plats. Il porte pour titre : CONFERENCES ET DETAILS D'ADMINISTRATION DE L'ACADEMIE ROÏALE DE PEINTURE ET DE SCULPTURE. *Redigé et mis en ordre par Hulst.* ANNÉE MDCCXLVIII.

Il ouvre par un journal des séances de l'Académie pendant ladite année, du plus grand intérêt pour la connaissance de l'histoire intime du vieux corps académique. Puis se succèdent pêle-même, avec des biographies d'académiciens, des *Observations sur les avantages des Conférences académiques* par Desportes, des *Dissertations sur la Poésie dans l'art de la Peinture* par Watelet, des *Discours de Coypel sur les devoirs d'un digne Premier Peintre du Roi,* des *Dissertations sur les devoirs de l'Amateur académique* par le comte de Caylus ; biographies, observations, dissertations toutes certifiées à la fin par la signature de Lepicié. Les biographies d'académiciens contenues dans ce volume sont celles d'Eustache Lesueur, de Lemoyne, de Trémolières, de François Desportes, de Robert le Lorrain, de Watteau. La biographie de Watteau était la seule qui, manquant aux papiers de l'École des Beaux-Arts, n'avait pu être comprise par MM. Dussieux et Soulié dans leurs *Mémoires inédits sur la vie et les ouvrages des membres de l'Académie royale de peinture et de sculpture.*

Le peintre très-médiocre, au dire de Caylus, de Gersaint, d'Argenville, chez lequel fut placé Watteau par son

père, était un peintre du nom de Jacques-Albert Gérin, une
espèce de peintre officiel de la municipalité valenciennoise
dont Hécart, tout en vantant, dans un patriotisme de clo-
cher, « la correction du dessin, la sagesse des compositions,
la belle ordonnance des tableaux d'histoire », déplore l'absence de couleur ; un peintre dont Valenciennes ne possède,
à l'heure qu'il est, que quelques œuvres insignifiantes.
Croirait-on que les écrivains du crû ont l'ambition de vouloir faire croire à un Watteau formé par ce maître et par
l'enseignement de l'art valenciennois, quand on sait que le
manœuvre du pont Notre-Dame, c'est Gersaint qui l'affirme, ne se *débrouilla* que chez Gillot.

Watteau était, ainsi que l'a imprimé Gersaint, le fils
d'un maître couvreur et charpentier de Valenciennes, et non
d'un couvreur comme le dit Caylus. M. Cellier (*Antoine
Watteau, son enfance, ses contemporains*), qui, dans l'orgueil
de son patriotisme valenciennois, semble affecté qu'on puisse
croire son illustre compatriote le fils d'un simple couvreur, a
fait des recherches sur la famille. Il nous énumère les Watteau (Wattiau en rouchi) exerçant des positions lucratives à
Valenciennes au xviie siècle ; il nous montre Jean-Philippe
Watteau, père du peintre, chargé d'importantes entreprises
comme de la couverture de la petite boucherie, de l'école
dominicale, des casernes, de la citadelle, etc.; il nous le
fait voir dans sa bourgeoisie aisée (Gersaint dit *mal aisée*)
possesseur d'un immeuble rue des Cardinaux, et habitant une
maison neuve bâtie au pourtour de l'abbaye de Saint-Jean.

Où est la vérité sur les facilités ou les difficultés dans
lesquelles se développa la vocation de Watteau ? Est-ce dans

la version de M. de Caylus, qui déclare formellement la
vocation de Watteau entravée par son père? Est-ce dans le
texte des *Figures de différents Caractères de Paysages et
d'Etudes Dessinées d'Apres Nature*, où M. de Julienne, un
autre ami, un autre confident, s'exprime ainsi : « Ses parents, quoique d'une fortune et d'une condition médiocres,
ne négligèrent rien pour son éducation. Ils ne consultèrent
même que son penchant dans le choix de la profession qu'il
vouloit embrasser; ainsi, comme il avoit déjà donné des
marques de l'inclinaison naturelle qu'il avoit pour la peinture, son père, qui n'avoit aucune connaissance de cet art,
mais qui vouloit seconder l'envie que son fils avoit de s'y
appliquer, le mit pour en apprendre les premiers principes
chez un assez mauvais peintre de la même ville. » Pour
moi, j'aurais une tendance à croire Caylus dont les alléga-
tions sont confirmées par Gersaint qui nous montre le père,
après quelque temps d'apprentissage, se refusant à payer
plus longtemps, et laissant partir son enfant sans argent,
sans hardes. N'y a-t-il pas une preuve encore plus pro-
bante, c'est la misère incontestable et non secourue de
Watteau pendant toutes ses premières années de Paris.

D'Argenville, dans l'*Abrégé de la vie des plus fameux
Peintres*, après avoir dit que Watteau, par l'ardeur de son
travail s'étant rendu assez habile pour connaître le faible
mérite de son maître, l'avait quitté pour en suivre un autre
qui avait du talent pour les décorations de théâtre, ajoute :
en 1702 (remarquons que c'est l'année où Watteau a dix-
huit ans et où Gérin meurt) Watteau vint avec lui à Paris où
l'Opéra l'avait mandé, et travailla à ce genre de peinture;

mais son maître, étant retourné en son pays, le laissa en
cette ville. Et le récit est confirmé par M. de Julienne, qui
déclare que Watteau à son arrivée à Paris « travailla
d'abord sous ce peintre à ce genre d'ouvrage ».

C'est sans doute à ses premiers travaux décoratifs que
la peinture de Watteau prit le goût du théâtre, dont son
pinceau savant tira plus tard tant de plaisantes représentations, tant de curieux tableaux, que ce pinceau mette en
scène les comédiens italiens ou les comédiens français.

Les Comédiens françois ! qui n'a vu cette glorieuse
estampe donnant la solennelle image de la tragédie, telle
qu'elle fut conçue dans le cerveau d'un Racine, et déclamée,
et chantée, et dansée par une Champmeslé ; la tragédie dans
le grandiose de sa pompe, de sa mimique, de sa mélopée ;
la tragédie sous ce portique ordonnancé par un Perrault ; la
tragédie figurée par ce quatuor, d'où les tirades semblent
sortir des révérences d'un menuet ; la tragédie avec ce Roi-
Soleil de l'Alexandrin, en grand habit, en cuissards de broderie, couronné d'une ample perruque ; la tragédie avec
cette reine tragique au superbe panier, au corsage ocellé
d'une queue de paon ; la tragédie avec son confident et sa
confidente, à l'attendrissement si noble et si perspectif ?

Les comédiens français, Watteau y revient, par-ci parlà, moins souvent cependant qu'aux comédiens italiens. Les
comédiens italiens, les vrais amis et les familiers de son pinceau, il en peint la famille bariolée dans cette belle et tapa-
geuse composition qui fait le pendant des comédiens français. Il peint leur débandade pittoresque quand la Maintenon
les chasse de France. Il peint leurs Amusements. Il peint,

sous la lumière des torches, leurs amours nocturnes mêlées
de sérénades. Il peint leurs VACANCES, leurs ébats en pleine
nature, effarouchant les canards d'une paisible mare. Il peint
et repeint, sur cent panneaux, leur Mezzetin et leur Colom-
bine. Mais tout chatoyants que soient ses tableaux, il n'y
aurait guères à remercier le hasard, qui a fait travailler
Watteau au début de sa carrière chez un obscur décorateur,
s'il n'avait pris que la soie de leurs habits, et s'il n'avait pas
eu l'idée de faire de ces types transalpins le peuple poétique
de ses scènes galantes et champêtres. En effet, par l'introduction de ces baladins aériens, de ces mimes gracieux, de
ces créatures musicantes, de ces élégantes incarnations du
rire délicat et de la fine comédie; de ces femmes, de ces
hommes d'une matérialité si vague, d'une réalité si effacée
sous le symbole et le mythe, les compositions du peintre
n'apparaissent plus comme des compositions du monde réel.
Le gazon de ses Scènes Galantes semble foulé par des êtres
allégoriques, chez lesquels l'esprit et la légèreté de touche
de Watteau n'ont rien laissé de l'acteur qui a servi de
modèle, et l'on a l'illusion d'un Pays Vert habité par une
création de caprice et de fantaisie.

Sur la séparation de Watteau avec Gillot, joignons le
récit de Gersaint au récit de Caylus. « Jamais caractères et
humeurs n'eurent plus de ressemblance; mais comme ils
avoient les mêmes défauts, jamais aussi il ne s'en trouva de
plus incompatibles : ils ne purent vivre longtemps ensemble
avec intelligence; aucune faute ne se passoit ni d'un côté
ni de l'autre, et ils furent enfin obligés de se séparer
tous les deux d'une manière assez désobligeante des deux

parts ; quelques-uns même veulent que ce fut une jalousie
mal entendue que Gillot prit contre son disciple qui occa-
sionna cette séparation ; mais ce qui est vrai, c'est qu'ils se
quittèrent au moins avec autant de satisfaction qu'ils
s'étoient auparavant unis. »

Watteau ne sortit pas seul de chez Gillot. Il semble
avoir entraîné Lancret auquel il conseilla, écrit Gersaint,
« de *se former sur la nature même* ainsi qu'il l'avait fait. » Et
si Lancret ne fut pas son élève dans le sens rigoureux d'un
élève qui travaille dans l'atelier d'un peintre, il fut entièrement formé par l'étude de la manière de Watteau, les con-
versations du maître, ses savantes réflexions sur son art.

A propos de ces grands arbres du Luxembourg, que
Watteau, pendant son séjour chez Audran *dessinait sans
cesse,* disons que Watteau est un grand paysagiste, un
paysagiste dont l'originalité n'a pas été encore mise en
relief. Le peintre qui, de la maison de campagne de Crozat
à Montmorency, a fait le tableau gravé sous le nom de
LA PERSPECTIVE, est un créateur qui a inventé un genre
neuf. Le paysage académique, autrement dit le paysage en
quête d'une noblesse, d'une beauté extranaturelles, Watteau l'a réalisé avec des qualités et des secrets qui n'ont
rien des procédés et des éliminations de ses prédéces-
seurs et de ses contemporains. Avec ses arbres à rameaux
ruisselant et cascadant jusqu'à terre, avec ses bouquets de
charmille ouverts en éventail derrière une sieste d'amoureux, avec ses arcs de verdure s'ouvrant comme entre des
portants de coulisses, avec ses clairières foulées par un

menuet dans un rayon de soleil, avec ces grandes futaies
imitant derrière les baigneuses un rideau à moitié déroulé
avec toute cette légère frondaison, touchée de sa fluide couleur et meublée de balustres, de termes, de statues, de
femmes de marbre, d'enfants de pierre, de fontaines enve-
loppées de pluie, Watteau a fait une nature plus belle que
la nature. Mais est-ce seulement ce mélange de la vraie
nature associée à un certain arrangement *opéradique,* qui a
fait obtenir à Watteau cette victoire ? Non. Watteau la
doit, cette victoire, au poëte dont est doublé le peintre.
Regardez, dans tous ces dessous de bois, ces berceaux, ces
bocages, dans toute cette ombre feuillue, regardez les trous,
les jours, les percées, qui mènent toujours l'œil à du ciel, à
des perspectives, à des horizons, à du lointain, à de l'infini, à de l'espace lumineux et vide qui fait rêver... L'en-
noblissement dont Watteau revêt son paysage académique à
lui, c'est la poésie du peintre-poëte, poésie avec laquelle il
surnaturalise, pour ainsi dire, le coin de terre que son pinceau peint. Des paysages idéalisés, des paysages atteignant
dans leur composition poétique un certain surnaturel auquel
l'art matériel de la peinture ne semble pas pouvoir monter :
c'est là le caractère du paysage de Watteau. C'est là le caractère de cette Ile enchantée, où, au bord d'une eau morte
et rayonnante, et se perdant sous des arbres transpercés
d'un soleil couchant, des hommes et des femmes sont assis
sur l'herbe, les yeux aux montagnes neigeuses de l'autre
rive, à la plaine immense, à l'étendue sans borne et sans
limite, et tout accidentée des mirages de la lumière ra-
sante des heures qui précèdent le crépuscule.

Cette gravure reste dans la mémoire, non comme le souvenir net d'une image, mais bien plus réellement, comme la

réminiscence flottante d'une description d'île enchantée, lue dans quelque livre d'imagination.

A sa sortie de chez Audran, après avoir fait à ·Valenciennes, indépendamment du tableau de Sirois, « plusieurs études de campements et de soldats d'après nature », qui servirent à composer toute cette pimpante série de peintures militaires, Watteau était pris du désir de revenir à Paris. Gersaint dit : « Le caractère inconstant de Watteau, joint au peu d'émulation qu'il trouvoit à Valenciennes, où il n'avoit rien devant les yeux qui fut capable de l'animer et de l'instruire, le déterminèrent à revenir à Paris : sa réputation commençoit à s'y établir; les deux tableaux que mon beau-père possédait furent vus de plusieurs curieux qui désirèrent en acquérir, et en peu de tems son mérite éclata et fut connu de tous les connoisseurs. »

L'ironie naturelle de l'esprit de Watteau a mis sa marque à quelques-unes de ses compositions. Il a représenté la PEINTURE et la SCULPTURE sous des figures de singe. Une planche ayant pour titre le DÉPART POUR LES ISLES nous montre, avec une intention évidemment caricaturale, la *presse* des filles de joie. Ses tableaux et ses dessins ont encore plusieurs fois attaqué la médecine et les médecins. Ce serait là toute l'œuvre satirique de Watteau, œuvre sans grande originalité, si nous n'avions dans une note, doucement railleuse, un petit chef-d'œuvre familier. Un médecin, le médecin solennel à la calotte noire, aux longs cheveux blanchis, à la houppelande faisant de grands

plis sur son corps maigre, tâte, tout attentionné, le pouls
d'un chat, enveloppé dans une couverture, dressé et appuyé
contre les seins blancs d'une jeune gorge décolletée. Le chat se
rebiffe, jure, tout prêt à griffer le ridicule personnage de la
Faculté, pendant que sa maîtresse, la tête renversée, les
yeux écarquillés, les narines au vent, la bouche grande
ouverte, les tétons remontés, se hausse pour voir ce qui va
se passer entre le chat et le docteur consultant. Dans un
coin, une tête narquoise de valet se rit du sérieux de l'épi-
sode. L'invention n'est presque rien, mais Iris est si naturelle dans sa tendre alarme pour son minet et si drôlement
charmante, mais le tableau est si joliment arrangé, mais la
lumière est si bien distribuée, mais le comique de la scène-
bouffe a tant de délicatesse, de légèreté, de grâce, que je ne
connais pas une scène familière du temps qui ait le genre
de charme de cette petite création. Même le vague de cet
appartement, de ces costumes, de ces gens qui n'appartiennent, bien nettement, par rien de désignateur, à un
temps, à une époque, à un pays, ajoute à l'attrait de cette
gravure l'attrait des choses d'art qui ne sont pas trop
écrites, trop arrêtées, trop définies. Disons aussi que cette
planche a été gravée par Liotard, qui l'a enlevée avec un
entrain, une liberté, une originalité, une bizarrerie presque
de pointe qui fait de cette estampe : LE CHAT MALADE,
une des rares estampes qui prennent le regard, le retiennent,
— qui parlent à la pensée.

Gersaint écrit, après l'entrée de Watteau à l'Académie :
« Watteau ne s'enfla point de sa nouvelle dignité et du nouveau lustre dont il venoit d'être décoré : il continua à vou-

loir vivre dans l'obscurité; et, loin de se croire du mérite, il s'appliqua encore plus à l'étude et devint encore plus mécontent de ce qu'il faisoit. J'ai été souvent le témoin de son impatience et du dégoût qu'il avoit pour ses propres ouvrages; quelquefois je l'ai vu effacer totalement des tableaux achevés qui lui déplaisoient, croyant y apercevoir des défauts, malgré le prix honnête que je lui en offrois; et même je lui en arrachai un des mains contre son gré, ce qui le mortifia beaucoup. »

Caylus est dans l'erreur quand il avance que les peintures exécutées par Watteau dans la salle à manger de Crozat l'ont été d'après des esquisses de Lafosse. Des quatre saisons, je possède les dessins des figures du PRINTEMPS et de l'AUTOMNE. Ces académies sont du dessin le plus accentué et le plus caractérisé de Watteau.

« Une des causes déterminantes de l'entrée de Watteau chez M. Crozat, dit Gersaint, c'était la connaissance qu'avait Watteau *des trésors en desseins* que possédait ce curieux; il en profita avec avidité, et il ne connoissoit d'autres plaisirs que celui d'examiner continuellement et même de copier tous les morceaux des plus grands maîtres. »

Pour les dessins de Watteau, dit Gersaint, « pour ses desseins, quand ils sont de son bon tems, c'est-à-dire depuis qu'il est sorti de chez M. de Crozat, rien n'est au-dessus dans ce genre; la finesse, les grâces, la légèreté, la correc-

tion, la facilité, l'expression, enfin on n'y désire rien, et il
passera toujours pour un des plus grands et un des meilleurs
dessinateurs que la France ait donnés ».

Et Gersaint a eu le courage, devant les attaques, de ne
rien abandonner de son admiration. Le *Dictionnaire abrégé
de Peinture et de Sculpture publié en 1746* lui reproche-t-il
son engouement pour son ancien ami? Gersaint répond dans
le *Catalogue Fonspertuis* qu'il s'étonne d'un déni de justice
à l'endroit de dessins auxquels il n'a jamais vu personne
refuser son suffrage, personne parmi les gens les plus oppo-
sés au genre de Watteau, qui, tout en critiquant ses tableaux,
le déclarent « admirable dans ses dessins ». Il parle du prix
où on les pousse dans les ventes quand ils sont de son *bon
tems*. Et concédant à son adversaire que quelques-uns de
ses tableaux sont négligés, qu'on y trouve des défauts, déjà
signalés par lui, et provenant de l'impatience avec laquelle
Watteau les peignait en même temps que du dégoût qu'il
avait de ses propres ouvrages, il finit par déclarer sa préférence pour ses dessins sur ces tableaux, même les plus parfaits. « Watteau, ajoute-t-il, conformément à ce qu'a déjà
dit Caylus, pensoit de même à son égard. Il étoit plus content de ses Desseins que de ses Tableaux, et je puis assurer
que de ce côté-là, l'amour-propre ne lui cachoit rien de ses
défauts. Il trouvoit plus d'agrément à Dessiner qu'à Peindre.
Je l'ai vu souvent se dépiter contre lui-même, de ce qu'il
ne pouvoit point rendre en Peinture l'esprit et la vérité
qu'il sçavoit donner à son Crayon. »

Quel dessinateur, en effet, a mis en des dessins rapides
et de premier coup le je ne sais quoi indicible qu'y met
Watteau? Qui a sa grâce de crayonnage piquante? qui a sa
science spirituelle d'un profil perdu, d'un bout de nez, d'une

oreille, d'une main? Les mains de Watteau! tout le monde
les connaît, ces mains tactiles, si bellement allongées, si
coquettement contournées autour d'un manche d'éventail ou
de mandoline, et dont le crayon du maître traduit amoureusement la vie nerveuse : — des mains, dirait Henri
Heine, qui ont quelque chose d'intellectuel.

Un coup de crayon, disons-le hautement, qui n'appartient qu'à Watteau, à Watteau seul, un coup de crayon
dont l'esprit n'a pas besoin de signature! Voyez, sur toutes
ces têtes d'hommes et de femmes, l'espèce de piétinement
qu'y fait ce crayon, revenant sur l'estompage, avec des
sabrures, des petits traits géminés, des accentuations époin-
tées, des tailles rondissantes dans le sens d'un muscle, des
riens et des bonheurs d'art qui sont tout, — un tas enfin de
petits travaux de verve et d'inspiration trouvés devant le
modèle, animant le dessin de mille détails de nature, vivifiant
presque la teinte plate du plat papier, du relief et de l'épaisseur d'une touche. Et ces coiffures de femmes, charbonnées
à plat, avec le gros bout d'une pierre noire, dont le large
égrenage rend le laineux et le frisottant d'une chevelure. Et
ces robes galantes, ces *négligés* aux plis cassés, à la rocaille
tantôt précieusement détaillée avec la pointe de la plus
aiguë mine de plomb, tantôt superbement indiquée dans la
carrure d'un trait large, comme un trait fusiné. Et toujours
ce beau trait sinueux, courant, serpentant, ondulant, où
s'écrase, aux ressauts de la forme, une grasse sanguine.
Car la sanguine est le procédé de prédilection de Watteau,
il ne l'aime pas seulement parce que, grâce à elle, « il obtient
des contre-épreuves qui lui donnent pour ses tableaux les
deux côtés de ses personnages », il l'aime, le Vénitien Français, pour sa tonalité, pour sa chaleur; il a même une san-

guine qui semble lui appartenir en propre, une sanguine
d'un ton de pourpre, qui se distingue de la sanguine bru-
nâtre de tous, et qui prend sa couleur charmante et son
incarnat de vie de l'habileté des oppositions du gris et du
noir. Sanguine, du reste, que je croirais cette sanguine d'Angleterre, dont les manuels technologiques vantent la supériorité, dont une boîte se vendait comme une rareté, à la
vente du peintre Vennevault. Et peut-être Watteau en
manquait-il quand, mentionnant dans sa lettre à M. de
Julienne la dureté de sa pierre de sanguine et l'impossibilité
de s'en procurer d'autre, il se plaignait de ne pouvoir en
faire ce qu'il voulait dans ses *pensées :* ces pensées, qui
semblent, dans les dernières années de la vie du peintre,
l'unique œuvre de ses matinées, — des bonnes heures de sa
vie malade.

Des merveilles que les sanguines de Watteau, mais des
merveilles moins charmeresses que ses dessins aux trois
crayons, ces dessins qu'on peut dire peints. J'ai là, sous
les yeux, une étude de bras et de mains, où les tons et les
transparences de l'épiderme, — c'est à ne pas y croire, —
sont rendus avec la fonte au pouce d'un peu de sanguine,
d'un peu de plombagine. Dessins peints : c'est le mot.
Watteau fait sur une figure, avec des entre-croisements de
hachures noires et de hachures rouges, les passages de ton
d'une face humaine. Watteau fait, avec du blanc mourant
dans le crayon rouge d'un tournant de pommette, de la
vraie chair lumineuse. Qu'on s'arrête au Louvre devant le
nᵒ 1326, le dessin provenant de la vente d'Imecourt, et
qu'on regarde ces têtes de femmes en toque, crayonnées
avec de la sanguine, de la pierre d'Italie, de la craie, sur le
jaunissement d'un vieux papier gris, baptisé *papier chamois*

dans les catalogues de vente; on sera étonné de voir ces têtes colorées de la lumière ambrée, que Rubens fait sur une toile avec sa palette.

Du reste, ces dessins, les plus beaux de ces dessins, ont leur *Liber veritatis* dans une des plus somptueuses publications du xviiie siècle. Un ami, un enthousiaste, un fidèle de la mémoire du peintre, l'homme qui, au dire de Mariette, posséda un moment presque tous ses tableaux; l'homme qui, du vivant du peintre, s'est fait représenter jouant de la basse de viole aux côtés de Watteau à son chevalet; l'homme qui, après sa mort, s'est fait peindre par Detroy, tenant dans ses mains l'estampe du portrait de Watteau; le bon, l'aimable, l'aimant M. de Julienne, non content de s'instituer comme le directeur de la gravure de tous les tableaux du peintre, eut l'inspiration délicate et charmante de conserver à la postérité quelque chose de ces bouts de papier éparpillés et périssables.

Et c'est ainsi que M. de Julienne s'exprime en tête des :

FIGURES
De différents caractères
De Paysages et d'Etudes
DESSINÉES D'APRÈS NATURE
par
ANTOINE WATTEAU.

« On ne s'est guères avisé de faire graver les études des peintres... Cependant on espère que le public verra d'un œil favorable les desseins du Célèbre Wateau, qu'on luy présente ici. Ils sont d'un goust nouveau, ils ont des grâces tellement attachées à l'esprit de l'auteur, qu'on peut avancer qu'ils sont inimitables... D'ailleurs, la réputation qu'il s'est acquise, tant en France que dans les païs étrangers, fait croire avec raison que les moindres morceaux qu'il a produit, sont précieux, et ne peuvent être recherchez avec trop de soin.

« La personne qui met ce recueil en lumière, n'a rien négligé pour joindre aux desseins qu'il avoit reçu du Sr Wateau, qui étoit son ami, tous ceux qu'il a pu trouver dans les Cabinets des Curieux, et pour que les habiles Graveurs qui les ont exécutez ne leur fissent rien perdre du feu et de l'esprit de l'auteur, et les rendissent avec toute la justesse et la precision possibles. »

Les graveurs : ce sont, Jean et Benoît Audran son fils, Boucher, Cars, Tremollère, Ch. Nicolas Cochin, le comte de Caylus et M. de Julienne lui-même, affirme Mariette dans une note manuscrite de l'*Abecedario*.

Le nombre des dessins reproduits s'élève à trois cent cinquante, répartis dans deux volumes in-folio, qui furent mis en vente au prix de 500 livres, prix énorme pour le temps, et que nous voyons réduit quelques années après à 250 livres par la veuve Chereau, propriétaire de l'ouvrage.

Le reproche sur l'abus de l'huile grasse est unanime chez les biographes contemporains. Il se rencontre chez d'Argenville, chez Mariette, etc. Gersaint, après une déploration sur la mauvaise direction des premières études de Watteau, digne de M. de Caylus, s'exprime ainsi : « A l'égard de ses ouvrages, il auroit été à souhaiter que ses premières études eussent été pour le genre historique, et qu'il eut vécu plus longtemps ; il est à présumer qu'il seroit devenu un des plus grands Peintres de la France ; ses Tableaux se ressentent un peu de l'impatience et de l'inconstance qui formoient son caractère ; un objet qu'il voyoit quelque tems devant lui, l'ennuyoit : il ne cherchoit qu'à voltiger de sujets en sujets ; souvent même il commençoit une ordonnance, et il en étoit déjà las à moitié de sa perfection ; pour se débarrasser plus promptement d'un ouvrage commencé et qu'il étoit obligé de finir, il mettoit beaucoup d'huile grasse à son pinceau afin d'étendre plus facilement sa couleur ; il faut avouer que quelques-uns de ses Tableaux périssent par là de jour en jour ; qu'ils ont totalement changé de couleur ou qu'ils deviennent *treçalés,* sans aucune ressource ; mais aussi ceux qui se trouvent exempts de ce défaut, sont admirables et se soutiendront toujours dans les plus grands cabinets. *

M. de Julienne dit que Watteau resta chez Wleughels jusqu'en 1718.

Le pis aller, n'est-ce pas l'hopital? On n'y refuse personne. Cette réponse de Watteau à M. de Caylus, s'inquiétant de l'avenir du peintre ; quand il n'y aurait que cette réponse seule dans toute la pédante et agressive biographie de l'académicien honoraire, elle suffirait à rendre cette biographie précieuse. Par elle on a la clef de ce caractère qui n'est point un caractère du temps, qui n'a rien des

préoccupations matérielles et ouvrières du peintre français
d'alors. Watteau commence l'artiste moderne dans la belle
et désintéressée acception du mot, l'artiste moderne avec sa
recherche d'idéal, son mépris de l'argent, son insouciance
du lendemain, sa vie de hasard, de bohême, allais-je dire,
si le mot n'était pas tombé si bas.

Au sujet du désintéressement de Watteau, Gersaint
ajoute cependant que « dans le voyage d'Angleterre, où ses
ouvrages étaient courus et bien payés, Watteau commença
à prendre du goût pour l'argent dont il n'avoit fait jusques alors aucun cas, le méprisant même jusques à le laisser
avec indifférence, et trouvant toujours que ses ouvrages
étoient payés beaucoup plus qu'ils ne valoient ».

La maladie de Watteau remontait plus haut que ne l'indique Caylus. L'originalité de ses humeurs et la misan-
thropie de son caractère disent assez que Watteau a été
un malade toute sa vie. Dans tous les portraits, dans toutes
les études que le maître a laissés de son osseuse personne et
de sa silhouette dégingandée, — apparaît le phthisique. Il est
même un portrait saisissant, terrible, presque macabre du
poitrinaire, que personne n'a signalé. C'est le portrait de
Watteau donné dans la planche 213 du recueil de M. de Julienne. Cette espèce de Démocrite en bonnet de nuit, regar-
dez-le, dans cette estampe, qui sans conteste est la gravure
du dessin désigné dans le catalogue de la Roque sous
le n° 559 : « Watteau *riant et fait par lui-même* .» Regar-
dez-le, et il vous semble voir une tête d'hôpital, convulsée
dans une agonie sardonique!

L'enseigne de Gersaint terminée, Watteau tombe dans une langueur qui lui fait appréhender d'incommoder Gersaint, chez lequel il habitait depuis six mois; il le prie de lui chercher un logement convenable. « J'aurois résisté inutilement, dit Gersaint, il étoit volontaire, et il ne fallut pas répliquer; je le satisfis donc, mais il ne jouit pas longtemps de cette nouvelle demeure, sa maladie augmenta, son ennui redoubla; son inconstance se ranima; il crut qu'il seroit beaucoup mieux à la campagne; l'impatience s'en mêla, et enfin il ne devint tranquille que quand il apprit que M. le Febvre, alors intendant des Menus, lui avoit accordé dans sa maison de Nogent, au-dessus de Vincennes, une retraite, à la sollicitation de feu M. l'abbé Haranger, chanoine de Saint-Germain de l'Auxerrois, son ami; je l'y conduisis, et j'allois le voir et le consoler tous les deux ou trois jours.

« Le désir de changer le tourmenta encore de nouveau; il crut pouvoir se tirer de cette maladie en prenant le parti de retourner dans son air natal; il me communiqua ses idées, et, pour en venir à bout, il me pria de faire faire un inventaire du peu d'effets qu'il avoit et d'en faire la vente, qui monta environ à 3,000 livres dont il me fit le gardien. C'étoit là tout le fruit de ses travaux avec 6,000 livres que M. de Julienne lui avoit sauvées du naufrage dans le tems qu'il partit pour l'Angleterre, et qui furent rendues à sa famille après sa mort, ainsi que les 3,000 livres que j'avois entre les mains. Watteau espéroit de jour en jour gagner assez de force pour pouvoir entreprendre ce voyage, où je devois l'accompagner; mais sa défaillance augmentant de plus en plus, et la nature manquant chez lui tout à coup. il mourut entre mes bras audit Nogent. »

Dans ce court et dernier séjour de Watteau à Nogent, sous l'influence des idées de pardon qu'amènent les approches de la mort, Watteau eut un remords de sa conduite envers son compatriote et son élève Pater, qu'il avait eu la dureté de renvoyer de chez lui, où son père l'avait placé « trop impatient, dit Gersaint, pour se prêter à la foiblesse et à l'avancement d'un élève ». Il se faisoit des reproches de n'avoir pas rendu assez justice aux dispositions naturelles qu'il avait reconnues dans Pater, et avouait même à Gersaint « *qu'il l'avoit redouté* ». Mais laissons la parole à Gersaint, qui nous montre le mourant, dans un touchant et sublime repentir d'artiste, racheter avec les dernières heures de sa vie, toutes entières données à Pater, la mauvaise action de son passé. « Il me pria de le faire venir à Nogent, pour réparer en quelque sorte le tort qu'il lui avoit fait en le négligeant, et pour qu'il pût du moins profiter des instructions qu'il étoit encore en état de lui donner. Watteau le fit travailler devant lui et lui abandonna les derniers jours de sa vie; mais Pater ne put profiter que pendant un mois de cette occasion si favorable : la mort enleva Watteau trop promptement. Il m'a avoué depuis, qu'il devoit tout ce qu'il sçavoit à ce peu de tems, qu'il avoit mis à profit. Il oublia totalement les fâcheux moments qu'il avoit essuyés chez ce maître pendant sa jeunesse, et il a toujours eu pour lui une reconnoissance parfaite; il a sçu rendre justice à son mérite, toutes les fois qu'il trouvoit occasion d'en parler. » (*Catalogue Lorangere. Notice de Pater.*)

. Un tableau passé sous le n° 530 à la vente de l'abbé de Gevigney, garde des titres et généalogies de la Bibliothèque du Roi, tableau dont la plus grande partie « des figures étoient peintes par Watteau et le reste par Pater », donnerait à supposer que les tableaux laissés inachevés par Watteau furent terminés par Pater.

Le fait d'un CHRIST EN CROIX peint par Watteau pour le curé de Nogent, fait affirmé par Caylus, est confirmé par le passage, en 1779, dans la vente Marchand de ce tableau ou d'une esquisse de ce tableau ainsi catalogué par Paillet : « Watteau, le Christ en croix entouré d'anges (H. 46 pouc. L. 35). » Il fut vendu 130 livres.

Indépendamment des dessins légués en mourant à MM. de Julienne, Henin, Gersaint et à l'abbé Haranger, Watteau aurait laissé quelques autres dessins aux amis qu'il avait faits pendant son séjour en Angleterre. Un dessin, un portrait d'homme passé à la vente de Samuel Rogers le poëte, faite en 1856 à Londres, portait : « *Dessein que Watteau a laissé en mourant à moy son ami Payleur. Juliet 1721.* »

Un renseignement sur les prix misérables qui payèrent la peinture de Watteau toute sa vie durant : c'est la quittance donnée en 1719 au Régent de France par le grand peintre pour un tableau de huit figures :

J'ay reçu de Monseigneur le duc d'Orleans, 260 livres pour un petit tableau qui represente un jardin avec huit figures.

     Fayt à Paris, le 14 aoust 1719.

ANTOINE WATEAU.

(Quittance tirée des papiers du baron Hoschild, publiée par les *Archives des Arts.*)

Watteau (peintre flamand de l'Académie royale), ainsi que l'appelle M. de Julienne dans le second volume du tirage de son Œuvre *fixé à cent exemplaires de premières épreuves imprimées sur grand papier*, est bien un Flamand de naissance et de début. Avant son séjour chez Audran, avant sa fréquentation de la galerie du Luxembourg, les tableaux de Watteau qui ne portent pas encore la marque visible de sa descendance de Rubens attestent une filiation avec les petits maîtres flamands. Au moment où d'un pinceau sec semblable à une plume de corbeau, Watteau découpe encore dans une tache d'huile vermillonnée ses tortils de cheveux, ses yeux, ses nez, ses bouches, au moment où dans ses négligés galants il éclaire les cassures de sa rocaille, des filets de blanc avec lesquels le xvıᵉ siècle découpe les plis de ses draperies ; à ce premier moment de son talent, çà et là dans sa peinture, de petits morceaux se font remarquer par la touche des *petits toucheurs* flamands. Je citerai comme exemple, dans le tableau de l'Escamoteur, de la collection La Caze, cette tête casquée de l'homme appuyée sur la chaise à gauche, qui est comme un trompe-l'œil du faire de Teniers. Cette touche change bientôt, elle change dans le passage des études de Watteau des petits aux grands flamands, et bientôt nous le voyons enfermer dans des tableautins de quelques pouces toute la largeur des procédés et la belle *traîne* des pinceaux de Rubens.

Alors Watteau mériterait le titre sous lequel le désigne M. de Julienne, si simultanément à cette appropriation de Rubens, son talent ne s'assimilait pas d'une manière aussi habile, aussi intelligente, aussi complète, la manière d'autres maîtres, l'esthétique d'une autre école. Un curieux renseignement nous est donné à cet égard par le nᵒ 268 de la collection La Caze. Ce tableau de JUPITER ET D'ANTIOPE vous met sous les yeux une des plus étonnantes conquêtes d'un peintre par un autre. Ce sont les jambes laqueuses du Titien, le noir fauve des ombres s'allongeant sous les bras de ses dormeuses, l'empâtement de ses visages de lumière, la molle blondeur de ses ventres, le bel emportement de tons mettant une vie violente sous une chair qui n'a rien du joli de la chair d'un tableau français. Ce tableau n'est qu'un pastiche, je le sais; mais de ce pastiche du Titien, et d'autres pastiches de Veronèse mêlés de pastiches de Rubens, Watteau s'élève au faire du tableau de l'AUTOMNE, à la peinture de ces chairs dorées et pourprées semblables aux grenades que tient l'Amour dans le pan de sa chemise relevée, — Watteau s'élève à l'invention de cette pâte, pour ainsi dire à lui, cette pâte à la fois fluide et cristallisée.

C'est ainsi que chez Watteau les appropriations vénitiennes corrigent, atténuent, dissimulent ce que sa peinture a d'instinctivement flamand, lui créent un procédé, une cuisine d'art qui n'est ni italienne ni flamande, une palette d'éblouissement meublée de l'exquis des tons des coloristes des deux pays, une palette qu'il fait française par tout ce qui se reflète d'un pays dans un tableau fait sous son ciel, ce je ne sais quoi de léger, de spirituel, de galant, dirai-je presque, que prend sa touche matérielle dans la patrie de la vie civilisée. Alors Watteau n'est plus un peintre flamand, c'est un peintre français, et un français par le *faire,* qu'on l'entende bien, et sans tenir compte de sa création et de sa poétique toute française. En effet, de quelle école sort tel ou tel des tableaux de Watteau peint avec une originalité de couleur qui semble n'avoir ni précédent ni avant-coureur, une fantaisie de tons qui semble chercher quelque chose au delà de ce que peut donner la matière colorante? Voici la FINETTE du Louvre, voici ce tableau dont le ciel, la robe, la femme, apparaissent comme le caprice et la veine d'un marbre. Rien qu'un ton verdâtre un peu chauffé dans le fond du rouge d'un orage, un ton verdâtre qui met sa teinte glauque jusque sur les cheveux de la guitariste, et vous laisse entrevoir la femme au visage rose, dans une couleur, pour ainsi dire dans un clapotement d'eau de mer, sillonné de remous scintillants.

Mais parlons de ce chef-d'œuvre des chefs-d'œuvre français, de cette toile qui a sa place marquée avant cinquante ans sur l'un des murs du salon carré : L'EMBARQUEMENT DE CYTHÈRE.

Voyez tout ce terrain à peine recouvert d'une huile transparente et mordorée, tout ce terrain gâché d'un barbotage rapide, effleuré d'un frottis léger. Voyez ce vert des arbres transpercé des tons roux, pénétré de l'air ventilant, de la lumière aqueuse de l'automne. Voyez sur le délicat aquarellage d'huile grasse, sur le lisse général de la toile le relief de cette pannetière, de ce capuchon, voyez la pleine pâte des petites figures avec leur regard dans le contour noyé d'un œil, avec leur sourire dans le contour noyé d'une bouche. La belle et coulante fluidité de pinceau sur ces décolletages et ces morceaux de nu semant leur rose voluptueux dans l'ombre du bois ! Les jolis entre-croisements de pinceau pour faire rondir une nuque ! Les beaux plis ondulants aux cassures molles, pareils à ceux que l'ébauchoir fait dans la glaise! Et l'esprit et la galantise de touche que met aux fanfioles, aux chignons, aux bouts de doigts, à tout ce qu'attaque le pinceau de Watteau! Et l'harmonie de ces lointains ensoleillés, de ces montagnes à la neige rose, de ces

eaux reflétées de verdures; et encore ces rayons de soleil
courant sur les robes roses, les robes jaunes, les jupes zin-
zolin, les camails bleus, les vestes gorge-de-pigeon, les
petits chiens blancs aux taches de feu! Car nul peintre n'a
rendu comme Watteau la transfiguration des choses joliment colorées sous un rayon de soleil, leur doux palisse-
ment, l'espèce d'évanouissement diffus de leur éclat dans la
pleine lumière. Arrêtez un moment vos regards sur cette
bande de pèlerins et de pèlerines se pressant sous le soleil
couchant, près de la galère d'amour prête à appareiller :
c'est la gaieté des plus adorables couleurs de la terre sur-
prises dans un rayon de soleil, et toute cette soie nuée et
tendre dans le fluide rayonnant vous fait involontairement
vous ressouvenir de ces brillants insectes qu'on retrouve
morts, avec leurs couleurs encore vivantes, dans la lumière
d'or d'un morceau d'ambre.

Ce tableau, l'EMBARQUEMENT DE CYTHÈRE, est la merveille des merveilles du maître. Cependant tout Watteau
n'est pas là. Il est un Watteau inconnu en France, avec
lequel il est bon que les amis de Watteau fassent connaissance. Le peintre des fonds moirés d'une chaude écaille, des
ciels embrasés par l'orage, des arbres frottés de terre de
Sienne brûlée, des carnations semblables à cette main du
FAUX PAS, qui semblent refléter du feu sur les jupes de
femmes qu'elles attouchent, ce peintre bitumineux a exécuté
les tableaux les plus clairs, les plus délicieusement froids
qu'il soit possible d'imaginer. Tout le monde connaît la
peinture de Pater, son harmonie gris-perle et ses canto-
nades aux petites taches bleu, cendre verte, jaune soufre.
Cela semble l'originalité du petit maître. Le musée de
Dresde vous détrompe, vous apprend que toute cette

gamme *clairette*, tout ce cliquetis de tons *frigidement* papil-
lotants, descendent de la palette qui a peint les deux tableaux figurant dans le Musée allemand. Watteau n'a pas
même laissé à son meilleur élève la propriété de deux ou
trois taches en peinture.

Watteau est le maître dominateur qui asservit à sa manière, à son goût, à son optique, toute la peinture du
xviiiᵉ siècle. Je ne parle pas seulement ici « de ses singes », de ses continuateurs serviles : Pater et Lancret. Je
parle de tous les autres peintres, des grands et des petits.
Je parle de Troy, qui dans ses planches familières, les
Passe-temps et les Bals de la Régence, se contente d'enfler
les grâces et les encapuchonnages de Watteau. Je parle de
Charles Coypel qui lui dérobe, avec l'*aigu spirituel* de ses
profils, la laque vénitienne de ses chairs. Je parle de Boucher... Vraiment il semble qu'en ses vingt-six ans de peinture Watteau ait tout épuisé ! La chinoiserie que Boucher
exploite comme en vertu d'un brevet d'invention, n'est-ce
pas Watteau qui l'a inaugurée sur les lambris de la Muette?
Et plus tard encore l'espagnolerie de Vanloo, ne sera-ce
pas le manteau de mezzetin, reparaissant au milieu des
cours d'amour à collerettes des fêtes galantes?

Les tableaux de Chardin seuls exceptés, tous les tableaux
du siècle qui ne sont pas consacrés aux Grecs et aux Romains ressuscitent les attitudes, les airs de tête, le goût de
coiffure, le coloris, le dessin, la touche du maître mort.
Watteau s'impose, Watteau règne partout. Cet Olivier, ce
gentil peintre du prince de Conti, que fait-il autre chose
que répéter dans sa peinture et ses eaux-fortes les *Figures*

de caractère de Watteau? Où prend ses premières leçons Fragonard? dans les copies des FATIGUES et des DÉLASSE-MENTS DE LA GUERRE, qui se vendent en vente comme une curiosité. Parlerai-je de Liotard?.. Mais cette influence toute-puissante, elle s'exerce sur les plus rebelles aux tradi-tions, sur les plus jaloux de leur originalité, sur Gabriel de Saint-Aubin, qui expose au salon de la Blancherie des pay-sages avec *figures dans le genre de Watteau.* Enfin ne voilà-t-il pas qu'au bout, tout au bout du siècle, dans les années qui précèdent la révolution, il se trouve un bonhomme Portail, un crayonneur à La Watteau, pour fixer et peindre les grâces mourantes du siècle, avec ces mêmes trois crayons de l'illustre artiste de la Régence. Que dire encore! les artistes ont si avant dans les yeux la créa-tion de Watteau, que dans les petits voyages que le gra-veur Wille fait faire à ses élèves pour étudier la nature, les élèves de Wille, en leur croquis de la sauvage vallée de Chevreuse d'alors, — où ils couchaient sur des traversins faits de coquilles d'œufs, — les élèves de Wille peuplent le paysage de petits paysans et de petites paysannes qui sont des enfants de Watteau.

BOUCHER ET BAUDOUIN

Une lettre de Berch, secrétaire du comte de Tessin,
publiée par M. de Chennevières dans ses *Portraits inédits
d'Artistes*, nous renseigne sur le goût de la Suède pour la
peinture de Boucher, sur le prix de ses tableaux, sur le
mode de composition et de travail du maître. Voici le para-
graphe de cette lettre (octobre 1745) consacré à Boucher :

« Boucher va plus vite ; les quatre tableaux sont promis
pour la fin du mois de mars. Le prix restera un secret entre
Votre Excellence et lui à cause de la coutume qu'il a établie
de se faire donner 600 livres pour ces grandeurs, quand il
y a du fini. Il ne veut de l'argent qu'à mesure que chaque
pièce sera livrée ; mais il m'a conjuré de faire en sorte que
cela aille plus régulièrement qu'avec les précédentes (*N. B.*
ce sont celles pour le château) qui l'ont bien fait languir.
Encore une couple de jours de poste : si messieurs les ban-
quiers ne permettent pas qu'on tire sur la Suède pour payer
les ouvrages faits, il accepte à regret de prendre l'argent
d'avance pour la moitié des ouvrages à faire...

« J'ai communiqué à M. Boucher mes idées sur la disposition des sujets ; il ne les a pas désapprouvées, et a paru en

être fort content. Le Matin sera une femme qui a fini avec son friseur, gardant encore son peignoir, et s'amusant à regarder des brimborions qu'une marchande de modes étale. Le Midy, une conversation au Palais-Royal entre une dame et un bel esprit qui fait la lecture de quelque mauvaise poésie, capable d'ennuyer la dame, qui fait voir l'heure à sa montre; la méridienne dans l'éloignement. L'Après-dîner ou le Soir nous embarrasse le plus; des billets apportés pour donner un rendez-vous, ou des mantelets, des gants, etc., que la femme de chambre donne à sa maîtresse qui veut aller en visite. La Nuit peut être représentée par des folles qui vont en habit de bal, et se moquent de quelqu'un qui est endormi. On tâchera de caractériser les sujets de manière qu'avec les Quatre Points du Jour, cela fasse aussi les Quatre Saisons. Voilà, Monseigneur, les premiers projets que M. Boucher et moy nous avons formés; avant que le matin soit entièrement passé, on aura des moments pour réfléchir comment bien remplir le reste de la journée. J'espère par la suite du temps d'avoir quelques croquis pour envoyer à Votre Excellence; M. Boucher paraît vouloir s'y prêter. »

Ces projets de tableaux sont-ils devenus les peintures du MATIN, du MIDY, du SOIR, gravés par Petit? Auraient-ils donné lieu sur les mêmes idées à des compositions plus étendues qui n'ont pas été gravées et seraient cachées dans quelque château royal de Suède?

Nombre de têtes aux crayons de couleur des ventes Sireuil, Randon de Boisset, Conti, Blondel d'Azincourt et que Boucher avait l'habitude de pasteller sur *papier de soie*, ainsi que nous l'indique le catalogue Trudaine, sont assez souvent des

portraits déguisés sous la fantaisie d'un ajustement pastoral,
des portraits dont le nom n'était inscrit que dans la mémoire
des amants ou des amis du modèle. C'est ainsi que dans ses
Lettres sur différents sujets, imprimées à Berlin, Bernouilli
raconte avoir vu en 1777, dans le magasin de tableaux et
d'estampes de Michel à Bâle, neuf têtes pastellées par Boucher d'une hauteur d'un pied trois pouces, sur une largeur
d'un pied. « Cette petite suite, écrit-il, choisie et variée
entre les pastels connus de cette célèbre main, peut s'appeler le CABINET DES BEAUTÉS. Ce sont tous des beautés
d'après nature, et d'après les plus beaux modèles qui bril-
laient à Paris; il y a entre autres le portrait de Mme de
Pompadour. Le pastel en est fixé. »

Baillet de Saint-Julien, dans sa *Lettre sur la peinture 1749,* tout en préférant Servandoni comme décorateur
de théâtre, dit qu'on n'a jamais vu de plus beaux tableaux
que les *fermes* de Boucher. Il parle de ses beaux jardins,
de ses belles grottes, de ses beaux paysages, où les vues de
Rome et de Tivoli se mêlent heureusement aux vues de
Sceaux et d'Arcueil. Il vante sa décoration du palais du
fleuve Sangar, le jeu perpétuel de la voûte d'eau, l'éclat de
sa lumière reflété sur les colonnes du fond, le ton mat et
reposant du devant de la décoration, le pittoresque des
colonnes à demi taillées dans le roc avec leur prodigieuse
ornementation de coquillages et de plantes marines.

Boucher a laissé un certain nombre de tableaux éro-
tiques. Thoré parle quelque part d'une série de peintures

exécutées pour éveiller les jeunes sens du roi Louis XV. Ces peintures existaient encore sous l'Empire dans quelque coin caché de château royal. Je ne sais ce qu'elles sont devenues, et ne puis juger leur valeur, ne les ayant jamais vues ; mais j'ai été à même d'étudier, il y a quelques années, chez le baron de Schwiter, un échantillon de cette peinture érotique qui est, certes bien, le morceau le plus franc, le plus gras, le plus harmonieusement décoratoire.

C'est une femme sur son bidet. Du fond de rideaux de lit jaunâtres, semblables à une perse de l'Inde, la femme se détache ; la tête un peu tournée de profil, et faisant face au spectateur. Ses cheveux sont entourés d'une fanchon, couleur de soufre ; sa robe très-décolletée est rose, et la chair de sa poitrine, de ses bras, joliment nacrée, jaillit du désordre d'un rien de linge blanc, du violet pâle de la ruche qui garnit son corsage, du violet pâle de ses engageantes. Dans la demi-teinte qui enveloppe le bas de son corps, un coup de lumière sur une rondeur de cuisse semble du vrai soleil dormant sur la peau. Et reviennent encore dans toute cette ombre de volupté, la note violette aux jarretières qui attachent ses bas, la note rose aux mules qui chaussent ses pieds. Une chambrière, masquée par un dos de chaise, apporte du linge noyé dans une tonalité ambrée, sur lequel se détache le vert tendre de son corsage et le fard de ses joues. Un chat fait le gros dos sous le bidet.

A ces peintures se rattache, presque décemment, LA FEMME NUE ET COUCHÉE SUR UN SOFA AVEC DE GROS OREILLERS DE SOIE, gravée en couleur par Demarteau, qui faisait pendant à une Io de Pierre, à une ANTIOPE ENDORMIE de Vanloo dans ce cabinet de travail, dont M. de Menars indique si originalement la destination à Natoire dans une de ces lettres. « Je dois vous ajouter que comme ce cabinet est *fort petit et fort chaud,* je n'y ai voulu que des nudités. » (*Lettre du 14 mars 1753.* publiée par M. Lecoy de la Marche.)

Sur le Salon de 1769, la dernière exposition de Boucher, Diderot s'exprime ainsi : « Le vieil athlète n'a pas voulu mourir sans se montrer encore une fois sur l'arène...

« On aurait dû placer au bas de ce tableau un de ces polissons qu'on voit à l'entrée des jeux de foire, il aurait crié : « Approchez, messieurs, c'est ici qu'on voit le grand « tapageur. » (Salon de 1769, publié par la *Revue de Paris.*)

Devosge étant encore dans l'atelier de Deshayes, rapporte qu'un jour, comme il regardait l'ENLÈVEMENT DES SABINES du Poussin, Boucher, beau-père de Deshayes, et qui avait connu Devosge chez Coustou, s'approcha du jeune artiste en contemplation devant l'ouvrage du maître. « *Vous trouvez donc cela bien beau?* lui dit Boucher. — Je ne puis me lasser de l'admirer, répondit le jeune artiste. — *Mon ami,* repartit Boucher, *tâchez d'en mieux profiter que moi.* (Éloge de Devosge, par Bremiet-Monnier. Dijon, 1813.)

Baudouin, — son œuvre! n'est-ce point le portefeuille d'estampes libertines qu'au milieu de la vraie Manon Lescaut du XVIIIe siècle, Themidore, le héros galant du livre, se fait apporter dans son lit, pour se distraire et se consoler de l'infidélité de sa maîtresse Rozette?

Les moralistes n'ont pas manqué à Baudouin, depuis l'auteur de la *Religieuse*, jusqu'au dernier écrivassier d'art. Tous à l'envi ont flétri par des paroles indignées l'immoralité de son œuvre. Pourquoi tant d'indulgence pour l'érotisme de la peinture mythologique, et une si grande sévérité pour l'érotisme de la peinture de genre? Et pourquoi encore la violence de cette indignation pour des méfaits d'un genre que ces mêmes moralistes pardonnent si facilement à La Fontaine, aux *novellieri*, — que le même Diderot pardonne si facilement à sa prose?

Pour moi, je suis reconnaissant à Baudouin de nous avoir peint l'Amour dans la robe de chambre de Clitandre, de nous avoir fait toucher mieux qu'avec les descriptions de l'imprimé, les passades, les fantaisies, les épreuves, les arrangements, les rencontres, les liaisons qui n'ont point de lendemain, et semblent nouées entre les membres d'une société *du Moment*. Pour moi, je lui sais gré de nous faire assister, dans une certaine réalité, au spectacle de l'Amour du temps en ses molles scènes, en son milieu sensuel. Et, je le dis sans pudeur, si l'œuvre de Baudouin manquait, si les images friponnes des quatre PARTIES DU JOUR, de l'ÉPOUSE INDISCRÈTE, de l'ENLÈVEMENT NOCTURNE, du FRUIT DE L'AMOUR SECRET, etc., n'existaient pas, il y aurait une grande lacune dans l'histoire des mœurs du XVIIIᵉ siècle. Et encore, si l'on n'avait plus les planches du DANGER DU TÊTE-A-TÊTE et du CARQUOIS ÉPUISÉ, où pourrait-on se faire une idée de l'atmosphère de volupté qui se dégage des tentures, des soieries, des meubles contournés, de la nuit tiède de ces chambres éclairées par un feu mourant de cheminée, devant laquelle se meuvent des silhouettes amoureuses dans des lueurs de rampe?

Le talent avec lequel Baudouin, d'un procédé commun a fait un art original, n'est pas si méprisable qu'on voudrait le faire croire, et le corps léger donné avec la gouache aux imaginations amoureuses du peintre, est presque une création originale. Avoir enlevé la *guazze* à l'emplâtrement des peintres à l'eau italiens, l'avoir renouvelée par la légèreté et l'esprit de la touche, la tenir dans la *vaghesse* d'une ébauche de peintre et de coloriste qui n'a rien du fini froid de la miniature, la vivifier, l'accidenter des badinages d'un pinceau capriolant, la rayer de petits filets de lumière cassée et ressautante, semblables aux rayures d'un patin sur la glace, l'éclabousser d'un petillement de tons jusqu'alors inconnu, en un mot, en faire cette peinture si bien appropriée aux choses et aux couleurs tendres et gaies du siècle, qu'elle meurt avec lui ; c'est là le mérite de Baudouin, et ce qui valut à la gouache française du xvIIIᵉ siècle de forcer les portes de l'Académie en 1763. De Baudouin le premier et le plus peintre de tous les gouacheurs, descend tout cet aimable petit peuple d'artistes français et suédois, tout cet atelier parisien d'ouvriers délicats travaillant avec des couleurs de fleurs, et Lawrence, et Hoin, ce talent tout nouvellement retrouvé, et Taunay, et Moreau l'aîné, ce paysagiste aux parcs si joliment verts, et comme emplis de l'artifice d'une Flore. N'oublions pas enfin Hall, que nous voyons dans sa jeunesse s'étudier sur des traits d'eau-forte pure à colorier, à gouacher des compositions de Baudouin, et qui prend à ce travail l'usage *claquant* de ces morceaux gouachés qu'il introduira plus tard dans la miniature de ses portraits.

Le *Philotechne français* ou recueil d'Éloges, de critiques

et d'anecdotes remarquables, 1766, vante la beauté des deux filles de Boucher : la femme du peintre Deshayes, la femme du peintre Baudouin.

Baudouin a une qualité à un degré supérieur : c'est la mise en scène de ses petits sujets. Personne comme lui dans le monde de la petite peinture pour agencer, arranger, combiner les lignes d'une composition, lui donner l'équilibre, l'harmonie, l'heureux groupement. Cela du reste, Baudouin le cherche et le cherche longtemps ; témoin le petit croquis tout couvert de repentirs du FRUIT DE L'AMOUR SECRET, conservé dans les portefeuilles du Louvre ; témoin cette gouache que je possède de l'ÉPOUSE INDISCRÈTE, où l'épouse debout est beaucoup moins heureuse de mouvement que l'épouse agenouillée, par lui substituée dans la gouache gravée. Et le meilleur compositeur parmi les vignettistes, Moreau, on peut affirmer qu'il doit ce côté de son talent à l'étude et aux eaux-fortes qu'il fit dans sa jeunesse, des compositions de Baudouin. On retrouve chez lui, et le balancement particulier aux duos de Baudouin, et même cet éclairage à mi-hauteur, fouettant de côté tout le milieu d'une scène, comme du triangle rayonnant d'une lanterne magique.

L'estampe du MODÈLE HONNÊTE nous ouvre la porte des ateliers dans lesquels se travaille la peinture de genre du temps. Ateliers qui n'ont rien de sévère, ateliers pleins de mépris par les murs nus, et d'insouciance pour la triste lumière du Nord. Ce sont bien plutôt d'aimables chambres

d'amour à la corniche sculptée, où le soleil a ses entrées par
la grande fenêtre, où le modèle a pour sa pose un canapé
en bois doré, et où, sur un bonheur du jour de Riesener,
des roses trempent dans un vase de Sèvres, monté en or mat
par un Gouthière.

Disons, en terminant, qu'il n'est pas de peintre plus
calomnié par les choses vendues sous son nom, que Baudouin. Il ne se fait pas une vente borgne où des peintures à
l'huile ne soient cataloguées sous le nom de ce gouacheur
qui a été toute sa vie uniquement un gouacheur, et qui n'a
laissé la mention dans aucun ancien catalogue, d'une œuvre
peinte autrement qu'à l'eau. Mais, qui sait cela ? Le piquant,
c'est que des amateurs graves acceptent pour authentiques ces
petites peintures fadasses, et vous en entretiennent avec une
commisération dédaigneuse pour votre goût, votre pauvre
goût. Les malheureux ! ils n'ont jamais vu un Baudouin ; et
pas plus un Baudouin à la gouache qu'à l'huile. Sans cela, ils
sauraient que ce coloriste français n'a jamais fait *rose*, fait
miniaturé, qu'il a eu toujours le vouloir d'atteindre dans
son procédé la vigueur, la chaleur, la solidité, le barbotage
même d'une esquisse à l'huile. Ils sauraient qu'il n'a jamais
donné que des ébauches, que des pochades ambitieuses des
effets de couleur d'un tableau, que des *premières idées* jetées
dans la pleine pâte de la gouache et où rien ne se voit du
petit pinceau de Lawreince. C'est d'après ces ébauches à la
diable qu'étaient gravées les voluptueuses estampes, si plaisantes en leur fini, — un miracle auquel il faut se rendre,
— depuis qu'on a vu passer ces années dernières, à la
vente Gigoux, les dessins du Monument du Costume de

Moreau : ces courantes indications de scènes, ces vagues
bistres, ces rêves, ces nuages, auxquels l'adroite et intelligente gravure du xviiie siècle donnait la ligne, le modelage,
le corps.

Maintenant un fait curieux. C'est qu'en dehors des peintures quelconques qui ne sont pas du tout de Baudouin, les
peintures qui émanent vraiment de lui ne sont pour la plupart du temps presque plus de lui, tant elles sont rema-
niées, repinochées, enjolivées. On y trouve bien encore
dans un coin un détail de meuble, de costume signé de son
pinceau, mais tout le reste et toujours les figures sont d'une
autre main, et de la plus misérable main. L'explication en
est facile. Dans le discrédit où était tombée l'école française, la gouache, la plus délicate de toutes les peintures, ne
s'est pas tirée de l'exposition du plein air, aussi bien qu'une
sanguine, ou une pierre d'Italie. Elle n'en a pas été quitte
pour la cernée d'une mouillure, ou d'une piqûre d'humidité ;
la gouache a eu souvent des parties écaillées, détachées,
détruites. De là des restaurations, et des restaurations
s'adressant au goût des amateurs, qui dans les premières
années du siècle n'étaient pas des amateurs d'art, mais des
amateurs de polissonneries. Or ces gens 'aiment les choses
très-faites, et n'auraient jamais acheté un vrai Baudouin
laissé dans sa brutalité de coloriste, dans l'artistique de son
faire. Il y eut donc un pourléchage qui s'étendit de la partie à restaurer à toute la délicate peinture, la miniaturant à
l'image de toutes les miniatures. Cette observation, je
l'avais déjà faite à propos du COUCHER DE LA MARIÉE, qu'a-
vait acheté Roqueplan à la vente Tondu. J'y trouvais un
vrai dessous de Baudouin avec quelques détails, comme la
pendule de la cheminée, transperçant le travail appliqué du

restaurateur. Aujourd'hui, la vente du baron Vincent a fait de cette observation une conviction.

Dans cette vente, la première du siècle contenant une suite de Baudouin, je n'en ai trouvé qu'un seul qui soit tout entier et sans retouche incontestablement de lui : L'Épouse Indiscrète. Dans la Soirée des Thuileries, il n'y a franchement de Baudouin que la main du Seigneur tenant la rose et les longs gants de la femme qui se lève du banc. Dans la Nuit, appartient seulement au gouacheur la jolie statue d'Amour, à la couleur glaiseuse; les deux petites figurines sont abominablement refaites. Et ainsi des autres.

Pour me résumer, depuis que je collectionne, depuis que je cours les marchands et les ventes, je n'ai jamais vu un Baudouin terminé, ou, si vous aimez mieux, poussé au point d'un Lawreince, d'un Hoin, d'un Freudeberg.

En second lieu, parmi tous les Baudouin que j'ai vus, je n'en ai rencontré que cinq, que cinq, à l'entière authenticité desquels je crois. Les voici : 1° Un crayonnage des cartons du Musée du Louvre, qui est la croquade de la pensée du Fruit de l'Amour secret; 2° L'Épouse indiscrète, de la vente du baron Vincent; 3° Une répétition que je possède du même sujet, mais avec l'épouse debout derrière le matelas, annonçant un premier essai de composition; 4° Le Précepteur, gravé sous le nom du Matin, le plus joli nuage d'aquarelle qui soit; 5° Les Soins tardifs, gouache curieuse par la préoccupation des effets de l'huile dans la couleur à l'eau. Le Matin et les Soins tardifs me viennent de la vente Tondu.

LATOUR

M. Desmaze a découvert chez Mme Varenne, une descen-
dante de La Tour, et publié dans la *Petite Revue de Saint-
Quentin*, un certain nombre de lettres adressées à La Tour.
Ces lettres confirment la liaison de La Tour avec Mlle Fel,
dont M. Desmaze publie trois lettres. Une première, qui
semble adressée au peintre relativement à un dîner donné
en commun, finit par ce post-scriptum : « J'ai pris de la
mane ce matin pour me délivrer de mes lanterneries, je me
trouve mieux. » Une seconde lettre, adressée le 5 janvier 1783
au frère de La Tour, remercie le chevalier de la confirmation
faite par lui de l'usufruit des meubles du peintre sa vie
durant. Dans la jouissance des meubles semble comprise la
jouissance des pastels ainsi que l'indique cette phrase :
« M. Dorizon a dû vous mander que, d'après l'avis qu'a
donné M. Paquier, pour les dangers et le domage que la fumée
pourrait causer aux pastels de M. de La Tour, il est instant
que vous veniés faire fermer les écartemens du mur. » Une
troisième, datée du 5 janvier 1788, donne de tristes détails
sur la folie du peintre : « Je suis charmée que la santé de
votre pauvre frère se soutienne, il ne faut pas s'étonner si
les forces diminuent à son âge ; le temps met à tout des pro-

portions; il faut compter sur cela. Je crois pourtant qu'il serait à propos de lui persuader que la *lelerte* trouve mauvais qu'il boive de son urine et qu'il reste deux jours sans manger. »

M. Desmaze possède une autre lettre de Mlle Fel, non publiée encore, qui est une réponse de Mlle Fel, du reste sans intérêt biographique, à une demande de renseignements de l'historien d'Argenville.

Parmi les autres correspondants, il y a des billets de l'évêque de Verdun, à propos d'un changement de séance demandé par le cardinal du Tencin; des billets du comte d'Egmont, qui donne au peintre rendez-vous à l'Opéra comique pour le mener souper à Passy, sans doute chez la Popelinière; des billets du duc d'Aumont, de l'abbé Pommyer, de Voltaire; d'une Mme Thellenon, qui, pour remercier La Tour de son portrait, lui écrit : « Mon mari part demain matin et vous ferez, monsieur, très bonne œuvre en me faisant l'amitié de venir dîner avec moi. »

Terminons ces citations par ce fragment de lettre de La Tour, du 6 novembre 1770. « *Je viens d'essuyer deux maladies consécutives, l'une causée par un accident sur l'œil, l'autre par une transpiration interceptée dans laquelle il s'est mêlé de la goutte. J'ai vu deux fois mon dernier moment dans l'espace d'un mois.* »

M. Mantz me fait observer avec toute justice que les relations de La Tour avec Rigaud et Largillière sont antérieures à la date que je leur assigne. La Tour a eu son logement au Louvre en 1750, sept ans après la mort de Rigaud, trois ans après la mort de Largillière. M. Mantz me signale,

parmi les amis du peintre, le sculpteur Pajou, au mariage
duquel (27 janvier 1761) Latour assiste comme témoin.

Dans son art, La Tour affectionnait les tours de force.
Un jour, ne s'imagina-t-il pas de vouloir faire, avec les détails les plus minutieux, les plus détaillés, les plus précis,
le portrait d'une femme habitant la province? Le curieux
de ce tour de force, c'est que le portrait n'était pas le moin-
drement du monde ressemblant. (Mélanges de Suard, vol. I.)

GREUZE

Grétry, qui avait épousé une fille de Grandon et non Gromdon, comme l'appelle Mme de Valori, donne dans ses *Essais sur la Musique* une curieuse anecdote sur le tempérament amoureux de Greuze, pendant son passage dans l'atelier du peintre Lyonnais. Greuze brûlait en secret pour la femme de son maître, qui était fort belle. Et un jour la femme de Grétry, encore toute jeune, le trouvant couché par terre dans l'atelier, lui demanda ce qu'il faisait : « *Je cherche quelque chose,* » dit-il ; mais elle avait vu un soulier de sa mère qu'il dévorait de baisers.

« 28 janvier 1756.

« ..... M. l'abbé Gougenot, conseiller au grand conseil, vient d'arriver à Rome, après son voyage de Naples, accompagné de M. Greuse, nouvellement agréé à l'Académie, et dont la réputation nous annonce les talens. Il les fera voir dans ce païs-cy par quelques morceaux qu'il compte y faire. »

« 22 février 1757.

« J'ai fait part à M. Greuse de la lettre que vous m'avez fait l'honneur de m'écrire le 13 janvier à son sujet,

touchant les deux tableaux que vous lui demandiez et que
vous consantez à attendre son retour en France pour qu'il
les fasse. Il est toujours sensible aux bontés que vous avez
pour luy. Il vient de finir le pendant d'un tableau pour
M. l'abbé Gougenot, où il y a beaucoup de mérite, ce sera
presque son dernier ouvrage de Rome. »

Voici la lettre intéressante où se trouve cette commande, que Greuze, conformément à l'ordre du 13 janvier,
n'exécuta qu'à son retour :

« A Versailles, le 28 novembre 1756.

« J'apprends, Monsieur, avec bien du plaisir, que le
Sr de Greuze s'applique entièrement à cultiver ses talents
pour la peinture; et j'ay vu à Paris des tableaux qu'il a
envoyé de Rome et dont j'ay été si content, que sachant
que ses facultés du coté de la fortune, sont extrêmement
bornées, j'ay résolu de lui procurer les occasions de se soutenir par son travail, et par ce moyen de se perfectionner
dans son art. Voyez, je vous prie, à détacher du logement
qu'occupait à l'Académie feu Mme de Wleugelles une chambre
qu'il put habiter et dans laquelle il eut le jour nécessaire à
son travail, et donnez-la luy : il épargnera son loyer, dont
la dépense, quelque mince qu'elle puisse être, sera un petit
soulagement pour luy. Vous trouverez icy inclus, coupé en
ovale, une mesure que vous aurez agréable de luy remettre,
afin qu'il fasse deux tableaux de la même grandeur que cet
ovale. Je luy laisse la liberté de son génie pour choisir le
sujet qu'il voudra. Ces deux tableaux sont destinés à être
placés dans l'appartement de Mme de Pompadour au château
de Versailles. Exhortez le à y donner toute son application.

Ils seront veus de toute la cour, et il pourroit en naistre de gros avantages pour luy s'ils sont trouvés bons. Recommandez-lui aussy ces deux tableaux et assurez-le que je saisirai avec plaisir les occasions de son avancement lorsqu'elles se présenteront.

« Le marquis de MARIGNY. »

Greuze partit de Rome au mois d'avril suivant (lettre du 20 avril 1757).

Académie de France à Rome par Lecoy de la Marche. *Gazette des Beaux-Arts (septembre 1870-1871).*

M. Renouvier cite, d'après « la Revue universelle des Arts, 1855 » une note de l'abbé Gougenot, qui est une révélation sur le caractère et le travail de Greuze à Rome : « Greuze était le plus capricieux des artistes. Pour le satisfaire, il fallait réunir en toute hâte les personnages nécessaires à la composition du tableau dont il s'occupait dans le moment. Puis, une fois les personnages rassemblés, sa verve, disait-il, était éteinte ; il ne se sentait plus en état de travailler, et il congédiait ses modèles, qui recevaient cependant le prix convenu pour la séance. De pareilles fantaisies étaient fréquentes chez cet homme bizarre. »

Une caricature curieuse du temps satirise les méchants ridicules de la femme de Greuze, en même temps qu'elle égratigne la vanité du peintre et moque la rapacité de Levasseur, le graveur préféré du ménage. C'est à propos de la publication de l'estampe de la *Belle-mère*. L'eau-forte représente un obélisque où se voit au-dessus de l'estampe une tête sans cervelle avec ce nom : *Creuse*. L'obélisque est rendu tout branlant, par le remuement sous son piédestal d'une tête fumant une pipe, dont la fumée trace le phylactère suivant : *la bourse et mes écus f^{tre}*. Derrière se dresse dans une verticalité inébranlable, un autre obélisque avec le médaillon de Flipart, surmonté du mot *virtus* couronné. Voici ce que la pointe du pamphlétaire aqua-fortiste a tracé :

Dédié à très haute, très puissante, très ridicule dame femme de J B Greuze, reçu jadis peintre de genre sur un tableau d'histoire — par son historiographe.

Un jour près de sa vieille haquenée, poussé par un reste de vent, G... dit à Jeannette. Je veux te couvrir de gloire, je veux enfanter un sujet qui fasse horreur aux honnêtes gens. Tu me serviras de modèle, ma mie, je veux peindre une méchante femme.

EXPLICATION DE L'OBÉLISQUE

M. le Vasseur (qui a gravé la belle-mère) écrasé par la chute de l'obélisque élevé à la défunte gloire de Greuze — accident causé par une piqûre d'épingle faite à l'une des vessies qui servaient de base à l'édifice sur lequel on voit le portrait de Greuze couronné de chardon, plumes de paon... le tout terminé par un sifflet.

Nouvelle édition revue, corrigée et augmentée, la première ayant été épuisée en trois jours.

Miger trace un curieux portrait de la vanité de Greuze. « Il n'y a donc, écrit-il, que des sots remplis de vanité qui puissent se croire des êtres parfaits. Tel était le peintre Greuze, des tableaux duquel on n'avait pas le plus petit

éloge à risquer, parce qu'il se chargeait d'en faire les honneurs en personne. Il ne manquait chez cet artiste qu'une
cassolette avec de l'encens pour en brûler devant lui en
son honneur et gloire. Voici un petit propos de lui. Dans
le temps qu'il y avait des expositions générales de tableaux,
il disait qu'un amateur devait courir le Salon comme en
poste, le fouet à la main, et dire s'il le voulait : *Ah! que
c'est beau!* mais qu'un vrai connaisseur devait, dès le
matin, aller en robe de chambre et pour ainsi dire en bonnet
de nuit, s'arrêter devant ses tableaux et passer toute la journée en extase. *Ecce homo. (Biographie du graveur Miger
par Bellier de la Chavignerie, 1856.)*

Dans les toutes dernières années de sa vie, Greuze, qui
n'avait plus exposé à partir de l'année 1769, se décide à
reparaître au Salon.

SALON DE L'AN VIII.

173. Le Départ pour la Chasse.
Portrait du C*** dans un paysage avec sa femme.
Deux tableaux faisant pendants. *Même numéro.*
174. Un enfant hésitant de toucher un oiseau dans la crainte qu'il
ne soit mort.
Une jeune femme se disposant à écrire une lettre d'amour.
Ces deux tableaux appartiennent au C de Lepine, horloger.
175. Portrait. Une jeune femme préludant sur un forte piano.
176. Deux portraits d'hommes. *Même numéro.*
177. Trois têtes de différents caractères. *Même numéro.*
La Peur de l'orage.
La Crainte et le Désir.
Le Sommeil.
178. Deux pendans. *Même numéro.*
L'Innocence tenant deux pigeons.

Une jeune fille bouchant ses oreilles pour ne pas entendre ce qu'on lui dit.

SALON DE L'AN IX.

158. Le Repentir de sainte Marie l'Égyptienne dans le désert.
159. Un cultivateur remettant la charrue à son fils, en présence de sa famille.
160. Un enfant.
161. Portrait d'homme.
162. Portrait d'un vieillard.

SALON DE L'AN XII.

219. Le Repentir de sainte Marie l'Egyptienne.
220. Ariane dans l'île de Naxos.
221. Le portrait de l'auteur.
222. Un portrait de femme.
223. Deux têtes de jeunes filles : *la Timidité, la Gaieté.*

SALON DE 1808.

Greuze (feu).
271. Sainte Marie, Égyptienne.
    Ce tableau appartient à M. Lami, libraire, quai des Augustins.

Greuze avait une espèce d'horreur pour les vieilles femmes, et une coquette de son voisinage lui faisait tomber la palette des mains en se montrant à sa fenêtre avec ses minauderies et son visage fardé. M. Pillet ajoute qu'il aimait la parure et les habits voyants, et qu'on l'a vu se promener en pleine révolution avec un habit écarlate et l'épée au côté.

LES SAINT-AUBIN

J'ai dit que je ne connaissais pas de peinture authentique de Gabriel de Saint-Aubin. Cependant il est une petite toile où il me semble reconnaître le maître que j'ai si longtemps étudié. C'est un tableautin appartenant à M. de la Béraudière et vendu à la vente Denon comme un Panini. Ce tableautin représente une fête, un bal masqué bien français, dans les architectures italiennes d'un Colysée, d'un Vauxhall, d'une Redoute du temps. Des coups de pinceau jetés à la manière de son crayonnage, des bâtonnements de jambes semblables à ceux de ses dessins, des fuites de profil perdu qu'il affectionnait pour ses femmes, une couleur à la fois blonde et barboteuse, des musiciens et des petits personnages imitant les taches diffuses de la tapisserie, font de cette peinture, si elle n'est de Gabriel, la peinture qu'on imagine échappée des pinceaux du petit maître.

Je dois à l'obligeance de M. Herluison, d'Orléans, l'acte de décès de Gabriel de Saint-Aubin :

« Le jeudi 10 (février 1780), Gabriel-Jacques de Saint-

Aubin, garçon, âgé d'environ 51 ans, maître peintre, demeurant rue des Prouvaires, décédé d'hier, a été inhumé au
cimetière, en présence de Charles-Germain de Saint-Aubin,
dessinateur du Roi, son frère, et de Raimond Delpech,
marchand mercier bijoutier, ami... De Saint-Aubin, Delpech. »   (*St-Eustache.*)

Les actes de mariage et de décès d'Augustin de Saint-
Aubin ont été retrouvés par M. Herluison, qui veut bien
m'en communiquer les épreuves :

« Du mardy 27ᵉ 9ᵇʳᵉ 1764. Augustin de Sᵗ-Aubin, graveur en taille-douce, âgé de 28 ans passés, fils des deff.
Gabriel-Germain de Saint-Aubin, brodeur du Roy, et
Jeanne-Catherine Himbert, paroisse Sᵗ-Et.-du-Mont, d'une
part; et Louise-Nicolle Godeau, âgée de 22 ans passés, fille
de Jean-Bᵗᵉ Godeau, officier chés Mʳ le cᵗᵉ de Caylus, et de
Étiennette Girardot, dmt de droit et de fait à l'orangerie des
Thuilleries, de cette psse, d'autre part, ont été mariés de
leur mutuel consentement... en pnce des père et mère de la
mariée; de Germain de Saint-Aubin, dessinateur du Roy,
rue du Four, paroisse Sᵗ-Eustache; de Louis-Michel de
Saint-Aubin, peintre, paroisse de Seve, de ce diocèse, tous
deux frères du marié... »   (*St.-Germ.-l'Aux.*)

« L'an 1807, le 10 9ᵇʳᵉ, à midi sonné. Par devant n.,
adjᵗ au maire du 3ᵉ arrondᵗ de Paris, soussigné, sont comparus les Sʳˢ Claude-René Debonnaire, commissaire-priseur,
âgé de 48 ans, dmt à Paris, rue Nᵛᵉ-Sᵗ-Eustache, n° 30,
neveu du deffunt, et Hippolyte-Marcelin Villemain, tailleur,
âgé de 57 ans, dmt à Paris, rue des Prouvaires, 31, ami.

Lesq. n. ont déclaré que Augustin Saint-Aubin, graveur, âgé de 71 ans, natif de Paris, époux de Louise-Nicole Godeau, est décédé hier, à 4ʰ du soir à Paris, r. des Prouvaires, nº 31, division du Contrat-Social... Lesquels... »

(*Reg. du IIIᵉ arrondᵗ.*)

COCHIN

Beaucoup d'affaires, écrit Cochin en 1781, des maux d'yeux, des soupers en ville, on se couche tard, on ne se lève pas matin, des dessins à faire qui sont pressés, où l'on emploie les parties de la journée qu'on ne passe pas à table; car vous savez que qui veut se livrer à la société de Paris ne manque pas d'occasion de gueule.

Cette lettre est adressée à Desfriches, le commerçant paysagiste, l'inventeur du *papier tablette* aux lumières égratignées avec un grattoir, le collectionneur de tableaux, l'ami de Vernet, de Descamps, de Boucher, de La Tour, de Chardin, de Houdon, de Watelet, et leur fournisseur de vin blanc, de vinaigre, voire même de mouchoirs; le courtois, l'hospitalier Desfriches, le propriétaire, le long « des méandres charmants du Loiret, de cette Cartaudière au beau bois de chênes verts, droits et bien ombrés », où Cochin trouvait si doux *de riboter avec de bons amis.*

Cette lettre et les autres publiées par M. Dumesnil dans le volume des *Amateurs français* consacré à Desfriches doivent être lues par qui veut faire connaissance intime avec Cochin. Ces lettres présentent l'artiste dans le déshabillé

de sa pensée, dans le tour vif et original de son esprit, dans
le train-train de sa vie de travail et de plaisir, dans la confidence de ses *bobos*, de ses fluxions sur les yeux, de ses
continuels embarras d'argent.

Voici en 1758, au début des relations entre les deux
hommes, le remercîment de Cochin à Desfriches, pour les
souscriptions aux *Ports de France*, par lui récoltées dans
l'Orléanais un remercîment qui ressemble à un passage du
Neveu de Rameau.

*Dieu vous bénira, n'en doutez point; vous avez travaillé
pour la propagation des écus des Cochin et des Le Bas, si que
leurs bourses deviennent grasses à lard. Que de jouissances
s'en suivront : car voulez-vous de bons soupers, ayez des écus;
voulez-vous de bonne musique, ayez des écus; voulez-vous de
belles filles, idem : jugez donc combien vous allez prospérer.
Afin que vous puissiez rendre compte aux bonnes âmes qui
ont souscrit, apprenez-leur que nous avons déjà deux estampes
à l'eau-forte, dont les curieux paraissent satisfaits, voire
même sont ébahis. Mon camarade, comme vous me le marquez, s'était un peu discrédité auprès du public. Ce n'est pas
que le drôle n'ait pas les plus grands talents, mais il courait
après l'argent et voulait le gagner à son aise; quand maître
Cochin est venu le prêcher qu'avant toutes choses il fallait
bien faire...*

Dans une lettre, à propos de vin d'Orléans qu'il demande à Desfriches pour en faire faire la connaissance à ses
amis, Cochin écrit : *Si je n'ai pas d'argent pour le payer
aussitôt, vous voudrez bien me faire crédit, car les pauvres
diables d'artistes qui travaillent pour le Roi et qui ont des
places qui prennent une partie de leur temps, qui ne sont
payés ni d'un côté ni de l'autre, sont gueux comme rats*

d'église. Une autre fois il renonce à des mouchoirs qu'il avait prié Desfriches d'acheter sous le coup de la redevance de deux vingtièmes sur une maison appartenant au roi et dans laquelle il logeait; impôt inattendu et tout neuf. Une autre fois encore il mande à Desfriches « *étonné de le trouver quelquefois si court d'argent* » que toute sa petite fortune, due aux bienfaits du Roi par l'entremise de M. de Marigny, son ami et protecteur, et qui s'élève à près de 25,000 l., ne lui est pas payée, et qu'il ne se soutient que par ses travaux qui ne lui rapportent pas beaucoup, *à cause,* dit-il, *de la quantité de corvées gratuites que je me trouve engagé à faire, parce que suis bon diable.*

Enfin dans la dernière lettre de la correspondance des deux amis, datée 1784, le vieux Cochin écrit au vieux Desfriches malade.

... *A notre âge on a bien de ces petits désagréments; il faut nous défendre le mieux que nous pourrons. Quant à moi, je me porte assez bien, mais ce n'est pas cependant sans avoir quelque fer qui cloche; il faut que nous prenions patience ou de force ou de gré, heureux de conserver le moule du pourpoint.*

DEBUCOURT

Un curieux tableau de Debucourt passait à la vente de
M. Papin (mars 1773). C'est Le Juge ou la Cruche cassée, dont Debucourt a fait l'eau-forte de la gravure, la seule
eau-forte qu'on connaisse du petit maître. Un tableau d'une
claire, jolie et pétillante couleur. Le juge, dans son accou-
trement rembranesque, a sa robe rouge et son bonnet de
fourrure finement touchés. La coupable est toute lumineuse
de ces petits blancs qui sont personnels à Debucourt. Mais
au fond ce tableau est fort inférieur au tableau possédé par
M. Jazet et gravé par mon frère. La touche poussée à
l'esprit est très-souvent maladroite, et le papillotage des couleurs nacrées dans le lisse luisant de la peinture vous
donne l'idée d'une copie de Teniers exécutée sur un buvard
écossais.

FRAGONARD

Sur le rouleau des études de Fragonard, envoyées de Rome par Natoire, à Paris, en 1758, voici le jugement de l'Académie en date du 31 juillet 1758 : « La figure académique d'homme, peinte par le sr Fragonard, a paru moins satisfaisante que si on n'avait pas connu les dispositions brillantes qu'il fit paraître à Paris... Il en est de même de sa tête de prêtresse qu'on trouve peinte d'une manière un peu trop doucereuse, mais on a été plus satisfait de ses dessins qu'on trouve dessinés avec finesse et vérité. » L'année suivante (11 octobre 1759), l'Académie semble plus contente de Fragonard, « bien que l'excès de soin parût remplacer avec peu d'avantage la facilité du pinceau qu'il portait peut-être cy devant à l'excès ». *Académie de France à Rome*, par Lecoy de la Marche. *Gazette des Beaux-Arts*, février 1872.

Les lettres de Natoire confirment l'intimité qui s'établit de suite entre l'abbé de Saint-Non et le pensionnaire. Natoire écrit à la date du 27 août 1760 : « M. l'abbé de Saint-Non est depuis un mois et demi à Tivoli avec le pensionnaire Fragonard, peintre. Cet amateur s'amuse infiniment et s'occupe beaucoup. Notre jeune artiste fait de très-belles études qui ne peuvent que luy être utiles et luy faire beaucoup d'hon-

neur. Il a un goût très-piquant pour ce genre de paysage, où il
introduit des sujets champêtres qui lui réussissent. » Natoire
écrit encore à la date du 18 mars 1761 : « Le sʳ Fragonard
est bien près de son départ, M. l'abbé de Saint-Non, toujours porté à rendre service à ce pensionnaire, puisqu'il
l'emmène avec lui, vient de l'envoyer à Naples pour voir
les belles choses que renferme cette ville, avant de commencer leur voyage. Cet amateur porte avec lui une quantité de
jolis morceaux de ce jeune artiste qui, je crois, vous feront
plaisir à voir. »

Fragonard, qui était arrivé à Rome en 1756 avec Brenet,
en repartait le 4 avril 1761. (*Académie de France à Rome,*
par Lecoy de la Marche. *Gazette des Beaux-Arts,* février 1872.)

A propos de la réception de Fragonard à l'Académie,
M. de Marigny écrivait à Natoire le 27 mars 1765 :
« M. Fragonard vient d'être reçu à l'Académie avec une
unanimité et un applaudissement dont il y avait peu
d'exemple ; on espère qu'il contribuera à consoler de la perte
de Deshaies. » *Académie de France à Rome,* par Lecoy de
la Marche.

Dans les nombreux tableaux et dessins que le miniaturiste
Hall possédait de Fragonard, il y a, mentionné par lui, dans
son catalogue manuscrit, cette curieuse indication.

Fragonard. — Une tête d'après moi, dans le temps qu'il
faisait les portraits au premier coup pour un louis. . .   24
(*Hall, sa vie, ses œuvres, sa correspondance,* par Villot,
1867.)

A l'histoire au crayon de l'entorse de Fragonard se rattache, dans la collection de M. Fragonard, un croqueton représentant *Frago,* assis de face, la tête appuyée sur une main avec au bas : *Se ipsum delineabat Frago apud de Bergeret, anno 1789.*

M. Lagrange, au retour d'un voyage dans le Midi, a donné dans la *Gazette des Beaux-Arts* du 1er août 1867 une longue description de la maison de Fragonard à Grasse, cette maison où le peintre s'était réfugié pendant la Terreur, et dont il avait peinturluré ou fait peinturlurer si révolutionnairement l'escalier. Le salon, dont un bas-relief en marbre à la Clodion surmonte la porte, a tous ses murs couverts de peintures, et jusque dans les angles étroits des encoignures, des langues de toile cachent sous leurs fleurs peintes les lambris. Une décoration complète à laquelle il ne manque que les cadres de boiseries. Ce sont de grands tableaux de plus de deux mètres entre les portes, et de petits tableaux au-dessus des portes, où se développe un poëme d'amour; les grands panneaux racontant le drame humain et l'aventure galante; les petits panneaux faisant planer au-dessus l'Olympe ironique des Cupidons. Le premier panneau représente une rencontre de garçonnets et de fillettes près d'une fontaine d'Amour; — au-dessus un Cupidon fait la chasse à une colombe. Dans le second panneau, les amoureux échangent au-dessous d'une statue de Psyché un serment d'amour dans un mol baiser. Dans le troisième panneau, sur la terrasse où rêve l'amoureuse, apparaît au haut d'une échelle l'amoureux; — au-dessus, un Cupidon savoure l'odeur d'une rose épanouie. Le quatrième panneau vous montre la jeune victime tombée, traînée au pied d'un autel à l'Amant ; — au-dessus, cabriole un Cupidon, une marotte à la main. Le cinquième panneau, le panneau final : c'est, sous la feuillée d'un bosquet, au milieu d'orangers jonchés de guitares, de cahiers de musique, l'agenouillement de l'Amour que l'amante couronne, pendant que dans un coin *Frago*, Frago lui-même, crayonne, un portefeuille sur les genoux. Et comme apothéose à ce cinquième acte, un Amour-Hymen, tenant une torche dans chaque main, rayonne et fulgure sur le panneau de la cheminée, au milieu d'un ciel embrasé que sillonnent des Cupidons.

Deux des grands panneaux seuls sont signés, mais M. Lagrange ne doutait pas que toute la peinture du salon ne fût de la main de Fragonard, — mais à des années de distance, — des panneaux étant exécutés dans la tonalité bleuâtre des *Hazards de l'Escarpolette*, d'autres dans la tonalité blonde et chaude de la première manière du peintre.

A propos du tempérament de peintre de Fragonard et de tout l'organisme de son être tourné vers l'art, Renouvier cite ce mot caractéristique du peintre : « *Je peindrais avec mon cul!* » (*Histoire de l'Art pendant la Révolution.*)

PRUDHON

M. Eudoxe Marcille, le pieux amateur de Prudhon, le possesseur de ses tableaux et de ses dessins de choix, et qui prépare en ce moment la publication de la correspondance complète du Maître, veut bien détacher de son travail, en ma faveur, cette lettre adressée par Prudhon, sept mois avant sa mort, à Mme Duval, sa fille. Cette lettre peint, mieux que tout ce qu'on peut écrire, le néant douloureux dans lequel l'amant et le peintre étaient tombés après le suicide de Mlle Mayer :

Paris, ce 23 juin 1822.

Ma chère fille,

Je ne suis pas excusable de te négliger comme je le fais, malgré que je n'aie rien de gai à te dire. J'ai commencé plusieurs lettres sans les finir, parce qu'elles n'étaient remplies que de choses tristes : je ne voulais pas que tu en ressentisses les effets, et pourtant il m'était impossible de ne pas retomber dans les causes qui me rendaient mélancolique : tu vois même que, tout en recommençant celle-ci, j'y reviens malgré moi. O ma chère enfant ! cette cause cruelle est toujours là : je ne pourrai jamais l'éloigner de mon imagina-

tion tant que la plaie du cœur ne sera pas fermée, et elle ne
le sera jamais. Le temps s'use dans la douleur, et n'y
remédie pas. Le moins que je puisse éprouver est une sorte
d'existence sans ressort, sans vie. Je vas, je viens, j'agis
avec une intention qui se perd, que j'oublie : je fais et je
sais à peine ce que j'ai fait. Tout est machinal chez moi : le
ressort moral est brisé. La seule douleur fait sentir la vie, et
l'imagination n'est forte que pour les idées sombres, tristes
et déchirantes. C'est trop t'en dire et je m'arrête : autrement
il faudrait recommencer encore cette lettre-ci.

　Tu me parles tableaux, Salon, etc., ô ma pauvre fille,
je suis bien insensible à tout cela. Tout ce que l'on en peut
dire ne me touche guère, et même nullement. Seul, je n'y
tiens pas. Lorsque j'avais une amie, l'intérêt qu'elle prenait
à mon talent, la joie qu'elle ressentait de quelques succès
que je pouvais avoir, réfléchissait sur moi et me rendait content ; dans le sentiment du bonheur que je tenais d'elle, je
souriais à un plaisir qui flattait son cœur : j'étais plus heureux puisque je pouvais ajouter quelque chose au sentiment
qui l'attachait à moi. Toutes ces joies, tous ces plaisirs,
toutes ces sensations si douces sont passés! Un instant
affreux les a anéantis, et ils le sont pour toujours... L'amitié si consolante, si attentive, si prévenante, l'amitié elle-
même me trouve insensible; le dirai-je! quelquefois même
ses attentions me gênent : la diversion qu'elle apporte à ce
qui m'occupe me contrarie : c'est de la solitude qu'il me
faut : c'est ce qui nourrit ma douleur qui me convient : ce
sont des pleurs qu'elle demande, et dont elle a besoin, tout
autre aliment la soulève et l'aigrit!... Mais encore une fois,
m'y voilà revenu. Vois si je pourrai tirer de moi quelque
chose de gracieux, pour t'entretenir!... Non, non... J'ai

besoin de dire que je souffre. Mon mal, trop renfermé au dedans cherche une issue pour se répandre, et se communiquer à qui peut le sentir et y prendre part..., et à qui puis-je mieux m'adresser qu'à ma fille, qui doit être affectée des mêmes regrets, qui a fait la même perte. Du moins, en exposant sous ses yeux ce tableau déchirant, je lui rappelle toutes les bontés de cette amie dévouée, de cette mère toujours attentive, toujours prévenante, toujours pleine de soins. Qui trouveras-tu jamais qui la remplace! Ma chère fille, ma chère fille, qu'une amie comme celle-là est rare, qu'elle est précieuse quand on la possède, quel vide affreux lorsqu'on en est privé!!! et pour toujours!!!

Dans la société où est la franchise? où est l'affection? Où rencontre-t-on l'effusion, l'épanchement, l'abandon d'une amitié sincère? Le masque d'une hypocrite flatterie est sur tous les visages. Présent, aucune vérité n'attaque vos défauts. Venez-vous à disparaître? la médisance vous déchire, l'ironie vous tourne en ridicule. Tous vos défauts provoquent le blâme ou la dérision : vous n'avez pas même le froid avantage de l'indifférence; heureux encore si la calomnie ne distille pas sur vous son venin corrosif. Voilà l'esprit du monde au milieu des prétendus agréments qu'il vous offre : il ne faut pas s'y tromper. Si l'apparence vous séduit, l'expérience dément bientôt l'illusion qui vous en imposait par les chagrins amers qui vous restent, et troublent une tranquillité que votre trop de confiance vous a fait perdre.

Je finis, mes chers enfants, c'est vous entretenir trop longtemps sur le même ton. J'aurais voulu faire autrement, il ne m'a pas été possible; mes rechutes sont continuelles. La volonté ne suffit pas pour détruire le sentiment d'un mal qui est en nous : la force de caractère en pareil cas ne serait

suivant moi qu'insensibilité, et il n'est pas dans ma nature
de ne rien sentir.

   Tant que le cœur me battra, ce sera pour mon amie, pour
celle qui m'a tant aimé... Ah... je ne suis pas fait pour l'in-
gratitude.

   Adieu, adieu, soyez heureux, mes chers enfants. C'est à
vous à envisager le bonheur : il doit être pour vous dans le
présent, et l'espoir doit vous le montrer dans l'avenir : puisse-
t-il être continuellement en tiers avec vous, c'est le vrai désir
de votre bon père.

                                              PRUDHON.

FIN.

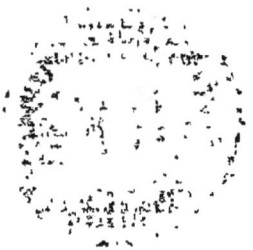

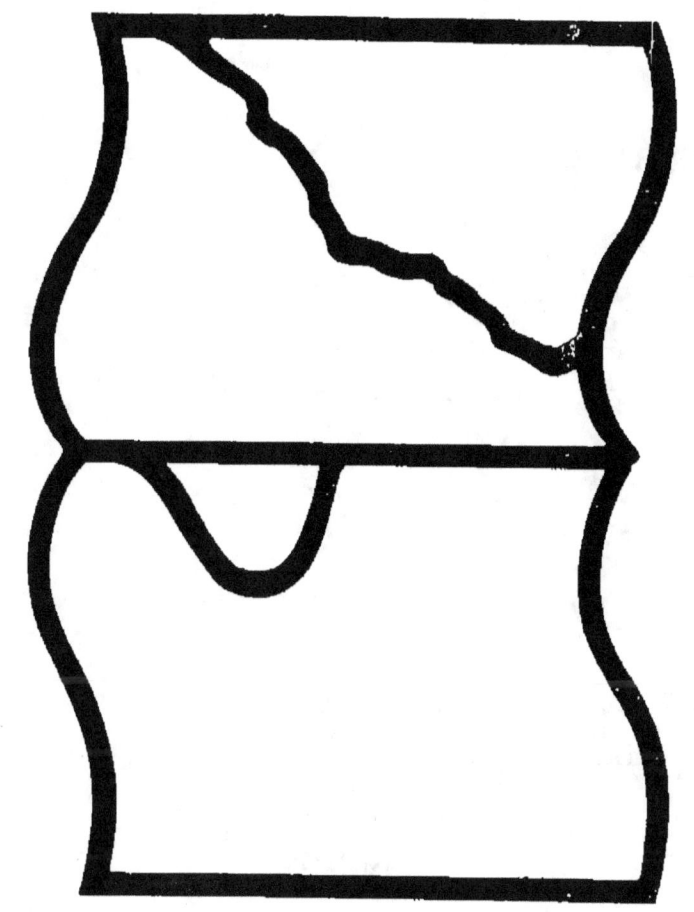

Texte détérioré — reliure défectueuse

TABLE

PARIS. — J. CLAYE, IMPRIMEUR, 7, RUE SAINT-BENOIT. — [652]

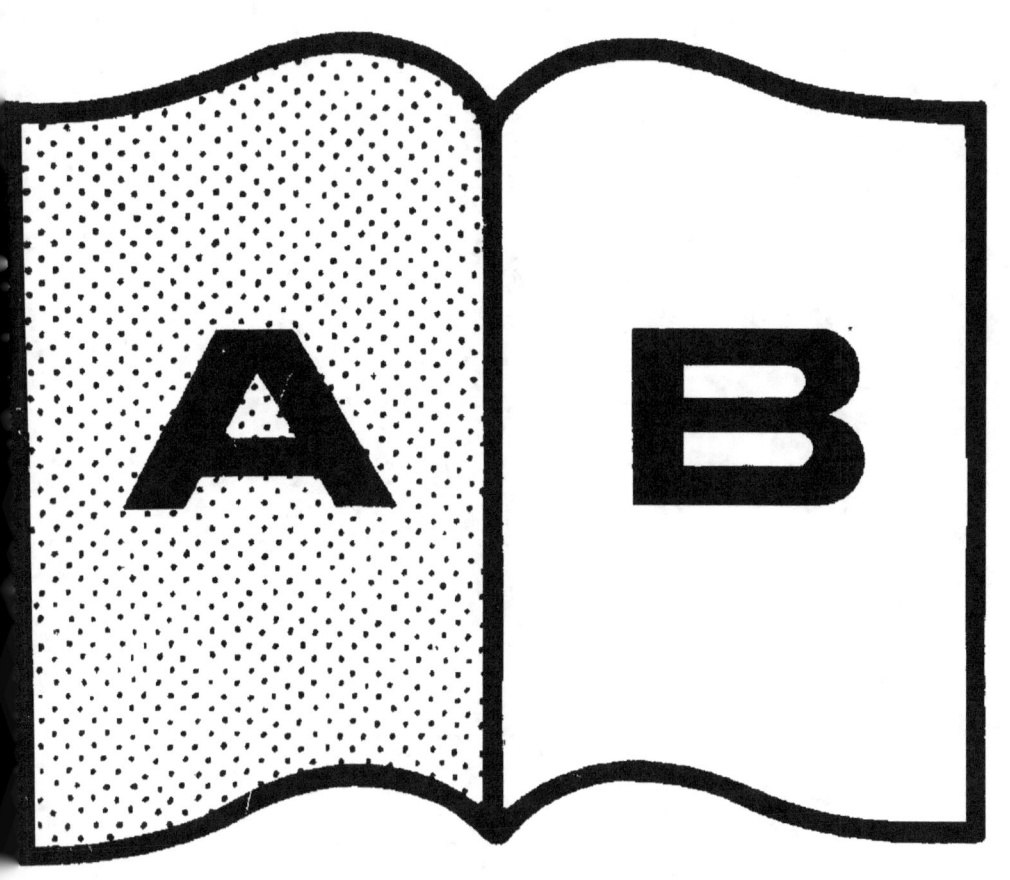

Contraste insuffisant

NF Z 43-120-14